3

Forum Geschichte

Rheinland-Pfalz

Vom Kaiserreich bis zum
Ende des Zweiten Weltkrieges

Herausgegeben von
Hans-Joachim Cornelißen und Kai Willig

Cornelsen

Forum Geschichte

Band 3 wurde erarbeitet von:
Dagmar Bäuml-Stosiek, Hans-Joachim Cornelißen, Susanna Heim-Taubert, Irene Hufschmid, Fabian Sternel, Dr. Sonja Tophofen, Dirk Urbach, Kai Willig

Redaktion: Karin Friedrich, Andreas Holy
Bildassistenz: pixxatwork, München
Grafik: Elisabeth Galas, Bad Breisig
Karten: Carlos Borrell Eiköter, Berlin
Technische Umsetzung: Arnold & Domnick, Leipzig
Layoutkonzept und Umschlaggestaltung: Ungermeyer – grafische Angelegenheiten, Berlin
Umschlagbild: Blick in das Besucherzentrum des Holocaust Mahnmals, Berlin,
Foto von Arnd Wiegmann/Reuters/Corbis, 2005

www.cornelsen.de

1. Auflage, 2. Druck 2017

Alle Drucke dieser Auflage sind inhaltlich unverändert
und können im Unterricht nebeneinander verwendet werden.

Druck: Mohn Media Mohndruck, Gütersloh

ISBN 978-3-06-064024-9
ISBN 978-3-06-065236-5 (E-Book)

PEFC
PEFC/04-31-1033

PEFC zertifiziert
Dieses Produkt stammt aus nachhaltig bewirtschafteten Wäldern und kontrollierten Quellen.
www.pefc.de

1 Leben im Kaiserreich

2 Imperialismus und Erster Weltkrieg

3 Neue Weltmächte – neue Gesellschaftsordnungen

4 Die Weimarer Republik (1918–1933)

5 Eine Ideologie setzt sich durch: Der Nationalsozialismus

6 Leben im Nationalsozialismus

7 Nationalsozialistische Außenpolitik und Zweiter Weltkrieg

Anhang

So arbeitest du erfolgreich mit Forum Geschichte

Fragen stellen und sich orientieren

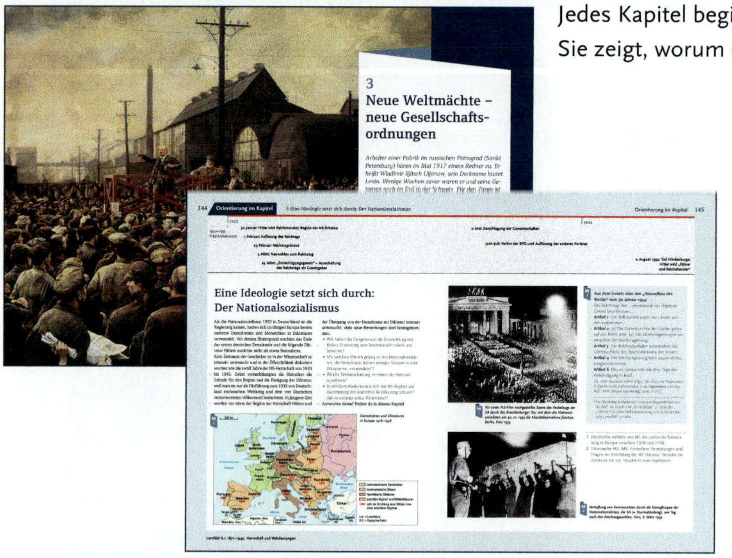

Jedes Kapitel beginnt mit der **Auftaktseite**. Sie zeigt, worum es in dem Kapitel geht.

Auf der **Orientierungsseite** erfährst du mehr: Die Zeitleiste gibt den Zeitraum an, mit dem du dich beschäftigen wirst, die Karte zeigt dir den Ort. Der Orientierungstext führt dich in das Kapitelthema ein.

Ein Thema untersuchen

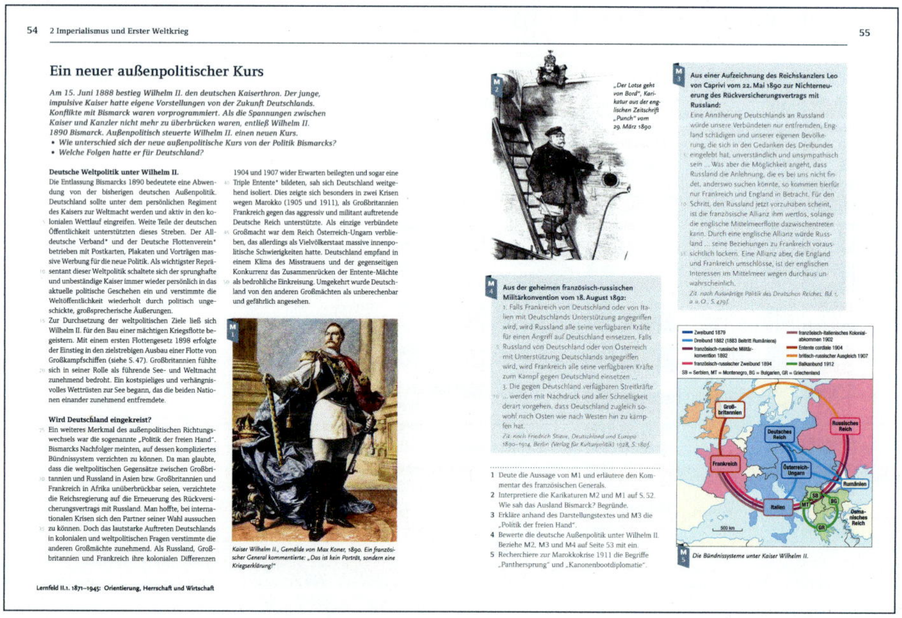

Auf den **Themenseiten** erklärt dir der Moderationstext, um welche Fragen es auf der Doppelseite geht. Der Darstellungstext, die Abbildungen, Quellentexte oder Begriffserklärungen helfen dir, ein geschichtliches Thema zu untersuchen. Die Arbeitsaufträge sind vielfältig: Oft kannst du eine Aufgabe auswählen oder du findest Hinweise zu Partner- oder Gruppenarbeit.

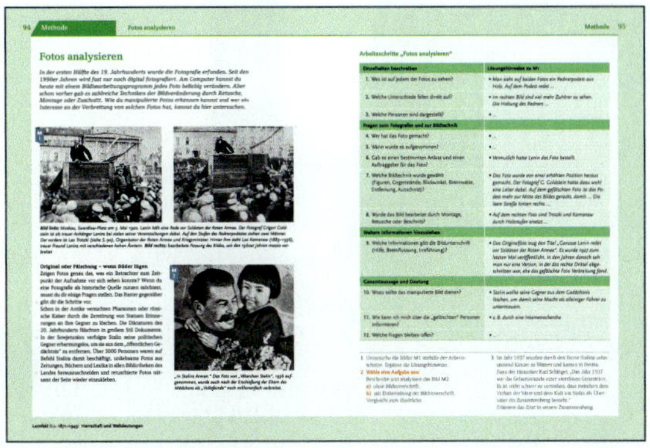

Unterschiedlich lernen

Auf den orangefarbenen **Wähle-aus-Seiten** ist deine Entscheidung gefragt: Traust du dir zu, eine längere Textquelle zu bearbeiten? Arbeitest du lieber mit Bildquellen? Interessieren dich Zahlen und Statistiken? Wähle aus, was zu dir passt!

Mit Methoden arbeiten

Auf den **Methodenseiten** findest du die Arbeitsschritte, mit denen z. B. Geschichtskarten oder schriftliche Quellen fachgerecht ausgewertet werden. Hier lernst du auch, wie man Quellentexte oder Bilder vergleicht und Präsentationen vorbereitet.

Zusammenfassen und Kompetenzen prüfen

Auf der **Zusammenfassungsseite** am Schluss des Kapitels findest du einen Text mit den wichtigsten Ereignissen und Entwicklungen, die im Kapitel vorgekommen sind. Die Zeitleiste hilft dir, die wichtigsten Daten zu wiederholen. Wenn du wissen möchtest, was du im Kapitel gelernt hast, solltest du die Aufgaben auf der Seite **Kompetenzen prüfen** lösen. Falls du mit einzelnen Aufgaben Schwierigkeiten hast, liest du im Kapitel noch einmal nach. Lösungshilfen findest du im Anhang.

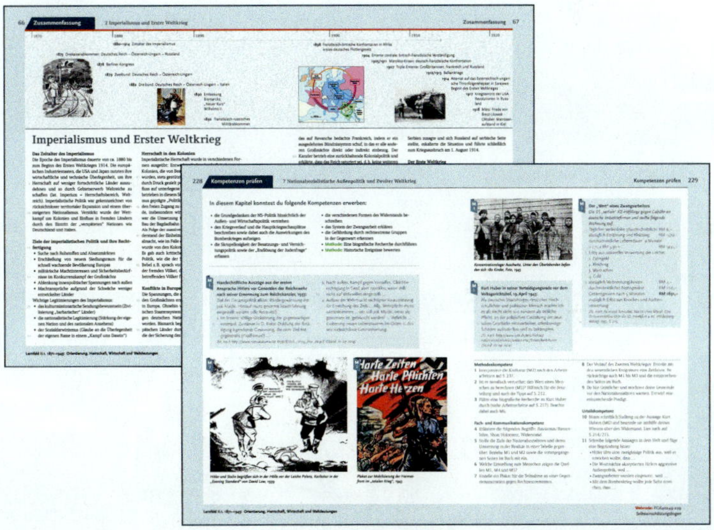

Hilfen im Anhang und im Umschlag

Der **Anhang** unterstützt dich bei der Arbeit mit dem Buch. Hier findest du:

- ein Lexikon mit Erklärungen schwieriger Begriffe
- ein ausführliches Register zum schnellen Nachschlagen
- die Lösungen zu den Seiten „Kompetenzen prüfen“

In den vorderen und hinteren **Umschlagklappen** kannst du die „Operatoren“ nachschlagen, die in den Arbeitsaufträgen verwendet werden.

Audiovisuelle Materialien

Passend zu diesem Buch gibt es Filme, Kartenanimationen, Tonquellen, virtuelle Museen und Archive im Internet. Du findest sie mithilfe der **Webcodes**, die auf den Schulbuch-Seiten abgedruckt sind, z. B.
FG640249-024
So geht es:

1. Gehe auf die Seite www.cornelsen.de
2. Gib dort den Webcode ein, der auf der Schulbuch-Seite abgedruckt ist, und du findest ein passendes Internetangebot.

iedrichstraße

1
Leben im Kaiserreich

Ein Sommertag auf der Berliner Friedrichstraße um 1910. Menschen warten an den Haltestellen auf die gelben Stadtbusse. Kutschen fahren gemächlich weiter. Der Polizist in der Mitte scheint nicht viel zu tun zu haben. Was für uns eher gemütlich aussieht, war für die Zeitgenossen lärmendes und brausendes Großstadtleben. In nur einer Generation hatte sich der Alltag der meisten Deutschen stark verändert. Aus der vorwiegend bäuerlichen Gesellschaft war eine städtische geworden. Auf allen Gebieten war der Wandel durch technischen Fortschritt spürbar. Doch wie stand es um bürgerliche Freiheiten und Mitbestimmung in der Politik, wie sie in der Revolution von 1848 formuliert worden waren?

Beschreibe deinen Eindruck von der Abbildung. Diskutiert, was für die Menschen um 1910 hier eher „traditionell“ und was „modern“ war.

Großstadtleben in der Berliner Friedrichstraße, Postkarte, um 1910

1870 | 1875 | 1880

1871–1873 Gründerjahre: nationale Begeisterung und Wirtschaftsaufschwung

1871–1890 Reichskanzler Bismarck bestimmt den politischen Kurs

1872–1878 „Kulturkampf" gegen die katholische Kirche

1878–1890 „Sozialistengesetz": Verbot der politischen Betätigung für die Sozialdemokratie

1871 Gründung des Deutschen Reichs

Leben im Kaiserreich

Die „Gründerjahre" des Reichs waren von einer neuartigen nationalen Begeisterung und einem Wirtschaftsaufschwung gekennzeichnet. Dieser Boom wurde durch die französischen Zahlungen an Kriegsentschädigungen befördert. In den Folgejahren von 1874 bis 1898 schwächte sich die Konjunktur stark ab. Dennoch gab es ein stabiles Wirtschaftswachstum. Millionen Menschen zogen vom Land in die Städte, wo in den Fabriken und im Dienstleistungswesen höhere Verdienste möglich waren. Der wirtschaftliche Wandel durch die fortschreitende Industrialisierung veränderte das soziale Gefüge der deutschen Gesellschaft jedoch nur wenig. Herkunft, Rang und Adelsprivilegien zählten mehr als Leistung. Die führende Schicht blieb der Adel, wenngleich in Politik und Verwaltung auch Bürgerliche hohe Posten bekleiden konnten. Der Nationalismus nach der Reichseinigung schuf unter den deutschen Bürgern ein neues Wir-Gefühl und förderte den Anspruch auf einen Platz Deutschlands als bedeutende Weltmacht. Zugleich grenzte dieser Nationalismus Deutsche mit anderer Muttersprache und kulturellen Traditionen aus. Reichskanzler Bismarck nutzte dies, um gegen alle Gruppen vorzugehen, die seiner Politik misstrauten oder ihr gefährlich werden konnten. Nach vielen Jahrzehnten der Kleinstaaterei war ein großer Teil der Bevölkerung bereit, einem starken Obrigkeitsstaat* zu vertrauen. Dieser entsprach jedoch nicht dem von Liberalen seit 1848 angestrebten demokratischen Staatswesen.

- Wie veränderte sich der Alltag in Stadt und Land?
- Wie sah das Nebeneinander von Tradition und Moderne im Alltag aus?
- Welche Rolle spielte die Arbeiterschaft?
- Wie löste der Staat konfessionelle Spannungen und soziale Probleme?
- Wie ging die Gesellschaft mit Minderheiten um?
- Warum verstärkte sich der Antisemitismus*?
- Auf welche Weise wandelte sich die Rolle der Frauen?

M 1

Die Länder des Deutschen Reichs 1871. Elsass-Lothringen war als „Reichsland" direkt dem deutschen Kaiser unterstellt.

1885 | 1890 | 1910 | 1915

1914–1918 Erster Weltkrieg

ab 1883 Sozialgesetze: Einführung einer staatlichen Pflichtversicherung gegen Krankheit und Unfall

1890 Entlassung Bismarcks durch Wilhelm II.

M 2

Tagebucheintrag der Baronin Spitzemberg über die Stimmung in Berlin, 3. März 1871:

Und was für ein Friede für uns Deutsche! Herrlicher und glorreicher, als wir je einen geschlossen! Vereint zu einem Reiche, dem größten, mächtigsten, gefürchtetsten in Europa. Groß durch seine physische Macht nicht allein, größer noch durch seine Bildung und den Geist, der das Volk durchdringt! ... Glücklich sind wir, ... dass wir noch jung genug sind, ... um die ... reichen und segensvollen Früchte zu genießen, die aus dieser unter Blut und Tränen gesäten Saat hervorgehen. Möge Gott den Geist meines Volkes also lenken, dass seine Entwicklung eine friedliche und zivilisatorische bleibe, sein Reich ein Reich des Lichts, der Freiheit, der wahren, christlichen Gesinnung sei!

Zit. nach Rudolf Vierhaus (Hg.), Das Tagebuch der Baronin Spitzemberg, geb. Freiin von Varnbüler. Aufzeichnungen aus der Hofgesellschaft des Hohenzollernreiches, Göttingen (Vandenhoeck & Ruprecht) 1960, S. 120f.

M 3

Der Führer der Sozialdemokratischen Arbeiterpartei August Bebel schrieb 1874 in einer Wahlkampfbroschüre:

Als am 3. März 1871 unter dem Glockengeläute und Kanonendonner für den Versailler Frieden dieser Reichstag gewählt wurde, gab es wohl viele, die hoffnungsselig ihm entgegensahen. Aber das durch „Blut und Eisen" mühsam zusammengeschweißte „Reich" ist kein Boden für bürgerliche Freiheit, geschweige für die soziale Gleichheit. Staaten werden mit den Mitteln erhalten, durch die sie gegründet wurden. Der Säbel stand als Geburtshelfer dem „Reich" zur Seite, der Säbel wird es ins Grab begleiten. Es gibt in Deutschland nur eine Klasse, die die neue Reichsgründung ... begrüßte – die deutsche Bourgeoisie[1].

August Bebel, Die Sozialdemokratie im deutschen Reichstag, Bd. 1, Berlin (Vorwärts) 1909, S. 3f.

[1] *wohlhabender Bürgerstand*

1 **a)** Arbeite mithilfe der Karte M1 heraus, welche vorher unabhängigen Länder ab 1871 das Deutsche Reich bildeten.
b) Stelle Vermutungen an: Welche Problematik ergab sich aus der geografischen Lage des Deutschen Reichs (M1)?
Tipp: Überlege: Wer waren die Nachbarländer? Mit welchen Nachbarn konnten Spannungen auftreten?

2 Arbeite aus den beiden Quellen (M2, M3) die unterschiedlichen Positionen zur Reichsgründung heraus: Welche Zukunft sehen sie voraus? Belege deine Aussage durch Formulierungen aus dem Text.

3 Beschreibe das Bild M4. Welche Situation ist dargestellt? Notiere Merkmale bürgerlicher Lebensweise jener Zeit (Kleidung, Wohnung, Haltung der Personen).

M 4 *„Der Festredner", Gemälde von Carl Spielter, 1901*

Nationalismus und Militarismus

Der Begriff „Nation" bezeichnete seit der Französischen Revolution eine politische und soziale Gemeinschaft als einen freien Zusammenschluss rechtlich gleicher Bürger unabhängig von Stand, Herkunft und Religion. Diese liberale Idee wandelte sich um 1870 in nur wenigen Jahren grundlegend. Der Nationalismus wurde zu einer konservativen und ausgrenzenden Ideologie.

- ***Wie sehr bestimmten Nationalstolz und militärisches Denken den Alltag der Deutschen im Kaiserreich?***

M 1

Vorbeimarsch von Reserveoffizieren bei einer Parade in Ulm, Foto, um 1900. Spazierstöcke und Schirme dienten als Säbelersatz.

Der neue Nationalismus

Das Deutsche Reich hatte später als andere große europäische Staaten zur nationalen Einheit gefunden. Umso heftiger schien es diesen Rückstand durch einen ausgeprägten Patriotismus ausgleichen zu wollen. Im Alltag des Kaiserreichs war der Nationalismus allgegenwärtig. An Feiertagen wie dem Geburtstag des Kaisers oder dem Nationalfeiertag am 2. September, als Erinnerung an den Sieg über die Franzosen in der Schlacht von Sedan 1870, wurde mit Militärparaden und Flaggenschmuck Deutschlands Größe gefeiert. Eine Flut von nationalen Liedern und Gedichten betonte die Vorrangstellung des Deutschen Reichs. Zahlreiche Denkmäler untermauerten den Anspruch auf eine Weltmachtstellung Deutschlands. Nach innen stärkte der Nationalismus das Wir-Gefühl der Deutschen, führte aber auch zur Ausgrenzung, denn liberale und weltoffene Einstellungen galten nun als „undeutsch". Als mögliche Feinde der Nation erschienen vielen konservativen Deutschen die Sozialisten, die wegen der internationalen Ausrichtung der Arbeiterschaft als „vaterlandslose Gesellen" bezeichnet wurden. Ausgegrenzt wurden auch die deutschen Juden, die viele als „Vertreter des internationalen Kapitals" verachteten. Die nach Rom orientierte katholische Kirche in Deutschland und die nationalen Minderheiten des Deutschen Reichs wie Polen, Dänen, Sorben und Elsässer zeigten in den Augen der Konservativen ebenfalls ein bedenkliches „unnationales Verhalten".

Militarismus* und Obrigkeitsstaat

Alles Militärische nahm im Kaiserreich eine herausgehobene Stellung ein. Wer eine Uniform trug, genoss besonderen Respekt, und dessen Anordnungen waren zu befolgen. Auch Polizisten oder Bahnbeamte verkörperten als Uniformträger die Obrigkeit, der jeder Bürger Gehorsam schuldete. Bürger wurden vor allem als Untertanen wahrgenommen. Dieser aus unserer heutigen Sicht „blinde Gehorsam" war ein Kennzeichen des Obrigkeitsstaates.

Höchstes Ansehen besaß ein aktiver Offizier. War ein Mann zumindest Reserveoffizier, konnte das sehr vorteilhaft für eine berufliche Karriere im zivilen Leben sein. Befehl und Gehorsam spielten auch in der Erziehung von Kindern und Jugendlichen eine herausragende Rolle. Militärische Ideale galten als gute „Schule der Nation“ und wurden von den wenigsten hinterfragt. Es war Ehrensache, den meist zweijährigen Militärdienst abzuleisten. Ein beliebter Schlager aus der Zeit vor dem Ersten Weltkrieg drückte die Stimmung treffend aus: „Der Soldate, der Soldate ist der schönste Mann im Staate.“ Uniformen bestimmten vielerorts das Straßenbild und waren Ausdruck von Autorität. Adlige, Fürsten und der Kaiser zeigten sich zu festlichen Anlässen in prunkvollen Uniformen. Bei Kindern war die Matrosenuniform beliebt.

M 2

„In den preußischen Schulen soll jetzt als neues Unterrichtsfach Staatsbürgerkunde eingeführt werden. Es ist wohl selbstverständlich, dass der Unterricht von Schutzleuten erteilt wird.“, Karikatur von Th. Th. Heine aus der Satirezeitschrift „Simplicissimus“, 1911

M 3 *Mädchen und Jungen mit der Reichskriegsflagge der Marine, Postkarte, um 1910*

Obrigkeitsstaat
Darunter verstehen wir heute eine politische Ordnung, in der ein Herrscher autoritär die Geschicke seiner Untertanen lenkt. Dabei wird er von ihm ergebenen Beamten und Militärs unterstützt. Freiheitsrechte und Mitbestimmungsmöglichkeiten der Bürger sind eingeschränkt oder werden dem Staatswohl kritiklos untergeordnet.

Militarisierung
bezeichnet die Durchdringung einer Gesellschaft mit Denkweisen des Militärs. Dies kommt z. B. durch die Vorliebe für Orden, Aufmärsche und militärische Manöver zum Ausdruck.

1 Arbeite mithilfe des Darstellungstextes die Merkmale des neuen Nationalismus heraus und erläutere dessen Wirkung nach innen und außen.

2 Erkläre mithilfe des Darstellungstextes, warum im Kaiserreich nach der Reichsgründung der Nationalismus so ausgeprägt war.

3 **a) Methode:** Beschreibe alle Details der Fotografie M1.
Tipp: Nimm die Arbeitsschritte „Eine historische Fotografie analysieren“ auf S. 237 zu Hilfe.
b) Beurteile die Einstellung der Teilnehmer vor dem Hintergrund deiner Antworten zu den beiden ersten Arbeitsaufträgen.

4 **Wähle eine Aufgabe aus:**
a) Beschreibe die Stimmung in der Klasse (M2). Erkläre die Bildunterschrift und formuliere die darin enthaltene Kritik am Obrigkeitsstaat.
Tipp: Welche Rolle spielt der Polizist als Lehrer?
b) Beschreibe Aussehen und Haltung der Kinder in M3. Bewerte die Verbreitung der Postkarte vor dem Hintergrund des Stichworts „Militarisierung“ (Begriffskasten).

5 **Recherche:** Informiere dich über die Satirezeitschrift „Simplicissimus“ und stelle sie in der Klasse kurz vor.

Webcode: FG640249-015
Film: Kaiser Wilhelm II.

Veränderung und Beharrung im Kaiserreich

Das Kaiserreich war von gesellschaftlichen und politischen Widersprüchen geprägt. Einer überaus dynamischen Modernisierung in den Bereichen Technik und Wirtschaft stand ein gesellschaftliches Festhalten an Traditionen gegenüber.

- ***Welche Probleme ergaben sich daraus?***
- ***Was waren die gesellschaftlichen Folgen?***

M 1

Allgemeine Elektrizitäts-Gesellschaft Berlin, Werbeplakat von Louis Schmidt, 1888. Die Göttin des Lichts sitzt auf einem geflügelten Rad.

Technischer Fortschritt und Wirtschaftswachstum

Die deutschen Universitäten entwickelten sich am Ende des 19. Jahrhunderts zu Bildungs- und Forschungszentren von internationalem Rang. Zwischen 1901 und 1914 ging jeder dritte naturwissenschaftliche Nobelpreis an einen deutschen Forscher, darunter die Physiker Max von Laue und Max Planck sowie den Arzt Robert Koch. Durch die Erfindung von Auto und Telefon wurde das Leben rasanter und mobiler. Der Nahverkehr wurde ausgebaut. Die erste Linie einer elektrischen Straßenbahn ging z. B. in Mannheim 1901 in Betrieb. Elektro- und Benzinmotor verdrängten die Dampfmaschine. Mit der Erfindung des Zeppelins begann ab 1900 die Eroberung des Luftraums. Insgesamt erleichterte die Technisierung den Alltag vieler Menschen durch neue Geräte und Verfahren.

Der wirtschaftliche Aufschwung und der technische Fortschritt beflügelten sich gegenseitig. Das Deutsche Reich wurde zur wirtschaftlich stärksten Nation Europas. Es entstanden Großunternehmen mit mehreren tausend oder gar zehntausenden Beschäftigten. Die wirtschaftliche Erholung ab Ende der 1890er Jahre begünstigte einen starken Bevölkerungszuwachs: Es entstand eine Vielzahl neuer Berufe, vorwiegend im Dienstleistungsbereich. Immer mehr Frauen wurden berufstätig.

Schule zwischen Tradition und Modernisierung

Das Schulwesen im Kaiserreich zeigt dem heutigen Betrachter zwei Gesichter: Auf der einen Seite herrschte in den Gymnasien die traditionelle Untertanenerziehung. Auf der anderen Seite entstanden zunehmend Schulen neuen Typs, die sogenannten Realgymnasien und Oberrealschulen. Deren Lehrpläne waren stärker auf mathematische und naturwissenschaftliche Bildung sowie auf die praktischen Anforderungen des Berufs- und Wirtschaftslebens ausgerichtet. Um 1900 besuchten etwa 90 Prozent der Schülerinnen und Schüler die achtjährige Volksschule, drei Prozent gingen auf die Mittelschule, die nach der 9. oder 10. Klasse auf eine Tätigkeit in Industrie und Verwaltung vorbereitete. Sieben Prozent eines Jahrgangs besuchten ein Gymnasium und legten das Abitur ab.

Beharrung oder Veränderung?

Trotz der schnellen Modernisierung in Technik und Wirtschaft blieb die Gesellschaft im Kaiserreich konservativ, traditionsbewusst und allein von Männern bestimmt.

Die herausragende Stellung des Adels mit seinen Werten, Vorstellungen und Privilegien prägte das Bild. Politische Mitbestimmung war nur in den engen Grenzen der Reichsverfassung möglich. Zwar gab es mit dem Reichstag ein Parlament, aber die Regierung wurde ohne Beachtung des Volkswillens vom Kaiser und seinen Beratern eingesetzt.

Die Industrialisierung ermöglichte den Übergang zu einer Gesellschaft, in der allmählich weniger Herkunft, Rang und Adelsprivilegien als vielmehr Leistung und Können von Bedeutung waren. Viele Bürger stiegen als Unternehmer oder Akademiker gesellschaftlich auf. Die soziale Lage der Arbeiterinnen und Arbeiter in Fabriken und in der Heimarbeit blieb durch niedrige Löhne, harte Arbeitsbedingungen und Wohnungsnot weiterhin miserabel. Hinzu kam ein neuer „Mittelstand", eine stark wachsende Schicht von Angestellten, die zumeist darauf bedacht war, sich von der Arbeiterschaft abzugrenzen.

M 2

Eine neue Mittelschicht entsteht: Angestellte in einem Büro, Foto, um 1900

M 3

Der Journalist Cay Rademacher berichtet über die „Epoche der tausend neuen Impulse" (2013):

Die Deutschen, so notiert ein aufmerksamer Beobachter, leben um 1900 in einem „Zeitalter der Reizbarkeit" – in einer Epoche der tausend neuen Impulse und Anregungen, die Begeisterung auslösen und Schaudern, Sehnsucht und Verwirrung. Nichts, so scheint es, ist noch stabil und verlässlich in diesem Land. Kein Wunder: Allein zwischen 1890 und 1913 nimmt die Bevölkerungszahl von 49,4 auf 66,9 Millionen Menschen zu – um ein Drittel in nicht einmal einer Generation.

Hunger und Seuchen, die großen Schnitter früherer Zeiten, sind zum ersten Mal nicht mehr alltäglich. Neue Techniken erhöhen die Ernten in der Landwirtschaft, Waren können per Zug und Schiff über weite Strecken herangeschafft werden, Frischwasserleitungen und Kanäle verbessern die öffentliche Hygiene. In den Laboratorien der Kliniken, Universitäten und neu entstehenden Pharmafirmen ersinnen Ärzte, Physiker und Chemiker vom Aspirin bis zum Röntgengerät revolutionäre neue Medikamente, Diagnose- und Heilverfahren ...

Aber es wandern nicht bloß mehr Menschen im Kaiserreich – sie durchwandern es auch, ruhelos und sprunghaft. Fast jeder zweite Deutsche lebt 1907 nicht mehr an dem Ort, an dem er einst geboren wurde ...

So stolz die Zeitgenossen auf die Entwicklung sind (Deutschland ist nach dem russischen Zarenreich das bevölkerungsreichste Land Europas), so verunsichert sind sie auch über die in dieser Zeit entstehende „Massengesellschaft".

Zit. nach http://www.geo.de/GEO/heftreihen/geo-epoche-panorama/deutsches-kaiserreich-alltag-eine-zeit-geraet-aus-den-fugen-74208.html, 19. 01. 2013 (Stand: 30. 06. 2014).

1 **Partnerarbeit:**
a) Beschreibt die einzelnen Elemente des Plakats (M1) und tauscht eure Ergebnisse aus.
b) Erörtert die Frage, warum hier eine antike Göttin als Werbeträgerin für Elektrizität dient.

2 **a)** Suche aus dem Darstellungstext alle genannten Beispiele für Beharrung und Veränderung heraus. **Tipp:** Stelle sie in einer Tabelle gegenüber.
b) Bewerte an einem der Beispiele die Folgen für die Gesellschaft.

3 Der Journalist Rademacher nennt in M3 weitere Beispiele von Tradition und Modernisierung. Füge sie deiner Tabelle hinzu. Der Autor spricht auch von der „Verunsicherung" der Menschen durch die gesellschaftlichen Veränderungen. Erkläre, was damit gemeint sein kann.

4 **Recherche:** Finde heraus, für welche Leistungen die im Darstellungstext genannten Wissenschaftler den Nobelpreis erhielten.

Webcode: FG640249-017
Wirtschaft im Kaiserreich

Wandel in der Stadt und auf dem Land

Seit dem Jahre 2012 wohnen weltweit erstmals mehr Menschen in Städten als auf dem Land. Bis weit ins 20. Jahrhundert war das Leben auf dem Lande der „Normalfall". In Deutschland beschleunigte sich die Verstädterung mit der Industrialisierung. Größe und Aussehen der Städte veränderten sich.

- ***Inwiefern veränderten sich der Alltag und die Lebensstile von Stadt- und Landbewohnern?***

Die Urbanisierung im Kaiserreich

Innerhalb weniger Jahrzehnte veränderte sich nicht nur das Gesicht der Städte, sondern auch ihr „Innenleben". Die Einwohnerzahl wuchs und die Städte wurden zu modernen Zentren des Zusammenlebens. Das stellte die Stadtverwaltung vor neue Herausforderungen in den Bereichen Wohnungsbau, Kanalisation, Wasser-, Gas-, Stromversorgung, Müllabfuhr und die Sorge um die öffentliche Sicherheit. Das Gesicht der Großstadt war um 1900 geprägt durch das Nebeneinander von Gegensätzen: Ein reiches kulturelles Leben und prachtvolle Repräsentativbauten in den wohlhabenden Stadtvierteln kontrastierten mit Armut, Wohnungsnot in Mietskasernen und Kriminalität in den armen Randbezirken. Zahlreiche deutsche Großstädte verfügten über elektrische Straßenbahnen und Straßenbeleuchtung. Es entstanden Nahverkehrsnetze aus Bahn- und Buslinien. Die Zahl der Autofahrer war noch gering und wuchs erst allmählich. Das vielseitige Angebot in den neuen Warenhäusern, neue Kommunikationsmöglichkeiten durch das Telefon und die Unterhaltungsangebote vor allem durch die Kinos schufen einen anderen Lebensstil. Die Stadt war nicht nur als Wirtschaftsraum attraktiv, sondern auch Kultur- und Vergnügungsraum. Der Sport erhielt einen neuen Stellenwert. In jenen Jahren wurden unzählige Sportvereine gegründet.

Verändert sich die Lebensweise auf dem Land?

Während in der Stadt vor allem Beruf und Ausbildung über den Platz in der Gesellschaft entschieden, blieb das Leben auf dem Land im Alltag weitgehend unverändert. In vielen ländlichen Gebieten war noch relativ lange der Landbesitz das wesentliche Kriterium für das soziale Ansehen. Dabei gab es auch regionale Unterschiede: Besonders auf den großen Landgütern östlich der Elbe blieben die Bauern abhängig von den Großgrundbesitzern, die meist die einzigen Arbeitgeber vor Ort waren. Sie bestimmten, welche Pfarrer, Lehrer und Ärzte in ihrem Bereich arbeiten durften und übten als Gutsherren persönlich die Funktionen des Richters und der Polizei aus.

Doch auch auf dem Land machte sich der wirtschaftliche Wandel bemerkbar. Immer mehr Bürger erwarben seit Beginn des 19. Jahrhunderts Landbesitz. Als Ende der 1870er Jahre unter dem Druck der amerikanischen Konkurrenz die Getreidepreise sanken, ersetzten die Gutsherren ihr Personal durch preiswertere Dresch- und Mähmaschinen. Unzählige Landarbeiter mussten sich daher in den Städten nach neuen Verdienstmöglichkeiten umsehen. Während der Erntemonate holten sich viele Bauern vor allem polnischsprachige Saisonarbeiter aus den östlichen Provinzen des Reichs und aus Russland.

M 1

Blick in den Innenhof des Warenhauses Wertheim, Berlin, Foto, 1906

M 2

Das Wachstum deutscher Großstädte

	Bevölkerung 1875	Bevölkerung 1910	Wachstum in %
Kiel	37 246	211 627	468,2
Essen	54 790	294 653	437,8
Leipzig	127 387	589 850	363,0
Düsseldorf	80 695	358 728	344,5
Frankfurt a. M.	103 136	414 576	302,0
Köln	135 371	516 527	281,6
Dortmund	57 742	214 226	271,0
Chemnitz	78 209	287 807	268,0
Nürnberg	91 018	333 142	266,0
Hamburg	264 675	931 035	251,8
München	193 024	596 467	209,0
Berlin	966 859	2 071 257	114,2

Zusammengestellt nach Gerd Hohorst/Jürgen Kocka/Gerhard A. Ritter (Hg.), Sozialgeschichtliches Arbeitsbuch, München (C. H. Beck) 1975, S. 45.

M 3

Der Historiker Hermann Glaser schildert die Einführung neuer Verkehrsmittel im Kaiserreich (1994):

Die Veränderungen des Straßenbildes erfolgten zunächst in der Großstadt. Zum Gewimmel der Kutschen, Fuhrwerke, Pferdeomnibusse kam als Erstes die elektrische Eisenbahn; bald tauchten Fahrräder auf und schließlich die ersten Autos ... Ursprünglich hatten die Fahrräder nur dem Sport gedient; man organisierte sich dazu in exklusive Bicycle-Clubs. Als die „Knochenschüttler" durch Massenfabrikation [1895] billiger geworden waren, wurden sie ein ... Beförderungsmittel für Arbeit und Freizeit ... Das Auto, soweit es nicht gewerblich genutzt wurde, gehörte zum Statussymbol der Oberklassen [„Herrenfahrer"]; doch leistete sich manch ein Angehöriger der Mittelstandes ein Auto zum Privatvergnügen. Um 1914 gab es in Deutschland rund 55 000 Personenkraftwagen, 9000 Lastkraftwagen und 20 600 Krafträder.

Hermann Glaser, Industriekultur und Alltagsleben, Frankfurt a. M. (Fischer) 1994, S. 189 und 193.

M 4

Fahrradverein beim Ausflug, Ort unbekannt, Foto, 1901

1 **a)** Erläutere anhand von Beispielen die Veränderungen des städtischen Lebens (Materialien und Darstellungstext). Beziehe auch das Bild der Auftaktdoppelseite mit ein (siehe S. 10/11).

b) Analysiere die Tabelle zum Wachstum der Städte (M2).

c) Ein Landarbeiter zieht um 1900 in die Stadt: Sammelt die Argumente, mit denen er seine Familie für den Umzug überzeugen möchte.

2 **a)** Erkläre die Aussage „Die Gesellschaft des Kaiserreichs wird mobil" mithilfe von M3.

b) Erläutere die sozialen Unterschiede, die laut Hermann Glaser bei der Nutzung verschiedener Transportmittel deutlich werden (M3).

c) Stelle dar, inwiefern sich diese Unterschiede auf die heutige Zeit übertragen lassen.

3 **Recherche:** Erkundige dich nach Vereinen in deinem Heimatort und ihrem Gründungsjahr. Halte ein Kurzreferat in der Klasse, wenn der Verein zur Kaiserzeit gegründet wurde.

Architektonische Quellen analysieren

Jede Epoche entwickelt eigene Stile in Architektur und Design. Im ausgehenden 19. Jahrhundert wurden imposante Bahnhofsbauten zu den „Kathedralen der modernen Zeit". Finde am Beispiel des Mainzer Bahnhofs heraus, welche Gestaltungselemente der Architekt wählte und welche Wirkung er bei den Betrachtern erzielen wollte.

Verkehrsknotenpunkt Mainz

Mainz war verglichen mit anderen deutschen Großstädten spät an das Eisenbahnnetz angeschlossen worden. Im 1882–1884 erbauten Hauptbahnhof liefen fünf Linien zusammen: aus Frankfurt, Darmstadt, Worms, Bingen und Alzey. Täglich fuhren 1885 in Mainz 152 Züge ab, darunter 34 Schnellzüge. Die Bahnhofshalle zählte mit 300 Metern Länge, 47 Metern Breite und 14 000 Quadratmetern zu den größten in Europa.

Der Architekt Johann Philipp Berdellé (1838–1903) entwarf ein langgestrecktes Gebäude mit überhöhtem Mittelbau, der wie ein Triumphbogen wirken sollte. Hinzu kamen Lokschuppen, der große Wasserturm für die Befüllung der Dampflokomotiven und Lagerhallen für den Gütertransport.

M 1

Bahnhof Mainz, Foto, um 1900

M 2

Das Bildprogramm des Mainzer Bahnhofs

Indem der Architekt das Ganze, dem Zeitgeschmack weitgehend folgend, in das Stilgewand der Renaissance kleidete, erhielt es etwas von der feierlichen Würde, die derartige säulengeschmückte Gebäude auszeichnet. Die Nähe zur fürstlichen Repräsentationsarchitektur war nicht zu übersehen und dokumentierte das Selbstbewusstsein des Bürgertums der Zeit. Der Skulpturenschmuck gab Gelegenheit, im Einzelnen darzulegen, worauf sich das Selbstbewusstsein gründet. Es war der Fortschritt, der in der Entwicklung des Eisenbahnverkehrs unmittelbar vor Augen stand ... An höchster Stelle befand sich eine Engelsgestalt, die als „Genius von Dampf und Elektrizität" bezeichnet wurde. Etwa in gleicher Höhe trugen die Kuppeln riesige Flaggenmasten. Unterhalb des Genius sah man das zentrale Uhrgehäuse, flankiert von weiblichen Gestalten, darunter ein Chronoshaupt[1]. Das Ganze war also ein Triumphtor im Zeichen der neuen Energien ... Die Dekoration des Obergeschosses betonte durch Siegerkränze die Würde der Epoche. Wenn der Betrachter vor den Durchgängen stand, hatte er die antiken Göttergestalten über sich: Vulkan, Minerva, Merkur als Patrone des Handwerks, des städtischen Lebens und der intellektuellen Fähigkeiten, des Handels und des Wandels ... Dazu gehören auch die Puttenszenen[2] auf den Türmen, mit denen auf Ankunft und Abfahrt verwiesen wird.

Wolfgang Bickel, Der Mainzer Hauptbahnhof, in: Denkmal! Denkmäler im Unterricht, Bd. 2, PZ-Information 5/1997 (RLP), S. 26ff.

[1] *Chronos = Gott der Zeit*
[2] *Putto = Engel*

Arbeitsschritte „Architektonische Quellen analysieren“

Beschreiben/erste Eindrücke sammeln	Lösungshinweise
1. Um welches Bauwerk handelt es sich? In welcher Stadt befindet es sich? Welche Maße hat es?	• *Es handelt sich um den Hauptbahnhof …* • *Das Gebäude ist … lang, … breit und hat eine Höhe von …*
2. Wie wirkt das Gebäude auf dich im Vergleich zu anderen Bauten der damaligen Zeit und im Vergleich mit heutigen Bahnhofsbauten?	• *großes repräsentatives Empfangsgebäude mit drei Torbögen und zwei Seitenflügeln* *Heute sehen Bahnhofsbauten meist anders aus, z. B. …*
Historisch einordnen	
3. Zu welcher Zeit wurde das Bauwerk errichtet?	• *1882–1884 am damaligen Westrand der Stadt*
4. Wer war der Auftraggeber, wie heißt der Architekt und wer finanzierte den Bau?	• *Auftraggeber: Mainzer Stadtrat, Bau durch den Mainzer Architekten …; finanziert teilweise durch die Stadt Mainz, teilweise durch die Mainzer Kaufmannsfamilie Lauteren*
5. Lässt sich der Bau einem bestimmten Architekturstil zuordnen?	• *Der Bau imitiert den Baustil der Renaissance; die Figuren könnten auch der Barockzeit entnommen sein.*
6. Welche Bedeutung haben die Figuren und die Schmuckelemente?	• *Der Engel symbolisiert …*
7. Welchem vorrangigen Zweck diente es? Wird es auch heute so genutzt?	• *Funktion als wichtiger Verkehrsknotenpunkt und Bahnhof – einst wie heute*
Weitere Informationen beschaffen	
8. Wo finde ich Informationen über Architekturstil, Schmuckelemente außen, Innenausstattung, Nutzung des Vorplatzes, Umbauten und über den Bahnhof heute?	• *z. B. Kunstunterricht, Recherche/Bildersuche im Internet, Besichtigung vor Ort, Architekturlexikon*
Informationen zusammenfassen	
9. Den Gesamteindruck wiedergeben	• *sehr repräsentatives Gebäude, soll Bedeutung der Stadt insbesondere als Verkehrsknotenpunkt unterstreichen, Zeichen für neue Mobilität setzen*
Architektonische Quellen vergleichen	
10. Welche Gemeinsamkeiten lassen sich erkennen?	• …
11. Wie unterscheiden sich die Bauten in Aufbau, Gestaltung, Entstehungszeit, Zweck und Lage?	• …

1 Untersuche die Fassade des Mainzer Hauptbahnhofs (M1) nach den Arbeitsschritten auf dieser Seite. Ergänze die Lösungshinweise.

2 Erkläre den Baustil und die Figurenauswahl. Was wollten die Auftraggeber verdeutlichen (M2 und Darstellungstext)?

3 **Gruppenarbeit:** Sucht nach weiteren Architekturbeispielen aus der Kaiserzeit in eurer Gegend (z. B. Gebäuden von Ämtern, Schulen, Banken, Museen, Kaufhäusern, Brücken). Klebt die Abbildungen auf ein Plakat und stellt die ausgewählten Beispiele in der Klasse vor.

Zwei deutsche Unternehmerfamilien: Krupp und von Gienanth

Die Industrialisierung begann in Deutschland lange vor der Reichsgründung. Unternehmerische Aktivitäten entstanden zunächst im Steinkohlebergbau, der Eisen- und Stahlindustrie wie auch im Maschinen- und Eisenbahnbau. Seit den 1890er Jahren übernahmen neue Industriezweige wie die Elektroindustrie und die chemische Industrie eine Führungsrolle in der wirtschaftlichen Entwicklung im Deutschen Reich. Bekannte Unternehmerfamilien haben mit ihren Firmen die Wirtschaft ihrer Zeit geprägt. Gewinnt hier einen Einblick in die Denk- und Handlungsweise zweier Industrieller im Kaiserreich und vergleicht ihre Biografien.

Alfred Krupp – Unternehmer und Erfinder

1812 Alfred Krupp kommt als Sohn einer Kaufmannsfamilie in Essen zur Welt.

1816–1826 Nach dem Tod des wenig erfolgreichen Vaters übernimmt er dessen Gussstahlfabrik und baut sie zu einem erfolgreichen Unternehmen aus.

Ende der 1840er Jahre Alfred Krupp steigt über die Herstellung von Besteck und Maschinenteilen ins Waffengeschäft ein; er überzeugt die preußischen Militärs von den Vorzügen seiner aus Gussstahl hergestellten Waffen.

1853 Wirtschaftlicher Durchbruch durch Erfindung des nahtlosen Radreifens, den Alfred Krupp vor allem für die Dampfeisenbahnen nach Amerika exportiert. Zu dieser Zeit beschäftigt er bereits 1000 Arbeiter und knüpft weltweit Handelsbeziehungen.

1870/71 Die technisch hoch entwickelten Kruppschen Kanonen tragen entscheidend zum Sieg der deutschen Truppen über Frankreich bei.

ab 1871 Waffenexporte in viele Länder; Einführung neuer Produktionstechniken, Expansion und Investitionen in die Zukunft sind Alfred Krupp wichtiger als eine Steigerung des Gewinns; das Firmenimperium steigt zum größten Unternehmen Europas auf.

14. Juli 1887 Alfred Krupp stirbt in Essen.

Alfred Krupp verlangte von seinen Arbeitern – den „Kruppianern" – unbedingten Gehorsam und Treue zur Firma. Er war ein erbitterter Gegner der Arbeiterparteien und duldete keine abweichende politische Meinung. Andererseits fühlte er sich als Firmenchef verantwortlich für das Wohlergehen seiner Belegschaft. Eine betriebseigene Krankenversicherung und Altersvorsorge sowie Geschäfte mit Vorzugspreisen sollten seine Arbeiter vor drückender Not schützen. Rund um das Firmengelände ließ er Wohnviertel für seine Arbeiter errichten.

M 1

Alfred Krupp (1812–1887), Foto, um 1880

M 2

Aus einem Schreiben von Alfred Krupp, das er in allen Betrieben des Stahlkonzerns aushängen ließ:

Genießet, was Euch beschieden ist. Nach getaner Arbeit verbleibt im Kreise der Eurigen, bei den Eltern, bei der Frau und den Kindern und sinnt über Haushalt und Erziehung. Das sei Eure Politik, dabei werdet Ihr frohe Stunden erleben. Aber für die große Landespolitik erspart Euch die Aufregung. Höhere Politik treiben erfordert mehr freie Zeit und Einblick in die Verhältnisse, als dem Arbeiter verliehen ist. Ihr tut Eure Schuldigkeit, wenn Ihr durch Vertrauenspersonen empfohlene Leute erwählt.

Ihr erreicht aber sicher nichts als Schaden, wenn Ihr eingreifen wollt in das Ruder der gesetzlichen Ordnung. Das Politisieren in der Kneipe ist nebenbei sehr teuer, dafür kann man im Hause Besseres haben.

Zit. nach Wilhelm Berdrow (Hg.), Alfred Krupps Briefe 1826–1887, Berlin (Reimar Hobbing) 1928, S. 343–348.

M 3

Carl Freiherr von Gienanth (1818–1890)

Carl Freiherr von Gienanth – ein Nachkomme der pfälzischen Unternehmerdynastie

17./18. Jh. Die Gienanths wandern als Schmiede in die Pfalz ein und kaufen im Laufe der Zeit viele Hammerwerke und Gruben.

1800 Mit dem Erwerb des Eisenhüttenwerks in Eisenberg und der Eisen- und Kupferschmelze Hochstein durch Ludwig von Gienanth (1767–1848) wird die Familie zum größten Arbeitgeber in der Pfalz.

1817 Carls Vater Ludwig wird für seine Verdienste in den Adelsstand erhoben.

1818 Geburt Carl von Gienanths in Hochstein bei Winnweiler in der Pfalz.

1841 Da seine beiden Brüder früh versterben, übernimmt Carl mit 24 Jahren das Unternehmen.
Er kämpft gegen die starke Konkurrenz aus England und aus dem Saarland, sucht nach neuen, kostengünstigeren Produktionswegen, lässt neue Fabrikhallen bauen, Hochöfen stilllegen und kann das Unternehmen durch die hohe Qualität der erzeugten Produkte eine Zeitlang konkurrenzfähig halten.

1847 Carl von Gienanth fördert die von seinem Bruder errichtete „Lehrstelle für praktische Mechanik“ an der Kreisgewerbeschule in Kaiserslautern (u. a. Berg- und Hüttenwesen). Er wird mit dem Ehrenbürgerrecht der Stadt Kaiserslautern ausgezeichnet.

1857 Wie schon sein Vater, weiß Carl, wie wichtig es ist, sich der Nöte seiner Belegschaft zu widmen und trifft Vorsorge: Er gründet eine betriebseigenen Krankenkasse mit Beitrag des Werkes und unter Einbehaltung von 1,5 Prozent des Lohnes. Neben Werkswohnungen werden den Arbeitern Felder zur Bewirtschaftung überlassen.
Der wirtschaftliche Erfolg ist jedoch immer wieder nur kurzfristig. So setzt Carl auf die Produktion von Gusswaren, erzielt dafür bei Industrieausstellungen Preise und Auszeichnungen. Um Verluste auszugleichen und um weitere Investitionen zu tätigen, verkauft er einen Teil der Besitzungen.

Ab 1858 setzt er sich für den Anschluss Eisenbergs an das Eisenbahnnetz ein. 1868–1873 erfolgt der Bau der Bahn.

1870/76 erhält Eisenberg unter Carls Sohn Eugen einen Eisenbahnanschluss (Eistalbahn); damit wird das Weiterbestehen der Werke in Hochstein und Eisenberg gesichert.

1881 überträgt Carl seinem Sohn Max das Werk in Hochstein, dem Sohn Eugen das Werk in Eisenberg.

Die Gienanth GmbH ist heute eine Eisen-Gießerei mit modernster Fertigungstechnik. Sie beschäftigt 650 Mitarbeiter und ist immer noch Eisenbergs größter Arbeitgeber.

1 Wähle eine Aufgabe aus:

a) Arbeite aus M2 Alfred Krupps Verständnis von dem Verhältnis zwischen Unternehmer und Arbeiterschaft heraus.

b) Verfasse einen kurzen Aufsatz über das Leben von Alfred Krupp (M2 und Darstellungstext).

2 Vergleiche die Lebensläufe von Krupp und den Gienanths in Bezug auf Herkunft, Ausbildung, Firmenexpansion, gesellschaftlichen Aufstieg und das Verhältnis zur Arbeiterschaft der Firmen. Finde Unterschiede und Gemeinsamkeiten.

3 Nimm Stellung: Welche gesellschaftlichen Umstände und welche persönlichen Eigenschaften der Unternehmer siehst du als entscheidend für den Erfolg der Firmen? Begründe deine Meinung.

4 **Exkursionstipp:** Besucht mit eurer Lehrkraft oder eurer Familie die Gienanth-Abteilung im Museum von Winnweiler. Dort könnt ihr noch mehr über diese Unternehmensdynastie und über die zahlreichen eisenerzeugenden und -verarbeitenden Werke in der Pfalz erfahren. Besucht den Landschaftspark der Gienanths und das Herrenhaus in Eisenberg als Zeugnisse frühindustrieller Entwicklung in der Pfalz.

Konflikte mit Katholiken und Sozialdemokraten

Für Bismarck waren die deutschen Katholiken und Sozialdemokraten mögliche Gegner eines starken Nationalstaates.

- ***Aus welchen Gründen kam es zu einem heftigen Konflikt zwischen Staat und katholischer Kirche?***
- ***Wie erfolgreich war Bismarcks Vorgehen gegen die Sozialdemokratie?***

M 1 *Die Karikatur aus dem „Kladderadatsch" von 1875 reduziert den „Kulturkampf" auf die beiden Hauptpersonen. Auf Bismarcks Figuren stehen seine antikatholischen Gesetze wie „Kanzelparagraf" und „Klostergesetz". Die gefallenen Bauern des Schachspiels vorne sind hier „interniert" – eine Anspielung auf die Festnahme und Ausweisung missliebiger katholischer Priester. Der Papst antwortet mit seinen Enzykliken (päpstliche Rundschreiben an alle Bischöfe).*

Der „Kulturkampf"* gegen die katholische Kirche

Von den 41 Millionen Einwohnern des Reichs im Jahre 1871 waren 62 % Protestanten und 36 % Katholiken. Der Protestantismus war stärker mit den staatlichen Institutionen verflochten und eine Stütze Bismarcks beim Ausbau des Nationalstaates. In den süddeutschen Landesteilen des Reichs hingegen waren die Katholiken in der Mehrzahl. Das Wort des katholischen Priesters galt hier oft mehr als staatliche Verordnungen. Für Bismarck war es nicht hinnehmbar, dass sich die katholischen Bürger des Reichs in Fragen der praktischen Lebensführung und der Politik von der Autorität des Papstes in Rom leiten ließen. Als Papst Pius 1870 verkündete, dass Päpste in Glaubensfragen unfehlbar seien, sich also nie irren könnten, begann in Deutschland ein langer Konflikt zwischen Staat und katholischer Kirche. Als politische Plattform diente den Katholiken die 1870 gegründete Reichstagspartei „Das Zentrum", die bei den Wahlen ein Jahr später zur zweitstärksten Partei wurde. Die Maßnahmen Bismarcks gegen die deutschen Katholiken (siehe S. 25, M2) werden in der Geschichtsschreibung „Kulturkampf" genannt. In den 1880er Jahren nahm Bismarck viele dieser Maßnahmen zurück, weil er die Katholiken als Verbündete im Kampf gegen die Sozialdemokraten brauchte. Bleibende Veränderungen aus der Zeit des „Kulturkampfes" sind bis heute z. B. die standesamtliche Trauung („Zivilehe") und die Kontrolle des Staates über das Schulwesen.

Ein Blick in unser Nachbarland Frankreich

Anders als im Deutschen Reich trat das konservative Bürgertum in Frankreich entschlossen für die Werte der Republik ein. Die Einführung der allgemeinen Schulpflicht 1880/81 in kostenlosen staatlichen Schulen sollte die Kinder dem Einfluss der Kirche entziehen und sie zu guten Republikanern formen. Von katholischen Orden geleitete Schulen wurden verboten. 1905 erfolgte eine noch striktere Trennung von Staat und Kirche als während der Revolution. Seitdem ist die Erteilung von Religionsunterricht in den staatlichen Schulen Frankreichs untersagt.

Der Kampf gegen die Sozialdemokratie: „Sozialistengesetz" und Sozialgesetzgebung

Ein zweiter bedeutender Konflikt war die Auseinandersetzung zwischen der Reichsregierung und der Sozialdemokratie. Nach Bismarcks politischer Überzeugung kann „ein Staat nicht von unten regiert werden". Daher misstraute er den politischen Forderungen der Arbeiterbewegung. Zwei Attentate auf Kaiser Wilhelm I. nahm Bismarck 1878 zum Anlass, die Sozialdemokraten zu „Reichsfeinden" zu erklären, obwohl diese mit den Anschlägen nichts zu tun hatten. Mit den Stimmen der Zentrumspartei brachte Bismarck sein „Gesetz gegen die gemeingefährlichen Bestrebungen der Sozialdemokratie" („Sozialistengesetz") 1878 im Reichstag durch. Das Gesetz verbot den politischen Organisationen der Arbeiterschaft jegliche Betätigung. Es sollte vor allem die 1875 gegründete Sozialistische Arbeiterpartei Deutschlands, die spätere SPD, entscheidend treffen. Alle sozialdemokratischen Versammlungen wurden untersagt und die sozialdemokratische Presse und ihre Verbreitung verboten. Trotz der erschwerten Bedingungen konnte die SPD in den folgenden Reichstagswahlen stetige Zuwächse erzielen; 1890 wurde das „Sozialistengesetz" nicht verlängert.

Als Beitrag zur Lösung der sozialen Frage und zugleich als Mittel, um die Arbeiterschaft für den Staat zu gewinnen, führte die Regierung zwischen 1883 und 1889 die staatliche Kranken-, Unfall-, Alters- und Invalidenversicherung ein. Damit schuf Bismarck in Deutschland das weltweit erste System einer staatlichen Pflichtversicherung als soziale Grundsicherung für die Arbeiter. Der Konflikt mit der Arbeiterschaft war dadurch jedoch keinesfalls gelöst.

M 2 **Gesetze gegen die katholische Kirche**

1871 „Kanzelparagraf": Den Geistlichen im Reich wird verboten, in ihren Predigten politische Fragen „in einer den öffentlichen Frieden gefährdenden Weise zu behandeln".

1872 Schulaufsichtsgesetz: Alle Schulen in Preußen werden unter Staatsaufsicht gestellt.

1872 Jesuitengesetz: Verbot des Jesuitenordens

1873 „Maigesetze": Ausbildung und Anstellung der Geistlichen in Preußen werden staatlich kontrolliert.

1874 Expatriierungsgesetz: Die katholischen Geistlichen im Reich können auf einen bestimmten Aufenthaltsort beschränkt oder ausgebürgert werden.

1874 Zivilstandsgesetz: Geburten, Todesfälle und Trauungen werden nur noch von neu geschaffenen Standesämtern rechtswirksam beurkundet.

1875 „Brotkorbgesetz": Preußen stellt alle finanziellen Zuschüsse für katholische soziale Einrichtungen ein.

1875 „Klostergesetz": Verbot aller Orden in Preußen.

Vom Autor zusammengestellt

M 3 **August Bebel, Führer der Sozialdemokratie im Reichstag, berichtete 1913 in seinen Memoiren:**

Sobald das Gesetz verkündet und in Kraft getreten war, fielen die Schläge hageldicht. Binnen weniger Tage war die gesamte Parteipresse mit Ausnahme des „Offenbacher Tageblatts" und der „Fränkischen Tagespost" unterdrückt. Das gleiche Schicksal teilte die Gewerkschaftspresse mit Ausnahme des Organs des Buchdruckerverbandes, des „Korrespondenten" ... Ebenso verfielen der Auflösung die zahlreichen lokalen sozialdemokratischen Arbeitervereine, nicht minder die Bildungs-, Gesang- und Turnvereine ... Durch die Verfolgung äußerst verbittert, zogen sie [die Sozialdemokraten] von Stadt zu Stadt, suchten überall die Parteigenossen auf, die sie mit offenen Armen aufnahmen, und übertrugen jetzt ihren Zorn und ihre Verbitterung auf ihre Gastgeber, die sie zum Zusammenschluss und zum Handel anfeuerten. Dadurch wurde eine Menge örtlicher geheimer Verbindungen geschaffen ...

August Bebel, Aus meinem Leben, bearb. von Ursula Herrmann, Berlin (Dietz) 1983, S. 509ff.

1 **Methode:** Untersuche die Karikatur M1.
Tipp: Nimm die Arbeitsschritte „Eine Karikatur entschlüsseln" auf S. 237 zu Hilfe.

2 **Partnerarbeit:** Arbeitet aus M2 heraus, wie der Staat versuchte, den Einfluss der katholischen Kirche zu beschränken. Stellt Vermutungen zur praktischen Umsetzbarkeit der Gesetze an.

3 **Recherche:** Finde heraus, welche Gesetze aus M2 heute noch Gültigkeit haben.

4 Erläutere, warum die Sozialdemokratie von den herrschenden Schichten des Reichs als Bedrohung wahrgenommen wurde (Darstellungstext).

5 **a)** Beschreibe anhand von M3 die Auswirkungen des „Sozialistengesetzes" auf Arbeiter und Sozialdemokraten.
b) Stelle dar, wie sich die Wahlerfolge der Sozialdemokratie trotz der erschwerten Bedingungen erklären lassen (M3).

6 **Recherche:** Informiere dich über die von Bismarck eingeführten Sozialgesetze. Diskutiert die Erfolgsaussichten, die Arbeiter dadurch für die konservative Politik Bismarcks zu gewinnen.

Webcode: FG640249-025
Der „Kulturkampf"

Frauen fordern Rechte

In der zweiten Hälfte des 19. Jahrhunderts begannen einzelne Gruppen von Frauen sich gegen Abhängigkeit und Benachteiligung zu wehren.

- ***Welche Rechte forderten Frauen zwischen 1871 und 1914 und welche davon konnten sie tatsächlich erlangen?***

Rollenerwartungen und soziale Wirklichkeit

Das fortschrittliche Wahlrecht der Reichsverfassung von 1871 galt nur für Männer. Frauen erhielten in Deutschland das Wahlrecht erst nach dem Ende der Monarchie im November 1918. Nach herrschender Auffassung der Männer im Kaiserreich hatten Frauen in Politik und Öffentlichkeit nichts zu sagen. Männer galten als klüger und fähiger, wenn es nicht um Familie und Haushalt ging. Das Bürgerliche Gesetzbuch von 1900 gab dem Mann das alleinige Entscheidungsrecht in allen Fragen der Ehe. Diese rechtliche Ungleichheit blieb im Westen Deutschlands noch bis in die 1970er Jahre gültig. Als Frauenvereine im ausgehenden 19. Jahrhundert immer nachdrücklicher eine bessere rechtliche Stellung in der Ehe, politische Mitbestimmung und gleiche Bezahlung bei gleicher Arbeit einforderten, erklärte Kaiser Wilhelm 1910: „Sie sollen lernen, dass die Hauptaufgabe der deutschen Frau nicht auf dem Gebiet des Vereins- und Versammlungsrechts liegt, sondern in der stillen Arbeit im Haus und in der Familie."

Diese traditionelle Rollenerwartung der Männer stimmte jedoch mit der gesellschaftlichen Realität des Kaiserreichs nicht überein. Ende des 19. Jahrhunderts waren rund 40 % der Frauen aus dem Bürgertum unverheiratet, verwitwet oder geschieden. Wollten sie ihrer Familie nicht zur Last fallen, mussten sie einer Arbeit nachgehen. Angemessene Tätigkeiten waren jedoch schwer zu finden. Oft waren nur Stellen als Erzieherin oder Gesellschafterin zu bekommen. Erst durch die neuen Techniken entstanden typische Frauenberufe wie Sekretärin oder Telefonistin. Bittere Armut zwang fast alle Frauen aus Arbeiterfamilien zur Lohnarbeit in Fabriken und Haushalten. Vielen einfachen Frauen blieb nur die schlecht bezahlte und sozial nicht abgesicherte Heimarbeit. Diese Frauen mussten dann „nebenher" noch Kinder und Haushalt versorgen.

Was erreichten die Frauen?

Während der Revolution 1848/49 hatten Frauen demokratische Klubs und Vereine gegründet, um ihren Forderungen Nachdruck zu verleihen. In den Folgejahren wurden jedoch Frauen in vielen deutschen Ländern die Mitgliedschaft in politischen Vereinen und das Auftreten bei öffentlichen Versammlungen verboten. In Leipzig gründete Louise Otto-Peters mit gleichgesinnten Frauen aus dem Bürgertum 1865 den „Allgemeinen deutschen Frauenverein". Im „Bund Deutscher Frauenvereine" waren 1894 bereits 2000 Vereine mit fast 500 000 Mitgliedern vertreten. Helene Lange, eine engagierte Lehrerin und Journalistin, erreichte die Einführung höherer Mädchenschulen. Ab 1896 konnten Mädchen an diesen Schulen das Abitur ablegen. Ein Universitätsstudium war Frauen erstmals im Land Baden im Jahre 1900 und ab 1908 generell im Reich erlaubt. Im gleichen Jahr verabschiedete der Reichstag ein Gesetz, das Frauen die politische Betätigung und die Mitgliedschaft in einer Partei erlaubte.

Die sozialistische Frauenbewegung strebte eine Veränderung der Lage der Frauen durch eine sozialistische Revolution an. August Bebel als Parteivorsitzender der SPD war der Auffassung, nur der Sozialismus könne die Emanzipation der Frauen erzwingen. Die SPD war die einzige Partei im Reichstag, die die Forderungen der Frauen aufgriff und sich für ein Frauenwahlrecht einsetzte. Die 94 sozialdemokratischen Frauenvereine umfassten im Jahre 1907 etwa 10 000 Mitglieder. Die bekanntesten sozialistischen Frauenrechtlerinnen waren Clara Zetkin und Lily Braun.

M 1

Frauen montieren Teile für Lampen, Berlin, Foto, um 1900

M 2

Die Heimarbeiterin Ottilie Baader berichtet um 1875 über ihre Arbeitsbedingungen:

Ich kaufte mir nach dem Weggang aus der Fabrik eine eigene Nähmaschine und arbeitete zu Hause. Dabei habe ich das Los der Heimarbeiterin zur Genüge kennen gelernt. Von morgens um sechs bis nachts um zwölf, mit einer Stunde Mittagspause, wurde in einer Tour „getrampelt“. Um vier Uhr aber wurde aufgestanden, die Wohnung in Ordnung gebracht und das Essen vorbereitet. Beim Arbeiten stand dann eine kleine Uhr vor mir und es wurde sorgfältig aufgepasst, dass ein Dutzend Krägen nicht länger dauerte wie das andere, und nichts konnte einem mehr Freude machen, als wenn man ein paar Minuten aussetzen konnte ... Und die Jahre vergingen, ohne dass man merkte, dass man jung war und das Leben einem etwas gegeben hätte ... Ich kann nicht sagen, dass ich immer sehr froh war. Schließlich hatte auch ich etwas anderes vom Leben erhofft. Ich habe manchmal das Leben so satt gehabt ... von dem Schönen in der Welt sah und hörte man nichts, davon war man einfach ausgeschlossen.

Zit. nach Ottilie Baader, Ein steiniger Weg. Lebenserinnerungen einer Sozialistin. Mit einer Einleitung von Marie Juchacz, 3. Auflage, Berlin, Bonn (Dietz) 1979, S. 16ff.

M 3 *„Fräulein Doktor!“, Postkarte, um 1905*

M 4

Aus dem Vorwort eines Chemie-Schulbuches für höhere Mädchenschulen (1885):

Es würde ... vollständig verfehlt sein, den Unterricht in der Chemie ... in der wissenschaftlichen, systematischen Ausdehnung zu treiben, wie dies für höhere Knabenschulen vorgeschrieben ist. Es ist vielmehr der Lehrstoff wie in allen anderen Unterrichtsfächern der höheren Mädchenschulen so auch hier „einer durchgreifenden Sichtung zu unterwerfen, welche das für die weibliche Bildung Wertvolle heraussucht und die weiblichen Lebensverhältnisse zu ihrem Recht kommen lässt.“ Nach diesem ... Grundsatz ... werden hauptsächlich die Stoffe und Vorgänge, welche uns täglich entgegentreten und namentlich in der Hauswirtschaft und Familien-Gesundheitspflege, diesen wichtigen Gebieten weiblichen Wirkens, eine bedeutende Rolle spielen.

Albert Fricke, Chemie, 7. Aufl., Braunschweig (E. Appelhans & Comp.), 1908, S. III.

M 5

Schichtlöhne 1888 (in Mark)

Industriezweig	Männer	Frauen
Walzwerk	2,46	0,98
Porzellanfabrik	1,32	0,34
Baumwollspinnerei	1,34	0,63
Zigarrenfabrik	2,08	1,06

Nach Jürgen Kuczynski, Die Lage der Arbeiter unter dem Kapitalismus, Bd. 3, Berlin (Akademieverlag) 1962, S. 338.

1 Beschreibe mithilfe des Darstellungstextes das im Kaiserreich vorherrschende Frauenbild.

2 Vergleiche die Arbeitsbedingungen der Frauen in M1 mit denen der Heimarbeiterin in M2.

3 Erläutere, worüber sich der Karikaturist lustig macht (M3).

4 **Recherche:** Erstelle Kurzbiografien zu den im Darstellungstext erwähnten Frauenrechtlerinnen.

5 Vergleiche die Löhne von Männern und Frauen (M5). Berechne den Prozentanteil, den Frauen im Vergleich zu männlichen Kollegen (= 100 %) verdienten.

6 **Gruppenarbeit:** Formuliert mithilfe der Materialien dieser Doppelseite Forderungen eines Frauenvereins zur Verbesserung der Situation der Frauen im Kaiserreich. Gestaltet ein Werbeplakat für euren Verein.

Webcode: FG640249-027
Die deutsche Frauenbewegung

Antisemitismus im ausgehenden 19. Jahrhundert

Nach der „Judenemanzipation" in Preußen 1812 stiegen viele Juden in das Bildungs- und Wirtschaftsbürgertum auf. Sie hatten großen Anteil am wirtschaftlichen Aufschwung und besaßen im Deutschen Reich ab 1871 alle Bürgerrechte.

- *Warum entstand in vielen europäischen Staaten trotzdem eine neue Judenfeindschaft?*

Untersuche Gründe und Folgen.

Antisemitismus in Deutschland

In der zweiten Hälfte des 19. Jahrhunderts setzte sich im Zeitalter des Imperialismus die Auffassung durch, man könne Menschen aufgrund bestimmter biologischer Merkmale wie Hautfarbe oder Schädelformen klassifizieren. So sollte beispielsweise die „semitische Rasse" (Juden) niedriger stehen als die „arische Rasse" der Deutschen. Obwohl diese Rassenlehre* keinerlei wissenschaftliche Grundlage hat, war sie Auslöser für entsetzliche Verbrechen im 20. Jahrhundert.

In den Jahren der wirtschaftlichen Stagnation nach 1873 verstärkten sich im Kaiserreich antisemitische Stimmungen. In den Augen vieler Bürger trugen die Juden eine Mitschuld an den wirtschaftlichen Problemen. Als nach Pogromen* gegen Juden in Russland hunderttausende jüdische Flüchtlinge Deutschland auf dem Weg zu den Überseehäfen durchquerten, waren für die meisten Deutschen „zu viele Fremde im Land". Fast alle Flüchtlinge wanderten nach Amerika aus, nur wenige dieser „Ostjuden" blieben in Deutschland. In bestimmten Kreisen der bürgerlichen Gesellschaft gehörte es jedoch zum guten Ton, mit rassistischen Äußerungen Stimmung gegen Juden zu machen. Neu war, dass sich der Antisemitismus nun auch gegen die integrierten Juden in Deutschland richtete. Die „Abstammung" wurde wichtiger als die Zugehörigkeit zu einer Religion. Konservative Parteien und Verbände nahmen rassistische Passagen in ihre Programme auf.

Antisemitismus in Frankreich: die Dreyfus-Affäre

1894 entdeckten Franzosen in der deutschen Botschaft in Paris einen Brief, der auf einen Verräter in französischen Militärkreisen hindeutete. Verdächtigt wurde der Hauptmann jüdischer Herkunft Alfred Dreyfus. Ohne Beweise wurde Dreyfus von einem antisemitischen Kriegsgericht verurteilt und in eine Sträflingskolonie deportiert. Zwei Jahre später wurde die Unschuld von Dreyfus bewiesen, da der gefundene Brief eine Fälschung war. Dennoch verhinderten die Militärs einen neuen Prozess. Der Schriftsteller Emile Zola prangerte in einem offenen Brief, betitelt „J'accuse" („Ich klage an"), das Verhalten der Militärs an. Die Dreyfus-Affäre spaltete die französische Gesellschaft. Auf der einen Seite forderten Liberale, Sozialisten und Intellektuelle die Freilassung von Dreyfus, während nationalistische Kreise mit konservativen Katholiken eine neue antisemitische Rechte bildeten. Dreyfus wurde 1899 begnadigt und 1906 von den Vorwürfen freigesprochen.

M1

„Einziges judenfreies Hotel in Frankfurt am Main", Bildpostkarte, koloriert, 1897

M 2

„Unsere Aussichten“

Unter diesem Titel beschäftigte sich der Historiker Heinrich von Treitschke 1879 mit der aufkommenden Propaganda gegen die Juden. Sein Aufsatz machte antisemitische Haltungen in gebildeten Kreisen salonfähig:

Was wir von unseren israelitischen Mitbürgern zu fordern haben, ist einfach: Sie sollen Deutsche werden, sich schlicht und recht als Deutsche fühlen ... Denn wir wollen nicht, dass auf die Jahrtausende germanischer Gesittung ein Zeitalter deutsch-jüdischer Mischkultur folge ... Keine deutsche Handelsstadt, die nicht viele ehrenhafte, achtungswerte jüdische Firmen zählte; aber unbestreitbar hat das Semitentum an dem Lug und Trug, an der frechen Gier des Gründer-Unwesens[1] einen großen Anteil, eine schwere Mitschuld an jenem öden Materialismus unserer Tage, die jede Arbeit nur noch als Geschäft betrachtet und die alte gemütliche Arbeitsfreudigkeit unseres Volkes zu ersticken droht; in tausenden deutschen Dörfern sitzt der Jude, der seine Nachbarn wuchernd ausverkauft ... Es bleibt aber ebenso unleugbar, dass zahlreiche und mächtige Kreise unseres Judentums den guten Willen, schlechtweg Deutsche zu werden, durchaus nicht hegen ...

Heinrich von Treitschke, Unsere Aussichten, in: Preußische Jahrbücher, 44, Berlin (G. Reimer) 1879, S. 572ff.

[1] *Wirtschaftsboom der Gründerzeit 1871–1873*

M 3

Walther Rathenau (1867–1922), Außenminister nach 1919, schrieb 1916 an einen antisemitisch eingestellten Freund:

Ich habe und kenne kein anderes Blut als deutsches, keinen anderen Stamm, kein anderes Volk als deutsches. Vertreibt man mich von meinem deutschen Boden, so bleibe ich deutsch und es ändert sich nichts ... Meine Vorfahren und ich haben sich von deutschem Boden und deutschem Geist genährt und unserem, dem deutschen Volk erstattet, was in unseren Kräften stand. Mein Vater und ich haben keinen Gedanken gehabt, der nicht für Deutschland und nicht deutsch war; soweit ich meinen Stammbaum verfolgen kann, war es das gleiche ...

Walther Rathenau, Ein preußischer Europäer, Berlin (Vogt) 1955, S. 146.

M 4

Albert Ballin (1857–1918) und Kaiser Wilhelm II., Foto, 1913. Ballin war bekennender Jude, 1899 Generaldirektor der Hamburg-Amerika-Linie (HAPAG), Vertrauter des Kaisers in wirtschaftlichen und internationalen Fragen. Er beging am 10. November 1918 nach dem Zusammenbruch des Kaiserreichs Selbstmord.

1 Nenne Ursachen und Erscheinungsformen des Antisemitismus im ausgehenden 19. Jahrhundert (Darstellungstext).

2 **a)** Beschreibe die auf der Postkarte (M1) dargestellte Szene und erkläre, welche äußeren Merkmale den Juden zugeschrieben werden.

b) Bewerte die Stimmung in einer Gesellschaft, in der rassistische Postkarten als Ferienpostkarten verkauft und verschickt werden.

3 Arbeite heraus, was Treitschke den Juden vorwirft (M2). Stelle Vermutungen an, bei wem er damit vermutlich Gehör fand.

4 **Wähle eine Aufgabe aus:**

a) Stelle anhand von M3 dar, wie Rathenau sein Verhältnis zu Deutschland beschreibt. Welche Stellung nahm Ballin im Kaiserreich ein (M4)?

b) Nenne mögliche Gründe, weshalb ranghohe Persönlichkeiten wie Rathenau und Ballin im Kaiserreich angefeindet wurden (Darstellungstext, M4).

Nationale Minderheiten im Deutschen Reich

Das Deutsche Reich verstand sich als Nationalstaat der Deutschen. Aber im Reich lebten auch Minderheiten wie Polen, Dänen oder Elsässer. Entscheide dich für A, B, C oder D und untersuche:

- ***Durften die Minderheiten ihre Muttersprache verwenden und kulturelle Eigenheiten behalten oder gerieten sie unter den Druck der „Germanisierung"?***

Aufgabe für alle:
Findet heraus, welche besonderen Rechte der dänischen Minderheit im heutigen Deutschland eingeräumt werden.

Wer gehörte zur Nation?

Etwa drei Millionen Einwohner, vor allem in der Provinz Posen (Poznań), sprachen Polnisch als Muttersprache. Diese Gebiete waren durch die polnischen Teilungen im 18. Jahrhundert an Preußen gefallen. Ihre polnischen Bewohner gehörten überwiegend dem katholischen Glauben an. In Norddeutschland war nach dem Krieg Preußens gegen Dänemark die Grenze neu gezogen worden. Dadurch wurden im Bezirk Schleswig ab 1864 viele Dänen zu preußischen Untertanen. Frankreich verlor nach dem Deutsch-Französischen Krieg 1871 die Provinzen Elsass und Lothringen an das Deutsche Reich.
Die Reichsregierung versuchte, die Minderheiten zu „germanisieren", d.h. den Deutschen anzugleichen. Der Gebrauch der Muttersprachen der Minderheiten wurde in den Schulen verboten, mit Ausnahme der französischsprachigen Gebiete in Elsass-Lothringen. Bei den Behörden und Gerichten war nur noch die deutsche Sprache zugelassen. Als die polnische Sprache auch auf Ladenschildern, in Vereinen und Kirchen verboten wurde, kam es zu Protesten und Aufständen. Die Reichsregierung reagierte mit der Festnahme von Priestern, Einschüchterung, Enteignungen von Grundstücken und Ausweisungen missliebiger Polen nach Russland. Deutsche Nationalisten forderten die Vertreibung der Polen. Die preußischen Grundbesitzer, darunter auch Bismarck, wollten ihr billigen Arbeitskräfte in der Landwirtschaft behalten.

A

M1

Polnische Sprachgebiete im Deutschen Reich um 1900

M2

Ausweisung polnischer Landarbeiter aus Preußen 1886, Gemälde von Wojciech Kossak, 1909

1 Zeige anhand der Karte M1 auf, wo der Anteil der polnischsprachigen Bevölkerung besonders groß war.

2 a) Versetze dich in eine der drei Personen auf dem Bild M2 und beschreibe die Situation in einem Tagebucheintrag.
b) Erörtere, inwiefern sich hier beispielhaft der Umgang von Politik und Verwaltung des Reichs mit seinen Minderheiten zeigen könnte.

B

M 3

„Unsere Fahne – trotz allem". Straßenszene in Straßburg von 1871, Gemälde von A. Lemercie. Da die Farben der französischen Trikolore nicht getragen werden dürfen, zeigen sich junge Frauen nebeneinander jeweils in Blau, Weiß und Rot.

1 Beschreibe die Szene in M3 und erkläre das Verhalten der drei Frauen.

2 Stelle Vermutungen an, welche Reaktionen sie damit vor dem Hintergrund der Situation in Elsass-Lothringen bei Passanten auslösen könnten.

C

M 4

Dänisch für Dänen?

Theodor Kaftan, ein hoher deutscher Kirchenbeamter, blickt zurück auf das Verbot der dänischen Sprache an deutschen Schulen:

Was erbitterte, war die Beseitigung jeglichen dänischen Sprachunterrichts. Das schädigte ... den in dänischer Sprache erteilten Religionsunterricht ... Aber nicht nur religiöse, auch humane und wirtschaftliche Interessen wurden ... schwer verletzt. Es ist grausam, die Dinge so zu gestalten, dass das die Heimat verlassende Kind nicht in den Stand gesetzt wurde, einen Brief zu schreiben, den seine Mutter ohne fremde Hilfe lesen konnte ... Wundert man sich wirklich, dass hier Erbitterung Platz griff? ... Eine Staatsgrenze ist nicht eine Chinesische Mauer und erst recht nicht dann, wenn sie da gezogen ist, wo jahrhundertelang freier Verkehr stattgefunden hat. Fäden nicht nur verwandtschaftlicher, sondern auch wirtschaftlicher Interessen verbanden das Hüben und Drüben ...

Zit. nach Reinhard Wittram, Die Nationalitätenkämpfe in Europa und die Erschütterung des europäischen Staatensystems 1848 bis 1917, Stuttgart (Ernst Klett Verlag GmbH) 1969, S. 38.

1 a) Stelle anhand von M4 fest, welche Auswirkungen die Sprachenpolitik der deutschen Regierung auf die dänische Minderheit hatte.

b) Überlege, welche Folgen diese Politik für das Zugehörigkeitsgefühl der Dänen zum Deutschen Reich hatte.

D

1 Der Historiker und Reichstagsabgeordnete Heinrich von Treitschke erklärte 1871 im Reichstag die Politik des Deutschen Reichs gegenüber Elsass-Lothringen: „Die Aufgabe, diese entfremdeten Stämme deutscher Nation unserem Lande wieder einzufügen, ist so groß und schwer, dass man sie nur erprobten Händen anvertrauen darf, und wo ist eine politische Kraft im Deutschen Reiche, die die Gabe zu germanisieren erprobt hat wie das alte glorreiche Preußen?"

a) Analysiere die Haltung Treitschkes gegenüber nichtdeutschen Minderheiten im Deutschen Reich.

b) Verfasse einen Protestbrief eines Polen, Dänen oder Elsässers an Treitschke und erkläre, warum du dich von dieser Aussage verletzt fühlst.

Tipp: Nimm den Darstellungstext zu Hilfe.

1871 | 1872 | 1873 | 1874

1871 Gründung des Deutschen Reichs

1872–1878 „Kulturkampf“ gegen die katholische Kirche; Gesetze gegen die katholische Kirche, darunter u. a. der Kanzelparagraph: Prediger dürfen gegenüber dem Staat keine Kritik äußern

1874 Zivilstandsgesetz: Ehen müssen auf dem Standesamt geschlossen, Geburten und Todesfälle dort registriert werden

1871–1873 Gründerjahre: Modernisierung in Technik und Wirtschaft

1871–1890 Bismarck Reichskanzler

Leben im Kaiserreich

Das Deutsche Reich nach 1871 zwischen Tradition und Modernisierung

Nach der Reichseinigung entstand erst allmählich ein stabiler Nationalstaat. Er war zunächst ein kompliziertes Gebilde aus Einzelstaaten mit unterschiedlichen politischen und konfessionellen Traditionen. Die Verfassung war ein Kompromiss zwischen der mächtigen Monarchie in Preußen und den anderen deutschen Staaten. Die Einzelstaaten behielten bestimmte Eigenständigkeiten, z. B. im Post- und Verkehrswesen. Anders als 1848 waren die Grundrechte der Deutschen nicht in der Verfassung verankert. Unter Bismarck wurde das Deutsche Reich zu einer führenden Großmacht in Europa. Fürsten, Adel und Militär besaßen die Vorherrschaft. Der Kaiser hatte eine dominante Stellung. Die herausragende Stellung des Militärs in Staat und Gesellschaft band viele gesellschaftliche Gruppen an die Monarchie, diente aber auch einer staatlich gewollten Disziplinierung und Ausgrenzung Andersdenkender. Die Bürger wurden vor allem als Untertanen angesehen, die sich den Weisungen von „oben“ zu unterwerfen hatten. Dieser aus heutiger Sicht „blinde Gehorsam“ war ein Kennzeichen des Obrigkeitsstaates.

Die Jahre nach dem Sieg über Frankreich und der Gründung des Deutschen Reichs waren geprägt von einem neuartigen „Wir-Gefühl“ und einem kurzzeitigen Wirtschaftsaufschwung, der zum Großteil durch die französischen Reparationszahlungen angefeuert wurde. Nach 1873 stagnierte die Wirtschaft. Die deutschen Universitäten entwickelten sich am Ende des 19. Jahrhunderts zu Bildungs- und Forschungsstätten von internationalem Rang, die schulische Ausbildung wurde stärker auf die Anforderungen des Wirtschafts- und Berufslebens ausgerichtet.

Trotz der Modernisierung in Technik und Wirtschaft blieb die Gesellschaft konservativ und traditionsbewusst. Nur allmählich erkämpften sich die Frauen einige Rechte. Bei den Wahlen zum Reichstag galt das allgemeine gleiche Wahlrecht ausschließlich für Männer. Dem Parlament fehlten allerdings wesentliche Rechte. Es hatte keinen Einfluss auf die Ernennung des Reichskanzlers.

Durch die Industrialisierung zogen Millionen Menschen vom Land in die Städte, wo die Verdienstmöglichkeiten höher waren. Während der Adel nach wie vor die beherrschende Schicht war, gelang es dennoch auch Bürgerlichen, hohe Positionen in Politik und Verwaltung einzunehmen. Es entwickelte sich auch eine neue Mittelschicht, die Angestellten, die sich von den Arbeitern abzuheben versuchten.

Innerhalb weniger Jahrzehnte veränderte sich das Gesicht der Städte. Sie wurden mit der wachsenden Zahl ihrer Einwohner zu modernen Zentren des Zusammenlebens. Neue Herausforderungen stellten sich u. a. im Bereich des Wohnungsbaus, der Wasser- und Stromversorgung. Neue Verkehrsmittel wie Straßenbahn, Untergrundbahn und das Auto begannen das Bild der Städte zu prägen; Warenhäuser als „Konsumtempel“ entstanden. Die Städte waren aber nicht nur als Wirtschaftsraum attraktiv, sondern waren auch Kulturzentren und boten vielfältige Möglichkeiten für Vergnügungen. Auf dem Land hingegen blieb das Alltagsleben weitgehend unverändert.

„Germanisierung“ – Politik gegen Minderheiten

Das Deutsche Reich verstand sich als Nationalstaat, der alle Deutschen, d. h. die Menschen deutscher Sprache, deren Kultur und Geschichte, umfassen sollte. Dieser neue Nationalismus führte zur Ausgrenzung von Minderheiten, wie Polen, Dänen, Tschechen oder Elsässer. Der Staat versuchte vor allem die polnische Minderheit mit Zwangsmaßnahmen zu integrieren. In allen Schulen,

1878 | 1883 | 1908 | 1918

1878–1890 „Sozialistengesetz" („Gesetz gegen die gemeingefährlichen Bestrebungen der Sozialdemokratie"): Verbot der politischen Betätigung der Sozialdemokratie

ab 1883 Sozialgesetze (staatliche Kranken-, Unfall-, Alters- und Invalidenversicherung)

1908 Frauen dürfen studieren, sich politisch betätigen und Mitglied einer Partei werden

Behörden und Gerichten Preußens war nur die deutsche Sprache erlaubt. Als der Gebrauch der polnischen Sprache auch in den Kirchen verboten wurde, kam es zu heftigen Protesten. Die deutschen Behörden reagierten mit Einschüchterungsmaßnahmen und Ausweisungen. Ausgegrenzt wurden auch die deutschen Juden, die von vielen Bürgern als nicht integrationsfähig in die deutsche Gesellschaft angesehen wurden. Alte Vorurteile führten zu offen gezeigten antisemitischen Haltungen, bei denen die deutschen Juden als „Vertreter des internationalen Kapitals" verleumdet wurden. Programme rechter Parteien und Verbände nahmen judenfeindliche Passagen in ihre Satzungen auf.

Der „Kulturkampf" gegen die katholische Kirche

Ein weiterer bedeutender Konflikt war der sogenannte „Kulturkampf", der aus dem Gegensatz zwischen dem monarchisch-säkularen Staat und dem in der Zentrumspartei organisierten Katholizismus entstand. Die deutschen und besonders die preußischen Protestanten waren auf vielen Ebenen mit den Führungsschichten des Reichs verbunden. Daher stießen die meisten Entscheidungen der Regierung auf Wohlwollen. Anders die deutschen Katholiken, die in vielen Fragen der praktischen Lebensführung und der Politik auf die Weisungen des Papstes in Rom hörten. Die Zentrumspartei als Partei der deutschen Katholiken wurde bei den Reichstagswahlen 1871 zur zweitstärksten politischen Kraft.

Dass die katholische Kirche eine so bedeutende Rolle einnahm, wollte Bismarck nicht hinnehmen und erließ deshalb eine Reihe von Gesetzen und Verboten. Geldbußen und Haftstrafen wurden bei Nichteinhaltung der Vorschriften festgeschrieben. So war es u. a. den Geistlichen durch den „Kanzelparagraphen" verboten, in ihren Predigten Kritik gegenüber dem Staat zu äußern. Mit dem „Schulaufsichtsgesetz" entzog der Reichskanzler den Geistlichen jede Kontrolle über das Schulwesen und unterstellte es dem Staat. 1874 wurde die Zivilehe eingeführt. Nun mussten die Bürger auf staatlichen Standesämtern heiraten, wo auch Geburten und Todesfälle gemeldet und registriert wurden.

Die katholische Kirche wehrte sich heftig gegen diese Maßnahmen. Der Zusammenhalt unter den Katholiken festigte sich deutlich, die Zahl der Mitglieder der Zentrumpartei nahm stetig zu. Bismarck musste erkennen, dass er mit dieser Politik sein Ziel nicht erreicht hatte. Er benötigte zudem die Katholiken als Verbündete im Kampf gegen die Sozialdemokraten. Daher nahm Bismarck viele Maßnahmen wieder zurück. Geblieben sind bis heute die Zivilehe und die Kontrolle des Staates über die Schulen.

Der Kampf gegen die Sozialdemokratie

Auch das Vorgehen gegen die Sozialdemokratische Partei mithilfe des Sozialistengesetzes 1878 war im Ergebnis wenig erfolgreich. Bismarck wollte keinen „von unten" regierten Staat und misstraute den politischen Forderungen der Arbeiterschaft. Zwei Attentate auf Kaiser Wilhelm I. nahm Bismarck zum Anlass, gegen die Sozialdemokraten vorzugehen, obgleich diese mit den Anschlägen nichts zu tun hatten. Das „Sozialistengesetz" verbot alle sozialdemokratischen, sozialistischen oder kommunistischen Vereine. Die sozialdemokratischen Abgeordneten des Reichstags blieben dagegen unbehelligt. Die von Bismarck eingeführte und für die damalige Zeit sehr fortschrittliche Sozialgesetzgebung, mit der er die SPD schwächen und die Arbeiter für seine Politik gewinnen wollte, verhinderte aber nicht das stetige Erstarken der Sozialdemokratie. Im Reichstag von 1912 wurde die SPD erstmalig die stärkste Fraktion. Die Zahl der sozialdemokratischen Wähler verdreifachte sich, 1890 beschloss der Reichstag, das „Sozialistengesetz" nicht mehr zu verlängern.

In diesem Kapitel konntest du folgende Kompetenzen erwerben:

- das Nebeneinander von alten Traditionen und moderner Entwicklung in Wirtschaft und Gesellschaft nach der Gründung des Deutschen Reichs erläutern
- die Auswirkungen des Nationalismus und des Militarismus auf das Leben der Menschen im Kaiserreich untersuchen und beschreiben
- den Umgang der kaiserlichen Regierung mit politischen und gesellschaftlichen Gegnern erkennen und bewerten
- Ursachen und Erscheinungsformen des Antisemitismus erklären
- die Forderungen der Frauenbewegungen nennen und historisch einordnen
- **Methode:** Architektonische Quellen analysieren

M 1

Werbeplakat, um 1900

M 2

„... und dann müsst ihr bedenken, als Zivilisten seid ihr hergekommen und als Menschen geht ihr fort!“
Karikatur von Olaf Gulbransson aus dem „Simplicissimus“, 1910

M 3

Reichstagsgebäude, erbaut 1884–1894 nach den Plänen von Paul Wallot, errichtet aus den Reparationszahlungen des Deutsch-Französischen Krieges 1870/71, kolorierte Aufnahme, um 1900

M4

Der Historiker Hans-Ulrich Wehler über Militär und Gesellschaft (1995):

Das Offizierscorps galt vielen uneingeschränkt als „erster Stand im Staat“, der sich bis zur Kastenbildung von der Gesellschaft elitär absonderte ... Militärische Gewohnheiten drangen im Kaiserreich immer tiefer in das tägliche Leben ein: der Kommandoton und das Strammstehen, die herablassende Behandlung des Bürgers durch den Offizier ... Im Verhaltensstil, in der Sprache und Denkweise wurde die Dominanz des Militärs bereitwillig akzeptiert, imitiert und verinnerlicht. Seine Werte und Normen rückten an die Spitze der Ansehensskala ... Für die herrschenden Klassen übernahm der Sozialmilitarismus [Denkweise, die militärische Prinzipien zur Grundlage in Staat und Gesellschaft macht] eine hochwillkommene Disziplinierungsfunktion. Für die liberalen Bürger garantierte das Heer einen Damm gegen die rote Revolution ...

Die Armee integrierte in ihren Einheiten Individuen aus allen Regionen des Reichs und aus allen Klassen der Bevölkerung. Sie machte die Nationsbildung konkret erfahrbar ... Außer dem Nationalismus und der Sozialisation in Familie und Schule gab es keine vergleichbare effektive Integrationsleistung.

Hans-Ulrich Wehler, Deutsche Gesellschaftsgeschichte, Bd. 3, München (C. H. Beck) 1995, S. 873f. und 881ff.

M5

Karikatur über das Studium von Frauen aus den „Fliegenden Blättern“, 1909. Die Bildunterschrift lautet: „Wie, gnädiges Fräulein wollen sich dem ärztlichen Beruf widmen? Aber ich bitt' Sie, mit so einem lieben G'sichterl studiert man doch nicht!“

Methodenkompetenz

1 a) Analysiere die Architektur des Reichstagsgebäudes (M3) mithilfe der Arbeitsschritte auf S. 21.

b) Stelle Vergleiche mit dem Mainzer Bahnhof an (siehe S. 20). Zeige Ähnlichkeiten und Unterschiede zwischen den beiden Gebäuden auf.

Tipp: Im Internet kannst du größere Abbildungen vom Reichstag finden und somit besser vergleichen.

Fach- und Kommunikationskompetenz

2 Schreibe eine Antwort aus Sicht der Frau auf den Kommentar des Mannes (M5), in dem die Situation der Frauen damals deutlich wird.

3 **Partnerarbeit:** Suche dir aus der nachfolgenden Liste drei Begriffe aus und verfasse eine kurze schriftliche Erklärung der Begriffe, ohne sie zu nennen. Dein Nachbar muss den Begriff erkennen: Obrigkeitsstaat, Nationalismus, Militarisierung, Antisemitismus, „Germanisierung“, „Kulturkampf“, Frauenvereine.

4 **Gruppenarbeit:** Erstellt in einer Arbeitsgruppe ein Plakat, auf dem ihr ausgehend von M1, M2, M4 und M5 alte und moderne Tendenzen in Wirtschaft und Gesellschaft des Kaiserreichs anschaulich gegenüberstellt.

Tipp: Gebt den einzelnen Bereichen Oberbegriffe.

Urteilskompetenz

5 Erarbeite anhand von M2 und M4 die Merkmale einer „militarisierten Gesellschaft“ und beurteile, ob man im Falle des Kaiserreichs von einem „Militärstaat“ sprechen kann. Begründe deine Meinung.

6 Wiederhole die Maßnahmen Bismarcks zum Umgang mit Minderheiten und „Reichsfeinden“ (siehe S. 24/25 und S. 30/31). Wie fällt deine Beurteilung aus heutiger Sicht aus?

DIE SOZIALDEMOKRATIE
GEGEN KOLONIEN GEGEN
DEUTSCHLAND
ITALIEN
FRANKREICH
TOGO, KAMERUN, OSTAFRIKA
SÜDWESTAFRIKA
MAROKKO
ALGIER
MADAGASKAR
ANAM
COCHINCHINA
TRIPOLIS
CUBA
PANAMA
INDIEN
SÜDAFRIKA
OSTAFRIKA
ÄGYPTEN
SUDAN
AUSTRALIEN
CANADA
DIEWELT
ROTEN

2
Imperialismus und Erster Weltkrieg

Seit ca. 1880 versuchten die europäischen Industriestaaten und die USA die noch „freien“ Gebiete der Erde zu unterwerfen und Weltreiche zu gründen. Der Text auf der Rückseite einer Postkarte der Zentrumspartei warnt vor den Folgen für Deutschland, an diesem Wettlauf nicht teilzunehmen: „Verzichtet Deutschland auf die Erweiterung seines Wirtschaftsgebietes, so heißt dies: Deutschland kann nicht nur als politisch maßgebendes Land abdanken, sondern es geht auch wirtschaftlich zurück.“

Welche Interessen und Konflikte kannst du der Szene entnehmen?
Stell dir vor, Deutschland nimmt auch an der Verteilung des Kuchens teil.

Werbepostkarte der Zentrumspartei zur Reichstagswahl 1912. Die SPD-Politiker Karl Liebknecht und Georg Ledebour hindern Deutschland daran, an der „Aufteilung der Welt“ mitzumachen.

1870 | 1880 | 1890

1880–1914 Zeitalter des Imperialismus

1873 Dreikaiserabkommen: Deutsches Reich – Österreich-Ungarn – Russland

1879 Zweibund: Deutsches Reich – Österreich-Ungarn

1884 Europäer teilen Afrika unter sich auf

1890 Entlassung Bismarcks; „Neuer Kurs“ Wilhelms II.

1871 Gründung des Deutschen Reichs

Imperialismus und Erster Weltkrieg

Gegen Ende des 19. Jahrhunderts setzte ein sich verschärfender Kampf zwischen den Industrienationen um die von ihnen noch nicht beherrschten Gebiete der Welt, vor allem in Afrika und Asien, ein. Ziel war es, Weltreiche (Imperien) zu gründen, um sowohl die eigene Wirtschaft durch die Erschließung von Rohstoffquellen und Absatzmärkten zu stärken als auch um sich dadurch in einem so empfundenen „Überlebenskampf“ der Nationen zu behaupten. Hinzu kam übersteigerter Nationalismus und das Gefühl rassischer Überlegenheit gegenüber den Völkern in den begehrten Gebieten.

Besonders erschwerend war, dass sich Staaten wie Deutschland und Italien nach ihren verspäteten Staatsgründungen in den Verteilungskampf einmischten. Das Gleichgewicht Europas geriet zunehmend aus den Fugen. Eine Atmosphäre, die von nationalem Ehrgeiz, Ängsten, Misstrauen und Rivalität geprägt war, bedurfte schließlich nur noch eines Funkens, der das Pulverfass zum Explodieren brachte. So kam es 1914 zur „Urkatastrophe des 20. Jahrhunderts“, dem Ersten Weltkrieg.

- Welche Motive veranlassten Großmächte in Europa, die USA und Japan, imperialistische Weltpolitik zu betreiben?
- Wie rechtfertigten die Staaten ihre expansive Politik, und welche unterschiedlichen Formen des Imperialismus* setzten sie um?
- Welche Auswirkungen hatte der Imperialismus auf Europa und auf die Völker in den Kolonien*?
- Welche besondere Entwicklung nahm Deutschland in dieser Zeit?
- Was waren die Ursachen des Ersten Weltkrieges, und was machte die Besonderheit dieses Krieges aus?

Antworten auf diese Fragen kannst du in diesem Kapitel finden.

M 1

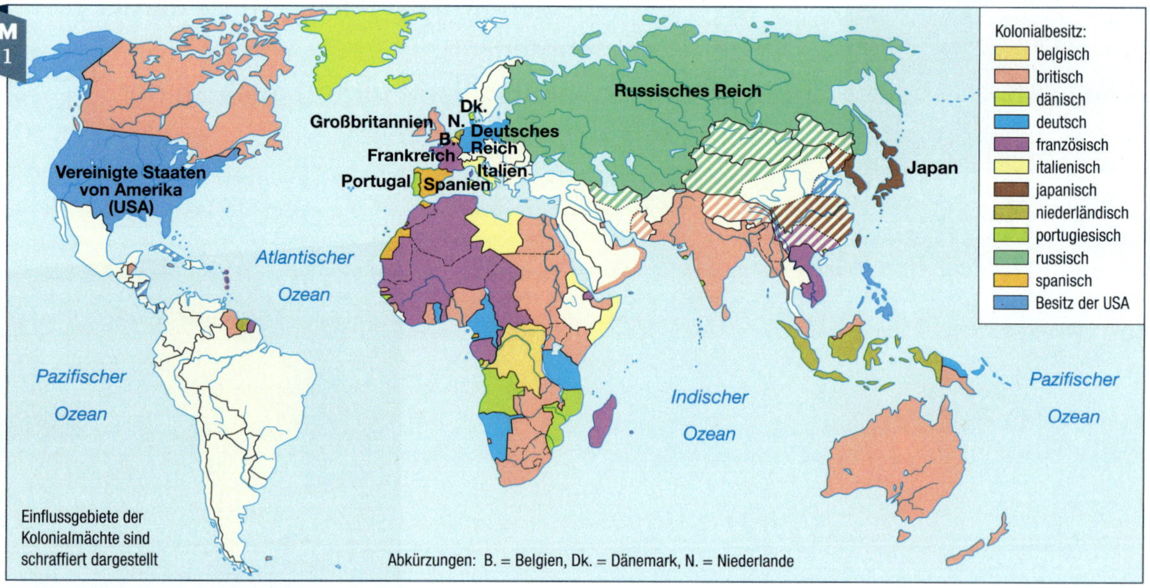

Die Kolonialmächte der Welt um 1914

1900 | 1910 | 1920

1898 französisch-britische Konfrontation in Afrika
1904 Entente cordiale: britisch-französische Verständigung
1905/1911 deutsch-französische Konfrontation
1912/1913 Balkankriege
1914 Attentat auf den österreichischen Thronfolger in Sarajewo/Bosnien
1914–1918 Erster Weltkrieg
1918–1933 Weimarer Republik

M 2

Französische Karikatur von J. Laurian, 1899. Auf dem Spruchband die französische Inschrift des englischen Hosenbandordens: „Honni soit qui may y pense“: „Ein Schuft, wer Böses dabei denkt.“

M 3

„Seien Sie doch nicht so unruhig! Sie werden den Kahn noch zum Kentern bringen.“ – Das missratene Kind. Karikatur auf Wilhelm II. aus der englischen „Punch“, 10. Mai 1890. Im Kahn: Die personifizierten Länder England, Frankreich, Österreich und Russland.

M 4

Deutsche Soldaten mit Flugabwehrgeschütz im Ersten Weltkrieg

1 Untersuche anhand von M1 die Aufteilung der Welt um 1914.

2 **a)** Beschreibe M4.
b) Arbeite anhand des Bildes Unterschiede zwischen dem Ersten Weltkrieg zu Kriegen und Schlachten vor 1914 heraus.

3 **Wähle eine Aufgabe aus:**
a) Interpretiere M2 unter Einbeziehung des Darstellungstextes und mithilfe der Methode „Eine Karikatur entschlüsseln“ (siehe S. 237).
b) Interpretiere M3 unter Einbezug des Darstellungstextes, der Zeitleiste und mithilfe der Methode „Eine Karikatur entschlüsseln“ (siehe S. 237).

Das Zeitalter des Imperialismus

Je nach Größe, geografischer Lage und historischer Tradition übten die einzelnen Staaten imperialistische Politik in verschiedenen Formen und teilweise auch mit unterschiedlichen Zielsetzungen aus. Anhand der folgenden Stationen kannst du erarbeiten, welche Ursachen, Ziele und Formen der Imperialismus als Ganzes und bei den einzelnen imperialen Mächten hatte.

Wie veränderte sich der Umgang mit den Kolonien seit der Zeit der frühen Entdeckungen?

Seit dem Beginn der Neuzeit um 1500 hatten die frühen Kolonialmächte wie Spanien und Portugal immer neue Gebiete in der Welt erworben. Ihr Hauptziel war vor allem der Gewinn von Edelmetallen, Rohstoffen und Agrarprodukten. Historiker sprechen von „Beutekapitalismus". Zunehmend rückte allerdings das Ziel der politischen Herrschaft in den Vordergrund. Die Industrialisierung mit ihrem Bedarf an Rohstoffen und Absatzmärkten sowie der wachsende Nationalismus mit seinem Prestigebedürfnis im 19. Jh. dynamisierten diesen Prozess gewaltig. Die Ausdehnung der Kolonialgebiete und der Wille zur Einflussnahme in der Welt – Weltmacht zu sein – wurden zum programmatischen Ziel vieler europäischer Staaten, der USA und auch Japans, die sich gegenseitig Konkurrenz machten. Man nennt daher die Zeit seit den 1880er Jahren bis zum Ersten Weltkrieg 1914 das Zeitalter des Imperialismus.

Lernen an Stationen

Anhand der folgenden neun Stationen könnt ihr das Thema „Imperialismus" erarbeiten. Es empfiehlt sich, die Stationen arbeitsteilig in Gruppen zu bearbeiten, d. h. jede Gruppe übernimmt ein oder auch zwei Teilthemen der Pflichtstationen und bearbeitet diese mithilfe der Arbeitsaufträge, die auf der jeweiligen Seite abgedruckt sind. Entscheidet vor Arbeitsbeginn, wie ihr eure Ergebnisse auswerten und präsentieren wollt (Kurzreferate, Tafelskizze, Wandzeitung, Powerpoint-Präsentation etc.). Zusätzlich könnt ihr eine der Wahlstationen bearbeiten und eure Ergebnisse vergleichen.

M 1 Laufzettel

Pflichtstationen	**bearbeitet mit … am …**	**meine Meinung zum Thema**
Station 1: Ziele und Rechtfertigung imperialistischer Politik S. 41		
Station 2: Großbritannien: Handel und indirekte Herrschaft S. 42		
Station 3: Frankreich: Kolonialismus als „Zivilisierung" S. 43		
Station 4: Russland: Kontinentalimperialismus S. 44		
Station 5: USA: Imperialismus als Prinzip der „offenen Tür" S. 45		
Station 6: Deutschland: der Sonderfall Bismarck S. 46		
Station 7: Deutschland: Streben nach Weltmacht unter Wilhelm II. S. 47		
Wahlstationen		
Station 8: Widerstand: das Beispiel Deutsch-Südwestafrika S. 48		
Station 9: Kolonialwarenhandel: edle Produkte aus Übersee S. 49		

Webcode: FG640249-040
Kartenanimation: Kolonialismus und Imperialismus bis 1914

Station 1: Ziele und Rechtfertigung imperialistischer Politik

Wie legitimierten die Mächte ihre imperialistischen Ziele?

Der Imperialismus im ausgehenden 19. und beginnenden 20. Jahrhundert unterschied sich vom „alten" Kolonialismus* vor allem durch das Tempo seiner Ausdehnung und das aggressive Vorgehen. Die Weltwirtschaft wurde als ein System gesehen, in dem es galt, die eigene nationale Wirtschaft gegenüber den anderen zu schützen und notfalls abzuschotten. Rohstoffquellen, Investitionsmöglichkeiten und Absatzmärkte wurden zu zentralen Motiven. Der unerbittliche Konkurrenzkampf um die „Aufteilung der Welt" fand auf der ganzen Erde statt. Die imperialistischen Mächte empfanden bald die Notwendigkeit, ihr Vorgehen in der Welt und ihren Anspruch auf Herrschaft zu rechtfertigen. Vor allem auf drei Legitimierungsideologien basierte ihre Rechtfertigung. Zum einen empfand man ein kulturmissionarisches Sendungsbewusstsein*. Man glaubte die Vorzüge der Überlegenheit der eigenen Kultur in die Welt hinaustragen und die „Barbarei" der unterentwickelten Länder durch Zivilisierung beenden zu müssen.

Weiterhin war die nationalistische Legitimierung von großer Bedeutung. Es galt als dringende Aufgabe, die eigene Nation zu stärken und die nationalen Interessen in der Welt zu vertreten. So sollten zum Beispiel Auswanderer nicht in anderen Industrienationen, z. B. in den USA, „verloren gehen", sondern in eigenen Kolonien als nationales Element erhalten bleiben. Die Schaffung von Siedlungsräumen für die Ansiedlung eines angeblichen Bevölkerungsüberschusses wurde zum wichtigen Argument. Größe und Stärke einer Nation zeigten sich nach der damaligen Vorstellung erst durch das Ausgreifen über die nationalen Grenzen hinaus. Die Steigerung des nationalen Prestiges spielte eine bedeutende Rolle.

Schließlich leitete man aus der Lehre des britischen Naturforschers Charles Darwin (1809–1882) eine Begründung imperialistischer Politik ab. Er lehrte, dass die natürliche Auslese im „Kampf um das Dasein" die Entstehung und Entwicklung der Arten verursacht (Evolutionstheorie). Die vereinfachte Übertragung dieser Theorie auf die menschliche Gesellschaft nennt man Sozialdarwinismus*. Der Begriff wird dazu benutzt, um soziale Ungleichheit und Rassismus* zu rechtfertigen. Aus dieser Theorie wird abgeleitet, dass ein Volk untergehen müsse, wenn es nicht in der Lage sei, erfolgreich Krieg zu führen.

M 1

Triebkräfte der imperialistischen Expansion

1 a) Arbeite aus dem Darstellungstext und M1 die Ziele und Triebkräfte imperialistischer Politik heraus.
b) Erstelle ein neues umfassenderes Schaubild.

2 Erkläre die im Darstellungstext angeführten Rechtfertigungsideologien.

3 Vergleiche die Rechtfertigungsideologien und nimm Stellung dazu.

Station 2: Großbritannien: Handel und indirekte Herrschaft

M 1

Gründe und Methoden britischer Kolonialpolitik

M1A *Der konservative Publizist John Walton schrieb in einer Zeitschrift zur Aufgabe des Imperialismus (1899):*

Wir sind eine industrielle Gesellschaft, die hauptsächlich von unserem Handel mit der Welt lebt. Wo unser Kapital und unsere Unternehmungen Wege für unseren Handel geschaffen haben, dürfen diese nicht durch feindliche Zölle geschlossen werden. Wo wir Märkte für unsere Güter erschlossen haben, müssen wir den Zugang ... erhalten. Die Besetzung von herrenlosen Gebieten auf dem Erdball ist in der Regel moralisch gerechtfertigt und darüber hinaus ökonomisch ratsam, ... um die Errichtung von Handelsmetropolen [anderer Nationen] abzuwenden ... Kein größerer Fluch kann abhängige Rassen befallen, als das Opfer von Handelsfreibeutern zu werden, keine größere Wohltat kann ihnen in ihrem unvermeidlichen Kampf mit der eindringenden westlichen Zivilisation zuteil werden als die starke, aber humane Autorität britischer Herrschaft.

M1B *Der britische Außenminister Lord Robert Salisbury an den Generalkonsul von Ägypten (1879):*

Das Hauptziel unserer ägyptischen Politik ist die Erhaltung der Neutralität dieses Landes, d. h. die Erhaltung einer Situation, in der dort keine Großmacht mächtiger sein kann als Großbritannien ... Es hat sich bereits zur Genüge gezeigt, dass die Muselmanen nicht bereit sind, einer Regierung zu gehorchen, die nominell europäisch ist bzw. deren maßgebende und herausragende Elemente europäisch sind ... Es ist daher von besonderer Bedeutung, der einheimischen Regierung zum Erfolg zu verhelfen. Aus diesem Grund sollte sie in ihrem eigenen Interesse weitgehend Europäer beschäftigen bzw. dazu gezwungen werden ... Allerdings sollten die Europäer so weit wie möglich im Hintergrund bleiben ... Um die Stellungen, die den größten Einfluss ausüben und den geringsten Neid erwecken, sollten sich die Europäer bemühen.

M1A und M1B zit. nach Wolfgang Mommsen, Imperialismus, Hamburg (Hoffmann und Campe) 1977, S. 70 und S. 47ff.

M 2

„So kolonisiert der Engländer", Karikatur von Thomas Th. Heine in der deutschen satirischen Zeitschrift „Simplicissimus", 1905. Dem Afrikaner wird Whiskey eingeflößt.

1 Arbeite aus M1A und M1B Gründe und Methoden britischer Kolonialherrschaft heraus.

2 Analysiere M1A auf Rechtfertigungsstrategien für das britische Vorgehen hin.

3 Bewerte unter Einbeziehung der Karikatur M2 das Vorgehen der britischen Regierung.

Station 3: Frankreich: Kolonialismus als „Zivilisierung“

M 1

Die Bedeutung von Kolonien für Frankreich

M1A *Gabriel Hanotaux, französischer Außenminister, um 1894 zur französischen Kolonialpolitik:*

Bei der Ausdehnung Frankreichs handelt es sich nicht um Eroberungs- oder Machtpolitik, sondern darum, jenseits der Meere in Landstrichen, die gestern barbarisch waren, die Prinzipien einer Zivilisation zu verbreiten, deren sich zu rühmen eine der ältesten Nationen des Globus wohl das Recht besitzt. Es handelt sich darum, in der Nähe und in der Ferne ebenso viele neue Frankreiche zu schaffen. Es handelt sich darum, unsere Sprache, unsere Sitten, unser Ideal, den französischen und lateinischen Namen inmitten der stürmischen Konkurrenz der anderen Rassen, die alle auf demselben Weg marschieren, zu schützen. Die französische Ausdehnung hatte zu allen Zeiten zivilisatorischen und religiös-missionarischen Charakter.

M1B *Eugène Etienne, Vorsitzender der französischen „Kolonialpartei“, 1889:*

Frankreich kann stolz sein, dass es in der Vergangenheit seine Tore weit geöffnet hat ... Heute aber darf es nicht ignorieren, was in seinem Umkreis geschieht ... Amerika, das seine Industrien hinter sorgsam verschlossenen Toren aufgebaut hat, plant nunmehr die Errichtung eines „Zollvereins“, der allein für amerikanische Erzeugnisse geöffnet ist. Heute also muss Frankreich darum besorgt sein, sich seinen eigenen Markt zu bewahren ... Es gibt ein Land, das wir als Erste erforscht und kolonisiert haben, nämlich Afrika. Alle europäischen Nationen stürzen sich auf dieses Land ... Frankreich muss nach Afrika und nach Indien gehen ... Wir müssen von dort aus nach China vorstoßen und verhindern, dass uns ein Volk zuvorkommt, das niemals zögert und niemals pausiert, nämlich die Engländer, welche mit Siam [Thailand] und Burma [Myanmar] über zwei Zugänge nach China verfügen.

M1A zit. nach Karl Epting, Das französische Sendungsbewusstsein im 19. und 20. Jahrhundert, Heidelberg (Vowinckel) 1952, S. 90. M1B zit. nach Mommsen, a. a. O., S. 84ff.

M 2

„Frankreich wird Marokko Kultur, Wohlstand und Frieden bringen können“, Titelseite der französischen Zeitschrift „Le Petit Journal“ vom 19. November 1911

1 Vergleiche die in M1A und M1B genannten Gründe für die imperialistische Politik Frankreichs und nimm Stellung dazu.

2 Untersuche M1A und M2 auf Rechtfertigungsideologien hin.

3 Beschreibe das französische Selbstverständnis hinsichtlich der Kolonisation und gegenüber den anderen imperialistischen Mächten. Beziehe M2 mit ein.

Station 4: Russland: Kontinentalimperialismus

M 1

Der Außenminister Russlands, Alexander M. Gortschakow, schrieb über die Motive russischer Expansionspolitik am 3. Dezember 1864 an die europäischen Großmächte:

Die Situation Russlands in Zentralasien ist die aller zivilisierten Staaten, welche sich in Kontakt mit nomadisierenden, halbwilden Völkerscharen ohne feste Organisation befinden. Die Sicherheit der Grenzen und des Handels verlangt in solchem Falle, dass der zivilisierte Staat ein gewisses Übergewicht über seine Nachbarn ausübe. Zunächst sind ihre Einfälle und Plünderungen zurückzuweisen. Um denselben ein Ende zu machen, ist man genötigt, die Grenzbevölkerung zu einer mehr oder minder direkten Unterwerfung zu zwingen. Ist dies Resultat erreicht, so nehmen die Grenzbewohner ruhigere und sesshaftere Gewohnheiten an, dafür werden sie nunmehr von ferner lebenden Stämmen beunruhigt. Der Staat ist verpflichtet, jene zu schützen, diese zu züchtigen.

Zit. nach Peter Alter (Hg.), Der Imperialismus (= Tempora Quellen zur Geschichte und Politik), Stuttgart (Klett) 1989, S. 40ff.

Der russische Imperialismus war von seiner Möglichkeit der kontinentalen Ausdehnung in Asien geprägt. Zugleich hatte Russland aufgrund des Fehlens eines eisfreien Hafens kaum Möglichkeiten, seine imperialistischen Bestrebungen nach Übersee auszudehnen. Ein weiterer wichtiger Faktor war der Anspruch, Vormacht und Beschützer aller Slawen zu sein. So richtete sich die Expansion des Zarenreichs schließlich in drei Richtungen: nach Südosteuropa und den Meerengen am Schwarzen Meer, außerdem nach der Mandschurei sowie China und drittens nach Persien. Für die Erschließung Asiens, die Ausbeutung der sibirischen Reichtümer sowie den Zugang zum chinesischen Markt war der Bau der Transsibirischen Eisenbahn notwendig. Man erhoffte sich durch den kürzeren Transportweg, auf Kosten Englands, Anteile am europäischen Handel mit China zu sichern.

1 Erkläre das M1 zugrunde liegende Prinzip der russischen Ausdehnung in Zentralasien.

2 Beschreibe die Besonderheiten des russischen Imperialismus im Vergleich mit dem französischen und britischen. Ziehe dazu M2 sowie die Karten auf S. 38 und S. 51 heran.

3 Erläutere die wirtschaftlichen Vorteile, die man sich vom Bau der Transsibirischen Eisenbahn versprach (M2, Darstellungstext).

M 2

Das russische Imperium

Station 5: USA: Imperialismus als Prinzip der „offenen Tür"

M 1

Der US-Senator Albert J. Beveridge sprach 1889 bei einer politischen Veranstaltung in Boston über die Zukunft der USA:

Amerikanische Fabriken stellen mehr her, als für die Versorgung des amerikanischen Volkes notwendig ist. Die amerikanische Erde erzeugt mehr, als es verzehren kann. Das Schicksal hat uns unsere Politik vorgeschrieben. Der Handel der Welt muss und wird unser sein ... Wir werden in der ganzen Welt Handelsniederlassungen als Umschlagplätze für amerikanische Waren gründen. Unsere Handelsflotte wird bald über den ganzen Ozean fahren. Wir werden eine Kriegsmarine aufbauen, die unserer Größe entspricht. Aus unseren Handelsniederlassungen werden Kolonien erwachsen, die sich selbst regieren, unsere Flagge führen und mit uns Handel treiben ... Und das amerikanische Recht, die amerikanische Ordnung, die amerikanische Zivilisation und die amerikanische Flagge werden an bis dahin blutigen unkultivierten Ufern Fuß fassen, Ufern, die ... von nun an schöner und zivilisierter werden.

Zit. nach Mommsen, a. a. O., S. 211f.

Der US-amerikanischen Vorstellung entsprach im Wesentlichen der Aufbau eines Imperiums basierend auf der Idee des Wirtschaftsliberalismus. Die USA vertraten eine „Politik der offenen Tür", d. h. nicht der Erwerb von Kolonialbesitz war wichtig, sondern der freie Zugang zu den Märkten. Die Verkehrswege sollten vor allem durch Stützpunkte gesichert werden. Durch den Einsatz ihres Kapitals, ihrer Wirtschaftsmacht, diplomatischen Drucks und eines schlagkräftigen Militärapparats verschafften sich die USA Einfluss und schufen Abhängigkeiten in weniger entwickelten Gebieten der Welt. Man spricht auch vom amerikanischen „Dollarimperialismus". Insbesondere Latein- und Mittelamerika hatten die USA bereits 1823 zu ihrem ausschließlichen, von den Europäern zu respektierenden Einflussbereich erklärt.

1 Arbeite die Prinzipien des US-amerikanischen Imperialismus heraus (M1, Darstellungstext).

2 Untersuche M1 auf Rechtfertigungsideologien für die imperialistische Politik der USA hin.

3 Diskutiert den Charakter, den der Karikaturist der US-Politik zuschreibt (M2).

M 2

„Schutzmann der Welt", amerikanische Karikatur auf Theodor Roosevelts Außenpolitik („Big-Stick-Policy = speak softly and carry a big stick"), 1905

Wirtschaftsliberalismus
steht für Wettbewerb, freies Unternehmertum und internationalen Freihandel. Er vertraut darauf, dass der Markt sich selbst reguliert. Eingriffe des Staates in die Wirtschaft, z. B. durch Schutzzölle, lehnt er grundsätzlich ab.

Wirtschaftslenkung
steht für Eingriffe des Staates in die Wirtschaft, z. B. durch Schutzzölle oder Vorgaben, welche Ziele innerhalb eines bestimmten Zeitraumes erreicht werden sollen (Planwirtschaft).

Station 6: Deutschland: der Sonderfall Bismarck

M1

Bismarck zur Kolonialpolitik

a) 1884: Ich wiederhole, dass ich gegen Kolonien ... bin, die als Unterlage ein Stück Land schaffen und dann Auswanderer herbeizuziehen suchen, Beamte anstellen und Garnisonen einrichten, dass ich meine Abneigung gegen diese Art von Kolonisation ... nicht aufgegeben habe. Unsere Absicht ist nicht, Provinzen zu gründen, sondern kaufmännische Unternehmungen ... zu schützen in ihrer freien Entwicklung.

Zit. nach Otto von Bismarck, Die gesammelten Werke, Friedrichsruher Ausgabe, Bd. 12, Berlin 1929, S. 479 ff.

b) 1885: Wir müssen uns stets gegenwärtig halten, dass wir in Ägypten selbst nur geringes Interesse haben, wohl aber an der Frage, wie wir in Europa zu Frankreich und England stehen. Wir dürfen uns keine von beiden Mächten ohne Not verfeinden und weder ihre Intimität anbahnen helfen noch die Verstimmung zwischen ihnen bis zum Krieg zwischen beiden fördern.

Zit. nach Ekkhard Verchau, Otto von Bismarck, München (Knaur) 1981, S. 121.

c) 1885: Die öffentliche Meinung legt gegenwärtig in Deutschland ein so starkes Gewicht auf die Kolonialpolitik, dass die Stellung der Regierung im Innern von dem Gelingen derselben wesentlich abhängt.

Zit. nach Johannes Lepsius u. a. (Hg.), Die große Politik der europäischen Kabinette, Bd. 4, Nr. 758, Berlin, (Deutsche Verlagsgesellschaft für Politik) 1922, S. 96.

d) 1888 [zu dem Afrikaforscher Wolf]: „Ihre Karte von Afrika ist ja sehr schön, aber meine Karte von Afrika liegt in Europa. Hier liegt Russland und hier liegt Frankreich, und wir sind in der Mitte. Das ist meine Karte von Afrika."

Zit. nach Ekkhard Verchau, a. a. O., S. 121.

M2

Karikatur aus der satirischen Zeitschrift „Kladderadatsch", 1884

M3

Ein Historiker zum Erwerb von Kolonien durch Bismarck:

Die Erwerbung erfolgte zu einem außenpolitisch günstigen Zeitpunkt, als die erste Kolonial- und Seemacht, England, mit Frankreich in starken Spannungen wegen des Sudans lebte und nicht minder starke Spannungen zu Russland wegen Afghanistan bestanden ... Innerhalb eines kurzen Zeitraums wurden ohne Flotte und ohne Krieg Gebiete unter deutsche Oberhoheit gestellt, die unternehmende Kaufleute und Forschungsreisende ... erworben hatten: April 1884 Südwestafrika, im Juli Togo und Kamerun, im Februar 1885 Ostafrika und im Mai 1885 das Kaiser-Wilhelm-Land [Nordguinea] mit der vorgelagerten Inselgruppe, dem Bismarck-Archipel.

Zit. nach Verchau, a. a. O., S. 121.

1. Arbeite aus M1 und M2 Bismarcks Haltung zur Kolonialpolitik heraus und bewerte sie.
2. Erläutere, warum Bismarck 1884/1885 den Großteil der deutschen Kolonien erwarb (M1 und M3).
3. **Partnerarbeit:** Diskutiert, inwiefern Bismarcks Kolonialpolitik ein „Sonderfall" war.

Station 7: Deutschland: Streben nach Weltmacht unter Wilhelm II.

Deutschland trat spät in den Kreis der Kolonialmächte ein und wurde zunehmend von den imperialistischen Strömungen erfasst. Seit der Thronbesteigung Wilhelms II. wurde der Ruf nach gleichberechtigter Weltmachtstellung immer lauter. Der wichtigste Förderer der Weltmachtidee war der Kaiser selbst. Als Kernpunkt der neuen Politik galt der Bau einer Flotte.

M 1

Staatssekretär Bernhard von Bülow (1897):
Die Zeiten, wo der Deutsche dem einen seiner Nachbarn die Erde überließ, dem anderen das Meer und sich selbst den Himmel reservierte ... diese Zeiten sind vorüber. Wir betrachten es als eine unserer vornehmsten Aufgaben, gerade in Ostasien die Interessen unserer Schifffahrt, unseres Handels und unserer Industrie zu fördern und zu pflegen ... Wir müssen verlangen, dass der deutsche Missionar und der deutsche Unternehmer, die deutschen Waren, die deutsche Flagge und das deutsche Schiff in China geradeso geachtet werden wie diejenigen anderer Mächte. Wir sind endlich gern bereit, in Ostasien den Interessen anderer Großmächte Rechnung zu tragen, in der sicheren Voraussicht, dass unsere eigenen Interessen gleichfalls die ihnen gebührende Würdigung finden. Mit einem Worte: Wir wollen niemand in den Schatten stellen, aber wir verlangen auch unseren Platz an der Sonne.

Zit. nach Johannes Penzler (Hg.), Fürst Bülows Reden nebst urkundlichen Beiträgen zu seiner Politik, Bd. 1, Berlin (Verlag Georg Reimer) 1907, S. 6–8.

M 2

Admiral Tirpitz zum Flottenbau (1900):
Unter den gegebenen Umständen gibt es nur ein Mittel, Deutschlands Handel und Kolonien zu schützen. Deutschland muss eine Flotte von solcher Stärke haben, dass selbst für die größte Flotte ein Krieg mit ihm ein solches Risiko in sich schließen würde, dass ihre eigene Überlegenheit gefährdet wäre. Für diesen Zweck ist es nicht absolut notwendig, dass die deutsche Flotte ebenso groß ist wie die der größten Seemacht, weil in der Regel eine große Seemacht nicht in der Lage sein wird, ihre ganze Kraft gegen uns zu konzentrieren.

Zit. nach Walther Hubatsch, Die Ära Tirpitz, Göttingen (Musterschmidt Verlag) 1955, S. 72f.

M 3

„Der Gefräßige – zu hart“, italienische Karikatur zu Wilhelm II. von Eugenio Cormo, Bildpostkarte, 1915

1 Nenne die Gründe, warum Deutschland Weltpolitik betrieb (M1, M2).
2 Erläutere den Risikogedanken in M2.
3 Beschreibe die Wirkung des deutschen Weltmachtstrebens auf andere Nationen (M3, M4).

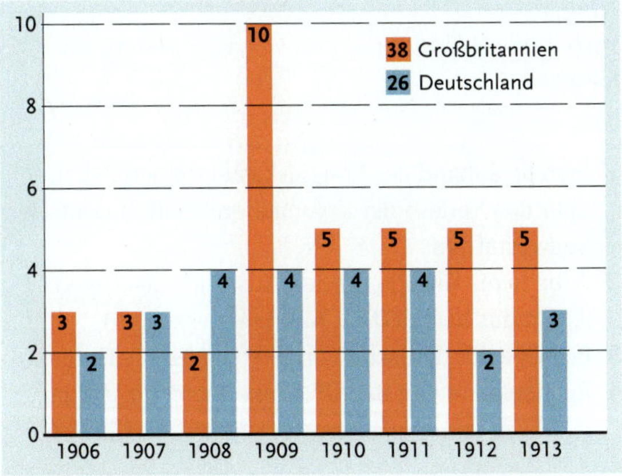

M 4 *Bau von Großkampfschiffen 1906 bis 1913*

Wahlstation 8: Widerstand: das Beispiel Deutsch-Südwestafrika

M 1

Zeugenaussage eines Herero

Der Krieg ist von ganz kleinen Dingen gekommen und hätte nicht [zu] kommen brauchen. Einmal waren es die Sturmann [Kaufmann] mit ihrem schrecklichen Wucher und eigenmächtigen, gewaltsamen Eintreiben ... Wer nicht zahlen wollte oder konnte, den verfolgten und plagten sie. Dann ist es der Branntwein gewesen, der die Leute schlecht und gewissenlos gemacht hat. Wenn jemand trinkt, dann ist es ihm gleich, was er tut.

Aber das schlimmste Übel ist, was viel böses Blut und Streit hervorgerufen hat, die Vergewaltigung unserer Frauen durch Weiße. Manche Männer sind totgeschossen [worden] wie Hunde, wenn sie sich weigerten, ihre Frauen und Töchter preiszugeben und drohten, sie mit der Waffe in der Hand zu verteidigen. Wären solche Dinge nicht geschehen, wäre kein Krieg gekommen, aber es ist bei solchen Vergewaltigungen ausgebrochen.

Zit. nach Horst Gründer, Geschichte der deutschen Kolonien, 6. Aufl., Paderborn u. a. (Schöningh) 2012, S. 130

M 2

Gefangen genommene Herero, bewacht von einem Soldaten der Schutztruppe, Foto, 1904

M 3

Das Urteil eines Historikers (2004):

Spätestens seit Sommer 1904, nach der sogenannten Schlacht am Waterberg, führte die Schutztruppe einen genozidalen [Genozid = Völkermord] Vernichtungskrieg gegen die Herero, ermordete ... Frauen und Kinder, Junge und Greise. Planmäßig trieben die Reiter die Herero in die Omaheke-Wüste, besetzten die Wasserstellen und versuchten jegliches Entkommen der Verdurstenden aus dem Trockengebiet zu verhindern. [Oberbefehlshaber] Trotta wurde erst gestoppt, als der Völkermord bereits zum großen Teil geschehen war.

Jürgen Zimmerer, Rassenkrieg gegen die Herero. Südwestafrika 1904 bis 1908: Der erste deutsche Völkermord, in: Süddeutsche Zeitung vom 10. Januar 2004.

Die Ereignisse in Deutsch-Südwestafrika

1883 Der Bremer Kaufmann Adolf Lüderitz erwirbt im heutigen Namibia mit betrügerischen Verträgen Land von den Einheimischen.

1884 Das Deutsche Reich erklärt das Land auf Lüderitz' Antrag zum Schutzgebiet „Deutsch-Südwestafrika".

In der Folgezeit: Rekrutierung der einheimischen Herero und Nama u. a. für die Plantagenwirtschaft; Einschränkung des Lebensraums durch Verdrängung, Landenteignung und Eisenbahnbau.

1904 Beginn des Herero-Aufstands; Schlacht am Waterberg; Abdrängen der fliehenden Herero in die wasserlose Omaheke-Wüste; ca. zwei Drittel der etwa 80 000 Hereros verlieren bis 1907 ihr Leben.

1905–1907 Nama-Aufstand

1915 Im Ersten Weltkrieg (1914–1918) unterliegen die deutschen Schutztruppen den britisch-südafrikanischen Truppen.

1919 Deutschland verliert im Versailler Vertrag alle Kolonien.

1 Erstelle anhand des Ereigniskastens einen Zeitstrahl über den Verlauf der Kolonialherrschaft in Deutsch-Südwestafrika.
2 Arbeite die Gründe für den Ausbruch des Herero-Aufstands heraus (M1, M3, Ereigniskasten).
3 Bewerte das deutsche Vorgehen gegen die Herero.
4 Recherchiere den Begriff „Völkermord" im Zusammenhang mit den Herero.

Wahlstation 9: Kolonialwarenhandel: edle Produkte aus Übersee

M 1

Ansicht eines Kolonialwarenhandels, Postkarte, 1929

Zucker, Kaffee, Tee, Kakao, Tabak, Südfrüchte, Reis und Gewürze, sogenannte Kolonialwaren, galten im 19. Jahrhundert noch als Luxusgüter. Sie wurden von Handelsgesellschaften wie der 1898 in Berlin gegründeten EDEKA (Einkaufsgenossenschaft der Kolonialwarenhändler) aus den Kolonien, aber auch aus anderen tropischen und subtropischen Ländern wie Brasilien oder Guatemala, das besonders enge Handelsverbindungen zu Hamburg pflegte, importiert. Diese Produkte konnten in sogenannten Kolonialwarenläden gekauft werden. Von Hand abgewogen und verpackt, gingen die begehrten Produkte über den Ladentisch. Kolonialwarenhändler in vielen Dörfern und Städten erweiterten später ihr Warenangebot und verkauften auch heimische Alltagsprodukte wie Grundnahrungsmittel, Seife und Haushaltsbedarf.

M 2

Importwaren aus den deutschen Kolonien

Deutsch-Südwestafrika	Erze, Edelsteine, Marmor, Mais, Kautschuk, Häute
Kamerun	Kautschuk, Palmkerne, Kakao, Öl, Mais, Ebenholz
Togo	Mais, Palmkerne, Baumwolle, Kautschuk, Elfenbein
Deutsch-Ostafrika	Elfenbein, Kautschuk, Baumwolle, Hanf, Bienenwachs, Kaffee, Erdnüsse
Kaiser-Wilhelms-Land	Kokosnusskerne, Kautschuk, Kalk
Kiautschou	Erdnüsse und Eiweißstoffe
Samoa-Inseln	Kokosnusskerne und Kakao

Angaben nach dhm.de/lemo/html/kaiserreich/aussenpolitik/kolonien2 (Stand: 24. 04. 2014).

1 Beschreibe den Charakter des Kolonialwarenladens. Welches Sortiment ist auf dem Bild M1 erkennbar?

2 a) Lokalisiere die in M2 aufgeführten Importwaren in einem Geschichtsatlas.

b) Untersuche: Welche im Darstellungstext aufgeführten Produkte fehlen? Was bedeutete das für die deutschen Importeure?

Stimmen zum Imperialismus: Erklärungsversuche und Kritik

Warum ließen sich die Europäer, die USA und Japan auf einen Wettkampf um die Verteilung der Welt ein? Wo lagen die Wurzeln des Imperialismus, wie war er zu erklären? Bereits unter den Zeitgenossen wurde über die imperialistische Expansion heftig diskutiert. Politiker, Publizisten und Historiker kamen bis heute zu ganz verschiedenen Antworten. Es wurden ausführliche Imperialismus-theorien entwickelt.

- *Auf dieser Doppelseite kannst du einige Meinungen und Theorien erschließen.*

M 1

August Bebel (1840–1913), Führer der Sozialdemokraten im Kaiserreich, sagte 1889 im Reichstag:

Nun, wer ist denn diese Ostafrikanische Gesellschaft[1]? Ein kleiner Kreis von Großkapitalisten, Bankiers, Kaufleuten und Fabrikanten, d. h. ein kleiner Kreis von sehr reichen Leuten, deren Interessen mit den Interessen des deutschen Volkes gar nichts zu tun haben, die bei dieser Kolonialpolitik nichts als ihr eigenes persönliches Interesse im Auge haben, die ... nur den Zweck hatten, aufgrund größerer Mittel gegenüber einer schwächeren Bevölkerung sich auf alle mögliche Weise zu bereichern. Einer solchen Kolonialpolitik werden wir nie unsere Zustimmung geben. Im Grunde genommen ist das Wesen aller Kolonialpolitik die Ausbeutung einer fremden Bevölkerung in der höchsten Potenz[2]. Wo immer wir die Geschichte der Kolonialpolitik in den letzten drei Jahrhunderten aufschlagen, überall begegnen wir Gewalttätigkeiten und der Unterdrückung der betreffenden Völkerschaften, die nicht selten schließlich mit deren vollständiger Ausrottung endet. Und das treibende Motiv ist immer, Gold, Gold und wieder Gold zu erwerben. Und um die Ausbeutung der afrikanischen Bevölkerung im vollen Umfange und möglichst ungestört betreiben zu können, ... soll die Ostafrikanische Gesellschaft mit den Mitteln des Reichs unterstützt werden, damit ihr das Ausbeutergeschäft gesichert wird. Dass wir von unserem Standpunkt aus als Gegner jeder Unterdrückung nicht die Hand dazu bieten, werden Sie begreifen.

Zit. nach Stenographische Berichte über die Verhandlungen des Reichstags. VII. Leg. Per. IV. Sess. 188/89, Erster Band, Druck und Verlag der Norddeutschen Buchdruckerei und Verlags-Anstalt Berlin 1889, S. 628.

[1] *Die Deutsch-Ostafrikanische Gesellschaft wurde 1884 in Berlin als Gesellschaft für deutsche Kolonisation mit dem Ziel der Errichtung deutscher Ackerbau- und Handelskolonien in Übersee gegründet.*

[2] *Leistungsfähigkeit*

M 2

Der englische Ökonom John A. Hobson (1858–1940) formulierte seine Thesen 1902:

Der neue Imperialismus ist für die Nation ein schlechtes Geschäft; er ist aber ein gutes Geschäft für bestimmte Klassen ... Die riesigen Rüstungsausgaben, die kostspieligen Kriege, die schweren Risiken unserer Außenpolitik, die Behinderung sozialer Reformen ... sind von großem Schaden für die Gesamtheit ... Die ökonomische Sachlage bildet die Hauptwurzel des Imperialismus. Doch wenn das konsumierende Publikum in unserem Lande seinen Konsumtionsstandard derartig steigern würde, dass er mit jeder Steigerung der Produktivkräfte Schritt hielte, dann könnte es gar keinen Überschuss an Waren, könnte es gar kein Kapital geben, das laut nach dem Imperialismus ruft, damit er ihm Absatzgebiete verschaffe ... Imperialismus ist das Bestreben der großen Industriekapitäne, ... für Waren und Kapitalien, die sie zu Hause nicht absetzen oder anlegen können, Märkte und Anlagemöglichkeiten im Ausland [zu] suchen.

John A. Hobson, Der Imperialismus, Köln/Berlin (Kiepenheuer und Witsch) 1968, S. 67ff. Übers. v. Helmut Hirsch mit einer Einleitung von Hans-Christoph Schroeder.

M 3

Der Historiker Wolfgang J. Mommsen (1930–2004) schrieb 1969:

Schon in den diplomatischen Krisensituationen der Achtzigerjahre [des 19. Jh.] trat die explosive Kraft dieses Nationalismus deutlich zutage. Entscheidend für die geschichtliche Entwicklung Europas aber wurde es, dass sich dieser Nationalismus binnen weniger Jahre zum Imperialismus steigerte. Nationale Geltung nur im Rahmen des europäischen Staatensystems war den Völkern nun nicht mehr genug; man wollte auch in Übersee Macht werden ... Die politische und wirtschaftliche Durchdringung der noch unentwickelten Gebiete des Erdballs galt als die große nationale Aufgabe des Zeitalters.

Wolfgang J. Mommsen, Das Zeitalter des Imperialismus, 22. Aufl., Frankfurt a. Main (Fischer TB) 2005, S. 15ff.

M 4

Der englische Historiker James Joll (1918–1994) vertrat 1973 die folgende Auffassung:

In der imperialistischen Expansion lassen sich neben den ökonomischen Motiven eine ganze Reihe anderer Motive nachweisen. Der Drang nach wissenschaftlichen Entdeckungen und der Erforschung unbekannter Länder trug zur Erschließung Afrikas bei. Der Wunsch christlicher Missionare, die Heiden zu bekehren, führte zur Errichtung von Stützpunkten ... Alle diese Motive vermischen sich miteinander und auch mit wenigen ehrenwerten Motiven ... Handel, missionarische Tätigkeit und wissenschaftliche Erforschung waren untrennbar miteinander verquickt.

Zit. nach Peter Alter, Der Imperialismus (= Tempora Quellen zur Geschichte und Politik), Stuttgart (Klett) 1989, S. 102f.

M 5

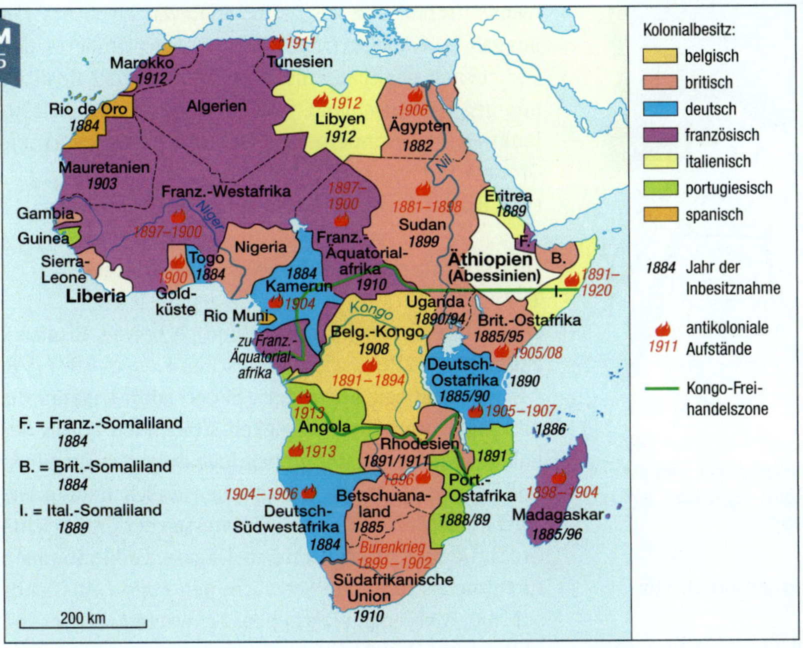

Europäische Kolonien und antikoloniale Aufstände in Afrika vor 1914

1 a) Erkläre, welche Prinzipien der Kritik Bebels (M1) zugrunde liegen. Beziehe auch S. 36/37 ein.
Tipp: Beachte, welche politischen Ziele und welche gesellschaftlichen Gruppierungen die SPD vertrat.
b) Versetze dich in die Lage eines Afrikaners und überprüfe Bebels Aussagen (M1) anhand von M5.
c) Recherche: Wähle einen antikolonialen Aufstand (M5) aus. Berichte über Hintergründe und Verlauf.

2 a) Gruppenarbeit: Erarbeitet in Gruppen die Merkmale der drei Imperialismustheorien (M2, M3, M4). Stellt sie in einer Tabelle an der Tafel gegenüber.
b) Diskutiert: Welche der Theorien ist am überzeugendsten?

3 Erweitere dein in Station 1 (siehe S. 41) erstelltes Schaubild mit Aspekten und Informationen auf dieser Doppelseite.

Die Mittellage des Deutschen Reichs in Europa

Die Gründung des Deutschen Reichs 1871 hatte die Machtverhältnisse in Europa entscheidend verändert. Nach drei siegreichen Kriegen, nach der Einigung Deutschlands, in Anbetracht der gestiegenen Bevölkerungszahl sowie der steigenden Wirtschaftskraft schien Deutschland eine Gefahr für die anderen Großmächte Europas zu sein. Nur eine vorsichtige und überlegte Politik vermochte die Position des Reichs in der Mitte Europas zu festigen.

- ***Wie ging Bismarck mit dieser Aufgabe um?***

Webcode:
FG640249-052
Bismarcks Bündnissystem

M 1

Bismarck als Weichensteller. Karikatur aus der englischen Zeitschrift „Punch", 1878. Auf den sich nähernden Zügen sind der russische Doppeladler und die britische Fahne abgebildet. Auf dem Schild rechts unten steht „Half Speed".

Bismarcks Außenpolitik: Sicherungspolitik für das Deutsche Reich

Als Reichskanzler (1871–1890) sah Otto von Bismarck seine wichtigste Aufgabe darin, das Erreichte zu sichern. Er war sich bewusst, dass Deutschland als neu entstandenes Schwergewicht von den Großmächten Russland, Frankreich, Österreich-Ungarn und Großbritannien misstrauisch beäugt wurde. Nicht nur die Deutschen, sondern auch die anderen Großmächte empfanden das Jahr 1871 als epochemachend. Um diesem Misstrauen zu begegnen, versicherte Bismarck immer wieder, dass das Deutsche Reich ein „saturierter Staat" („gesättigt") sei und es keine Absicht habe, in Europa weitere Gebiete zu erwerben. Die schwelenden Konflikte der anderen Großmächte untereinander, in die Deutschland schnell verwickelt werden konnte, stellten eine zusätzliche Belastung dar. Deutschland schien Bismarck durch seine europäische Mittellage besonders gefährdet. Auch war er überzeugt, dass Frankreich die Niederlage von 1871 nicht verschmerzen würde und an Revanche dachte. Für ihn galt es, wie eine französische Zeitung titulierte, den „cauchemar des coalitions", den Albtraum der Koalitionen gegen Deutschland, zu verhindern. Ein Mehrfrontenkrieg, insbesondere ein Zweifrontenkrieg gegen die Großmächte Frankreich und Russland, war nach Auffassung Bismarcks für Deutschland nicht zu gewinnen.

Die Balkankrise und der Berliner Kongress 1877/78

Sein Interesse am Frieden in Europa bewies Bismarck anlässlich des Russisch-Osmanischen Krieges 1877/78. Als Russland seit Mitte der 1870er Jahre begann, die nach nationaler Unabhängigkeit strebenden Völker des Balkans wie Serben, Montenegriner, Bulgaren, Rumänen und Bosnier gegen die osmanische Herrschaft zu unterstützen, berührte es auch die Interessen der Großmächte Großbritannien und Österreich-Ungarn. Großbritannien fürchtete als führende Seemacht den Zugriff Russlands auf die Meerengen zwischen Schwarzem Meer und Mittelmeer. Daher stützte Großbritannien das im Niedergang befindliche Osmanische Reich, das auch als der „kranke Mann am Bosporus" bezeichnet wurde. Österreich-Ungarn hatte sich nach seiner Niederlage 1866 und der Auflösung des Deutschen Bundes verstärkt in Richtung Balkan orientiert. In dieser Situation stellte sich Bismarck als „ehrlicher Makler" zur Verfügung und versammelte die leitenden Staatsmänner 1878 auf einem Kongress in Berlin. Unter seinem Vorsitz wurde ein Ausgleich zwischen den Konfliktparteien erzielt, der Ausbruch eines europäischen Krieges verhindert.

Bismarcks Bündnissystem*

Bereits 1873 hatte Bismarck ein Dreikaiserabkommen mit Russland und Österreich-Ungarn unterzeichnet. Da auch nach dem Berliner Kongress 1878, angesichts der Schwäche des Osmanischen Reichs, weitere Spannungen auf dem Balkan absehbar waren, schloss der Reichskanzler weitere Bündnisse. Zudem war das Verhältnis zu Frankreich nach wie vor gespannt. Bismarck errichtete ein umfassendes System von Verteidigungsbündnissen und Neutralitätsabkommen, die darauf ausgerichtet waren, einen großen europäischen Krieg zu verhindern. Ihm schwebte eine Gesamtsituation vor, in der alle Mächte außer Frankreich auf die Hilfe von Deutschland angewiesen waren. Sie sollten von Koalitionen gegen das Deutsche Reich nach Möglichkeit abgehalten werden. So gelang es Bismarck, Frankreich zu isolieren und mit Russland, Österreich-Ungarn, Italien und Großbritannien alle Großmächte in ein System einzubinden, das bis zu seiner Entlassung 1890 allen Krisen standhielt.

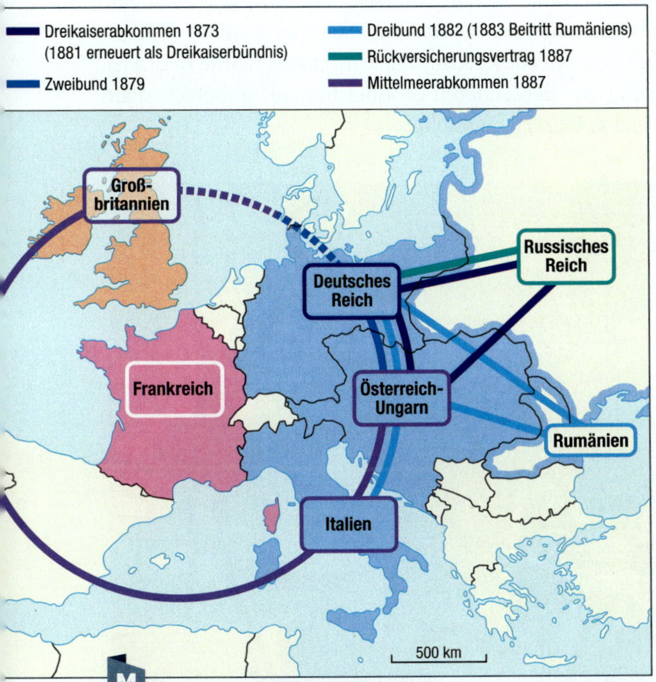

M 3 *Das Bündnissystem Bismarcks*

M 2

Benjamin Disraeli, britischer Premierminister, am 9. Februar 1871 zur deutschen Reichsgründung:

Dieser Krieg bedeutet die deutsche Revolution, ein größeres politisches Ereignis als die Französische Revolution des vergangenen Jahrhunderts. Ich sage nicht, dass er ein größeres oder ebenso großes soziales Ereignis ist. Seine sozialen Auswirkungen werden sich erst in der Zukunft zeigen. Nicht ein einziger Grundsatz unserer Außenpolitik, der noch vor sechs Monaten von allen Staatsmännern als Leitfaden anerkannt wurde, ist weiterhin gültig ... Wir haben eine neue Welt ... Das Gleichgewicht der Macht ist völlig zerstört worden.

Zit. nach http://germanhistorydocs.ghi-dc.org/sub_document.cfm?document_id=1849&language=german (Stand: 28. 02. 2014).

M 4

Der Vortragende Rat Graf Rantzau im Auftrag Bismarcks am 20. Dezember 1887:

Um den casus foederis [Bündnisfall im Rahmen des Zweibundes] herzustellen, ist der Angriff Russlands auf Österreich notwendig. Solange derselbe nicht stattfindet, können wir Österreich keinen Beistand zusagen und auch nicht in Verhandlungen eintreten ... Das bisherige Ziel der kaiserlichen Politik ist die Erhaltung des Friedens, und unser System geheimer Verträge setzt eine Prämie auf friedliches Verhalten insofern aus, als wir Österreich beistehen, wenn Russland den Frieden bricht, und nach dem russischen Vertrage [Rückversicherungsvertrag] neutral bleiben, wenn Österreich den Frieden bricht. Wir können und dürfen den Österreichern also nichts versprechen, keine Aufstellung, keine Mobilmachung, wenn sie die Angreifenden sind.

Zit. nach Die Auswärtige Politik des Deutschen Reiches 1871–1914, Bd. 1, Berlin (Deutsche Verlagsgesellschaft für Politik) 1928, S. 405.

1 **Methode:** Untersuche M1 mithilfe der Arbeitsschritte „Eine Karikatur entschlüsseln" (siehe S. 237).

2 Arbeite Disraelis (M2) Beurteilung der deutschen Reichseinigung 1871 heraus.

3 Beschreibe die Grundprinzipien der Außenpolitik Bismarcks. Ziehe den Darstellungstext und M4 hinzu.

4 **Partnerarbeit:**

a) Diskutiert Stärken und Schwächen des Bündnissystems Bismarcks (M3). Berücksichtigt dabei die Position Frankreichs und eventuelle Konfliktpunkte der anderen Großmächte.

b) Formuliert eine schriftliche Beurteilung der Außenpolitik Bismarcks.

Ein neuer außenpolitischer Kurs

Am 15. Juni 1888 bestieg Wilhelm II. den deutschen Kaiserthron. Der junge, impulsive Kaiser hatte eigene Vorstellungen von der Zukunft Deutschlands. Konflikte mit Bismarck waren vorprogrammiert. Als die Spannungen zwischen Kaiser und Kanzler nicht mehr zu überbrücken waren, entließ Wilhelm II. 1890 Bismarck. Außenpolitisch steuerte Wilhelm II. einen neuen Kurs.
- ***Wie unterschied sich der neue außenpolitische Kurs von der Politik Bismarcks?***
- ***Welche Folgen hatte er für Deutschland?***

Deutsche Weltpolitik unter Wilhelm II.

Die Entlassung Bismarcks 1890 bedeutete eine Abwendung von der bisherigen deutschen Außenpolitik. Deutschland sollte unter dem persönlichen Regiment des Kaisers zur Weltmacht werden und aktiv in den kolonialen Wettlauf eingreifen. Weite Teile der deutschen Öffentlichkeit unterstützten dieses Streben. Der Alldeutsche Verband* und der Deutsche Flottenverein* betrieben mit Postkarten, Plakaten und Vorträgen massive Werbung für die neue Politik. Als wichtigster Repräsentant dieser Weltpolitik schaltete sich der sprunghafte und unbeständige Kaiser immer wieder persönlich in das aktuelle politische Geschehen ein und verstimmte die Weltöffentlichkeit wiederholt durch politisch ungeschickte, großsprecherische Äußerungen.

Zur Durchsetzung der weltpolitischen Ziele ließ sich Wilhelm II. für den Bau einer mächtigen Kriegsflotte begeistern. Mit einem ersten Flottengesetz 1898 erfolgte der Einstieg in den zielstrebigen Ausbau einer Flotte von Großkampfschiffen (siehe S. 47). Großbritannien fühlte sich in seiner Rolle als führende See- und Weltmacht zunehmend bedroht. Ein kostspieliges und verhängnisvolles Wettrüsten zur See begann, das die beiden Nationen einander zunehmend entfremdete.

Wird Deutschland eingekreist?

Ein weiteres Merkmal des außenpolitischen Richtungswechsels war die sogenannte „Politik der freien Hand“. Bismarcks Nachfolger meinten, auf dessen kompliziertes Bündnissystem verzichten zu können. Da man glaubte, dass die weltpolitischen Gegensätze zwischen Großbritannien und Russland in Asien bzw. Großbritannien und Frankreich in Afrika unüberbrückbar seien, verzichtete die Reichsregierung auf die Erneuerung des Rückversicherungsvertrags mit Russland. Man hoffte, bei internationalen Krisen sich den Partner seiner Wahl aussuchen zu können. Doch das lautstarke Auftreten Deutschlands in kolonialen und weltpolitischen Fragen verstimmte die anderen Großmächte zunehmend. Als Russland, Großbritannien und Frankreich ihre kolonialen Differenzen 1904 und 1907 wider Erwarten beilegten und sogar eine Triple Entente* bildeten, sah sich Deutschland weitgehend isoliert. Dies zeigte sich besonders in zwei Krisen wegen Marokko (1905 und 1911), als Großbritannien Frankreich gegen das aggressiv und militant auftretende Deutsche Reich unterstützte. Als einzige verbündete Großmacht war dem Reich Österreich-Ungarn verblieben, das allerdings als Vielvölkerstaat massive innenpolitische Schwierigkeiten hatte. Deutschland empfand in einem Klima des Misstrauens und der gegenseitigen Konkurrenz das Zusammenrücken der Entente-Mächte als bedrohliche Einkreisung. Umgekehrt wurde Deutschland von den anderen Großmächten als unberechenbar und gefährlich angesehen.

M 1

Kaiser Wilhelm II., Gemälde von Max Koner, 1890. Ein französischer General kommentierte: „Das ist kein Porträt, sondern eine Kriegserklärung!“

M 2

„Der Lotse geht von Bord", Karikatur aus der englischen Zeitschrift „Punch" vom 29. März 1890

M 4

Aus der geheimen französisch-russischen Militärkonvention vom 18. August 1892:

1. Falls Frankreich von Deutschland oder von Italien mit Deutschlands Unterstützung angegriffen wird, wird Russland alle seine verfügbaren Kräfte für einen Angriff auf Deutschland einsetzen. Falls Russland von Deutschland oder von Österreich mit Unterstützung Deutschlands angegriffen wird, wird Frankreich alle seine verfügbaren Kräfte zum Kampf gegen Deutschland einsetzen ...

3. Die gegen Deutschland verfügbaren Streitkräfte ... werden mit Nachdruck und aller Schnelligkeit derart vorgehen, dass Deutschland zugleich sowohl nach Osten wie nach Westen hin zu kämpfen hat.

Zit. nach Friedrich Stieve, Deutschland und Europa 1890–1914, Berlin (Verlag für Kulturpolitik) 1928, S. 180f.

1 Deute die Aussage von M1 und erläutere den Kommentar des französischen Generals.

2 Interpretiere die Karikaturen M2 und M1 auf S. 52. Wie sah das Ausland Bismarck? Begründe.

3 Erkläre anhand des Darstellungstextes und M3 die „Politik der freien Hand".

4 Bewerte die deutsche Außenpolitik unter Wilhelm II. Beziehe M2, M3 und M4 auf Seite 53 mit ein.

5 Recherchiere zur Marokkokrise 1911 die Begriffe „Panthersprung" und „Kanonenbootdiplomatie".

M 3

Aus einer Aufzeichnung des Reichskanzlers Leo von Caprivi vom 22. Mai 1890 zur Nichterneuerung des Rückversicherungsvertrags mit Russland:

Eine Annäherung Deutschlands an Russland würde unsere Verbündeten nur entfremden, England schädigen und unserer eigenen Bevölkerung, die sich in den Gedanken des Dreibundes eingelebt hat, unverständlich und unsympathisch sein ... Was aber die Möglichkeit angeht, dass Russland die Anlehnung, die es bei uns nicht findet, anderswo suchen könnte, so kommen hierfür nur Frankreich und England in Betracht. Für den Schritt, den Russland jetzt vorzuhaben scheint, ist die französische Allianz ihm wertlos, solange die englische Mittelmeerflotte dazwischentreten kann. Durch eine englische Allianz würde Russland ... seine Beziehungen zu Frankreich voraussichtlich lockern. Eine Allianz aber, die England und Frankreich umschlösse, ist der englischen Interessen im Mittelmeer wegen durchaus unwahrscheinlich.

Zit. nach Auswärtige Politik des Deutschen Reiches, Bd. 1, a. a. O., S. 479f.

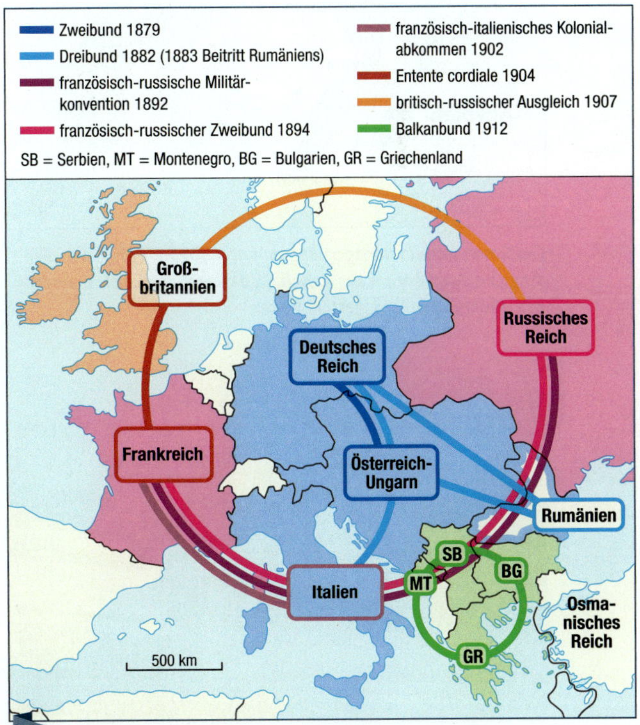

M 5

Die Bündnissysteme unter Kaiser Wilhelm II.

Großprojekte zur Erschließung neuer Wirtschaftsräume

Der Imperialismus hatte vielfältige Ursachen. Ein wesentlicher Antrieb im Industriezeitalter war die Wirtschaft. Die Suche nach Rohstoffen und Absatzmärkten gestaltete sich angesichts der Entfernungen zu den Kolonien und der schwierigen Verkehrs- und Kommunikationswege meist sehr schwierig. Auf dieser Doppelseite kannst du anhand von drei Beispielen auf folgende Fragen Antworten finden: Wie erschlossen sich die Großmächte die Märkte der Welt? Welche neuen technischen Mittel standen zur Verfügung? Wähle eines davon aus und berichte.

Aufgabe für alle:
Erstellt aus euren Ergebnissen eine Mindmap.

Großprojekte zur Erschließung neuer Wirtschaftsräume

A

Der Bau der Bagdadbahn

M 1

Geplanter Verlauf der 1903 begonnenen Bagdadbahn, die allerdings bis zum Beginn des Ersten Weltkrieges 1914 erst in einzelnen Abschnitten fertiggestellt wurde.

M 2

Der zeitgenössische Publizist Paul Rohrbach über die Bagdadbahn:

Als zuerst der Gedanke ... auftauchte, unter Führung deutschen Kapitals und mit maßgebender Beteiligung der deutschen Industrie einen Schienenweg zu erbauen, der am Bosporus beginnen und am Persischen Golfe endigen sollte, da dachte man ... zunächst nur an die sogenannten rein wirtschaftlichen Vorteile, die sich hieraus für das deutsche Wirtschaftsleben ergeben würden. ... Die Folgen des Bahnbaues aber, d. h. die Verbesserung der Verkehrsverhältnisse, werden sowohl Volks- als auch Einnahmevermehrung sein. In den von der Bagdadbahn durchzogenen Landschaften wird sich die Kultur in ähnlicher Weise wieder entfalten, wie es im Altertum der Fall war, vor allen Dingen der Getreide- und der Baumwollbau. Davon wird die Türkei den Vorteil haben, aber außer der Türkei auch noch Deutschland.

Paul Rohrbach, Die Bagdadbahn, 2. Aufl., Berlin (Verlag Wiegandt und Grieben) 1911, S. 14 ff.

M 3

Eisenbahnviadukt der Bagdadbahn bei Konya in der Türkei, Foto, 1912

1 Nenne die Vorteile, die sich Paul Rohrbach vom Bau der Bagdadbahn verspricht (M2).
2 Erläutere die mögliche weltpolitische Bedeutung einer von Deutschland fertiggestellten Bagdadbahn (M1).
3 Beurteile die Leistung der Arbeiter sowie der deutschen Ingenieure beim Bau der Bagdadbahn (M3).
Tipp: Informiere dich über die geografische Beschaffenheit des Streckenverlaufs (siehe Europakarte im Umschlag).

B

Der Panamakanal

M 4

Alfred T. Mahan (1840–1914), amerikanischer Admiral und Historiker, über die Bedeutung des Panamakanals:

Die Interessen unserer drei Küstenregionen, der atlantischen, der am Golf von Mexiko gelegenen und der pazifischen, ... erfordern unsere Ausdehnung mittels des Panamakanals auf das weite Meer hinaus, an dessen Routen allein sich zu allen Zeiten Wohlstand gebildet hat ... Demgemäß ist der Panamakanal ein unverzichtbarer Bestandteil für die Zukunft der Vereinigten Staaten ... Wir wollen von der ... immer wieder bestätigten Wahrheit ausgehen, dass die Kontrolle der Meere – besonders entlang der großen Linien, die durch nationales Eigeninteresse oder nationalen Handel gezogen werden – von den rein materiellen Elementen der Macht und des Wohlstands der Völker am bedeutsamsten ist.

Zit. nach Wolfgang J. Mommsen, a. a. O., S. 207f.

M 5

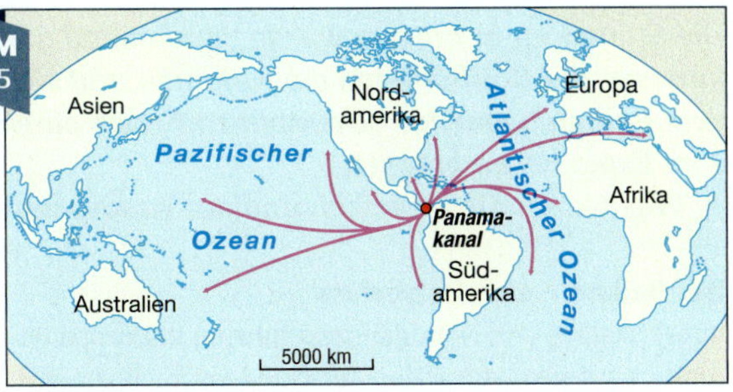

Geografische Lage des 1914 eröffneten Panamakanals

1 Gib M4 mit eigenen Worten wieder.

2 Erläuere anhand von M4, wie Alfed T. Mahan die Bedeutung der Meere einschätzt. Nimm M5 zu Hilfe.

C

Fortschritte im Bereich der Kommunikation

M 6

Die Historikerin Susanne Popp über die Auswirkung der Telegrafie* um 1900:

Es ist unbestritten, dass die politische und wirtschaftliche Überlegenheit der „westlichen Moderne" in der Welt des 19. und 20. Jahrhunderts auch darauf gründete, dass die neuen Mittel zur Fernkommunikation die Durchdringung und Kontrolle alter wie neuer Kolonial-, „Schutz-" und Einflussgebiete wie auch die Ausbreitung „westlicher" kultureller Muster unterstützten.

Zit. nach Karin Laschewski-Müller u. a. (Hg.), Kursbuch Geschichte, Neue Ausgabe – Rheinland-Pfalz, Berlin (Cornelsen) 2005, S. 333.

1 Erläutere, welche Bedeutung die Historikerin Susanne Popp der Telegrafie zumisst (M6).

2 **a)** Beschreibe den Verlauf der sogenannten „Kap-Kairo-Linie" anhand der Karte S. 38.

b) Interpretiere die Karikatur M7. Welche Vorteile versprach sich Cecil Rhodes von dem Projekt?

Tipp: Nimm die Arbeitsschritte „Eine Karikatur entschlüsseln" zu Hilfe (siehe S. 237).

M 7

Der britische Unternehmer und Kolonialpolitiker Cecil Rhodes trat für die Verbindung Ägyptens und Südafrikas mittels einer Telegraphenleitung und einer Eisenbahnlinie ein. Karikatur aus der englischen Zeitschrift „Punch", 1892

Der Weg in den Weltkrieg

Die Stimmung in Europa wurde zunehmend gereizter. Die imperialistische Konkurrenz, die Konflikte um die Kolonien und sich radikalisierende Spannungen auf dem Balkan bedurften scheinbar nur noch eines Funkens, der das „Pulverfass" zum Explodieren brachte.

- ***Was waren die Ursachen und der Anlass des Ersten Weltkrieges?***

Der Balkan – ein „Pulverfass"

Imperialismus und Nationalismus führten in Europa besonders auf dem von vielen verschiedensprachigen Völkern bewohnten Balkan zu Konflikten. Drei Großmächte konkurrierten in der Region: Russland, das schwache Osmanische Reich (siehe S. 52) und Österreich-Ungarn. Die nationalen Freiheitsbestrebungen der Balkanvölker richteten sich besonders gegen die Osmanen und die Donaumonarchie. Bedeutsam war die Bewegung des Panslawismus*. Russland sah sich als Schutzmacht aller Slawen und vertrat so massiv seine Machtinteressen in der Region. Einen nützlichen Verbündeten fand es dabei in der nationalen Bewegung Serbiens, das ein Großserbisches Reich anstrebte. Serbien geriet dabei in heftige Gegnerschaft zum Osmanischen Reich und zunehmend zum Vielvölkerstaat Österreich-Ungarn. Zwei Balkankriege, 1912/1913 und 1913, hatten zu schweren Auseinandersetzungen geführt.

M 1

„Balkan Troubles", Karikatur aus der englischen Zeitschrift „Punch", 1908

Der Anlass des Ersten Weltkrieges

Am 28. Juni 1914 erschoss ein serbischer Nationalist in der bosnischen Hauptstadt Sarajewo den österreichisch-ungarischen Thronfolger Franz Ferdinand und seine Frau. Bosnien war 1908 von der Donaumonarchie annektiert worden. Die Wiener Regierung erblickte in dem Attentat die Gelegenheit, gegen Serbien, das sie als Bedrohung für den eigenen Vielvölkerstaat sah, vorzugehen. Auf eine Anfrage hin sicherte das Deutsche Reich den Österreichern seine bedingungslose Unterstützung zu. Dieser „Blankoscheck" ermutigte Österreich-Ungarn zu einem harten Vorgehen gegen Serbien. Ein unannehmbares Ultimatum wurde von Serbien zwar weitgehend, aber eben nicht ganz erfüllt. In Europa waren viele, selbst der deutsche Kaiser, der Überzeugung, dass damit jeglicher Kriegsgrund weggefallen sei. Dennoch hielt Wien an seinen Kriegsabsichten fest und erklärte am 28. Juli Serbien den Krieg. Als Russland daraufhin seine Truppen mobil machte, griffen die Bündnisverpflichtungen und zogen einen Automatismus einander bedingender Mobilmachungen nach sich. Österreich-Ungarn folgte, danach Frankreich, das sich entsprechend seiner Bündnisverpflichtung auf die russische Seite stellte, und schließlich Deutschland. Die deutsche Regierung setzte sich selbst durch den Plan des Generals Schlieffen für den Fall eines Krieges unter Druck. Er sah eine rasche Entscheidung durch eine Großoffensive im Westen vor, erst danach sollten sich die Truppen Russland zuwenden. Am 1. August erklärte das Deutsche Reich Russland den Krieg und am 3. August Frankreich. Als der Schlieffen-Plan, der auch einen Durchmarsch durch das neutrale Belgien vorsah, umgesetzt wurde, trat schließlich auch Großbritannien in den Krieg ein. Aus einer Balkankrise war ein europäischer Krieg geworden.

M2 Die Haltung Deutschlands

Graf von Szögyényi, 1892 bis 1914 österreichisch-ungarischer Gesandter in Berlin, telegrafierte am 5. Juli 1914 an seinen Außenminister über eine Unterredung mit Wilhelm II.:

Als ich nochmals den Ernst der Situation mit großem Nachdruck betonte, ermächtigte mich Seine Majestät, unserem Allergnädigsten Herrn zu melden, dass wir ... auf die volle Unterstützung Deutschlands rechnen können ... Russlands Haltung werde jedenfalls feindselig sein, doch sei er hierauf schon seit Jahren vorbereitet, und sollte es sogar zu einem Krieg zwischen Österreich-Ungarn und Russland kommen, so könnten wir davon überzeugt sein, dass Deutschland in gewohnter Bündnistreue an unserer Seite stehen werde. Russland sei übrigens ... noch keineswegs kriegsbereit und werde sich noch sehr überlegen, an die Waffen zu appellieren. Doch werde es bei den anderen Mächten der Triple Entente gegen uns hetzen ... Er begreife sehr gut, dass es Seiner ... Majestät bei seiner bekannten Friedensliebe schwerfallen würde, in Serbien einzumarschieren; wenn wir aber ... die Notwendigkeit einer kriegerischen Aktion gegen Serbien erkannt hätten, so würde er es bedauern, wenn wir den jetzigen, für uns so günstigen Moment unbenützt ließen.

Zit. nach Asmut Brückmann, Die europäische Expansion, Stuttgart (Klett) 1993, S. 143.

M3 Die Haltung Großbritanniens

Der britische Staatssekretär im Außenministerium, Eyre Crowe, schrieb im Juli 1914:

Worauf es ankommt, ist, ob Deutschland zu diesem Krieg jetzt absolut entschlossen ist oder nicht ... Wenn Seiner Majestät Regierung in dem Augenblick, wo entweder Österreich oder Russland zu mobilisieren beginnen, Befehl erteilt, unsere ganze Flotte unverzüglich auf Kriegsfuß zu setzen, so mag dies ... Deutschland die Augen über den Ernst der Gefahr öffnen, der es ausgesetzt wäre, wenn England am Krieg teilnähme ... Sollte der Krieg ausbrechen und England unbeteiligt bleiben, dann muss sich Folgendes ergeben: a) Entweder siegen Deutschland und Österreich, sie erdrücken Frankreich und demütigen Russland ... Deutschland im Besitz des Kanals ... Wie wird dann die Lage eines freundlosen England sein? b) Oder Frankreich und Russland siegen. Wie werden sie sich dann gegen England verhalten? ... In diesem Kampf, der nicht um den Besitz Serbiens geht, sondern bei dem es sich um das Ziel Deutschlands, seine politische Vorherrschaft in Europa zu errichten, und um den Wunsch der Mächte handelt, ihre individuelle Freiheit zu erhalten – in diesem Kampf sind unsere Interessen mit denen Frankreichs und Russlands verknüpft. Wenn wir dazu beitragen können, den Konflikt zu verhüten, ... dann wäre es falsch, diesen Versuch nicht zu machen.

Zit. nach Brückmann, a. a. O., S. 147.

M4 *Attentat auf den österreichischen Erzherzog Franz Ferdinand, Lithografie vom Juni 1914, Collage mit Zeitungsschlagzeilen. Die serbische Regierung wusste von den Attentatsplänen.*

1. Erläutere mithilfe des Darstellungstextes, warum der Balkan als „Pulverfass“ bezeichnet wurde. Beziehe auch M1 mit ein.
2. Arbeite aus dem Darstellungstext Ursachen, Anlass und Folgen des Attentats von Sarajewo heraus. Beachte auch M4.
3. Erläutere die deutsche und die britische Haltung in der Julikrise (M2, M3). Beziehe auch die Seiten 54/55 ein.
4. Bewerte die Rollen der in der Julikrise beteiligten Mächte und nimm Stellung zur Frage, welche Macht die Schuld am Ersten Weltkrieg hatte (Darstellungstext, M2, M3).

Webcode: FG640249-059
Film: 1914 – Der Erste Weltkrieg

Der Erste Weltkrieg: ein „moderner“ Krieg

Stellungskrieg, Materialschlachten, Kriegswirtschaft, „Heimatfront“ – neue Begriffe prägten den Ersten Weltkrieg. Es war ein anderer Krieg, als man ihn aus dem 19. Jahrhundert kannte. Unter Einbeziehung aller möglichen Mittel und umfassender – auch ziviler – Teile der Bevölkerung kämpften die Nationen bis zur äußersten Erschöpfung.

- ***Was kennzeichnete den „modernen“ Krieg?***

Die Front – Materialschlachten prägen den Krieg

„Ein merkwürdiger Krieg: … Flieger, Autos spielen eine ungeahnte Rolle, wie überhaupt die Technik, Brücken und Tunnels, deren Bau sonst Jahre gedauert hat, werden in 14 Tagen hergestellt.“ So schrieb Großadmiral von Tirpitz 1914 in sein Tagebuch. Kämpften im 19. Jahrhundert selten mehr als 500 000 Mann gegeneinander, so hatte allein Deutschland schon zu Kriegsbeginn 1914 rund zwei Millionen Soldaten im Felde stehen. Die Industrie ermöglichte die ununterbrochene Produktion moderner Waffen wie Maschinengewehre, Hand- und Giftgasgranaten, Flammenwerfer, Panzer, Flugzeuge und U-Boote. Beispiellose Materialschlachten setzten ein.

Die Hölle von Verdun wurde zum Inbegriff dieses Materialkrieges. Bei der französischen Festung Verdun sollte nach den Plänen der Obersten Heeresleitung die Hauptmacht des französischen Heeres vernichtet werden. Die Schlacht wurde mit gewaltigen Opfern bezahlt. 240 000 Deutsche und 275 000 Franzosen fielen von Februar bis Juni 1916, wurden verwundet oder blieben vermisst. Der Krieg wurde dabei nicht entschieden.

Die „Heimatfront“ – der Krieg bestimmt auch den Alltag

Der anhaltende Stellungskrieg führte zu Versorgungsproblemen: Zum einen musste der Nachschub in Form von Waffen und Verpflegung für die Truppen an den Fronten bewerkstelligt werden, zum anderen wurde durch die „Hungerblockade“, eine Blockade der Nordsee durch Großbritannien, die Situation der Zivilbevölkerung im Reich verschärft. Seit 1915 schränkte die Regierung zunehmend den freien Lebensmittelverkauf ein und regelte vor allem die Brot- und Getreideversorgung über Lebensmittelkarten. In den Rüstungsbetrieben fehlten die Arbeitskräfte. Um dieses Problem zu lösen, wurden immer mehr Arbeiterinnen eingestellt. Viele Frauen waren auf solche Verdienstmöglichkeiten angewiesen. Sie mussten, da ihre Männer an der Front kämpften, ihre Familien allein ernähren. Im „Kohlrübenwinter“ 1916/17 verhungerten in Deutschland Hunderttausende. 1917 betrug die Getreideernte nur noch 50 Prozent der Vorkriegsjahre. Auch die Verbündeten und Kriegsgegner Deutschlands richteten Wirtschaft und Bevölkerung umfassend auf den Krieg aus.

M 1 *Deutsche Soldaten vor einem bei Arras/Flandern erbeuteten englischen Panzer, Foto, 1917*

M 2

Frauen in einem deutschen Rüstungsbetrieb, Foto, 1917

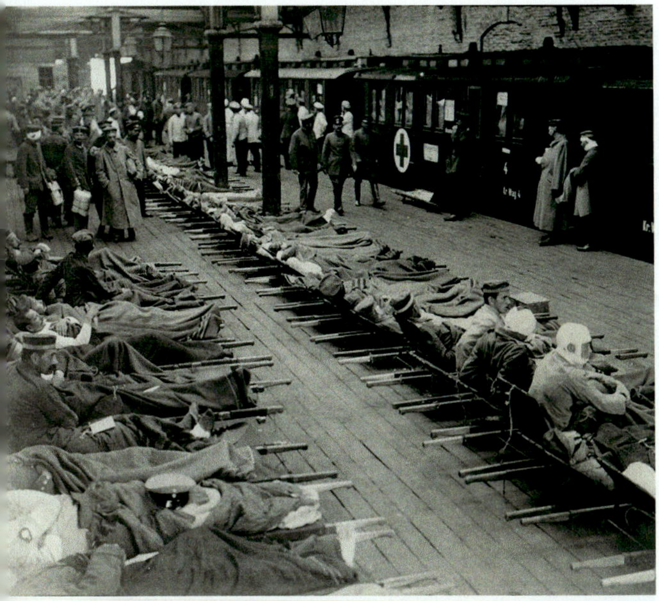

M 3 *Kriegsverletzte des Ersten Weltkrieges, Foto, 1918. Zur erschütternden Bilanz des Krieges gehörten Millionen von Verwundeten und Kriegsversehrten, deren Verletzungen meist durch Granatsplitter verursacht wurden.*

M 4

In dem Roman „Im Westen nichts Neues" schilderte der Schriftsteller und Kriegsfreiwillige Erich Maria Remarque 1929 die Situation in einem Schützengraben:

Unsere Gesichter sind verkrustet, unser Denken ist verwüstet, wir sind todmüde. Wenn der Angriff kommt, müssen manche mit den Fäusten geschlagen werden, damit sie erwachen und mitgehen: Die Augen sind entzündet, die Hände zerrissen, die Knie bluten, die Ellbogen sind zerschlagen. Vergehen Wochen – Monate – Jahre? Es sind nur Tage ...

Haie Westhus wird mit abgerissenem Rücken fortgeschleppt: bei jedem Atemzug pulst die Lunge durch die Wunde. Ich kann ihm noch die Hand drücken: „Is alle, Paul", stöhnt er und beißt sich vor Schmerz in die Arme. Wir sehen Menschen leben, denen der Schädel fehlt; wir sehen Soldaten laufen, denen beide Füße weggefetzt sind; sie stolpern auf den splitternden Stümpfen bis zum nächsten Loch.

Erich Maria Remarque, Im Westen nichts Neues, Berlin (Ullstein) 1972, S. 98ff.

M 5

„Rauchpause" deutscher Soldaten vor ihrem Unterstand, Bildpostkarte, um 1914

Lesetipp:
Erich Maria Remarque, Im Westen nichts Neues, Berlin (KiWi), 2013. Der Autor erzählt aus der Perspektive eines Soldaten, der von der Schule direkt auf das Schlachtfeld geschickt wird.

1 a) Untersuche M1, indem du den Begriff „Tank" (engl. Panzer) im Internet recherchierst.
b) Methode: Interpretiere M1 mithilfe der Arbeitsschritte „Eine historische Fotografie analysieren" (siehe S. 237).
Tipp: Bedenke die Nachschubsituation in Deutschland angesichts des Krieges und der „Hungerblockade".

2 Wähle eine Aufgabe aus:
Partnerarbeit: Vergleicht den Alltag an der Front mit dem an der „Heimatfront", indem ihr
a) einen Brief eines Soldaten an seine Familie schreibt (Darstellungstext, M1, M3),
b) einen Brief einer Ehefrau an ihren Mann an der Front verfasst (Darstellungstext, M2).

3 Untersuche, wie Remarque (M4) seine Erlebnisse literarisch umsetzte. Stelle einen Bezug zu M3 her.

4 Vergleiche M3 mit dem Bild, das die Postkarte M5 vom Krieg vermittelt.

Webcode: FG640249-061
Alltag im Ersten Weltkrieg

Kriegerdenkmäler erkunden

Zur Erinnerung an die vielen Millionen gefallenen Soldaten des Ersten Weltkrieges wurden überall in Europa unzählige Kriegerdenkmäler errichtet. Allein in Deutschland sollen sich über 100 000 befinden. Auch in Rheinland-Pfalz gehört das Kriegerdenkmal zum Landschaftsbild und man findet fast in jeder Ortschaft mindestens eines. Hier erarbeitest du, wie man ein Kriegerdenkmal erkundet.

M 1

Das am 15. Juli 1928 eingeweihte Krieger-Ehrenmal in Zellertal, Umschrift in Bronzelettern: „Das Zellertal seinen im Weltkrieg 1914–1918 gefallenen Soehnen“, Fotopostkarte, 1930er Jahre

M 2

„Den Toten zur Ehr, uns allen zur Lehr“, Kriegerdenkmal in Winterbach, Südwestpfalz, Namen der gefallenen Soldaten:
Bäsel, Emil 20. 9. 1916 Galizien
Ehresmann, Karl 7. 7. 1916 Frankreich
Klingel, Rudolf 7. 7. 1915 Frankreich
Koppelt, Richard 27. 8. 1917 Lösch
Schäfer, Otto 21. 2. 1915 Elsass
Schneble, Karl 14. 10. 1916 Galizien
Stucky, Philipp 8. 11. 1915 Galizien
Vollmar, Albert 3. 11. 1914 Flandern
Weis, Ludwig 12. 09. 1916 Köln

M 3

Blick auf das Ehrenmal mit Weinbergen, Fotopostkarte, 1930er Jahre

1 Recherchiere im Internet nach dem Ehrenmal in Zellertal und ergänze unter Einbeziehung von M1 und M3 die Lösungen in der Tabelle.
Tipp: Beachte auch den Webcode.
2 Vergleiche den Charakter der Denkmäler in Zellertal (M1, M3) und in Winterbach (M2).
Tipp: Informiere dich über das „Eiserne Kreuz“.
3 Fertige eine Karte an, auf der du die Orte, Länder bzw. Regionen verzeichnest, in denen die Soldaten aus Winterbach (M2) gefallen sind.
4 **Recherche:** Finde heraus, was man mit den Begriffen „Volkstrauertag“ und „Heldengedenktag“ verbindet.

Webcode: FG640249-062
Ehrendenkmal Zellertal

Arbeitsschritte „Kriegerdenkmäler erkunden“

Denkmal beschreiben	**Lösungshinweise zu M1**
1. Wie ist das Denkmal gestaltet (Statue, Statuengruppe, ohne Statuen, Inschriften, Gedenksprüche, Sprüche zur Mahnung, Namenstafeln), welchen ersten Eindruck vermittelt es?	• *sechsseitige, turmartige Halle mit hohen Spitzbogenarkaden* • ...
2. Welche Einzelheiten und Symbole werden verwendet (Waffen, Adler, Stahlhelme, Ölzweig, Taube)?	• *Bekrönung durch eine Flammenschale* • *Eisernes Kreuz*
3. Welche Haltung nehmen die dargestellten Personen ein (nachdenklich, trauernd, betend, sterbend) bzw. welche Form hat das Objekt?	• *keine figürliche Darstellung*
4. Nach welchen Gesichtspunkten wurde der Standort ausgewählt (Schlachtfeld, Friedhof, Kirchengarten, Ortskern, außerhalb der Ortschaft, Höhenlage)?	• *hoch über dem Tal, weithin sichtbar* • *mitten in einer der besten Weinlagen des Zellertals („Zeller Schwarzer Herrgott“)*
5. Welches Material wurde verwendet (Naturstein, z. B. Granit, Sandstein, Mauerwerk, Eisen, Bronze)?	• *Mauerwerk aus Kalksteinquadern* • *Eisernes Kreuz aus Bronze*
Aussage deuten und Bedeutung klären	
6. Zu welchem Zweck wurde das Denkmal errichtet (Heldenverehrung, Totentrauer, Mahnung gegen den Krieg)? Von wem wurde es in Auftrag gegeben?	• ...
7. Welche Aussage kann man aus Form und Materialien ableiten?	• *15 Meter hoher heroisierender Monumentalbau, von Weitem gut erkennbar, Stein – haltbar* • ...
8. Welche Information erhält man aus den Inschriften?	• *innenseitige Tafeln mit den Namen der Gefallenen und Vermissten der beiden Weltkriege von sechs Zellertaler Gemeinden*
9. Wurde das Denkmal nach seiner Errichtung verändert, restauriert oder umgesetzt?	• *1960 Austausch der Namenstafeln und Ergänzung der Namen der Gefallenen und Vermissten im Zweiten Weltkrieg*
10. Welche Bedeutung hat das Denkmal heute? Wer kümmert sich um die Denkmalpflege?	• *Ort der jährlichen Gedenkfeiern zum Volkstrauertag* • *Internetrecherche*
Bewerten	
11. Hat sich die öffentliche Einstellung heute gegenüber damals verändert?	• *heute fehlt weitgehend die persönliche Betroffenheit; dennoch jährliche Gedenkfeiern*
12. Wie denkst du über die Aussage des Kriegerdenkmals?	• ...
13. Wie dokumentierst du deine Ergebnisse?	• *Fotografien, Zeichnungen, Inschriften-Abschrift* • *Anfertigung von Zeichnungen, Notieren der Inschriften* • *Anlegen einer Ergebnismappe* • *Erstellen einer Powerpoint-Präsentation*

Wie verlief der Erste Weltkrieg?

In weiten Teilen Europas herrschte Kriegsbegeisterung. Jede Seite erhoffte sich einen raschen und erfolgreichen Ausgang des Krieges. Doch diese Hoffnungen erfüllten sich nicht. Der Krieg sollte über vier Jahre dauern, sich sogar zum Weltkrieg ausweiten und viele Millionen Opfer kosten.

- ***Wie verlief der Krieg 1914–1918?***
- ***Warum entwickelte er sich zum Weltkrieg?***

Kriegsstimmung und Kriegsziele

In Deutschland schlossen sich die wichtigsten Parteien zu einem sogenannten „Burgfrieden"* zusammen. Auch die SPD stimmte trotz ihrer bisherigen kriegsgegnerischen Haltung den Kriegskrediten zu. Wie ein Großteil der Bevölkerung waren die Soldaten überzeugt, nach wenigen Wochen siegreich nach Hause zurückkehren zu können. Die Kriegsbegeisterung in Deutschland war allerdings nicht ungeteilt. In Kleinstädten, auf dem Land und in Grenzregionen wie Ostpreußen oder Elsass-Lothringen überwog die Angst vor dem Krieg. Obgleich der Verlauf des Krieges und seine Folgen nicht abzusehen waren, hielt dies viele Staatsmänner, Generäle und Industrielle nicht davon ab, weitgesteckte, vor allem territoriale Kriegsziele zu formulieren.

Krieg nicht nur in Europa

Der Krieg im Westen wurde, anders als erhofft, zu einem langwierigen Stellungskrieg mit hohen Verlusten und geringen Gebietsgewinnen. In der Schlacht an der Marne waren die deutschen Truppen von den alliierten Franzosen und Briten gestoppt worden. Es entstand eine mit Stacheldrahtverhauen und Schützengräben gesicherte Frontlinie. Im Osten waren die deutschen Truppen erfolgreicher. In der Schlacht bei Tannenberg konnten sie unter Führung des Generals Paul von Hindenburg 1914 die russischen Truppen besiegen.

Doch auch außerhalb Europas wurde ein heftiger See- und Kolonialkrieg geführt. Vor allem in Afrika kam es im Kampf um die Kolonien zu teilweise schweren Kämpfen. Doch schließlich mussten die deutschen Kolonialtruppen dem übermächtigen britischen Empire an allen Fronten weichen. Lediglich in Deutsch-Ostafrika konnte sich die deutsche Schutztruppe* in einem erbitterten Guerillakrieg* gegen die britischen Truppen bis zum Kriegsende behaupten.

Der Krieg wird endgültig zum Weltkrieg

Aufgrund der seit 1914 verhängten Seeblockade kam es zu Versorgungsengpässen in Deutschland. Angesichts der Überlegenheit der britischen Flotte war es aussichtslos, die Blockade im offenen Seekrieg zu bekämpfen. Hinzu kam die Lieferung kriegswichtiger Güter an die Entente durch die – offiziell neutralen – USA. So setzte die deutsche Marineleitung schließlich den „uneingeschränkten U-Boot-Krieg" durch. Dies bedeutete die Torpedierung auch von Handelsschiffen ohne Vorwarnung. Dieser Vorgang bewog schließlich die USA am 6. April 1917, Deutschland den Krieg zu erklären und die alliierte Seite entscheidend zu stärken.

Kriegswende und Waffenstillstand

Der Zusammenbruch des Zarenreichs und die Oktoberrevolution 1917 führten zum Frieden von Brest-Litowsk zwischen Russland und dem Deutschen Reich. Als Ergebnis davon kontrollierte das Deutsche Reich Gebiete von der Ukraine bis zum Baltikum.

Allerdings verschoben der Kriegseintritt der USA 1917 und der Einsatz der neuen „Tanks" (engl. Panzer) die Vorteile eindeutig zugunsten der Alliierten. Dennoch war der amerikanische Präsident Wilson um Frieden bemüht und legte am 8. Januar 1918 ein politisches Programm vor, das eine stabile demokratische Weltordnung garantieren sollte (siehe S. 74/75). Angesichts des Zusammenbruchs Russlands ging die Reichsregierung jedoch erst auf seine Vorschläge ein, als die Lage des deutschen Heeres bereits aussichtslos war.

Nach einer Frühjahrsoffensive 1918 mussten sich die deutschen Truppen immer weiter aus Frankreich und Belgien zurückziehen. Auch die Verbündeten Österreich-Ungarn, das Osmanische Reich und Bulgarien standen vor einer Niederlage. Im September forderte die militärische Führung schließlich die Reichsleitung auf, einen baldigen Waffenstillstand abzuschließen. Ein Versuch der Marineführung weiterzukämpfen, beantworteten die Matrosen im Oktober mit einem Aufstand. In Deutschland brach die Revolution aus.

M 1

Aufbruch an die Front, Foto, August 1914

M 2

Erinnerung eines Archivars an den Kriegsbeginn in Berlin (1914):

Viele Staatsbürger zeigten sich von Kriegsangst ergriffen. Sie eilten zu den Banken, ... um ihre Einlagen zurückzufordern. Der Andrang mehrte sich von Tag zu Tag ... Der Belagerung der Sparkassen entsprach die der Lebensmittelläden. Unzählige Verängstigte wollten noch einkaufen, bevor es zu spät sei, ehe etwa Hungersnot ausbräche. Vor den besuchteren Geschäften und Fleischerläden harrten schließlich bisweilen Hunderte.

Zit. nach Jens Flemming u. a. (Hg.), Lebenswelten im Ausnahmezustand. Die Deutschen, der Alltag und der Krieg, 1914–1918, Frankfurt u. a. (Peter Lang) 2011, S. 28.

M 3

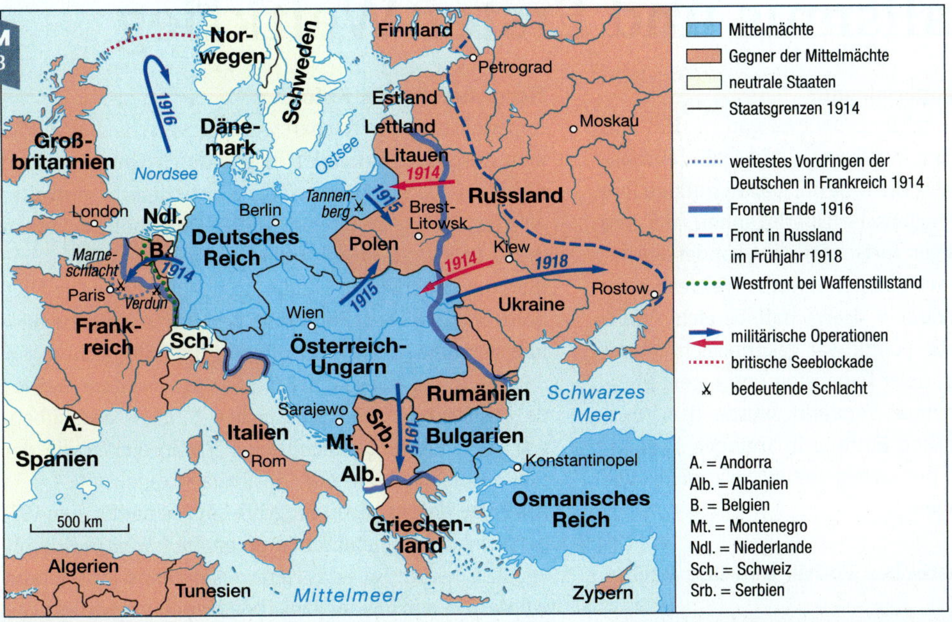

Europa während des Ersten Weltkrieges

M 4

Kriegsziele, September 1914:

Deutschland

- Sicherung des Reichs nach Ost und West
- Schwächung Frankreichs durch Gebietsabtretungen
- Belgien wird „Vasallenstaat“, militärische Nutzung von Hafenplätzen

Frankreich und Verbündete

- Herrschaft Deutschlands brechen
- territoriale Veränderungen nach Nationalitäten
- Gebietsgewinne für Frankreich und Belgien
- Kriegsentschädigungen

Vom Autor zusammengestellt

1 Vergleiche M1 und M2. Wie wird die Stimmung zu Kriegsbeginn jeweils dargestellt?

2 Wähle eine Aufgabe aus:

a) Beurteile die Kriegsziele Deutschlands und die der Alliierten (M4).

b) Schreibe eine Rede, in der du die deutschen Kriegsziele kritisierst (M4).

c) Schreibe eine Rede, in der du die alliierten Kriegsziele kritisierst (M4).

3 Erstelle eine Zeitleiste, die den Verlauf des Ersten Weltkrieges beschreibt (M3, Darstellungstext). Beziehe S. 58/59 ein.

4 Beschreibe den Frontverlauf bei Kriegsende (M3).

Webcode: FG640249-065
Der Verlauf des Ersten Weltkrieges

1870 1880 1890

1880–1914 Zeitalter des Imperialismus

1873 Dreikaiserabkommen: Deutsches Reich – Österreich-Ungarn – Russland

1878 Berliner Kongress

1879 Zweibund: Deutsches Reich – Österreich-Ungarn

1882 Dreibund: Deutsches Reich – Österreich-Ungarn – Italien

1890 Entlassung Bismarcks; „Neuer Kurs" Wilhelms II.

1892 französisch-russisches Militärabkommen

Imperialismus und Erster Weltkrieg

Das Zeitalter des Imperialismus

Die Epoche des Imperialismus dauerte von ca. 1880 bis zum Beginn des Ersten Weltkrieges 1914. Die europäischen Industriestaaten, die USA und Japan nutzten ihre wirtschaftliche und technische Überlegenheit, um ihre Herrschaft auf weniger fortschrittliche Länder auszudehnen und so durch Gebietserwerb Weltreiche zu schaffen (lat. Imperium = Herrschaftsbereich, Weltreich). Imperialistische Politik war gekennzeichnet von rücksichtsloser territorialer Expansion und einem übersteigerten Nationalismus. Verstärkt wurde der Wettkampf um Kolonien und Einfluss in fremden Ländern durch den Eintritt der „verspäteten" Nationen wie Deutschland und Italien.

Ziele der imperialistischen Politik und ihre Rechtfertigung

- Suche nach Rohstoffen und Absatzmärkten
- Erschließung von neuem Siedlungsraum für die schnell wachsende Bevölkerung Europas
- militärische Machtinteressen und Sicherheitsbedürfnisse im Konkurrenzkampf der Großmächte
- Ablenkung innenpolitischer Spannungen nach außen
- Machtansprüche aufgrund der Schwäche weniger entwickelter Länder

Wichtige Legitimierungen des Imperialismus:

- das kulturmissionarische Sendungsbewusstsein (Zivilisierung „barbarischer" Länder)
- die nationalistische Legitimierung (Stärkung der eigenen Nation und des nationalen Ansehens)
- der Sozialdarwinismus (Glaube an die Überlegenheit der eigenen Rasse in einem „Kampf ums Dasein")

Herrschaft in den Kolonien

Imperialistische Herrschaft wurde in verschiedenen Formen ausgeübt: Entweder direkt, durch Gründung von Kolonien, die von Beamten der Kolonialmacht verwaltet wurden, stets gestützt vom Militär. Oder indirekt, indem durch Druck gezielt politischer und wirtschaftlicher Einfluss auf unterlegene Länder ausgeübt wurde. Die USA betrieben in diesem Sinne eine vom Wirtschaftsliberalismus geprägte „Politik der offenen Tür". Sie pochten auf den freien Zugang zu den Märkten. Eine weitere Methode, insbesondere wirtschaftlichen Einfluss auszuüben, war die Umsetzung technischer Großprojekte wie der Bau der Bagdadbahn oder des Panamakanals.

Als Folge der massiven Eingriffe kam es häufig zum Widerstand der Einheimischen gegen die jeweilige Kolonialmacht, wie im Falle des Herero-Aufstands. Widerstand wurde von den Kolonialmächten brutal unterdrückt.

Es gab auch kritische Haltungen zur imperialistischen Politik, wie die der SPD im Deutschen Reich. August Bebel z. B. sprach von Ausbeutung und Unterdrückung der fremden Völker, die nicht selten zur Ausrottung der betreffenden Völker führe.

Konflikte in Europa und der Welt

Die Spannungen, die der imperialistische Wettlauf unter den Großmächten erzeugte, verstärkten die Rivalitäten in Europa. Ohnehin war das Gleichgewicht im europäischen Staatensystem durch die Entstehung des mächtigen deutschen Nationalstaats 1871 spürbar gestört worden. Bismarck begegnete dem Unbehagen der europäischen Länder durch eine vorsichtige Außenpolitik, die der Sicherung des Deutschen Reichs galt. Er isolierte

1900 | 1910 | 1920

1898 französisch-britische Konfrontation in Afrika
erstes deutsches Flottengesetz

1904 Entente cordiale: britisch-französische Verständigung

1905/1911 Marokko-Krisen: deutsch-französische Konfrontation

1907 Triple Entente: Großbritannien, Frankreich und Russland

1912/1913 Balkankriege

1914 Attentat auf das österreichisch-ungarische Thronfolgerehepaar in Sarajewo
Beginn des Ersten Weltkrieges

1917 Kriegseintritt der USA
Revolutionen in Russland

1918 März: Friede von Brest-Litowsk
Oktober: Matrosenaufstand in Kiel

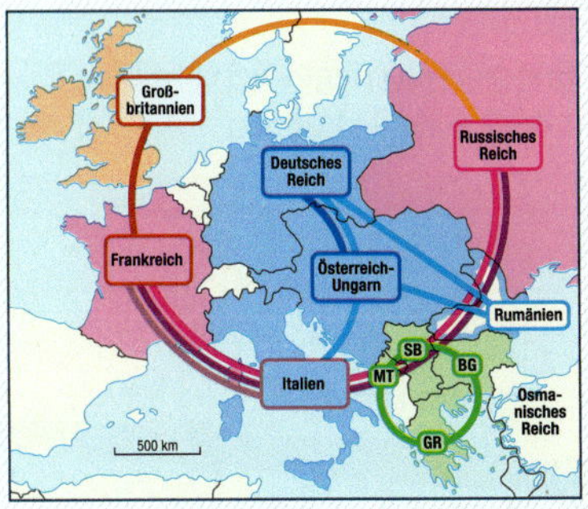

das auf Revanche bedachte Frankreich, indem er ein ausgedehntes Bündnissystem schuf, in das er alle anderen Großmächte direkt oder indirekt einbezog. Der Kanzler betrieb eine zurückhaltende Kolonialpolitik und erklärte, dass das Reich saturiert sei, d. h. keine weiteren territorialen Ansprüche mehr habe.
Kaiser Wilhelm II. dagegen, der Bismarck 1890 entließ, steuerte einen außenpolitischen Kurs, der von vier wesentlichen Faktoren geprägt war: dem persönlichen Eingreifen in die Politik, dem Verzicht auf Bismarcks Bündnissystem, dem Weltmachtstreben und der Flottenpolitik. Der aggressiv vertretene Kurs Wilhelms II. führte das Deutsche Reich in die Isolation. Während Frankreich, Russland und Großbritannien ihre kolonialen Gegensätze beilegten und eine Triple Entente bildeten, wurde das Deutsche Reich zunehmend als Störenfried empfunden. Mit England lieferte es sich einen erbitterten Rüstungswettlauf zur See; zu Frankreich bestand seit 1871 ohnehin ein schwer belastetes Verhältnis.

„Pulverfass" Balkan und Julikrise

Ein ständiger Krisenherd Europas war der Balkan. Hier lebte eine Vielzahl von Völkern mit unterschiedlichen Sprachen und Religionen, teils im Machtbereich Österreich-Ungarns, teils unter osmanischer Herrschaft. Im Zeitalter des Nationalismus strebten diese Völker zunehmend nach Selbstständigkeit. Verschärfend kam Russlands Interesse in der Region hinzu, das sich als Schutzmacht aller Slawen in die Balkanverhältnisse einmischte. Das „Pulverfass" Balkan explodierte, als das österreichisch-ungarische Thronfolgerehepaar 1914 von einem serbischen Nationalisten erschossen wurde. Als Deutschland daraufhin der Donaumonarchie in Form des „Blankoschecks" seine bedingungslose Unterstützung gegen Serbien zusagte und sich Russland auf serbische Seite stellte, eskalierte die Situation und führte schließlich zum Kriegsausbruch am 1. August 1914.

Der Erste Weltkrieg

In diesem Krieg standen die Mittelmächte Deutschland, Österreich-Ungarn, das Osmanische Reich und Bulgarien der Triple Entente, der sich immer mehr Länder auf der ganzen Welt anschlossen, gegenüber. Die Hoffnung auf einen schnellen Sieg wurde bald enttäuscht. Es zeichnete sich ab, dass der Kampf zu einem langwierigen, von mörderischen Materialschlachten gekennzeichneten Krieg werden würde, der viele Menschenleben kostete. Im Westen scheiterte der deutsche Plan einer schnellen Bezwingung Frankreichs; die Fronten erstarrten zu einem Stellungskrieg ohne nennenswerte Gebietsgewinne. Der erste „moderne" Krieg wurde mit neuen Waffen wie Flugzeugen, Panzern und U-Booten geführt. Weite Teile der Zivilbevölkerung wurden an der „Heimatfront" und über die Kriegswirtschaft in den Krieg einbezogen. Die katastrophale Versorgungslage forderte auch dort hohe Opferzahlen.
Als Deutschland aufgrund der englischen Seeblockade den uneingeschränkten U-Boot-Krieg erklärte, traten die USA 1917 auf der Seite der Entente in den Krieg ein und veränderten dadurch entscheidend die Machtverhältnisse. Daran änderte auch nichts, dass der Krieg im Osten erfolgreicher verlief. 1917 führte die Revolution zum Ende des Zarenreichs. Russland schloss 1918 mit dem Deutschen Reich den für Russland verlustreichen Friedensvertrag von Brest-Litowsk. Doch die Lage im Westen war aussichtslos. Die deutsche Oberste Heeresleitung drängte auf einen Waffenstillstand. Ein Matrosenaufstand in Kiel führte schließlich zur Revolution.

In diesem Kapitel konntest du folgende Kompetenzen erwerben:

- den Imperialismus definieren und seine Ziele und Rechtfertigungsstrategien erläutern
- die verschiedenen Formen der Großmächte, imperialistische Politik zu betreiben, erläutern
- die Probleme des Deutschen Reichs in seiner europäischen Mittellage erklären und beurteilen
- die Ursachen des Ersten Weltkrieges erklären
- die Merkmale eines modernen Krieges nennen und erklären
- den Verlauf des Ersten Weltkrieges beschreiben
- **Methode:** Kriegerdenkmäler erkunden

M 1

Vorstellungen des britischen Kolonialpolitikers Cecil Rhodes, 1877:

Ich behaupte, dass wir die erste Rasse in der Welt sind und dass es umso besser für die menschliche Rasse ist, je mehr wir von der Welt bewohnen ... [Es] bedeutet ... einfach das Ende aller Kriege, wenn der größere Teil der Welt in unserer Herrschaft aufgeht ... Da [Gott] offenkundig die englisch sprechende Rasse zu einem auserwählten Werkzeug formt, durch welches er einen Zustand der Gesellschaft hervorbringen will, der auf Gerechtigkeit, Freiheit und Frieden gegründet ist, muss er offensichtlich wünschen, dass ich tue, was ich kann, um jener Rasse so viel Spielraum und Macht wie möglich zu geben.

Zit. nach Stead, W.T. (Hg.), The Last Will and Testament of Cecil J. Rhodes, London 1902, S. 58f. und S. 98. Übers. v. Peter Alter.

M 2

Hinrichtung von Aufständischen gegen die britische Ausdehnungspolitik in Indien, Foto, 1858

M 3

Der deutsche Historiker Lothar Gall zu Bismarcks Außenpolitik:

In der ... Reichstagsrede vom 11. Januar 1887 zog er [Bismarck] ... den Schluss: „Mein Rat wird nie dahin gehen, einen Krieg zu führen, deshalb, weil er später vielleicht doch geführt werden muss." Deutschland, so hieß es, gehöre zu den Mächten, die von einem Krieg nichts zu gewinnen, aber alles zu befürchten haben und die daher bestrebt sein müssen, einen Krieg zu verhindern. Das nannte er in der gleichen Rede „unsere Friedenspolitik", freilich in einem nüchternen, streng interessenorientierten Sinn.

Zit. nach Lothar Gall, Bismarck. Der weiße Revolutionär, Frankfurt u. a. (Ullstein) 1980, S. 637f.

M 4

Tischrede Kaiser Wilhelms II. am 18. Juni 1897:

[Wir haben] Deutsche allerorten, für die wir zu sorgen, deutsche Ehre, die wir auch im Auslande aufrechtzuerhalten haben. Der Dreizack [Herrschaftssymbol des Meeresgottes Neptun] gehört in unsere Faust ... So ist es mein Wunsch, dass es mir Gott verleihen möge, in den Bahnen meines Großvaters zu wandeln, der Welt den Frieden zu erhalten ..., desgleichen aber nach außen die Ehre des Reiches in jeder Weise hochhalten zu können, unserer vaterländischen Arbeit und der Industrie die produzierenden Stände, die Absatzgebiete zu sichern und zu erhalten, die wir brauchen.

Zit. nach Ernst Johann (Hg.), Reden des Kaisers. Ansprachen, Predigten und Trinksprüche Wilhelms II., München (dtv) 1966, S. 70f.

M5

Propagandapostkarte 1914: „Der deutsche Aar (Adler), in Ehre neu geboren entfaltet nun die Schwingen hehr und rein, „Gott mit uns“ – wir haben nichts verloren. Die Drachenbrut muss nieder! – So solls sein!

M6

„Kinder in Not“, Spendenaufruf der Deutschen Kinderhilfe, 1917, Plakat von Franz Stassen

M7

Otto Dix, Sturmtruppe geht unter Gas vor, 1924. Der Maler Otto Dix (1891–1969) kämpfte im Ersten Weltkrieg als Freiwilliger an der Front.

Methodenkompetenz

1 Analysiere M1 hinsichtlich der Rechtfertigungsstrategien. Lies nach auf S. 41.
2 Überprüfe M1 anhand von M2.
3 Beschreibe M5 und M7 und vergleiche die ausgedrückten Stimmungen.
4 Bildet Gruppen und erkundet nach den Arbeitsschritten auf S. 63 Kriegerdenkmäler in euren Heimatorten.

Fach- und Kommunikationskompetenz

5 Erkläre den Begriff „Wirtschaftsliberalismus“ und setze ihn mit der imperialistischen Politik der USA in Verbindung.
6 Nenne wesentliche Elemente der Außenpolitik Kaiser Wilhelms II. Lies nach auf den Seiten 54/55.
7 Erläutere in einem Kurzvortrag, ausgehend von M7, die Merkmale des „modernen“ Krieges.

8 **Wähle eine Aufgabe aus:**
a) Formuliere die Rede eines Kriegsbegeisterten (M5).
b) Formuliere eine Rede gegen den Krieg (M6, M7).

Urteilskompetenz

9 Nimm Stellung zu Bismarcks Haltung (M3) und beurteile im Vergleich dazu den neuen Kurs Kaiser Wilhelms II. (M4).
10 Diskutiert in der Klasse: Sollen die heutigen Staaten die Verantwortung für die Kolonialverbrechen übernehmen? Welche Folgen könnte dies haben? Beziehe M2 und die Geschichte der Hereros auf Seite 48 ein.
11 Bewerte Deutschlands Haltung in der Julikrise (siehe S. 58/59).

Webcode: FG640249-069
Selbsteinschätzungsbogen

3
Neue Weltmächte – neue Gesellschaftsordnungen

Arbeiter einer Fabrik im russischen Petrograd (Sankt Petersburg) hören im Mai 1917 einem Redner zu. Er heißt Wladimir Iljitsch Uljanow, sein Deckname lautet Lenin. Wenige Wochen zuvor waren er und seine Getreuen noch im Exil in der Schweiz. Für den Zaren ist Lenin ein Terrorist. Mitten im Krieg haben ihm die Deutschen die Rückkehr per Eisenbahn über Skandinavien ermöglicht. Sie erhoffen sich eine Kapitulation Russlands, wenn Lenin die Arbeiter überzeugt, den Krieg gegen die Mittelmächte nicht fortzusetzen.

Was wird Lenin den Zuhörern vermutlich gesagt haben? Auf welche Nöte und Sorgen der Arbeiter könnte er eingegangen sein?
Formuliere eine kurze Rede oder schreibe Stichpunkte auf.

„Lenin spricht vor den Arbeitern der Putilow-Werke in Petrograd", Gemälde von Isaak Brodskij, nach Augenzeugenberichten 1927 gemalt

1915

1920

1914–1918 Erster Weltkrieg

1917 USA treten in den Weltkrieg ein
Februar- und Oktoberrevolution in Russland

1919/20 Friedenskonferenzen zur Neuordnung Europas; Versailler Vertrag

1920 Völkerbund tritt erstmalig zusammen

1922 Gründung der Sowjetunion

ab 1922 faschistische Diktatur in Italien unter Benito Mussolini

Neue Weltmächte – neue Gesellschaftsordnungen

Heute gilt das Jahr 1917 als „Epochenjahr" und deshalb als der eigentliche Beginn des 20. Jahrhunderts. Damals traten die Amerikaner entscheidend in den Weltkrieg ein. Die Russischen Revolutionen im Februar und Oktober 1917 beendeten die Zarenherrschaft. Lenin und seine Nachfolger errichteten nach einem blutigen Bürgerkrieg die Sowjetunion als ersten kommunistischen Staat der Geschichte. In Italien entstand erstmals 1922 ein Staat nach dem Gesellschaftsmodell des Faschismus*.

In diesem Kapitel beschäftigst du dich mit dem Aufstieg der USA und der Sowjetunion zu Weltmächten. Du findest heraus, warum die europäischen Staaten an Bedeutung verloren und wie die große Wirtschaftskrise am Ende der 1920er Jahre die Welt erneut veränderte.

Folgende Fragen kannst du nach Bearbeitung dieses Kapitels beantworten:

- Wie kam es dazu, dass die europäischen Staaten an Bedeutung verloren, während die USA und UdSSR zu Weltmächten aufstiegen?
- Worin bestanden die politischen, wirtschaftlichen und sozialen Unterschiede in den Gesellschaften der USA und der Sowjetunion?
- Welche Bedeutung hatte die Errichtung eines kommunistischen Staates für die Menschen in der Sowjetunion und in der ganzen Welt?
- Welche Staatsformen hatten die einzelnen europäischen Staaten nach dem Ersten Weltkrieg und warum kam es zu gewaltsamen Umstürzen?
- Wie veränderte die Wirtschaftskrise 1929 die Welt?

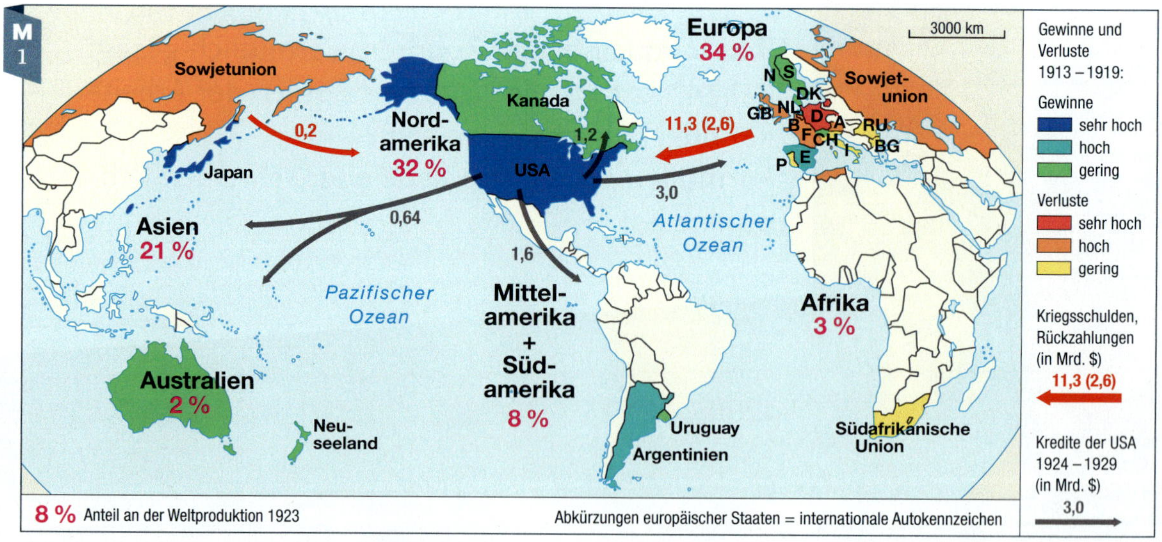

Wirtschaftliche Gewinner und Verlierer des Ersten Weltkrieges

1925 | 1930 | 1935 | 1940

ab 1927 Diktatur Josef Stalins

1929 Weltwirtschaftskrise

ab 1933 „New Deal" in den USA – neue Wirtschaftsordnung

1936–1939 Spanischer Bürgerkrieg

1933 Adolf Hitler kommt in Deutschland an die Macht

1939 Beginn des Zweiten Weltkriegs

M 2

Die Freiheitsstatue von New York, Foto, 2011. Sie ist ein Geschenk Frankreichs an die USA anlässlich der Hundertjahrfeier der amerikanischen Unabhängigkeitserklärung von 1776. Sie wurde 1886 eingeweiht und ist heute eine Touristenattraktion.

M 3

Arbeiter und Bäuerin, Foto, 1992. Die Bildhauerin Vera I. Muchina entwarf die Statue als Markenzeichen der Sowjetunion für die Pariser Weltausstellung 1937. Die Figurengruppe ist seit 1947 das Kennzeichen aller Filme der Mosfilm-Studios.

1 Schreibe deine Eindrücke bei der Betrachtung der Abbildungen (M2–M3) auf. Beziehe die Bildunterschriften mit ein.

2 **Partnerarbeit:** Die beiden Statuen stehen für verschiedene Konzepte von Gesellschaft und Politik. Vergleicht eure Eindrücke und notiert offene Fragen.

3 Fasse mit eigenen Worten zusammen, warum das Jahr 1917 als „Epochenjahr" gilt (Darstellungstext).

4 Erläutere anhand der Karte M1 den Aufstieg der USA zur führenden Wirtschaftsmacht der Welt.

Gelingt eine Neuordnung Europas?

Enttäuschung, Hunger, Verzweiflung und Trauer kennzeichneten den Alltag der Menschen nach dem Ersten Weltkrieg. Zu allem Überfluss wütete 1918–1920 die schlimmste Epidemie des Jahrhunderts, die „Spanische Grippe", an der hunderttausende vor allem junge Menschen starben. Wie sollte es nun weitergehen? Wer trug die Verantwortung für die Katastrophe des Weltkrieges?
Die Siegermächte tagten in verschiedenen Vororten von Paris ohne die Verlierer und Russland. Auf dieser Doppelseite untersuchst du Erwartungen und Ergebnisse der Friedenskonferenzen von 1919/20 und beurteilst deren Folgen.

Webcode:
FG640249-074
Pariser Friedenskonferenz

Ist Europa reif für die Demokratie?

Als erster amtierender amerikanischer Präsident brach Woodrow Wilson Anfang Dezember 1918 nach Europa auf. An Bord eines Schiffes – Flugverbindungen gab es noch nicht – befanden sich zahlreiche Fachleute aus seinen Ministerien und aus amerikanischen Universitäten. Die Amerikaner hatten klare Vorstellungen, wie man in Zukunft Kriege in Europa verhindern und den Wohlstand für die Menschen zurückbringen konnte.

Präsident Wilson wollte die europäischen Nationen „sicher für die Demokratie" machen. Dies war nach amerikanischer Auffassung nur durch die sofortige Einführung einer demokratischen Staatsform, durch weitgehende militärische Abrüstung, freien Handel und eine liberal-kapitalistische Wirtschaft möglich.

Die Realitäten der Konferenz

Die Franzosen setzten andere Schwerpunkte: Zuerst einmal sollte Deutschland für die Verwüstung und Zerstörung weiter Teile des Nordens und Ostens Frankreichs hohe Summen an Kriegsentschädigung leisten. Die Friedenskonferenz erklärte Deutschland zum alleinigen Verursacher des Krieges (siehe S. 116/117).

Neue Staaten entstehen

Alle europäischen Staaten gingen geschwächt aus dem Krieg hervor. Großbritannien und Frankreich blieben demokratisch, verloren wegen ihrer wirtschaftlichen Probleme ihre Weltmachtstellung. Das deutsche Kaiserreich wurde zu einer parlamentarischen Demokratie*. Österreich-Ungarn und das Osmanische Reich wurden aufgelöst. Auf dem vormaligen Territorium dieser beiden Weltmächte entstanden neue Nationalstaaten. Doch in diesen neuen Staaten lebten weiterhin verschiedene Nationalitäten mit unterschiedlichen Sprachen und Religionen zusammen. Die Amerikaner glaubten, künftig Konflikte durch das Selbstbestimmungsrecht der Völker* und das Nationalitätenprinzip entschärfen zu können. Daraus entstanden jedoch neue Konfliktzonen.

M 1

Opfer des Ersten Weltkrieges

- 8,6 Mio. getötete Soldaten (davon 1,8 Mio. Deutsche, 1,4 Mio. Franzosen, 1,7 Mio. Russen, 900 000 Briten und 50 000 Amerikaner)
- mehrere 100 000 Soldaten aller Nationen an der „Spanischen Grippe"
- 6,5 Mio. Zivilisten vor allem durch Hunger und Krankheit
- 20 Mio. Verwundete, davon 8 Mio. Invalide
- 8 Mio. getötete Pferde

Zahlen zusammengestellt nach Gerhard Hirschfeld u. a., Enzyklopädie Erster Weltkrieg, Paderborn (Schöningh) 2003, S. 921 f.

M 2

Die von deutschen Truppen zerstörte Stadt Reims, Foto, September 1914. In der Kathedrale wurden im Mittelalter die französischen Könige gekrönt.

M 3

Südost- und Ostmitteleuropa vor Kriegsbeginn 1914 und nach den Pariser Friedenskonferenzen 1919/20

M 4

Wilsons Friedensprogramm, Januar 1918:

1. Öffentliche Friedensverträge und Abschaffung der Geheimdiplomatie
2. Freiheit der Meere für die Schifffahrt
3. Aufhebung aller wirtschaftlichen Schranken
4. Abrüstung aller Nationen auf ein Mindestmaß
5. Unparteiische Regelung aller Kolonialfragen
6. Räumung Russlands von deutschen Truppen
7. Wiederherstellung eines unabhängigen Belgien
8. Rückgabe von Elsass-Lothringen an Frankreich
9. Grenzen Italiens nach dem Nationalstaatsprinzip
10. Selbstständigkeit der Völker Österreich-Ungarns
11. Wiederherstellung Rumäniens, Serbiens und Montenegros
12. Selbstständigkeit der nicht türkischen Völker des Osmanischen Reichs, freie Durchfahrt durch Bosporus und Dardanellen
13. Gründung eines unabhängigen polnischen Staates mit Zugang zur Ostsee
14. Gründung eines Völkerbundes als Friedensgarant

Zit. nach Bruno Gebhard, Handbuch der deutschen Geschichte, Bd. 4, hg. von Herbert Grundmann, 9. Aufl., Stuttgart (Klett-Cotta) 1978, S. 137. Vom Verf. vereinfacht.

1 Erläutere, wie die Amerikaner einen dauerhaften Frieden und Wohlstand in Europa erreichen wollten (M4, Darstellungstext).

2 Bewohner der Stadt Reims wenden sich in einem Brief an die französische Delegation bei der Friedenskonferenz. Notiere ihre Forderungen gegenüber Deutschland.
Tipp: Berücksichtige M1 und M2.

3 **Wähle eine Aufgabe aus:**
a) Welche neuen Staaten entstanden auf dem Balkan aus der Auflösung Österreich-Ungarns und des Osmanischen Reichs (M3)?
b) Aus welchen Gebieten setzte sich die neue Republik Polen zusammen (M3)?

4 **Recherche:** Die Karte M3 rechts zeigt die Konfliktzonen nach der Friedenskonferenz. Wähle eine aus und zeige Gründe und Verlauf der Krise auf.
Tipp: Suchbegriffe: Südtirol, polnischer Korridor.

Kontroverse Texte untersuchen

Wer war schuld am Ersten Weltkrieg? Bis heute wird diese Frage im Licht neuer Dokumente von Historikern kontrovers beurteilt. Der ehemalige britische Premierminister David Lloyd George schrieb in seinen Memoiren 1931, Europa sei 1914 in den Krieg „hineingeschlittert", weil das Bündnissystem versagt habe. Daher sei keine Nation allein verantwortlich. Auf dieser Doppelseite untersuchst du Aussagen zur Kriegsschuldfrage anhand von zwei Schulbuchtexten aus der Kriegszeit und kannst deine Ergebnisse einer wissenschaftlichen Bewertung von heute gegenüberstellen.

M 1

Ein deutsches Schulbuch, 1916:

Der furchtbare Weltkrieg, der am 1. August 1914 ausbrach, hat sich langsam vorbereitet. Seine Hauptursache war der glänzende Aufstieg Deutschlands, der den Neid und Hass der anderen Völker hervorrief. England beneidete und hasste uns, weil wir es im Handel und im Gewerbe zu überflügeln begonnen hatten. Frankreich brannte vor Rachedurst wegen des Verlustes von Elsass-Lothringen. Russland war erfüllt von Eroberungsgier. Da es in einem Kriege gegen Japan eine schwere Niederlage erlitten hatte und seine Absichten in Ostasien aufgeben musste, wandte es sich gegen Deutschland und Österreich und sah im Deutschtum den verhassten Feind seines eigenen Volkstums. Die Feindschaft Englands wurde unter der Regierung König Edwards VII. offenbarer und stärker. Das Ziel dieses Königs war die „Einkreisung" Deutschlands.

Harry Brettschneider, Hilfsbuch für den Unterricht, Geschichte an höheren Lehranstalten, Halle (Weisenhaus) 1916, S. 81.

M 2

Ein französisches Schulbuch, 1917:

Deutschland und Österreich-Ungarn wollten den Krieg. Die Regierungen in Berlin und Wien haben den Krieg der Welt aufgezwungen. Auch die tieferen Ursachen des Krieges liegen eindeutig in der Verantwortung Deutschlands und Österreich-Ungarns. Seit 1871 haben Frankreich, England und Russland Engelsgeduld, Friedenswillen und Nachgiebigkeit gegenüber Deutschland und Österreich-Ungarn gezeigt. Dies wurde uns als Zeichen der Schwäche ausgelegt. Alle Provokationen kamen ausnahmslos aus Berlin und Wien. Wenn es von 1871 bis 1914 eine Zeit des Friedens gegeben hat, dann trotz der Deutschen und trotz der Österreicher und der Ungarn. Durch ihre Fehler tobt seit 1914 der Krieg. Möge das ganze vergossene Blut auf die Verbrecher an der Spitze Deutschlands und Österreichs zurückfallen!

Jules Toutain, L'Europe et la France de 1871 à 1914, Paris (Belin) 1917, S. 90f. Übers. vom Autor.

M 3

Der Historiker Gerd Krumeich, 2014:

Wer war schuld? Zweifellos hat die unverantwortliche Erpressungs- und Bluffpolitik der deutschen Regierung den größten Anteil an der Entfesselung des Krieges. Aber nicht allein die Deutschen trugen die Verantwortung für die bis ins Unerträgliche gesteigerten Spannungen der Vorkriegszeit. In der Kriegsschulddebatte nach dem Ersten Weltkrieg hat der französische Historiker und Pädagoge Jules Isaac abschließend folgendermaßen geurteilt: Der Krieg sei gekommen, weil für keine der beteiligten Nationen der Frieden das höchste Gut gewesen sei. Hinter dieser Feststellung verbirgt sich die Einsicht, dass den Politikern von 1914 trotz mancher Vorahnungen ein zeitlich wie räumlich begrenzter europäischer Krieg als durchaus noch machbar erschien. Man hatte vom Gaskrieg keine Vorstellung, genauso wenig wie von flächendeckender schwerer Artillerie, von Tanks oder Bomben werfenden Flugzeugen.

Gerd Krumeich, Vorstellungen vom Krieg vor 1914 und der Beginn des „Großen Krieges", in: Aus Politik und Zeitgeschichte 16–17/2014, S. 8f.

Arbeitsschritte „Kontroverse Texte untersuchen“

Thema benennen und Vorwissen aktivieren	Lösungsschritte zu M1 und M2
1. Was sind kontroverse Texte?	• *Es sind Texte mit unterschiedlichen oder gegensätzlichen Einschätzungen eines Ereignisses.*
2. Um welches Thema handelt es sich? Was erfahre ich aus der Einleitung zur Problemfrage und welches Vorwissen habe ich dazu?	• *Es geht um die Bewertung der Kriegsschuldfrage. Auf Seite 74 habe ich bereits erfahren, dass Deutschland im Versailler Vertrag als Alleinschuldiger verurteilt wurde. Die Aussage von Lloyd George aus dem Jahre 1931 diente vermutlich dazu …*
Texte analysieren	
3. Wann wurden die Texte verfasst?	• *Sie sind während des Krieges entstanden.*
4. Welche Behauptungen werden dort aufgestellt (z. B. zu den Ursachen des Krieges und zur Schuldfrage)?	• *Die Texte nennen jeweils als Kriegsursachen … Dem Kriegsgegner wird die alleinige Schuld gegeben.*
5. Welche der Aussagen sind belegbar, welche nur Behauptungen oder Vermutungen?	• *Die Aussagen erscheinen zuerst logisch, werden aber durch die „nationale Brille“ gesehen. Das wird deutlich in den Zeilen …*
Wertungen und Interessen in den Texten erkennen und beurteilen	
6. Wie wird der Leser durch die Texte beeinflusst?	• *Alle Schüler lernen, dass nur der Gegner Schuld trägt.*
7. Aus welchen Gründen wird die Sachlage so dargestellt?	• *Eine nationale Erziehung darf hier keine eigene Verantwortung zulassen.*
Heutigen Forschungsstand wiedergeben und mit den Texten von früher vergleichen	
8. Welche Sichtweise hat der Historiker von heute zu diesem Thema (z. B. Verantwortung für den Ausbruch des Krieges)?	• *Der Historiker sieht alle beteiligten Nationen in der Verantwortung, weil kein Land durch Diplomatie den Frieden als höchstes Gut bewahren wollte.*
9. Aus welchen Gründen kam es zu der Fehleinschätzung der Politik im Jahre 1914? Worauf gründete diese Fehleinschätzung?	• *Man glaubte an einen zeitlich und räumlich begrenzten Krieg, der wie ein „reinigendes Gewitter“ wirken könnte. Vorstellungen von einem industrialisierten totalen Krieg gab es kaum.*
10. Welche Fragen bleiben offen?	• …

1 **Partnerarbeit:** Untersucht mithilfe der Arbeitsschritte die Quellen M1 und M2. Ergänzt die Lösungshinweise.

2 Trage in einer Tabelle alle genannten Gründe ein, die in M1 und M2 dem jeweiligen Gegner die Kriegsschuld zuweisen. Stelle dann die genannten Gründe einander gegenüber.

3 Erörtere an Beispielen aus M1 und M2, wie deutsche und französische Schüler während des Weltkrieges beeinflusst wurden. Belege dies anhand von Textstellen.

4 Stelle die Ergebnisse des heutigen Forschungsstandes zum Thema Kriegsschuld (M3) vor. Vergleiche mit M1 und M2.

Der Völkerbund: Instrument für den Frieden?

Heute setzen sich die United Nations (UN) in New York für die Lösung von Konflikten zwischen Staaten und die Linderung des Elends in Kriegsgebieten ein. Vorläufer der Vereinten Nationen war der Völkerbund, dessen Gründung auf Initiative der Amerikaner während der Friedensverhandlungen in Paris beschlossen wurde. Er nahm seine Arbeit am 1. Februar 1920 in der Schweizer Stadt Genf auf.

- ***Konnte der Völkerbund die erwartete Rolle als Friedensstifter erfüllen?***

Webcode:
FG640249-078
Völkerbund

Welche Länder bildeten den Völkerbund?

Nach dem 14 Punkte-Programm des amerikanischen Präsidenten Wilson (siehe S. 75) sollten zwei Dinge künftige Kriege verhindern: die Abschaffung von Geheimverträgen zwischen den Staaten und die Errichtung eines Völkerbundes als überstaatlicher Schiedsrichter. Seine Mitglieder waren die 32 Siegerstaaten des Ersten Weltkrieges und 13 neutrale Länder. Deutschland durfte als Kriegsverursacher dem Völkerbund zunächst nicht beitreten. Österreich, wenngleich auch ein besiegtes Land, wurde aufgenommen. Wegen der unklaren Machtverhältnisse durch Revolution und Bürgerkrieg blieb Russland gleichfalls ausgeschlossen; die Sowjetunion trat dem Bund 1934 bei.

In den Vereinigten Staaten waren viele Bürger nicht damit einverstanden, dass ihr Land eine herausragende Rolle als „Weltpolizei“ spielen sollte und lehnten einen Beitritt zum Völkerbund ab. Sie forderten einen Rückzug der USA aus den Streitigkeiten der Europäer. Zahlreiche Amerikaner befürchteten überdies, dass die Ideen der Russischen Revolution auch Anhänger in den USA finden könnten. Insgesamt herrschte in den USA große Enttäuschung darüber, dass während der Pariser Friedenkonferenzen die amerikanischen Ideale von Demokratie und Selbstbestimmung von den Europäern nicht aufgenommen oder nur teilweise umgesetzt wurden. So setzte sich in den USA eine Denkrichtung durch, die ihr Land aus den Streitigkeiten in anderen Teilen der Welt heraushalten wollte („Isolationisten“).

Da die neuen Großmächte USA und Sowjetunion nicht im Völkerbund vertreten waren, galt der Bund von Beginn an als politisch geschwächt.

Wie funktionierte der Völkerbund?

Alle wichtigen Entscheidungen beschloss der Rat des Völkerbundes. Dort gaben die Großmächte Großbritannien, Frankreich, Italien und Japan den Ton an. Neun weitere Staaten wurden abwechselnd in den Rat des Völkerbundes gewählt.

Es gelang dem Völkerbund, einige Grenzkonflikte zu lösen. Erfolgreich war er bei der Durchführung einer Reihe von humanitären Aktionen, bei der Bekämpfung der Sklaverei und der Einrichtung eines Internationalen Gerichtshofs. Gegenüber Friedensbrechern blieb sein Handlungsspielraum begrenzt: Er durfte zwar Sanktionen aussprechen, doch fehlten ihm die militärischen Mittel der Durchsetzung.

Der Völkerbund als Verwalter

Nach dem Krieg übernahm der Völkerbund die Oberhoheit („Mandat“) über die ehemaligen deutschen Kolonien. Die Verwaltung vergab er dann an andere Nationen wie Frankreich und Großbritannien. Besondere Bedeutung für Deutschland erlangte der Status der Stadt Danzig: Diese von Deutschen und Polen bewohnte Großstadt wurde nach dem Krieg weder deutsch noch polnisch, sondern als „Freie Stadt Danzig“ einem Kommissar des Völkerbundes unterstellt. Britische und polnische Truppen garantierten die Sicherheit.

Es gab auch Gebiete, wie Oberschlesien, in denen die Bevölkerung zwischen zwei Staaten wählen konnte (siehe S. 110, M1). Dort organisierte der Völkerbund die Durchführung und Rechtmäßigkeit der Abstimmung.

M 1

Präsident Wilson, amerikanische Karikatur, September 1919. In der Seifenblase steht „Völkerbund“, auf der Schüssel „Idealismus“.

M 2

Nationsbildung im Orient

Das Osmanische Reich wurde aufgelöst und die Türkei zum Nachfolgerstaat. Nach Ende des Ersten Weltkrieges versuchte Griechenland, Teile der Türkei zu erobern. In einem blutigen Krieg wurden die Griechen von den Truppen des späteren türkischen Staatsgründers Mustafa Kemal Pascha, genannt Atatürk (= Vater der Türken), zurückgeschlagen. Es kam zu Massenmord und Massenvertreibungen; der Völkerbund war machtlos. Die Armenier erhielten nach grausamen Verfolgungen durch die Türken 1915 mit Hunderttausenden von Toten zeitweise einen eigenen Staat. Den Kurden wurde von den europäischen Mächten ein eigener Staat versprochen, den sie aber nie

M 3

„Der Völkerbund ... und wie er in Wirklichkeit aussieht", Karikatur von Arpad Schmidhammer, 1920

1 Der Völkerbund trat seine Arbeit mit hohem Anspruch nach amerikanischen Vorgaben an. Erläutere, wie die Karikaturisten von M1 und M3 diesen Anspruch und die politische Wirklichkeit sahen.

2 Arbeite auf dieser Seite alle Hinweise für eine positive oder eine negative Bewertung der Arbeit des Völkerbundes heraus. Versuche mithilfe deiner Stichpunkte eine Antwort auf die Frage der Überschrift zu geben.

3 **Wähle eine Aufgabe aus:**

a) Liste die selbstständigen Staaten auf, die auf dem Boden des vormaligen Osmanischen Reichs entstanden (M2).

b) Schreibe die Mandatsgebiete des Völkerbundes auf und nenne die europäischen Mächte, denen die Verwaltung dieser Gebiete übergeben wurde (M2).

4 **Recherche:** Schreibe eine kurze Biografie von Atatürk und finde die Maßnahmen heraus, mit denen er sein Land modernisierte.

Die USA: Land der unbegrenzten Möglichkeiten?

Eine freiheitliche Verfassung und die Möglichkeit, sein Schicksal selbst in die Hand zu nehmen, faszinierten viele Menschen in der Alten Welt. Millionen in Europa verfolgter und verarmter Menschen versuchten in der Neuen Welt, ihr „Streben nach Glück" umzusetzen, wie es in einem Artikel der amerikanischen Verfassung geschrieben steht. Auf dieser Doppelseite beschäftigst du dich mit den USA als bedeutendstem Einwandererland im 19. Jahrhundert.

Webcode:
FG640249-080
Kartenanimation: Expansion der USA

M 1

Quer über den Kontinent nach Westen dehnt sich das Imperium aus, Farblithografie nach Francis F. Palmer, 1868.
Die Besiedlung des „Wilden Westens" der USA erforderte Pioniergeist, bot ein Höchstmaß an persönlicher Freiheit und war oft verbunden mit gesellschaftlichem Aufstieg. Den Fallenstellern, Holzfällern und Pelzjägern folgten Bauern, Viehzüchter und Handwerker. Dabei wurde die indigene (= einheimische) Bevölkerung Nordamerikas vertrieben und bekämpft. Von einer Million überlebte nur ein Viertel der indigenen Bevölkerung die Eroberung des Landes durch die Weißen.

Warum wanderten die Menschen in die USA aus?

Zwischen 1790 und 1860 wuchs die Bevölkerung der USA durch starke Einwanderung von 4 auf 31 Millionen Menschen an. Allein 7 Millionen Deutsche wanderten zwischen 1820 und 1914 nach Amerika aus. Zunächst waren es vor allem Kleinbauern- und Handwerkerfamilien, die sich eine neue Existenz aufbauen wollten. Hauptgründe für die Auswanderung waren Armut, Hunger wegen der geringen Bodenerträge, der Wegfall der Heimarbeit durch die Industrialisierung und die drückenden Steuerlasten. Neben diesen wirtschaftlichen Gründen gab es auch persönliche, wie die Flucht vor dem Militärdienst, Angst vor politischer Verfolgung und für viele der Wunsch nach mehr Freiheit. Die amerikanischen Industriezentren zogen nach 1900 viele Auswanderer an, weil dort höhere Löhne gezahlt wurden.

Kontrollierte Einwanderung

Ab Anfang der 1890er Jahre überwachte und regelte die amerikanische Bundesregierung die Einwanderung. Neuankömmlinge mussten die Kontrollstation Ellis Island vor New York durchlaufen. In der großen Halle erhielten sie Laufzettel, welche Dokumente auszufüllen und abzustempeln waren. Ärzte untersuchten die Einwanderer auf Anzeichen von körperlichen und seelischen Beschwerden. Eine Befragung nach Familienstand, Beruf, Nationalität, Vorstrafen und Ziel in den USA folgte. Jeder Ankömmling musste im Besitz von mindestens 30 Dollar sein. Rund 80 % der Einwanderer passierten diese Kontrollen ohne Probleme – die anderen kamen vor einen Spezialausschuss, der über ihre Zulassung oder Abschiebung entschied. Kranke Kinder und Frauen wurden sofort in die Heimat zurückgeschickt. Als die Einwandererzahlen weiter anstiegen – 1905 wurde erstmals die Millionengrenze überschritten – kam es zu fremdenfeindlichen Protesten und Reaktionen vor allem gegen Einwanderer aus Asien und Osteuropa. Auf Druck dieser Proteste wurden die Einwanderungsbestimmungen mehrfach verschärft; ab Mitte der 1920er Jahre gab es nur noch wenige Genehmigungen.

Ein Schmelztiegel der Nationen?

Das Selbstverständnis der Vereinigten Staaten bestand seit der Gründung darin, die Zuwanderer aus verschiedensten Völkern und Ländern in die neue Gesellschaft zu integrieren und zu „Amerikanern" zu machen. Die heutige Forschung hat diese These vom „melting pot" infrage gestellt. In Wirklichkeit orientierten sich die Zuwanderer meist an bereits dort lebenden Landsleuten, siedelten sich auch in deren Nähe an und bildeten viele „Unternationalitäten". So entstanden „Chinatowns" oder „Little Italies" und unzählige Städte mit deutschen Namen. Amerikaner waren die Einwanderer durch die gemeinsame Verehrung der Verfassung, der Gründerväter sowie der nationalen Symbole.

M 2

Wer durfte in die USA einwandern?

1789–1875: jeder
ab 1875: keine Sträflinge, keine Prostituierten
ab 1882: keine geistig Behinderten, keine Personen, die die öffentliche Armenfürsorge beanspruchen
1882–1945: keine Chinesen
ab 1885: keine Kolonnen billiger Arbeiter
ab 1891: keine Armen, keine chronisch Kranken
ab 1907: keine unbegleiteten Kinder unter 16 Jahren

Vom Autor zusammengestellt

M 3

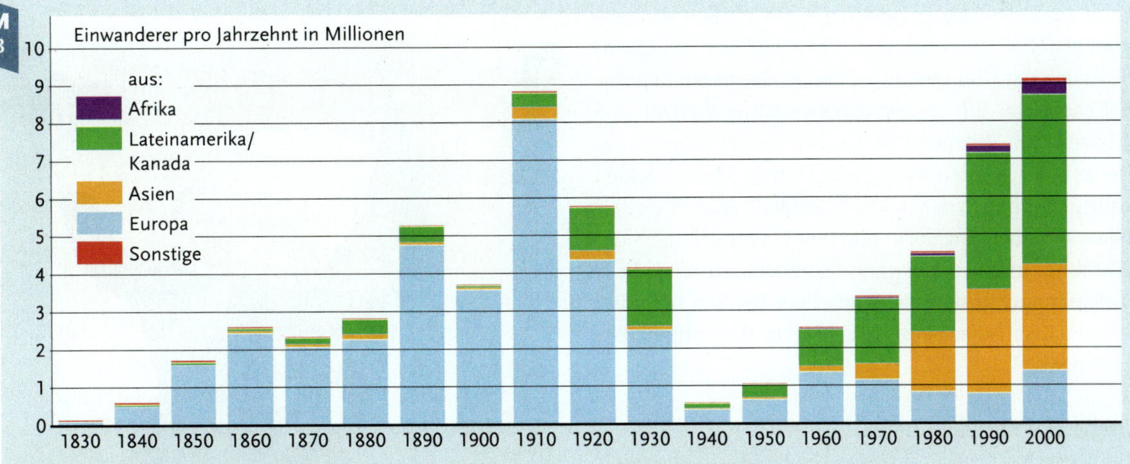

Einwanderung in die USA 1821–2000. Nach Remco von Cappeleven, E pluribus unum? Einwanderung, Ethnizität und Minderheiten in den USA, in: Hartmut Wasser (Hg.), USA. Grundwissen – Länderkunde, Opladen (Leske & Budrich) 2004, S. 340.

1 Beschreibe anhand von M3 den Verlauf der Einwanderung in die USA. Aus welchen Ländern erfolgte die stärkste Einwanderung in welchen Zeitabschnitten? Finde mögliche Gründe heraus.

2 Erkläre anhand von M2 und des Darstellungstextes, wie die amerikanischen Behörden versuchten, die Einwanderung zu beeinflussen.

3 M1 soll als Werbeplakat für die Einwanderung abgedruckt werden. Verfasse den Werbetext dazu.

4 **Wähle eine Aufgabe aus:**
Recherche: Viele Auswanderer kamen aus dem heutigen Rheinland-Pfalz. Informiere dich und berichte kurz vor der Klasse über:
a) Otto B. May
b) Jakob Obermann
c) Heinrich Hilgard Villard
Du kannst aber auch eine andere Biografie auswählen. Gib die Suchbegriffe „Auswanderung", „Rheinland-Pfalz", „Lebensbilder" ein.

Webcode: FG640249-081
Auswanderung aus Rheinland-Pfalz

Der Aufstieg der USA zur Weltwirtschaftsmacht

Webcode:
FG640249-082
Geschichte der USA

Ausgezeichnete Rahmenbedingungen begünstigten die wirtschaftliche Entwicklung der USA: Riesige Flächen unbebauten Landes, Vorkommen an Bodenschätzen sowie Brennstoffe wie Holz und Kohle gab es im Überfluss.
- ***Wie wurde das Land zur führenden Wirtschaftsmacht der Welt?***

„Market Revolution"

Das Zusammenspiel von Bevölkerungswachstum, Erfindungsreichtum und technischen Neuerungen ließ in den USA ein neues unternehmerisches Denken entstehen. Bereits in der Kolonialzeit suchten Farmer und Handwerker Absatzmöglichkeiten für ihre Produkte über den lokalen und regionalen Markt hinaus. In der Industrialisierung setzte sich die „amerikanische Produktionsweise" allmählich durch: Darunter versteht man die Herstellung industriell gefertigter und standardisierter Massenartikel. Neue Verkehrswege zu Wasser und zu Land förderten die Entstehung eines großen Binnenmarktes ohne Zollschranken. Um 1900 war das Eisenbahnnetz der USA bereits größer als das gesamte europäische Netz. Ein ausgeprägtes Leistungsdenken und grenzenloses Vertrauen in den Fortschritt prägten das Denken der meisten Menschen. Statt in kleinen Läden kaufte man nun in den neuen Warenhäusern mit vielfältigem Angebot, angelockt von den Versprechungen der Werbung. In amerikanischen Schulbüchern wird diese Verbindung von unternehmerischem Denken mit wirtschaftlichem Aufschwung als „Market Revolution" bezeichnet.

Ungleiche Entwicklungen

Die wirtschaftliche Entwicklung vergrößerte allerdings die Unterschiede zwischen dem industriell geprägten Norden und den landwirtschaftlich geprägten Südstaaten. Dort herrschten Monokulturen vor, vor allem für die Produktion von Baumwolle. Die Südstaaten wollten für ihre Produktionsweise unbedingt an der Sklaverei festhalten. In einem blutigen Bürgerkrieg setzte sich der Norden durch; die Sklaverei wurde 1865 abgeschafft.

Auch nach dem Bürgerkrieg blieb die wirtschaftliche Bedeutung des „flachen Landes" hinter der der Großstädte zurück. Dort zogen Großindustrie, Banken und Handel Arbeitskräfte an und bestimmten das Wirtschaftsleben. Zum anderen konzentrierte sich der wirtschaftliche Gewinn immer mehr: Unternehmen und Kapital lagen in der Hand von wenigen Großindustriellen („Big Business"). Diese „regierten" nicht nur die US-Wirtschaft, sondern erschlossen auch in Mittel- und Südamerika Rohstoffquellen und Absatzmärkte und machten die dortigen Staaten wirtschaftlich von sich abhängig.

M 1

„Prosperity" – Plakat zur Präsidentschaftswahl 1896. Der Kandidat der Republikaner, William McKinley, steht auf einer Dollarmünze, die von weißen Männern unterschiedlicher sozialer Herkunft getragen wird.

M 2

Zahlen zum Wirtschaftswachstum in den USA und den größten Industriestaaten

a) Beispiele für das Wachstum der US-Wirtschaft 1860–1910

Jahr	Fabrikarbeiter (in Mio.)	Kohle (in Mio. t)	Roheisen (in Mio. t)	Eisenbahn-gleise (in km)	Weizen (in Mio. Scheffel)	Baumwolle (in Mio. Ballen)
1860	1,3	16	0,8	49 000	173	4,5
1890	4,1	141	8,5	246 000	504	7,1
1910	ca. 7,0	441	28,9	386 000	684	10,0

b) Industrieproduktion 1880–1928 (Großbritannien 1900 = 100 als Vergleichswert)

	1880	1900	1913	1928
Großbritannien	73	100	127	135
USA	47	128	298	533
Deutschland	27	71	138	158
Frankreich	25	37	57	82
Russland	25	48	77	72
Japan	8	13	25	45

a) Zit. nach Erich Angermann, Der Aufstieg der Vereinigten Staaten von Amerika, 1607–1914, Stuttgart (Klett), 1965, S. 37.
b) Zit. nach Paul Kennedy, Aufstieg und Fall der großen Mächte, Frankfurt a. M. (Fischer) 1989, S. 311.

M 3

Aussortieren von nicht verwertbarem Gestein durch Kinder und Jugendliche in einem Bergwerk in Pennsylvania, Foto, 1911

1 Vergleiche anhand von M2 die Industrieproduktion der USA mit der anderer Industriestaaten.
2 Erläutere die Besonderheiten der amerikanischen Produktionsweise (Darstellungstext).
3 Beschreibe anhand von M1 Elemente und Markenzeichen des „American Dream". Übersetze die unbekannten Wörter. Stelle Verbindungen zu M3 her.
4 Erörtere, inwiefern die USA „moderner" waren als Europa (siehe S. 16–19).
Tipp: Vergleiche z. B. technische Errungenschaften und den Verkehr. Nenne Unterschiede.
5 **Recherche:** Vergleiche die Karriere von Andrew Carnegie (siehe Biografie rechts) mit der von Henry Ford und John D. Rockefeller.

Andrew Carnegie (1835–1919)

„Strebe nach dem Höchsten, gehe nie in eine Bar, rühre keinen Alkohol an außer beim Essen, spekuliere nie, identifiziere dich mit den Interessen deiner Firma." Das gab der Unternehmer A. Carnegie jungen Leuten mit auf den Weg.
1835 wurde Andrew Carnegie als Sohn eines schottischen Webers geboren. Die Familie wanderte 1848 nach Amerika aus. Andrew arbeitete anfangs in einer Baumwollfabrik, später in einem Telegrafenbüro in Pittsburgh. Der tüchtige Jugendliche fiel dem Manager Thomas Scott von der Eisenbahngesellschaft Pennsylvania Railroad auf. Carnegie wurde sein Assistent. Beide machten Karriere bei der Eisenbahn. Mit 24 Jahren war Carnegie Abteilungsleiter. Er investierte seine Ersparnisse in Firmen der Eisen- und Stahlproduktion. Carnegie wagte mit Scotts Unterstützung den Sprung zum Unternehmer. Südlich von Pittsburgh ließ er das größte Stahlwerk des Landes bauen. Subunternehmen förderten die Kohle für seine Stahlwerke und transportierten Rohstoffe und Güter zu Wasser und zu Lande. Die Gewinne und Umsätze explodierten; 1900 war Carnegie Steel das größte Industrieunternehmen der Welt, Carnegie der reichste Mann der Welt zu jener Zeit. Aus seinen Gewinnen sponserte der Unternehmer u. a. Bildungs- und soziale Einrichtungen sowie das nach ihm benannte berühmte Konzerthaus von New York.

Leben in den USA

Die Gesellschaft in der „Neuen Welt“ unterschied sich kulturell in einigen Aspekten von der in Europa. Eine nie da gewesene Mobilität per Auto wurde zum Markenzeichen der amerikanischen Gesellschaft.

- ***Was war das Besondere an dem amerikanischen Lebensstil? Entscheide, mit welchen Materialien (A oder B) du arbeiten möchtest.***

A

Amerikanische populäre Kultur

Bis ins 20. Jahrhundert hinein bestimmte in den USA und in Europa eine bürgerliche Elite, was Kultur war: Konzerte, Ballett und Opern, Theater, Literatur und Malerei. Als in den USA die Arbeiter und die Mittelschicht über mehr Geld und Freizeit verfügten, entstand ein neues Bedürfnis nach bezahlbarem und weniger anspruchsvollem Vergnügen. Die Bereiche Musik, Tanz, Film, Mode und Sport arbeiteten zusammen und produzierten „am laufenden Band“ Serien aller Art. Der Song trat neben das Kunstlied, das Musical neben die Oper, die Show neben das Theater, der Comic neben das Gemälde. In der Musik konkurrierten Jazz und Blues mit der klassischen Musik. Der Kinobesuch wurde zum liebsten Freizeitvergnügen der Amerikaner und bald auch der Europäer. Gezeigt wurden zunächst Stummfilme, die in Hollywood, einem Vorort von Los Angeles, entstanden. Die Studios – Warner Brothers, Paramount, Metro-Goldwyn-Mayer oder United Artists – waren vor allem von jüdischen Emigranten aus Osteuropa aufgebaut und von den Banken finanziert worden. Zu den Stars gehörten Charlie Chaplin als kleiner listiger Tramp oder Rudolph Valentino als „Latin Lover“. 1927 kam mit „Jazz Singers“ der erste Tonfilm heraus, zwei Jahre später waren bereits drei Viertel aller Filme „Talkies“. Die „Traumfabrik Hollywood“ bot Vorbilder, Trost und Vergessen, wenn es im richtigen Leben nicht so lief wie erhofft. Fast alle Filme hatten daher ein „happy ending“.

M 1

Stadtleben aus dem Zyklus „America today“ von Thomas H. Benton, 1930

1 Suche aus dem Darstellungstext alle Besonderheiten des amerikanischen Kulturlebens heraus. Erkläre die Unterschiede zum herkömmlichen Kulturbetrieb.

Tipp: Erstelle eine Tabelle, um die Unterschiede gegenüber zu stellen.

2 Beschreibe genau die einzelnen Elemente des Bildes M1.

B

M 2

Mobil durch Ford?

Das Automobil erzeugte einen neuen Lebensstil: Wohnen in grünen Vorstädten, Fahrt mit dem Auto zum Einkauf und zur Arbeit. Pionier dieser Entwicklung war Henry Ford:

Der Ford Model T, eines der erfolgreichsten Fahrzeuge aller Zeiten, wurde bereits seit 1908 hergestellt. Doch 1913 schaffte Henry Ford den ganz großen Durchbruch in der Produktion: Das erste Fließband, das sich motorgesteuert fortbewegte und an dem neben den Arbeitern auch noch 32 000 teilweise hochgradig automatisierte Werkzeugmaschinen zum Einsatz kamen ... Das Zeitalter der Massenproduktion war gekommen ... Es dauerte nicht mehr zwölf Stunden, ein Auto zu bauen, sondern nur noch zwei Stunden und dreißig Minuten.

Bei Ford und in anderen Fabriken standen fortan Experten neben den Bändern, Schreibtafeln in der Hand, die jeden Arbeitsschritt protokollierten ... Sie schlugen Verbesserungen vor und sortierten langsame Arbeiter aus. 1914 konnte Ford den Lohn seiner Arbeiter auf fünf Dollar pro Tag verdoppeln: Fords offensive Lohnpolitik legte die Grundlage dafür, dass Amerikaner aus dem ganzen Land und Immigranten unterschiedlichster Herkunft in die Fabriken strömten und über die folgenden Jahrzehnte eine neue Mittelschicht bildeten. Viele konnten sich bald selbst ein Auto leisten.

Zit. nach http://www.zeit.de/2011/46/Historie-Arbeiternehmer/seite-2 (Stand: 11. 04. 2014).

M 3

Fließbandarbeit bei Ford in Detroit, Foto, 1930

M 4

Neuzulassungen von Personen- und Lastkraftwagen in den USA (1920–1929)

Jahr	Pkw	Lkw
1920	8 131 522	1 107 639
1922	10 704 076	1 569 523
1924	15 436 102	2 176 838
1926	19 220 885	2 807 354
1928	21 308 159	3 171 542
1929	23 060 421	3 408 088

1 Erläutere, was „Fließband- und Massenproduktion" bedeutet (M3). Erkläre mithilfe dieser Begriffe die Neuerungen, die Henry Ford in der Autoproduktion einführte. Finde heraus, welche Folgen diese Produktionsweise für die Arbeiter hatte (M2).

2 Setze die Statistik zur Autoproduktion in ein Liniendiagramm um (M4).
Tipp: Bilde die Jahreszahlen auf der x-Achse ab.

M 5

Amerikanisches Plakat, Foto, 1937

Aufgabe für alle:
„There's no way like the American Way" steht auf dem Plakat (M5). Wofür könnte diese Aussage stehen? Notiert Stichpunkte. Beurteilt diese Sichtweise.

Russland unter der Zarenherrschaft

Im Vergleich zu anderen europäischen Großmächten war das Russische Reich 1914 wirtschaftlich und gesellschaftlich ein rückständiges Land. Anhänger der liberalen Ideen der europäischen Revolutionen von 1789 und 1848 galten als verdächtig. Die Industrialisierung und Modernisierung des Landes steckten in den Anfängen.

- ***Wie führte die anhaltende Reformunfähigkeit zu einer revolutionären Situation?***

M 1

Die Wolgatreidler, Gemälde von Ilja Repin (1870–1873). Bis ins 20. Jahrhundert hinein zogen Schlepper Schiffe und Kähne über die vielen Flüsse Russlands, weil die menschliche Arbeitskraft billiger war als Maschinen oder Pferde.

Die rückständige Großmacht

Der russische Zar herrschte absolut, also ohne jede Machtkontrolle über sein Land. Da er zugleich Oberhaupt der orthodoxen Kirche war, bildete die Kirche neben der Geheimpolizei die wichtigste Stütze der Zarenherrschaft, die ungefährdet schien. Über 80 % der Bevölkerung Russlands waren kirchentreue Bauern. Viel später als in Westeuropa waren die Bauern 1861 aus der Leibeigenschaft entlassen worden. Da die befreiten Bauern kein Geld für Landkäufe hatten, bewirtschafteten sie als Dorfgemeinschaften gemeinsam das Land. In den Bauernhütten lebten mehrere Generationen in einem einzigen Raum mit Ofen, auf dem sie schliefen, einem Tisch und einem Heiligenbild. Veraltete Anbaumethoden und die harten klimatischen Bedingungen führten regelmäßig zu Hungersnöten. Fast alle Dorfbewohner waren Analphabeten, eine Schulpflicht gab es vor 1917 nicht. Eine weitere Erklärung für die russische Rückständigkeit lag darin, dass sich kein am Gewinn orientiertes Bürgertum wie in Westeuropa entwickelte. Nur in wenigen Großstädten gab es eine kleine bürgerliche Schicht aus Kaufleuten.

Modernisieren ja – politische Freiheiten nein

Nur allmählich begann in Teilen Russlands in der zweiten Hälfte des 19. Jahrhunderts die Industrialisierung. Das Kapital für den Eisenbahnbau sowie für die Schwer- und Textilindustrie kam vor allem aus Frankreich und Großbritannien. Es gab kaum einheimische Investoren. Die Arbeiter lebten unter katastrophalen Bedingungen wie in der Frühzeit der Industrialisierung in Westeuropa mit Hungerlöhnen, 13-stündigen Arbeitstagen sowie unkontrollierter Kinderarbeit. Politische Parteien und Gewerkschaften waren verboten oder arbeiteten im Untergrund. Alle Zeitungen unterlagen einer strengen Zensur. Im Vielvölkerstaat Russland existierten über einhundert Nationalitäten und Sprachen, doch war nur der Gebrauch des Russischen in Verwaltung und Schulen erlaubt. Der russische Nationalismus diskriminierte auch die Juden. Widerstand gegen das autoritäre* Regime des Zaren kam allein von Studenten, Lehrern und Rechtsanwälten. Die Aussichtslosigkeit auf Veränderung radikalisierte eine ganze Generation: Vor 1917 starben bei politischen Attentaten in nur 20 Jahren über 17 000 Menschen, darunter zwei Ministerpräsidenten.

Die Revolution von 1905

Im Zeitalter des Imperialismus richtete Russland seine Eroberungspläne auch auf Gebiete in China und Korea (siehe S. 44). Dabei geriet das Russische Reich in Konflikt mit Japan, das ebenfalls Expansionspläne nach Korea verfolgte. Im Russisch-Japanischen Krieg von 1905 erlitt Russland eine unerwartete Niederlage und verlor seine Flotte.

Im Januar 1905 kam es in vielen Betrieben zu Massenstreiks von Arbeitern. In einer Protestdemonstration forderten 200 000 Arbeiter bessere Arbeitsbedingungen, einen Mindestlohn, Reformen zugunsten der Bauern, die Abschaffung der Zensur und mehr Gerechtigkeit. Zar Nikolaus II. ließ auf die Demonstranten schießen; zwischen 130 und 200 Menschen kamen ums Leben. Der Zar versprach eine Verfassung und ein Parlament. In diesem Parlament, der Duma, saßen vor allem Adlige. Das Parlament durfte die Regierung nicht kontrollieren; Parteien blieben weiterhin verboten. Das Vertrauen in den Zaren war erschüttert.

M 2

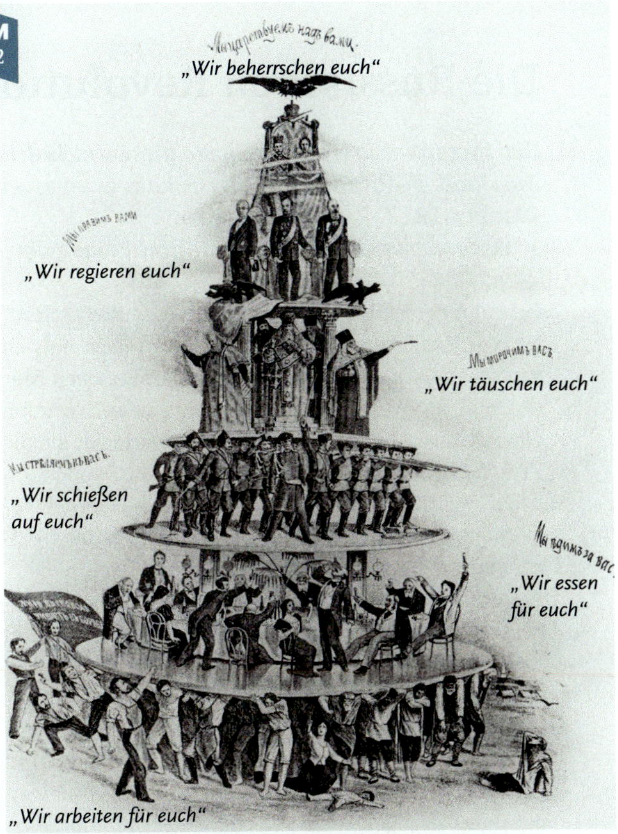

Flugblatt der illegalen russischen Sozialdemokraten, 1900

M 3

Ministerpräsident Sergej Witte schrieb an den Zaren am 9./22. Oktober 1905[1]:

Der historische Fortschritt ist unaufhaltsam. Entweder wird die bürgerliche Freiheit durch Reformen verwirklicht oder es kommt zu einer Revolution ... Die Schrecken einer russischen Revolution werden alles übertreffen ... Es ist möglich, dass durch ausländische Einmischung das Russische Reich in Stücke gerissen wird. Man wird versuchen, die Ideale des theoretischen Sozialismus* zu verwirklichen[2]. Diese Versuche werden umsonst sein, aber dennoch von entscheidender Wirkung. Sie werden die Familien zerstören und das religiöse Leben vernichten, das Eigentum zerschlagen und alle Rechtsgrundlagen zerstören. Der Staat muss sich an die Spitze der Freiheitsbewegung stellen. Es bleibt keine andere Wahl.

Zit. nach Wladimir von Korostowetz, Graf Witte, der Steuermann in der Not, Berlin (Brückenverlag) 1929, S. 16.

[1] *erstes Datum: Zählung nach dem in Russland beibehaltenen julianischen Kalender*

[2] *Die Lehren von Marx und Engels waren in Russland trotz Parteienverbots populär. Viele Anhänger des Sozialismus waren nach Sibirien verbannt worden oder lebten wie Lenin im Ausland im Exil.*

1 Schlage auf S. 44 die Karte Russlands nach: Beschreibe die geografische Lage der damaligen Hauptstadt St. Petersburg und wiederhole die Bedeutung der Eisenbahn bei der Expansion nach Sibirien und Mittelasien.

2 **Methode:** In russischen Schulbüchern wird gesagt, dass M1 die Unterdrückung des Volkes durch die absolute Herrschaft der Zaren symbolisiert. Nenne Hinweise für diese Auffassung.
Tipp: Nimm die Arbeitsschritte „Eine Bildquelle auswerten“ auf S. 236 zu Hilfe.

3 Arbeite die Hindernisse heraus, die einer wirtschaftlichen und gesellschaftlichen Modernisierung des Zarenreichs entgegenstanden (Darstellungstext).

4 Beschreibe M2. Erkläre, wie die russische Sozialdemokratie mit diesem Plakat Stimmung gegen Adel und Zarenherrschaft erzeugen wollte.

5 **a)** Bewerte sowohl die Lagebeurteilung als auch die Vorschläge von Ministerpräsident Witte (M3).
b) Was wird der Zar ihm vermutlich geantwortet haben? Finde Argumente für die Sichtweise des Zaren.

Die Russischen Revolutionen 1917

Der Erste Weltkrieg verschärfte die wirtschaftlichen und sozialen Probleme in Russland. Während des Krieges kam es zu zwei Revolutionen im Februar und Oktober 1917.

- ***Untersuche Gründe, Verlauf und Folgen der beiden Revolutionen.***

Webcode:
FG640249-088
Film: Nikolaus II – Der letzte Zar von Russland

Februarrevolution – das Ende der Zarenherrschaft

Nach anfänglichen militärischen Erfolgen Russlands im deutschen Ostpreußen häuften sich die russischen Niederlagen im Weltkrieg. Immer mehr Bauern wurden ohne richtige Ausbildung an die Front geschickt, um die Verluste bei der Truppe auszugleichen. Die Produktion landwirtschaftlicher Güter stockte. Kleine Unternehmer machten bankrott. Die Kriegskosten führten zur Geldentwertung. Die Preise stiegen und die Löhne sanken. Anfang 1917 brach die Versorgung der Städte mit Lebensmitteln und Brennholz zusammen. Demonstranten forderten Frieden, Brot und gerechte Löhne. Diesmal weigerten sich die Soldaten des Zaren, auf die Demonstranten zu schießen. Die Revolutionäre stürmten die staatlichen Waffenkammern, das Staatsgefängnis und den Sitz der Geheimpolizei. Die liberalen Abgeordneten der Duma zwangen den Zaren zum Rücktritt. Eine „Provisorische Regierung" übernahm die Amtsgeschäfte der neuen russischen Republik. Ab sofort galten im Land die Grundrechte wie Meinungs-, Presse- und Versammlungsfreiheit.

Die Zeit der Doppelherrschaft

Die „Provisorische Regierung" bestand aus liberalen Politikern aus dem Bürgertum, den „konstitutionellen Demokraten" oder „Kadetten". Eine wichtige Rolle in der Regierung spielte Alexander Kerenski, der Führer der Bauernpartei mit dem Namen „Sozialrevolutionäre". Kerenski war Justizminister und ab Juli 1917 Ministerpräsident. Die Militärführung unterstützte die neue Regierung unter der Bedingung, dass sie den Krieg gegen die Mittelmächte fortsetzte. Doch während der Unruhen hatten sich in vielen Städten Sowjets* (Räte) als zweites Machtzentrum gebildet. In diesen Räten saßen Soldaten, Arbeiter und Bauern. Die Sowjets berieten und beschlossen neue Gesetze und übernahmen Regierungsaufgaben. Der Sowjet der Stadt Petrograd (heute Sankt Petersburg) forderte einen sofortigen Frieden ohne Gebietsabtretungen und Kriegsentschädigungen. Die „Provisorische Regierung" lehnte das Rätesystem ab, weil es ihrer Meinung nach Russland militärisch und wirtschaftlich schwächte. Die Februarrevolution hatte also zu einer Doppelherrschaft im Lande geführt.

M 1

„Genosse Lenin reinigt die Erde vom Müll", zeitgenössisches Plakat

Die Oktoberrevolution der Bolschewiki*

Im April ereichte der Revolutionär Lenin Petrograd (siehe S. 70/71). Die deutsche Regierung hatte seine Reise aus dem Exil in der Schweiz über Skandinavien ermöglicht. Deutschland erhoffte sich durch Unruhestifter eine Schwächung des Kriegsgegners Russland. Lenin machte sich zusammen mit Leo Trotzki daran, aus der bis dahin unbedeutenden Gruppierung der Bolschewiki eine schlagkräftige Partei von Revolutionären zu formen. Andere Arbeiterparteien lehnten einen schnellen Umsturz ab, da nach der Theorie von Karl Marx Russland zu rückständig für das Gelingen einer Revolution sei.

Die „Provisorische Regierung“ verlor zunehmend an Rückhalt in der Bevölkerung, weil sie den Krieg nicht beendete, die Landverteilung an die mittellosen Bauern nicht vorankam und die Versorgungslage katastrophal blieb. Nach wenigen Monaten war die Partei der Bolschewiki auf 500 000 Mitglieder angewachsen. Am 25. Oktober (7. November) 1917 gelang der Aufstand der Bolschewiki gegen die „Provisorische Regierung“: Sie wurde für abgesetzt erklärt und die Sowjets übernahmen die Macht. Im November 1917 wurde in ganz Russland die verfassungsgebende Versammlung gewählt. Als diese im Januar 1918 zusammentrat, wurde sie von Lenin umgehend wieder aufgelöst. In späteren Jahren wurde der Aufstand als „glorreiche sozialistische Oktoberrevolution“ verherrlicht. Zahllose Filme und Bücher verbreiteten diese Sichtweise in der Sowjetunion und im Ausland.

Sozialismus
(von lat. socius = Genosse) Im ausgehenden 19. Jahrhundert vertraten Arbeiterparteien und Gewerkschaften den demokratischen Sozialismus. Durch allmähliche Veränderungen sollten die Lebensverhältnisse der Menschen verbessert werden. In Deutschland entstand aus dieser Bewegung die SPD. Der revolutionäre Sozialismus in Russland hingegen betonte den gewaltsamen Umsturz der bestehenden Verhältnisse. Er verstand sich als Übergangsstadium zum Kommunismus.

Kommunismus
(von lat. communis = gemeinsam) Lehre von Karl Marx und Friedrich Engels. Im Idealfalle gehören alle Produktionsmittel (Land, Häuser, Geräte, Maschinen, Tiere) allen Menschen. Das gemeinsam Produzierte soll gerecht verteilt werden, damit alle Menschen über gleiche Lebenschancen verfügen. In vielen kommunistischen Ländern führten diese Ideen jedoch zu Ungerechtigkeiten, Terror und Verfolgung.

M 2 **Wahlergebnisse in Russland 1917/18:**

a) Sitzverteilung in der Räteversammlung (2. Allrussischer Sowjetkongress) Oktober 1917:

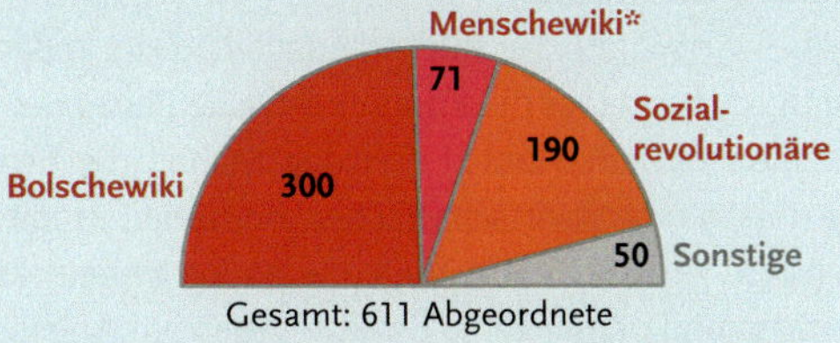

b) Sitzverteilung in der verfassungsgebenden Versammlung, Januar 1918. Die Verteilung gibt den Wählerwillen wieder. Die Versammlung wurde von Lenin mit der Parole „Alle Macht den Räten“ aufgelöst.

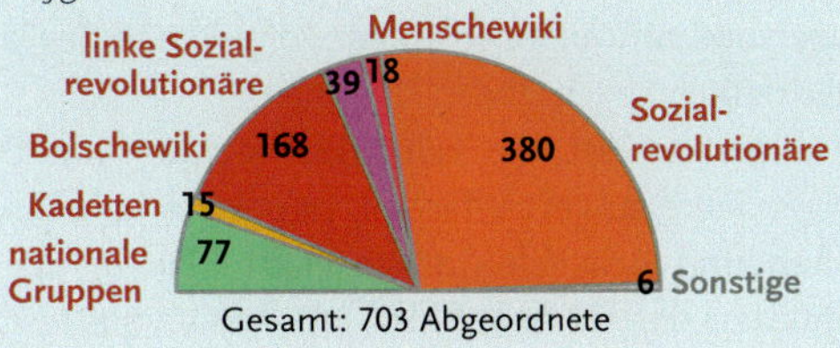

M 3 **Lenin über die Diktatur des Proletariats, August 1917:**

Die Diktatur des Proletariats bringt zunächst eine Reihe von Freiheitsbeschränkungen für die Unterdrücker, die Ausbeuter, die Kapitalisten. Die müssen wir niederhalten, um die Menschheit von der Lohnsklaverei zu befreien. Ihr Widerstand muss mit Gewalt gebrochen werden. Es ist klar, dass es da, wo es Gewalt gibt, keine Demokratie gibt ... Erst in der kommunistischen Gesellschaft, wenn der Widerstand der Kapitalisten endgültig gebrochen ist, wenn es keine Klassen mehr gibt, erst dann hört der Staat auf zu bestehen und kann von Freiheit die Rede sein. Erst dann ist eine vollkommene Demokratie ... möglich.

Zit. nach Oskar Anweiler (Hg.), Die Russische Revolution 1905–1925 (= Quellen und Arbeitshefte für den Geschichtsunterricht), 3. Aufl., Stuttgart (Klett) 1971, S. 39f.

1 Wähle eine Aufgabe aus:

a) Stelle dar, wie sich nach dem Sturz des Zaren eine Zeit der Doppelherrschaft herausbildete und welche Staatsform jeweils angestrebt wurde (Darstellungstext).

b) Erkläre, in welchen Fragen es zum Konflikt zwischen „Provisorischer Regierung“ und Lenin kommen musste (Darstellungstext, M1).

2 Vergleiche den Wählerwillen 1918 (M2b) mit der Sitzverteilung 1917 (M2a). Beurteile Lenins Entscheidung, die Versammlung aufzulösen.

3 a) Analysiere Lenins Ziele (M3). Stelle auch eine Verbindung zu M1 her.

b) Blättere zurück auf S. 70/71 und gib eine erneute Antwort auf die dort gestellten Fragen.

Webcode: FG640249-089
Russische Revolutionen

Der Weg in die kommunistische Diktatur

Aus Revolution und Bürgerkrieg entstand in Russland ein völlig neues Staatswesen. Die 1922 gegründete „Union der Sozialistischen Sowjetrepubliken" (UdSSR) sollte auf der Grundlage des Sozialismus die klassenlose Gesellschaft verwirklichen. Vergleiche hier Anspruch und Wirklichkeit dieser Idee.

Der Frieden von Brest-Litowsk im März 1918

Die erste Sowjetregierung unter Lenins Vorsitz nannte sich „Rat der Volkskommissare". Kommissar (Minister) für Außenpolitik wurde Leo Trotzki, Kommissar für Nationalitätenfragen Josef Stalin. Angesichts der katastrophalen Lage in Russland schlossen die Revolutionäre einen sofortigen Frieden. Deutschland diktierte seine Bedingungen: Russland musste ein Viertel seiner landwirtschaftlichen Anbauflächen abtreten. Es verlor drei Viertel der Eisenindustrie und die Kohlebergwerke in der Ukraine an Deutschland. Finnland und die baltischen Staaten kamen vorübergehend unter deutsche Herrschaft und wurden dann unabhängig. Durch die deutsche Kriegsniederlage wenige Monate später hatte der Friedensvertrag keine Bedeutung mehr.

Radikaler Staatsumbau und Bürgerkrieg

Die Bolschewiki machten sich daran, einen völlig neuartigen Staat nach den kommunistischen Ideen zu verwirklichen: Zur Erlangung der Gleichheit aller Menschen wurde das Privateigentum abgeschafft. Der Landbesitz von Kirchen und Klöstern fiel ohne Entschädigung an den Staat. Alle ausländischen Investitionen und Beteiligungen an Bergwerken und Fabriken wurden ohne Entschädigung verstaatlicht. Es gab nur noch eine einzige Staatsbank. Sie stellte die Rückzahlung der im Ausland aufgenommenen Kredite ein.

Gegen die Maßnahmen der Bolschewiki bildete sich eine breite Opposition. Adlige, Großgrundbesitzer, Geistliche, Bankiers, Kaufleute, Generäle und Beamte schlossen sich im Bürgerkrieg der „Weißen Armee" an, die von zaristischen Generälen geführt und von den Regierungen in Westeuropa, den USA und Japan Unterstützung erhielten. Die „Rote Armee" der Bolschewiki errang unter ihrem Organisator Trotzki den Sieg. Der Bürgerkrieg ruinierte die russische Wirtschaft. Zur Versorgung der hungernden Stadtbevölkerung zogen bewaffnete Arbeiter der „Roten Armee" durch die Dörfer und zwangen die Bauern zur Abgabe der wenigen noch vorhandenen Lebensmittel. Während der Zeit des Bürgerkrieges und des „Kriegskommunismus"* floh jeder, der es sich leisten konnte, ins Ausland. Millionen Menschen verhungerten.

Von Lenin zu Stalin

Die Jahre nach dem Bürgerkrieg waren eine Blütezeit der künstlerischen Produktion. Die Alphabetisierung der Landbevölkerung schritt rasch voran. Jungen Menschen, die sich für den Aufbau des neuen sozialistischen Staates begeisterten, boten sich Aufstiegsmöglichkeiten und Karrieren in Partei und Staat. Nach dem Tod Lenins 1924 baute Josef Stalin (1878–1953) seine Stellung als Generalsekretär der Kommunistischen Partei zur Alleinherrschaft aus. Bis 1929 saßen an den Schaltstellen von Partei, Staat und Wirtschaft nur ihm treu ergebene Personen. Kritiker wurden durch die Geheimpolizei ermordet oder in die überall im Land entstehenden Straflager (Gulags) deportiert.

Die Diktatur Stalins

Um die wirtschaftliche Rückständigkeit des Landes zu beseitigen, beschloss die Kommunistische Partei der Sowjetunion (KPdSU) unter Führung Stalins die Errichtung riesiger landwirtschaftlicher Betriebe. In diesen Kolchosen* waren Geräte, Vieh und Boden gemeinsames Eigentum und der einzelne Bauer wurde zum Angestellten seines Betriebes. Bauern, die sich weigerten, in die Kolchosen einzutreten, wurden als „konterrevolutionäre Klassenfeinde" angeprangert, in unwegsame Gegenden deportiert* oder ermordet. Dieser Prozess der „Kollektivierung der Landwirtschaft" führte zur schlimmsten Hungersnot mit Millionen Toten, vor allem in der landwirtschaftlich bedeutenden Ukraine.

Das ehrgeizige Ziel, die Industrieproduktion innerhalb weniger Jahre zu vervielfachen, erforderte hohe Investitionen und Arbeitsleistungen nach Plänen, die die Produktion aller Güter auf fünf Jahre im Voraus festlegten. Unter primitivsten Bedingungen stampften Arbeiter, die in Zeltstädten und Erdlöchern wohnten, riesige Industrieanlagen aus dem Nichts. Wenn nicht alles nach Plan verlief, wurden Menschen willkürlich verhaftet und wegen Sabotage hingerichtet. Ein System von Gewalt und Auszeichnungen („Heldinnen und Helden der Arbeit") kennzeichnete die Industrialisierung. Trotz aller Anstrengungen wurden die Ziele der Fünfjahrespläne von Beginn an nicht erreicht.

Diktatur
(von lat. dictatura) bezeichnet ein Herrschaftssystem, in dem eine einzelne Partei oder eine Person als Führer (Diktator) alles bestimmt. Diktatoren bringen sich meistens selbst gewaltsam an die Macht. In Diktaturen gibt es keine Gewaltenteilung, keine Grundrechte und eine staatliche Überwachung aller Lebensbereiche, oft verbunden mit Einschüchterung und Gewalt. Eine Diktatur ist das Gegenteil einer Demokratie.

M1

Enteignete und nach Auffassung Stalins „reiche" Bauern vor ihrem beschlagnahmten Haus in der Ukraine, Foto, 1930

M2

Folgen der Zwangskollektivierung

Durch die Zwangsablieferungen von Vieh und Getreide herrschte in den ländlichen Gebieten, besonders in der Ukraine, entsetzlicher Hunger. Nur in den Städten gab es Lebensmittel. Die Landbevölkerung wurde jedoch mit Gewalt am Betreten der Städte gehindert. Allein in den Dörfern der Ukraine starben 4 Millionen Menschen, es kam auch zu Kannibalismus. In einem ukrainischen Kinderlied von 1932 hieß es:

Vater Stalin, welchen Segen
Bringt uns das Kolchosenleben!
Haus und Scheune sind in Trümmern,
Alle Pferde am Verkümmern.
Hammer und Sichel leuchten am Haus,
Doch Tod und Hunger schauen heraus.
Die Kühe fort, die Schweine weg,
Ein Stalinbild statt Fleisch und Speck.
Die Eltern zur Kolchose gehen,
Das arme Kind muss einsam stehen.
Mit Brot und Fett ist es vorbei,
das ist der Segen der Partei.
Wo Liebe wohl und Güte sind?
Ein Vater fraß das eigne Kind.
Die Partei hört jedes Wort
Und schickt uns nach Sibirien fort.

Lidia Kovalenko, Holod 33, zit. nach Timothy Snyder, Bloodlands. Europa zwischen Hitler und Stalin, München (dtv) 2013, S. 57. Übers. v. Martin Richter.

M3

Lenin zum ersten Gesamtwirtschaftsplan, 22. Dezember 1920:

Kommunismus – das ist Sowjetmacht plus Elektrifizierung des ganzen Landes. Sonst wird das Land ein kleinbäuerliches Land bleiben ... Erst dann, wenn das Land elektrifiziert ist, wenn die Industrie, die Landwirtschaft und das Verkehrswesen eine moderne großindustrielle technische Grundlage erhalten, erst dann werden wir endgültig gesiegt haben ... Man muss jedoch wissen und darf nicht vergessen, dass die Elektrifizierung nicht mit Analphabeten durchzuführen ist ... Wir brauchen Menschen, die nicht nur des Lesens und Schreibens kundig sind, sondern kulturell hochstehende, politisch bewusste, gebildete Werktätige ...
Wenn Russland sich mit einem dichten Netz von elektrischen Kraftwerken und mächtigen technischen Anlagen bedeckt haben wird, dann wird unser kommunistischer Wirtschaftsaufbau zum Vorbild für das kommende sozialistische Europa und Asien werden.

Wladimir I. Lenin, Werke, Bd. 31, Berlin (Dietz) 1979, S. 513ff.

1 Erstelle eine Zeitleiste mit wichtigen Daten und Ereignissen der sowjetischen Geschichte, die auf dieser Doppelseite erwähnt werden.

2 Erläutere den Plan Lenins zur Modernisierung von Staat und Gesellschaft (M3). Überlege, mit welchen Schwierigkeiten zu rechnen war.

3 Arbeite aus M2 und dem Darstellungstext alle Punkte zu Verlauf und Folgen der Zwangskollektivierung heraus.

4 Beschreibe das Bild M1. Notiere, was möglicherweise zuvor passiert ist und was jetzt geschehen könnte.

5 **Recherche:** Suche Hintergrundinformationen zur Hungerkatastrophe in der Ukraine 1932/33 unter dem Stichwort „Holodomor" und stelle deine Ergebnisse in der Klasse vor.

Webcode: FG640249-091
Kartenanimation: Geschichte der UdSSR

Leben in der Sowjetunion in den 1930er Jahren

Bis heute wird in Russland an die Diktatur Stalins unterschiedlich erinnert. Während die einen den beginnenden Wohlstand und die Aufstiegsmöglichkeiten für Arbeiter und Bauern betonen, stellen andere die Stalinzeit als die Epoche des schlimmsten Terrors und Massenmordes in der russischen Geschichte dar.

- ***Entscheide dich für ein Material (A, B oder C) und untersuche das Leben in der Sowjetunion unter der Diktatur Stalins.***

A

M 1

Willkürliche Verhaftungen: Aus dem Tagebuch der 15-jährigen Schülerin Nina Kosterina[1]

Ninas Vater war Weggefährte Lenins und leitender kommunistischer Funktionär im asiatischen Teil Russlands:

25. März 1937 Etwas Sonderbares und Unbegreifliches hat sich ereignet. Onkel Mischa, Papas Bruder, ist verhaftet worden, ebenso seine Frau, Tante Anja. Irma, unsere kleine Cousine, musste in ein Kinderheim gebracht werden. Es heißt, Onkel Mischa sei an einer konterrevolutionären Verschwörung beteiligt gewesen. Wie soll so etwas möglich sein – Onkel Mischa gehört der Partei seit den ersten Tagen der Revolution an – und nun ein Volksfeind?

16. April 1937 Mein Geburtstag ist unbemerkt vorübergegangen. Nur Tonja schenkte mir ein rotes Handtäschchen ... Und noch etwas Schreckliches und Unverständliches hat sich ereignet. Stellas Vater ist verhaftet worden. Es heißt, er sei ein Volksfeind gewesen ...

22. August 1937 Auch Stellas und Irmas Väter sind verhaftet worden. Irgendetwas Furchtbares ist im Gange. Nach langem Nachdenken kam ich zu dem Schluss: Wenn mein Vater Trotzkist[2] ist, und das heißt so viel wie Vaterlandsverräter, werde ich ihn nicht beweinen, sondern mich von ihm lossagen. Jetzt steht das auf dem Papier und ich muss gestehen, dass ich mich schäme.

20. Dezember 1937 (der Vater hat seine Parteiämter verloren) Heute spielte sich eine furchtbare Szene ab. Aus dem Fernen Osten kam Esther Pawlowna, Papas gute Bekannte zurück ... Sie sagte, dass Papa sich vorbildlich verhalte. Obgleich er entlassen ist, bekommt er immer noch sein Gehalt ausbezahlt ... Ich verstehe natürlich, dass alle Angst haben. Papa, komm doch bald zurück!

7. September 1938 Papas Verhaftung ist ein solcher Schlag, dass ich mich wohl nie davon erholen werde. Bis jetzt hielt ich noch immer den Kopf hoch. Jetzt kann Achmetow zu mir sagen: „Wir sind Kameraden im Unglück!" Wenn ich daran zurückdenke, wie ich ihn verachtet habe, weil sein Vater als Trotzkist entlarvt worden war. Jetzt quält mich Tag und Nacht die Frage: Ist mein Vater ein Volksfeind?

Zit. nach Carsten Goehrke, Russischer Alltag. Eine Geschichte in neun Zeitbildern, Bd. 3: Sowjetische Moderne und Umbruch, Zürich (Chronos) 2005, S. 290f.

[1] *Nina Kosterina meldete sich nach dem deutschen Überfall auf die Sowjetunion im Dezember 1941 als Partisanin; sie wurde beim ersten Kampfeinsatz getötet. Ihr Vater kehrte 1954 aus den stalinschen Lagern in Sibirien zurück und wurde einer der ersten Systemkritiker nach Stalins Tod.*

[2] *Leo Trotzki wurde von Stalin ausgeschaltet, ging ins Exil nach Mexiko und wurde dort im Auftrag Stalins umgebracht.*

1 Erkläre, welches Wechselbad der Gefühle Nina durchläuft.

2 Suche die Textstellen heraus, in denen die Bedrohungen des Terrors von 1937 deutlich werden. Wie reagiert die Schülerin darauf?

B

M2

Das neue Moskau. Gemälde von Juri Pimenow, 1937. Ein architektonischer „Generalplan“ sollte die Stadt Moskau zum Aushängeschild der Sowjetunion machen. Alte Viertel mit Holzhäusern und viele Kirchen fielen neuen Prachtstraßen zum Opfer. Die große Christ-Erlöser-Kathedrale an der Moskwa wurde 1931 gesprengt, um Platz für den 300 Meter hohen „Palast der Sowjets“ zu schaffen. Im Untergrund entstand die Moskauer Metro mit riesigen Bahnhöfen.

1 Die Gebäude auf dem Bild waren alle noch im Bau und die Autoproduktion steckte erst in den Anfängen. Erläutere, welche Neuerungen aus der Sowjetzeit das Bild M2 zeigt.

2 Stelle Vermutungen an, warum das Bild in der Sowjetunion sehr populär wurde.

C

M3

Strafgefangene werden zum Bau des Weißmeer-Ostsee-Kanals eingesetzt, Foto, 1932.
Die Häftlinge wurden im unwegsamen Gelände ausgesetzt, mussten sich selbst um Behausung, Verpflegung und technische Ausrüstung kümmern. Jeden Tag waren pro Arbeiter drei Kubikmeter Erde und Geröll auszuheben, sonst wurden die ohnehin unzureichenden Essensrationen gekürzt. Erst bei mehr als 30 Grad minus ruhte die Arbeit.

1 Beschreibe die Arbeitsbedingungen (M3).

2 Für die Stalinisten galt die Zwangsarbeit auch als „innere Umwandlung des Menschen durch Arbeit“. Nimm dazu Stellung.

Aufgabe für alle:

Die Zwangskollektivierung und die brutal durchgesetzte Industrialisierung nahmen den Tod von Millionen Menschen in Kauf. Heute diskutieren Historiker, ob dies der Preis für die Modernisierung der Sowjetunion oder einfach nur planloser Massenmord war. Bewertet beide Ansichten.

Fotos analysieren

In der ersten Hälfte des 19. Jahrhunderts wurde die Fotografie erfunden. Seit den 1990er Jahren wird fast nur noch digital fotografiert. Am Computer kannst du heute mit einem Bildbearbeitungsprogramm jedes Foto beliebig verändern. Aber schon vorher gab es zahlreiche Techniken der Bildveränderung durch Retusche, Montage oder Zuschnitt. Wie du manipulierte Fotos erkennen kannst und wer ein Interesse an der Verbreitung von solchen Fotos hat, kannst du hier untersuchen.

M 1

Bild links: *Moskau, Swerdlow-Platz am 5. Mai 1920. Lenin hält eine Rede vor Soldaten der Roten Armee. Der Fotograf Grigori Goldstein ist als treuer Anhänger Lenins bei vielen seiner Veranstaltungen dabei. Auf den Stufen des Rednerpodestes stehen zwei Männer. Der vordere ist Leo Trotzki (siehe S. 90), Organisator der Roten Armee und Kriegsminister. Hinter ihm steht Leo Kamenew (1883–1936), treuer Freund Lenins mit verschiedenen hohen Ämtern.* ***Bild rechts:*** *bearbeitete Fassung des Bildes, seit den 1960er Jahren verbreitet*

Original oder Fälschung – wenn Bilder lügen

Zeigen Fotos genau das, was ein Betrachter zum Zeitpunkt der Aufnahme vor sich sehen konnte? Wenn du eine Fotografie als historische Quelle nutzen möchtest, musst du dir einige Fragen stellen. Das Raster gegenüber gibt dir die Schritte vor.

Schon in der Antike versuchten Pharaonen oder römische Kaiser durch die Zerstörung von Statuen Erinnerungen an ihre Gegner zu löschen. Die Diktaturen des 20. Jahrhunderts fälschten in großem Stil Dokumente. In der Sowjetunion verfolgte Stalin seine politischen Gegner erbarmungslos, um sie aus dem „öffentlichen Gedächtnis“ zu entfernen. Über 3000 Personen waren auf Befehl Stalins damit beschäftigt, unliebsame Fotos aus Zeitungen, Büchern und Lexika in allen Bibliotheken des Landes herauszuschneiden und retuschierte Fotos mitsamt der Seite wieder einzukleben.

M 2

„In Stalins Armen“, Foto, 1936. Es zeigt Stalin mit Engelsina Markizova, der Tochter eines Parteifunktionärs. Nachdem ihr Vater 1938 als „Volksfeind“ erschossen wurde, zeigte man nur noch den markierten Ausschnitt. Das Bild wurde millionenfach verbreitet.

Arbeitsschritte „Fotos analysieren"

Einzelheiten beschreiben	Lösungshinweise zu M1
1. Was ist auf jedem der Fotos zu sehen?	• *Man sieht auf beiden Fotos ein Rednerpodest aus Holz. Auf dem Podest redet ...*
2. Welche Unterschiede fallen direkt auf?	• *Im rechten Bild sind viel mehr Zuhörer zu sehen. Die Haltung des Redners ...*
3. Welche Personen sind dargestellt?	• ...
Fragen zum Fotografen und zur Bildtechnik	
4. Wer hat das Foto gemacht?	• ...
5. Wann wurde es aufgenommen?	• ...
6. Gab es einen bestimmten Anlass und einen Auftraggeber für das Foto?	• *Vermutlich hatte Lenin das Foto bestellt.*
7. Welche Bildtechnik wurde gewählt (Figuren, Gegenstände, Blickwinkel, Brennweite, Entfernung, Ausschnitt)?	• *Das Foto wurde von einer erhöhten Position heraus gemacht. Der Fotograf G. Goldstein hatte dazu wohl eine Leiter dabei. Auf dem gefälschten Foto ist das Podest mehr zur Mitte des Bildes gerückt, damit ... Die leere Straße hinten rechts ...*
8. Wurde das Bild bearbeitet durch Montage, Retusche oder Beschnitt?	• *Auf dem rechten Foto sind Trotzki und Kamenew durch Holzstufen ersetzt ...*
Weitere Informationen hinzuziehen	
9. Welche Informationen gibt die Bildunterschrift (Hilfe, Beeinflussung, Irreführung)?	• *Das Originalfoto trug den Titel „Genosse Lenin redet vor Soldaten der Roten Armee". Es wurde 1927 zum letzten Mal veröffentlicht. In den Jahren danach sah man nur eine Version, in der das rechte Drittel abgeschnitten war, ehe das gefälschte Foto Verbreitung fand.*
Gesamtaussage und Deutung	
10. Wozu sollte das manipulierte Bild dienen?	• *Stalin wollte seine Gegner aus dem Gedächtnis löschen, um damit seine Macht als alleiniger Führer zu untermauern.*
11. Wie kann ich mich über die „gelöschten" Personen informieren?	• *z. B. durch eine Internetrecherche*
12. Welche Fragen bleiben offen?	• ...

1 Untersuche die Bilder M1 mithilfe der Arbeitsschritte. Ergänze die Lösungshinweise.

2 **Wähle eine Aufgabe aus:**
Beschreibe und analysiere das Bild M2
a) ohne Bildunterschrift.
b) mit Einbeziehung der Bildunterschrift.
Vergleicht eure Eindrücke.

3 Im Jahr 1937 wurden durch den Terror Stalins zehntausend Kinder zu Waisen und kamen in Heime. Dazu der Historiker Karl Schlögel: „Das Jahr 1937 war die Geburtsstunde einer vaterlosen Generation. Es ist nicht schwer zu verstehen, dass zwischen dem Verlust der Väter und dem Kult um Stalin als Übervater ein Zusammenhang besteht."
Erläutere das Zitat in seinem Zusammenhang.

Faschistische Diktaturen in Europa

Nach dem Ersten Weltkrieg waren von den größeren Ländern in Europa nur Großbritannien, Frankreich, die Tschechoslowakei und bis 1933 Deutschland parlamentarische Demokratien. Neben dem Kommunismus entstand zunächst in Italien der Faschismus als neue politische Bewegung.
- ***Wie wurde die italienische Demokratie zerschlagen?***
- ***Welche Gemeinsamkeiten wiesen die faschistischen Bewegungen anderer europäischer Länder auf?***

Italien nach dem Ersten Weltkrieg

Italien war 1915 aufseiten der Entente in den Weltkrieg eingetreten. Angesichts von 600000 Toten in einem mörderischen Stellungskrieg in den Alpen und an der Adria wuchs die Frustration über den Kriegsausgang, weil die Hoffnungen auf große Gebietsgewinne längs der Küste Jugoslawiens sich nicht erfüllten. Die Nationalisten sprachen voller Empörung von einem „verstümmelten Sieg". Italien litt unter hoher Arbeitslosigkeit und Armut. Soziale Unruhen mit Streiks, Fabrikbesetzungen und Landnahmen armer Bauern waren an der Tagesordnung. Das Bürgertum fürchtete eine sozialistische Revolution. Für die Enttäuschten und Unzufriedenen bot sich Benito Mussolini mit seinen faschistischen Kampfbünden („Fasci di Combattimenti") als politische Alternative an. Bei Straßenkämpfen töteten Mussolinis Kampftruppen Tausende von Sozialisten; die Regierung schritt nicht ein.

Benito Mussolini ergreift gewaltsam die Macht

Aus den Kampfbünden formte Mussolini die faschistische Partei, in die bald Mittelständler, kleine Landbesitzer, Freiberufler und Angestellte strömten. Die Partei umfasste 1921 bereits 300000 Mitglieder. Im Jahre 1922 inszenierte Mussolini mit seinen gewaltbereiten Anhängern, den „Schwarzhemden", einen „Marsch auf Rom", um seinen Anspruch auf die Macht zu unterstreichen. Sein Plan ging auf, denn angesichts der massiven Drohung ernannte der italienische König Viktor Emanuel III. Mussolini zum neuen Ministerpräsidenten. Zunächst stand Mussolini einer Koalitionsregierung mit Fachleuten aus Militär, Wirtschaft und Verwaltung vor. Ab 1925 erfolgte der Übergang zur offenen Diktatur. Die Gewaltenteilung und die Pressefreiheit wurden abgeschafft, politische Parteien verboten und Gegner durch die Geheimpolizei erbarmungslos verfolgt. Die absolute Macht Mussolinis war allerdings eingeschränkt durch die Autorität des Königs, die katholische Kirche und die Unabhängigkeit des Militärs.

Benito Mussolini (1883–1945)
Sohn eines Schmieds und einer Lehrerin, Ausbildung zum Grundschullehrer. Mussolini war bis 1914 Sozialist und Redakteur der sozialistischen Tageszeitung „Avanti!". Wegen nationalistischer Ansichten als Redakteur entlassen, gründete er eine faschistische Bewegung gegen den Sozialismus. Ab 1925 Führer („Duce") der Einparteiendiktatur Italiens. Bündnispartner Hitlerdeutschlands im Zweiten Weltkrieg; 1943 von italienischen Widerstandskämpfern erschossen.

M 1

Offizielles Plakat Mussolinis von der faschistischen Organisation mit Anspielungen auf das antike Rom, 1930

Faschistische Bewegungen in anderen Ländern Europas

Die Karte M1 auf S. 144 zeigt die Ausbreitung autoritärer Staatsformen in Europa nach dem Ersten Weltkrieg. Alle diese Bewegungen wiesen bestimmte Gemeinsamkeiten auf: Sie waren antidemokratisch, antikommunistisch, nationalistisch, rassistisch, militärisch organisiert und oft antiklerikal (gegen die Kirche). Wenn sie an die Regierungsmacht kamen, setzten sie Gewalt und Terror ein.

Besonders erbittert tobte der Kampf der Ideologien* in Spanien. Dort folgte auf die Abdankung des Königs 1931 eine demokratisch gewählte Regierung. Gegen die Reformpolitik dieser Republik mit Bodenreformen zugunsten der ärmsten Bauern, Frauenemanzipation und einer Einschränkung der Macht der katholischen Kirche machten konservative Kräfte mobil. Der Militärputsch von General Francisco Franco (1892–1975) im Jahre 1936 gegen die linksgerichtete Regierung löste einen dreijährigen Bürgerkrieg aus. Spanien wurde nun zum Experimentierfeld der europäischen Ideologien. Die faschistischen Mächte Deutschland und Italien griffen aufseiten der spanischen Putschisten ein. Deutsche Kampfflieger führten den ersten Luftangriff auf die Zivilbevölkerung im baskischen Gernika durch. Der Maler Pablo Picasso schuf für den Pavillon der spanischen Republik auf der Pariser Weltausstellung 1937 das gleichnamige Bild, um die Weltöffentlichkeit auf das Verbrechen aufmerksam zu machen. Aufseiten der Republik standen die demokratischen Länder, die jedoch Waffenlieferungen ablehnten. Die Sowjetunion Stalins lieferte Waffen. Für die Republik kämpften 35 000 Freiwillige in den „Internationalen Brigaden" aus ganz Europa.

M3 *Die „Eiserne Garde" in Rumänien, Foto, Oktober 1940*

M2 Mussolini über den Faschismus in Europa (1922):

Der Faschismus fordert den tätigen, mit allen Willenskräften sich einsetzenden Menschen, der bereit ist, allen Schwierigkeiten männlich entgegenzutreten und sich ihnen zu stellen. Ihm ist das Leben ein Kampf …

Für den Faschismus [liegt] alles im Staate beschlossen. Außerhalb des Staates darf es keine Individuen noch Gruppen geben … Der [Faschismus] glaubt weder an die Möglichkeit noch an die Nützlichkeit des ewigen Friedens. Er lehnt daher den Pazifismus ab, der einen Verzicht auf den Kampf und eine Feigheit gegenüber dem Opfer in sich birgt. Der Krieg allein bringt alle menschlichen Energien zur höchsten Anspannung … Der Faschismus lehnt in der Demokratie die absurde konventionelle Lüge von der politischen Gleichheit … ab. Der faschistische Staat ist Wille zur Macht und Herrschaft. Für den Faschismus ist Streben … zur Expansion der Nation ein Ausdruck von Vitalität.

Zit. nach Benito Mussolini, Der Geist des Faschismus. Ein Quellenwerk, hg. von Horst Wagenfuhr, 5. Aufl., München (Schrift des Oberkommandos der Wehrmacht) 1943, 2ff.

1 **Methode:** Beschreibe M1 mithilfe der Arbeitsschritte „Eine Bildquelle auswerten" auf S. 236. Bewerte die Anspielung auf das antike Römische Reich.
Tipp: Zur Bedeutung des Rutenbündels lies im Lexikon unter „Faschismus" nach (siehe S. 241).

2 Fasse die Ideologie des Faschismus anhand der genannten Schlüsselwörter (M2 und Darstellungstext) in einem eigenen kurzen Text zusammen.

3 Nenne die Gemeinsamkeiten der faschistischen Bewegungen in Europa (Darstellungstext).

4 **Wähle eine Aufgabe aus:**
Recherchiere im Internet zu einer der folgenden faschistischen Bewegungen:
a) die Pfeilkreuzler in Ungarn
b) die „Eiserne Garde" in Rumänien
c) die Falange española in Spanien
d) die Ustaša in Kroatien

5 Der spanische Bürgerkrieg als „Experimentierfeld und Schauplatz der Konfrontationen der europäischen Ideologien". Beurteile diese These des Darstellungstextes.

Absturz der Weltwirtschaft: Die Krise von 1929

Am 24. Oktober 1929 stürzten die Aktienkurse an der New Yorker Börse ins Bodenlose. An jenem „Schwarzen Donnerstag" wurden Banken zahlungsunfähig und Millionen Menschen waren ruiniert. Am Folgetag, dem „Schwarzen Freitag", erreichte die Krise Europa. Der Absturz der Weltwirtschaft und der dramatische Anstieg der Arbeitslosigkeit erfassten alle Industriestaaten außer der Sowjetunion.

- ***Wie kam es zu dieser Krise und wie reagierte die Politik?***

Wie kam es zur Weltwirtschaftskrise*?

Nach dem Ersten Weltkrieg floss zunächst viel Geld aus Europa in das Gläubigerland USA (siehe Karte S. 72). Die Produktion von Konsumgütern und landwirtschaftlichen Erzeugnissen stieg stark an. Die amerikanische Regierung gewährte hohe Schutzzölle, um die einheimische Wirtschaft vor billigeren ausländischen Anbietern zu schützen. Die Vermögen in den USA blieben allerdings sehr ungleich verteilt. Der größere Teil der Bevölkerung war zu arm, um sich teure Konsumgüter wie Autos, Waschmaschinen, Radios oder Staubsauger kaufen zu können. Daher entstand die Idee, Kredite an Privatleute für den Kauf von Konsumgütern zu vergeben. Zwischen 1919 und 1929 stiegen die von den Banken vergebenen Kleinkredite für Konsumzwecke von 100 Millionen Dollar auf über sieben Milliarden im Jahre 1929. Dennoch war der Markt rasch gesättigt, weil viele Amerikaner sich diese Anschaffungen einfach nicht leisten konnten. Bald hatten Industrie und Landwirtschaft Schwierigkeiten, ihre Produkte abzusetzen und mussten sie zu Schleuderpreisen abgeben.

Der Wirtschaftsboom der 1920er Jahre ließ die Aktienkurse zunächst explodieren – bald wollten alle Menschen schnell an der Börse Geld verdienen und kauften Aktien sogar auf Kredit. Als sich erste Zeichen der Überproduktion und der Überbewertung der Aktien zeigten und die Firmen das erworbene Geld nicht investierten, kam es zu Panikverkäufen der Anleger. Die Börse brach zusammen. In der Folgezeit schrumpfte die Industrieproduktion drastisch. Massenentlassungen waren an der Tagesordnung, Löhne und Preise fielen. Viele Bauern konnten angesichts sinkender Einnahmen ihre Hypothekenzinsen nicht mehr bezahlen und mussten ihre Höfe weit unter Wert verkaufen. Das amerikanische Sozialprodukt halbierte sich und bis 1933 stieg die Arbeitslosigkeit auf das Zehnfache an. Die amerikanischen Banken kündigten die Kredite, die sie den europäischen Ländern gegeben hatten. Damit erfasste die Krise auch Europa.

M 1

Die Wallstreet, das Finanzzentrum in New York, am „Black Friday", Foto, 25. Oktober 1929. In der Bildmitte hinten die Börse.

M 2

Auswirkungen des Börsenkrachs: Verkauf von Luxusgütern, Foto, New York, 1929

Wie reagierte die Politik weltweit auf die Krise?

Die Weltwirtschaftskrise oder „Great Depression" erschütterte die USA in ihren traditionellen Werten. Denn dort kannte man weder eine flächendeckende Kranken- noch eine Arbeitslosenversicherung und für das Alter musste jeder Amerikaner selbst vorsorgen. Nun glaubte plötzlich eine Mehrheit der Amerikaner nicht mehr an die Verheißungen des Wirtschaftsliberalismus, an das „freie Spiel der Kräfte" des Marktes. Wie die amerikanische Regierung die Krise zu lösen versuchte, kannst du auf der nachfolgenden Doppelseite untersuchen.

Die Gegenposition des „freien Spieles der Kräfte" wurde von dem britischen Wirtschaftswissenschaftler John Maynard Keynes vertreten. Er war der Auffassung, der Staat müsse in Zeiten der Krise regulierend in die Wirtschaft eingreifen. Dies könne am besten durch Arbeitsbeschaffungsprogramme (Konjunkturprogramme) erfolgen, die möglichst viele Arbeitslose in Lohn und Brot bringe. Bis heute gibt es in vielen Ländern heftige Diskussionen darüber, wie weit der Staat in die Wirtschaft eingreifen darf oder soll.

In **Großbritannien** waren durch die Weltwirtschaftskrise die Industrieregionen besonders betroffen. Die Arbeitslosenzahl stieg auf drei Millionen an. Hungermärsche bestimmten das Bild. Die britische Regierung verzichtete auf einen radikalen Abbau der Sozialleistungen, nahm Schulden zur Finanzierung von Konjunkturprogrammen auf und verhinderte damit eine weitere Radikalisierung der Arbeiter.

In **Frankreich** stieg die Arbeitslosenzahl auf eine Million Menschen. Die geringere Zahl erklärt sich durch die Bedeutung der Landwirtschaft, die von der Krise weniger hart betroffen war. Die 1936 gewählte Regierung der „Volksfront" aus Sozialisten und Kommunisten erhöhte die sozialen Leistungen, darunter erstmals die Neuerung eines „bezahlten Urlaubs" von einer Woche.

Deutschland war durch die Krise besonders hart betroffen, wie du auf S. 134/135 weiterlesen kannst.

In der **Sowjetunion** waren Stalin und die Führungskräfte in der Kommunistischen Partei überzeugt, dass angesichts der Weltwirtschaftskrise der Zusammenbruch des Kapitalismus unmittelbar bevorstünde. Zeigte das Massenelend in den kapitalistischen Staaten nicht die Überlegenheit der „wissenschaftlichen Planung" von Produktion und Konsum in den sowjetischen Fünfjahresplänen? Mehrere tausend Fachleute aus den USA und Westeuropa folgten der Aufforderung Stalins, in der Sowjetunion als „bürgerliche Spezialisten" in Bereichen wie Ingenieurwesen, Architektur oder Planung tätig zu werden, um der Arbeitslosigkeit in ihren Heimatländern zu entkommen.

M 3

Farmerfamilie auf dem Weg nach Kalifornien, Foto, 1937

Lesetipp:
John Steinbeck, Früchte des Zorns, München (dtv-TB) 1985. Übers. von Klaus Lambrecht.
Verarmte Landarbeiter finden in Oklahoma kein Auskommen mehr. Da hören sie vom gelobten Land Kalifornien und machen sich durch Hitze und Staub auf den Weg. Doch auch hier erfahren sie die Macht und Unterdrückung durch die Großgrundbesitzer.

1 **Partnerarbeit:** Wählt jeweils einen der Darstellungstexte aus:

Text 1 Wie kam es zur Weltwirtschaftskrise?

a) Gliedere den Text.

b) Suche alle genannten Gründe für den Ausbruch der Krise heraus. Ziehe auch die Karte M1 auf S. 72 hinzu.

c) Erstelle eine Mindmap ausgehend vom Begriff „Weltwirtschaftskrise" und erkläre deinem Partner die Gründe für den Ausbruch der Krise.

Text 2 Wie reagierte die Politik weltweit auf die Krise?

a) Gliedere den Text.

b) Erkläre die unterschiedlichen „Rezepte" gegen die Wirtschaftskrise.

c) Erläutere mittels einer Mindmap die Folgen der Krise für die Menschen (M1–M3).

d) Welche Maßnahmen ergriffen die Regierungen in den hier erwähnten Industriestaaten?
Stelle deinem Partner deine Ergebnisse vor.

Webcode: FG640249-099
Weltwirtschaftskrise

Wie reagierten die USA auf die Krise?

Die Vereinigten Staaten sahen sich als Hüter des kapitalistischen Systems und des Freihandels. Der Staat dürfe auf keinen Fall in die Wirtschaft eingreifen. Jeder Amerikaner könne sein Schicksal selbst in die Hand nehmen, ohne auf irgendwelche staatlichen Leistungen Anspruch erheben zu können.

- ***Wie änderte sich diese Auffassung angesichts von Massenarbeitslosigkeit und Elend?***

Die Herausforderung der „Great Depression“

Der 1928 gewählte Präsident aus dem Lager der Republikaner, Herbert Hoover (1874–1964), wollte mit den bewährten Mitteln den Wohlstand der 1920er Jahre ausbauen. Er hielt eisern an dem amerikanischen Grundsatz fest, dass die Wirtschaft auch in Zeiten der Krise aus eigener Kraft wieder auf die Beine kommen müsse. Bald nannten die Amerikaner die neuen Elendsviertel am Rand der amerikanischen Großstädte „Hoovervilles“. Zeitungen, mit denen sich obdachlos gewordene Amerikaner zudeckten, hießen „Hoover-Bettdecken“. In den Präsidentschaftswahlen des Jahres 1932 wurde Hoover abgewählt. Sein demokratischer Herausforderer Franklin D. Roosevelt (1882–1945) errang einen überwältigenden Sieg. Wie im Wahlkampf versprochen, setzte Roosevelt sofort eine Reihe von neuen Maßnahmen um, die er als „Neuverteilung der Karten“ („New Deal“) bezeichnete.

Die Politik des „New Deal“

Der Staat garantierte die Einlagen der Sparer bei den Banken. Arbeitslose junge Männer konnten in einem freiwilligen Arbeitsdienst (Civilian Conservation Corps) Beschäftigung finden. Auf den staatlich finanzierten Baustellen entstanden Millionen neuer Arbeitsplätze. Gebaut wurden 122 000 öffentliche Gebäude, rund 800 000 Kilometer neuer Straßen, 77 000 Brücken und 285 Flugplätze sowie Stromtrassen. Das bedeutendste Einzelprojekt war die Wiederaufforstung des durch Umweltschäden ruinierten Tals des Tennessee-Flusses. Hier entstanden zahlreiche Staudämme zur Erzeugung von Elektrizität. Ab 1935 konzentrierte Roosevelt seine Politik auf den allmählichen Aufbau eines Sozialstaates. Alters- und Arbeitslosenversicherungen wurden eingeführt, die jedoch einige Berufsgruppen wie Landarbeiter ausschlossen. Die Gewerkschaften wurden als Interessenvertreter der Arbeiterschaft anerkannt.

M 1

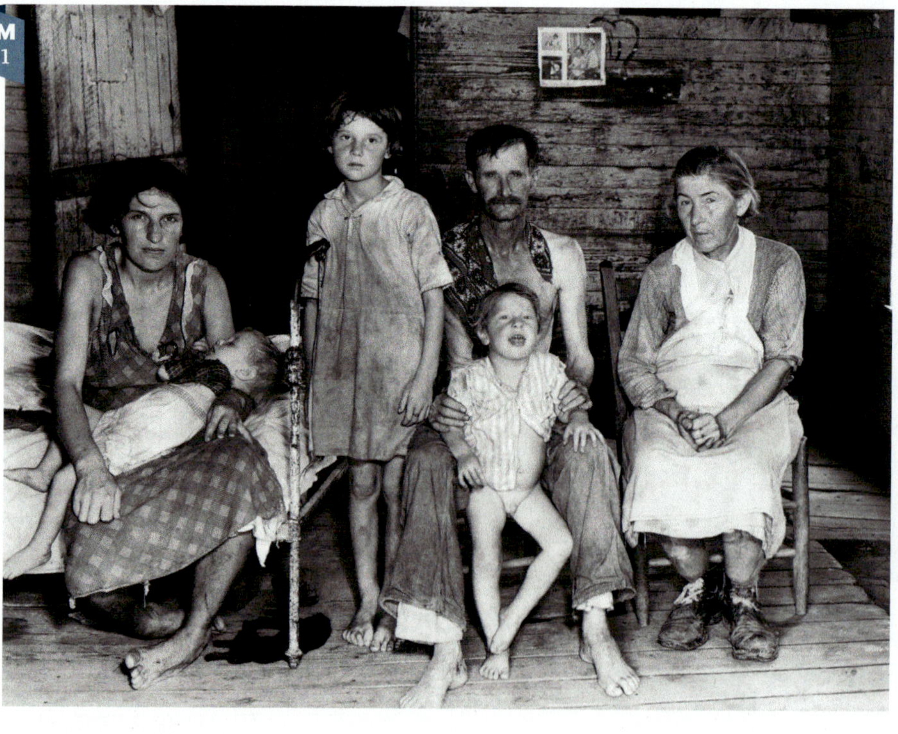

Die Familie des Pächters Bud Fields, Alabama, Foto von Walker Evans, 1936.
Evans erstellte im Auftrag der Zeitschrift „Fortune“ eine Text-Foto-Reportage über Pächterfamilien; das Magazin veröffentlichte das Ergebnis jedoch nicht, auch eine selbstständige Veröffentlichung 1941 fand kaum Beachtung. Erst die Neuauflage in den 1960er Jahren brachte hohe Verkaufszahlen.

M 2

Radioansprache des amerikanischen Präsidenten Roosevelt vom 17. September 1937:

Meine amerikanische Mitbürger: ... In unserer Generation hat sich ein neuer Grundsatz über die Regierung durchgesetzt, der Grundsatz, dass man den Hilfsquellen der Nation einen weit höheren Lebensstandard für die breite Masse des Volkes abgewinnen kann, wenn die Regierung nur klug und energisch dem wirtschaftlichen Leben die richtige Richtung gibt ... Jener Grundsatz macht die Forderungen der Arbeiterschaft nach kürzerer Arbeitszeit und höheren Löhnen, die Forderungen der Farmer nach einem beständigeren Einkommen, die Forderungen der großen Mehrheit der Geschäftsleute nach Entlastung von zerstörerischen Geschäftspraktiken verständlich ... Ich glaube, dass diese Dinge im Rahmen der Verfassung erreicht werden können, ohne eine einzige der bürgerlichen und religiösen Freiheiten preiszugeben, die sie sichern sollte ... Nichts würde so sicher den Kerngehalt dessen, was die Erklärung der Grundrechte [„Bill of Rights", 1789] schützt, zerstören wie ihr Missbrauch zur Verhinderungen des sozialen Fortschritts ... Toleranz und Fairness würden hier, so wie in einigen anderen Ländern, verschwinden, wenn der großen Mehrheit der Menschen das Vertrauen in ihr Recht, ihre Sicherheit und ihre Selbstachtung verweigert würde. Verzweifelte Menschen in anderen Ländern haben ihre Freiheitsrechte aufgegeben, als Freiheit bloß noch Erniedrigung und Hunger bedeutete.

Zit. nach http://newdeal.feri.org/court/fdr03.htm (Stand: 10.10.2014). Übers. v. Michael Tocha

1 Arbeite aus M2 und dem Darstellungstext heraus, worin Roosevelt die neue Aufgabe seiner Regierung sah.

2 Ordne die Maßnahmen Roosevelts den Zielen „Linderung der Not" und „wirtschaftliche Erholung" zu (Darstellungstext).

3 **a) Methode:** Beschreibe das Foto M1.
Tipp: Nimm die Arbeitsschritte „Eine historische Fotografie analysieren" zu Hilfe (siehe S. 237).
b) Beurteile mithilfe von M3a die Reformen des „New Deal" aus der Sicht der vielen Landarbeiter.

4 Bewerte den Erfolg des „New Deal" (M3a/b).

M 3

War der „New Deal" erfolgreich?

a) Der Historiker Willi Paul Adams, 2000:

Unternehmer, denen die Gewerkschaftsfreundlichkeit der New Dealer zu weit ging, taten sich zu einer Gruppe zusammen, um die Freiheit Amerikas und seiner Unternehmer gegen Roosevelts „Sozialismus" und „Diktatur" zu verteidigen. ... Bis 1939 schafften es Roosevelt und die reformbereiten Demokraten nicht, die Arbeitslosigkeit wirklich zu beseitigen. Zu einem nennenswerten sozialen Wohnungsbau in den Armenvierteln der Großstädte war es ... nicht gekommen. Keine Bodenreform, kein Kreditprogramm hatte den nah am Existenzminimum lebenden Landpächtern im Süden und Westen dauerhaft geholfen und sie aus dem Teufelskreis von Überproduktion und zu niedrigen Preisen für ihre Ernten bei steigenden anderen Preisen befreit. Das Sozialversicherungsgesetz von 1935 war ein Schritt in die richtige Richtung, ließ aber die Vielzahl von Landarbeitern und Pächtern ungeschützt und bot keine allgemeine gesetzliche Krankenversicherung. Die Macht der Großunternehmen war ungebrochen.

Zit. nach Willi Paul Adams, Die USA im 20. Jahrhundert, München (Oldenbourg) 2000, S. 62f.

b) Der Historiker Detlef Junker, 1995:

Roosevelts Grundidee war einfach: Er wollte diejenigen erwerbsfähigen Arbeitslosen von der Straße bringen, die in der privaten Wirtschaft keinen Arbeitsplatz fanden ... und ihnen ihr Selbstwertgefühl durch die Gewissheit zurückgeben, den Lebensunterhalt durch sinnvollen Einsatz für das Gemeinwohl zu verdienen. Rechnet man die Angehörigen hinzu, dann profitierten 25–30 Millionen Menschen von den allerdings bescheidenen Löhnen aus öffentlicher Arbeit. Es ist wahr, dass der New Deal Arbeitslosigkeit und Not zwar lindern, aber nicht beseitigen konnte und die sozialpolitischen Gesetze über bescheidene Anfänge nicht hinauskamen. Erst der Zweite Weltkrieg brachte Vollbeschäftigung und sich überschlagende Produktionsrekorde ... Die sozial benachteiligten Minderheiten, auch die Schwarzen, blieben am Rand des New Deal. Die ungleiche Vermögens- und Einkommensstruktur änderte sich nicht wesentlich.

Zit. nach Detlef Junker, Franklin D. Roosevelt 1933–1945, in: Jürgen Heideking (Hg.), Die amerikanischen Präsidenten, München (Beck) 1995, S. 316.

1915 1920 1925

1917 Februarrevolution in Russland: Sturz des Zaren; Oktoberrevolution der Bolschewiki unter Lenin

1918 Präsident Wilsons 14-Punkte-Programm; Frieden von Brest-Litowsk

1918–1921 Bürgerkrieg in Russland

1919/1920 Friedenskonferenzen in Paris zur Neuordnung Europas; Versailler Vertrag

1920 Völkerbund tritt erstmalig zusammen

1922 Gründung der Sowjetunion

ab 1922 faschistische Diktatur unter Benito Mussolini in Italien

ab 1927 Diktatur Stalins

Neue Weltmächte – neue Gesellschaftsordnungen

Die Neuordnung Europas nach 1918

Im Januar 1918 hatte der amerikanische Präsident Woodrow Wilson in einem 14-Punkte-Programm die amerikanischen Vorstellungen für einen dauerhaften Frieden nach dem Ersten Weltkrieg verkündet. Auf den Pariser Friedensverhandlungen machte sich die amerikanische Delegation dafür stark, die Welt durch den Aufbau demokratischer Nationalstaaten nach dem Prinzip des „Selbstbestimmungsrechts der Völker“ und der Einrichtung eines Völkerbundes sicherer zu machen. Mit diesen Vorstellungen stieß Wilson im eigenen Land auf Vorbehalte und die USA traten dem Völkerbund nicht bei. In den Folgejahren beschränkten sich die Amerikaner auf Wirtschaftshilfe und Kreditvergabe. Der Völkerbund trat 1920 in Genf erstmalig zusammen. Weil einflussreiche Staaten wie die USA ihm nicht angehörten, blieb er von Anfang an eine schwache internationale Organisation.

Die USA: Aufstieg zur Weltwirtschaftsmacht

Die Einwanderung von Fachkräften, die Industrialisierung und ein marktwirtschaftliches System führten in den USA zur „amerikanische Produktionsweise“. Darunter versteht man die Herstellung standardisierter Massenartikel durch Passgenauigkeit und moderne Fließbänder. In Großkonzernen konzentrierten sich Kapital und Wirtschaftsmacht. Das politisch einflussreiche „Big Business“ berief sich auf liberale Werte und demokratische Freiheiten, wie sie in der amerikanischen Verfassung und im Selbstverständnis der Amerikaner verankert waren. Mit diesen Werten hatte Präsident Wilson den Eintritt der USA in den Ersten Weltkrieg begründet. Die amerikanische Wirtschaft profitierte von massiven Geldzuflüssen aus Kreditvergaben während des Weltkrieges und von der großen Nachfrage nach Konsumgütern im eigenen Land. Schutzzölle hielten ausländische Anbieter vom amerikanischen Markt fern. Doch der Wirtschaftsboom erwies sich als Scheinblüte, die Aktienkurse fielen dramatisch, und der Börsencrash in New York 1929 war der Beginn einer lang dauernden Weltwirtschaftskrise. Die „große Depression“ führte in den USA zu Massenarbeitslosigkeit und Verelendung auf dem Land wie in den Städten. Der von Präsident Roosevelt eingeschlagene Wirtschaftskurs des „New Deal“ zeigte Wege aus der Krise. Die für die USA ungewöhnlichen wirtschaftlichen Maßnahmen umfassten Eingriffe des Staates in das Banken- und Börsensystem, Hilfen für die notleidende Landwirtschaft und einen regulierten Wettbewerb in der Industrie. Umfangreiche Konjunkturprogramme als Arbeitsbeschaffungsmaßnahmen retteten Millionen Familien vor dem Hunger. Für viele Berufsgruppen wurden erstmals Sozialversicherungssysteme eingeführt.

1930 1935 1940

1929 Weltwirtschaftskrise

ab 1929 Zwangskollektivierung der Landwirtschaft unter Stalin

ab 1933 „New Deal" in den USA – neue Wirtschaftsordnung unter Präsident Roosevelt;
In Deutschland übernehmen die Nationalsozialisten die Macht

1936–1939 Spanischer Bürgerkrieg

1937 „Großer Terror" unter Stalin

Revolutionen in Russland

Große Versorgungsprobleme, wachsende Kriegsmüdigkeit und die Unzufriedenheit mit den Eigentumsverhältnissen im landwirtschaftlich geprägten Russland wurden Auslöser für die Februarrevolution 1917 und der Abdankung des Zaren. Die bürgerlich-demokratische Regierung führte die Bürgerrechte ein, vermochte aber die schlechte wirtschaftliche Lage nicht zu verbessern. In dieser Situation ergriffen Lenin und seine Bolschewiki in einem Putsch im November 1917 („Oktoberrevolution" nach dem alten Kalender) gewaltsam die Macht. „Alle Macht den Räten!" forderten sie und brachten mit dem Slogan „Frieden, Land und Brot" auch diejenigen hinter sich, die von der „Provisorischen Regierung" ein Ende von Krieg, Hunger und Perspektivlosigkeit erhofft hatten. Diese Versprechen sollten durch die neue Regierung unter Vorsitz Lenins eingelöst werden (Friedensschluss mit den Mittelmächten in Brest-Litowsk 1918). Gegen die Maßnahmen der Bolschewiki gab es eine breite Opposition. Das Land versank in einem blutigen Bürgerkrieg. Die von zaristischen Generälen geführte „Weiße Armee" der Gegner Lenins wurde von der „Roten Armee" unter ihrem Organisator Leo Trotzki geschlagen. Der Kriegskommunismus mit der Verstaatlichung aller Betriebe und der Zwangsabgabe aller noch vorhandenen Lebensmittel in den Dörfern führte zu einer Hungersnot mit Millionen Opfern.

Die Sowjetunion unter Stalin

Die Kommunistische Partei bestimmte alle Bereiche in Alltag und Gesellschaft. Kritik war nicht mehr möglich. In Städten, Dörfern, Schulen und Betrieben besetzten leitende Mitglieder der Partei („Kader") die Entscheidungspositionen. Nach Lenins Tod bestimmte Josef Stalin (1878–1953) als Generalsekretär der Partei die Politik und baute seine Stellung zur Alleinherrschaft aus. Er veranlasste eine gewaltige Beschleunigung der Entwicklung des Landes durch Zwangskollektivierung der Landwirtschaft und eine zentral geplante Industrialisierung. Unzählige Menschen verschwanden in Arbeitslagern (Gulags). Millionen Menschen wurden durch die Zwangskollektivierung, Industrialisierung und die Säuberungen des Jahres 1937 zu Opfern der Terrorpolitik Stalins.

Die neue Ideologie des Faschismus

Besonders die nach dem Ersten Weltkrieg neu gegründeten Staaten in Ost- und Südosteuropa wiesen nach wenigen Jahren fast alle eine autoritäre Herrschaftsform auf. Ursachen dafür lagen in fehlenden sozialen und wirtschaftlichen Reformen, mangelnder demokratischer Tradition und einem starken Nationalismus.
In Italien und anderen europäischen Staaten schlossen sich viele Menschen der Bewegung des Faschismus an. Waren ihre Motive auch unterschiedlich, so stimmten sie in vielen grundsätzlichen Ideen und Zielen überein: Beseitigung der Demokratie und des Wirtschaftsliberalismus, Abwehr des Kommunismus, diktatorische Herrschaft mit Verherrlichung von Militarismus, Nationalismus und Krieg. Zur Erreichung ihrer Ziele setzen sie Gewalt und Terror ein.

In diesem Kapitel konntest du folgende Kompetenzen erwerben:

- die Neuordnung Europas nach dem Weltkrieg darstellen
- den Aufstieg der neuen Flügelmächte USA und UdSSR zu Weltmächten erläutern
- Ursachen, Verlauf und Ergebnisse der Russischen Revolutionen erklären und bewerten
- den Unterschied zwischen revolutionärem Anspruch und sowjetischer Wirklichkeit aufzeigen
- den Aufstieg des Faschismus am Beispiel Italiens und anderer europäischer Länder beschreiben
- die Ursachen und Folgen der Weltwirtschaftskrise 1929 und die politischen Lösungen in ausgewählten Ländern wiedergeben und bewerten
- **Methode:** Kontroverse Texte untersuchen
- **Methode:** Fotos analysieren

M 1

Der Historiker Walther L. Bernecker über die politischen Veränderungen nach dem Ersten Weltkrieg (2002):

Die Epoche 1914 bis 1945 hat die politische Landkarte Europas von Grund auf verändert, die weltpolitische Führungsstellung der „Alten Welt" wurde gegenüber den aufstrebenden Flügelmächten USA und UdSSR infrage gestellt. Es ist gerechtfertigt, von der Selbstzerstörung und dem Untergang Europas zu sprechen ...

Im Jahr 1917 formulierte US-Präsident Wilson: Es gehe darum, „die Welt für die Demokratie sicher zu machen", nur die „Partnerschaft demokratischer Nationen" garantierte ein „beständiges Zusammenspiel für den Frieden". Wilson zufolge war der Anfang eines neuen Zeitalters gekommen, in dem demokratisch verfasste Staaten sich zum Konzert der freien Völker zusammenfinden würden. Damit hatte der US-Präsident das liberale Modell der Friedenssicherung eingeführt; seine Grundelemente lauteten: Demokratie, Selbstbestimmung, Freihandel, Abrüstung. Als Alternative bot sich das Vorbild der bolschewistischen Oktoberrevolution in Russland an. Jene „zehn Tage, die die Welt erschütterten" [Titel des Buches von John Reed], sollten – marxistischen Theoretikern zufolge – der Auftakt für eine Weltrevolution sein (die schließlich nicht stattfand). In den ersten zwei Nachkriegsjahren waren in Europa die gewaltigen Druckwellen zu spüren, die vom russischen Oktober ausgingen; politische Massenstreiks erstreckten sich von Wien über Prag nach Deutschland, ... in Spanien und Italien fanden „rote" Unruhen statt ... Der Untergang des Liberalismus wird mit dem Erstarken der radikalen Rechten in Europa erklärt.

Walther L. Bernecker, Europa zwischen den Weltkriegen (= Ulmer TB), Stuttgart 2002, S. 13ff.

M 2

Der Historiker Karl Schlögel über die „neuen Flügelmächte" USA und die UdSSR (2008):

[Zwischen den USA und der UdSSR] gab es keine Grenz- oder Minderheitenfragen und nicht jene Spaltung in Sieger und Besiegte, die die Atmosphäre Nachkriegseuropas so sehr vergifteten ... Beide hatten als revolutionäre „Newcomer" die Szene betreten: Die USA mit dem Kriegseintritt 1917, das neue Russland mit der Revolution ... Beide waren mit revolutionären Programmen auf den Plan getreten: Präsident Wilson mit dem 14-Punkte-Programm, Lenin mit einer Kampfansage an die alten Mächte Europas. Lenin und Wilson – das waren in den Augen des alten Europa Gestalten, die den Aufstieg der außereuropäischen Mächte in der Weltpolitik verkörperten. Die sowjetische Führung wollte von Amerika lernen und „bolschewistische Leidenschaft" mit „amerikanischem Pragmatismus"[1] verschmelzen. 1931 waren mehr als 1000 amerikanische Ingenieure in der Sowjetunion tätig. Es war weniger linke Sympathie im Spiel, sondern die Nähe der Länder und Gesellschaften. Bei beiden handelte es sich um große Länder, die ganze Kontinente umfassten; beide waren – trotz Rassentrennung in den USA – gemischte Gesellschaften. Amerikaner und Sowjetbürger konnten sich beim jeweils anderen ein wenig zu Hause fühlen. Sie waren Bürger einer Welt, die das alte Europa hinter sich gelassen hatte, und das war die wahre Basis des Einverständnisses.

Karl Schlögel, Terror und Traum, München (Hanser) 2008, S. 585f.

[1] *Pragmatismus = in erster Linie den praktischen Gesichtspunkt einer Sache sehen, ohne Scheu vor der kommunistischen Ideologie in der Sowjetunion*

M 4

„America First", amerikanisches Plakat, 1918. Auf der Glocke ist Präsident Wilson abgebildet, links oben George Washington, rechts Abraham Lincoln.

M 3

„Erster Jahrestag der Diktatur des Proletariats. Oktober 1917 bis Oktober 1918", Plakat von Aleksandr Apsit, 1919. Der Text in roter Schrift lautet: „Proletarier aller Länder – vereinigt euch!" Ganz oben steht: „Russische sozialistische föderative Sowjetrepublik".

Fach- und Kommunikationskompetenz

1 Arbeite aus M1 die wichtigsten Aussagen zu den politischen Veränderungen nach dem Ersten Weltkrieg heraus. Definiere die Begriffe „Demokratie" und „Diktatur".

2 **Wähle eine Aufgabe aus:**
Erkläre mithilfe von M1 sowie S. 74/75 und S. 78:
a) den Bedeutungsverlust Europas
b) das Scheitern der amerikanischen Vorstellungen einer umfassenden Friedensordnung für Europa

3 **Wähle eine Aufgabe aus:**
Fasse kurz die wesentlichen Etappen auf dem Weg zur Weltmacht zusammen:
a) Aufstieg der USA (S. 80–85)
b) Aufstieg der UdSSR (S. 86–93)

Urteilskompetenz

4 **a)** Analysiere die Plakate M3 und M4 als Ausdruck von zwei unterschiedlichen Gesellschaftsordnungen und „revolutionären Programmen" (M2, Zeile 8).
b) Gruppenarbeit: Erstellt zu den unterschiedlichen Gesellschaftsordnungen ein Lernplakat und teilt die Seiten 80–85 zu den USA und die Seiten 86–93 zur Sowjetunion zur Wiederholung untereinander auf.
c) Vergleicht die Aussage des Historikers Schlögel (M2) mit euren Ergebnissen auf dem Lernplakat.

5 Beurteile, ob die Pariser Friedenskonferenzen und die Schaffung eines Völkerbundes Europa sicherer machten.

M 5

Stalin mit Geheimdienstchef Nikolaj Jeschow, Foto oben 1937, Foto unten ab 1939 verbreitete Fassung.
Nikolai Iwanowitsch Jeschow war von 1936 bis 1938 Leiter der Geheimpolizei NKWD und damit verantwortlich für den Tod von 750 000 Menschen zur Zeit des „Großen Terrors“ 1937. Als er durch seinen Polizeiapparat in vielen Teilen der Sowjetunion nahezu alle Parteimitglieder als „Konterrevolutionäre“ ermorden ließ und sich Klagen über die katastrophalen Arbeitsleistungen in den ihm unterstellten Gulags häuften, ließ Stalin seinen treu ergebenen Mitarbeiter 1939 verhaften. Jeschow wurde 1940 erschossen und die Erinnerung an ihn getilgt.

M 6

Zur Bewertung der Oktoberrevolution

Die russischen Historiker Wladimir Buldakow und Michail Gorinow in einem Gespräch mit Redakteuren des „Spiegels“, 2007:

Buldakow: Aus meiner Sicht ist der November 1917 keine Sackgasse gewesen ... Eine Utopie kann Menschen begeistern ... Die Vorahnung, alles würde mit einem Riesenzusammenbruch enden, hatte man schon immer.

Gorinow: Die Französische Revolution bescherte der Welt die Idee von politischer Freiheit. Die Russische Revolution ging weiter, sie hat die politische durch die soziale zu ergänzen versucht. Die Idee, dass der Staat die Wirtschaft lenken soll, hing mit der Vorstellung zusammen, nur so Wohlstand erreichen zu können. Die Große Russische Revolution wollte denjenigen Hoffnung schenken, die in der kapitalistischen Welt nicht zur Elite gehörten ...

Spiegel: Wer war für Sie der Gute – Lenin oder Stalin?

Gorinow: Lenin war ein genialer Politiker in Krisenzeiten!

Buldakow: Lenin war eine große Persönlichkeit, daran führt kein Weg vorbei. Genau so offensichtlich ist, dass Stalin ein erbärmlicher Typ war. Geistig war er eine Null. Stalin hat nie an die sozialistischen Ideale geglaubt, er verkörperte den traditionellen Typ des Gutsherren, der sich Leibeigene hält.

Gorinow: Wäre Lenin Parteiführer geblieben, hätte es keine Säuberungen (Terror 1937) gegeben. Stalin war keine schäbige Figur, er war durchaus Marxist. Kein großes Licht in der Theorie, aber er blickte durch.

Spiegel: Eine breite Auseinandersetzung mit dem kommunistischen Erbe hat in Russland nie stattgefunden, obwohl fast jede Familie vom Terror betroffen war. Warum dieses Schweigen?

Buldakow: Die Geschichte wird immer wieder umgeschrieben. In Russland sind es die Machthaber, die die Geschichtsauffassungen erstellen, nicht die Experten ...

Gorinow: Eine wirkliche Diskussion über unsere Vergangenheit fand nie statt.

Zit. nach Experiment Kommunismus. Spiegel spezial Geschichte 4/2007, S. 138ff.

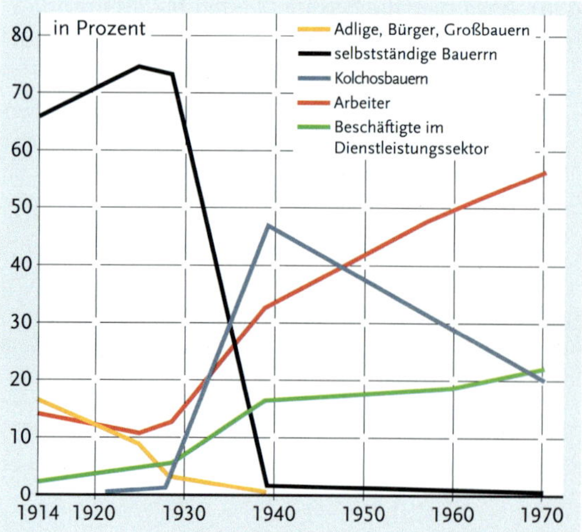

M 7 *Veränderungen in der Bevölkerungsstruktur Russlands und der Sowjetunion 1914–1970*

M 8

„We demand a New Deal", amerikanische Karikatur von John Baer, 1931. (Übersetzungshilfen: we demand – wir verlangen, big biz = Großindustrie, crooked politician = korrupter Politiker)

M 9

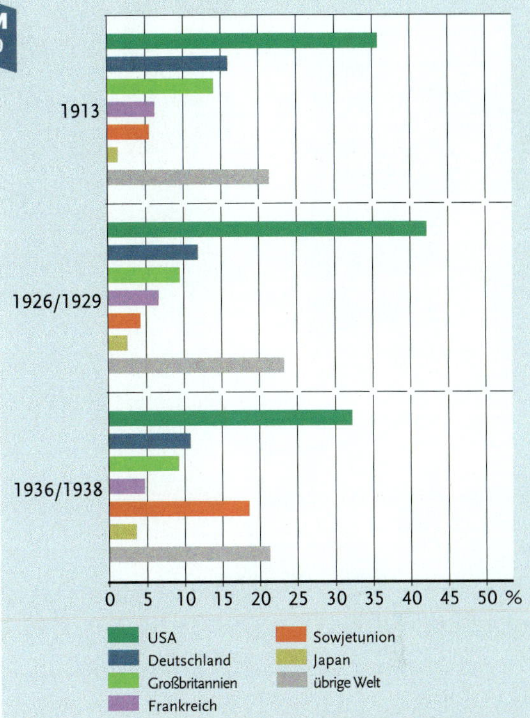

Die Entwicklung der Industrieproduktion 1913 bis 1938

Methodenkompetenz

1 Bearbeite M5 anhand der Methode „Fotos analysieren" (siehe S. 95). Vergleiche die Bilder und analysiere mithilfe der Bildlegende den Aspekt „Manipulationen erkennen und bewerten".

2 Bearbeite M6 nach den Arbeitsschritten „Kontroverse Texte untersuchen" (siehe S. 77). Beziehe auch S. 88/89 mit ein.

3 Bewerte die Folgen der Oktoberrevolution mithilfe der Grafik M7.

Fach- und Kommunikationskompetenz

4 **Wähle eine Aufgabe aus:**

a) Erläutere, welche Vorteile die sowjetische Planwirtschaft bringen sollte. Wie sah die Wirklichkeit aus?

b) Arbeite die Gründe heraus, warum der amerikanische Präsident Roosevelt mit dem „New Deal" eine für die USA ungewöhnliche Wirtschaftspolitik einleitete. Lies nach auf S. 100/101.

5 Erkläre, wie sich in der Grafik M9 die Weltwirtschaftskrise ablesen lässt. Vergleiche die unterschiedlichen Reaktionen auf die Krise. Lies nach auf S. 98/99.

6 Formuliere die Sätze weiter:

– *Man kann von der „Selbstzerstörung Europas" im Ersten Weltkrieg sprechen, weil* … (siehe M1 und M8).

– *Die USA und die UdSSR sollte man beide als revolutionäre „Newcomer" bezeichnen, denn* … (siehe M2, M4 und M8).

– *1917 gilt als Epochenjahr der Weltgeschichte, weil* … (siehe M1, M3 und M6).

Tipp: Lies auch im Kapitel nach.

Urteilskompetenz

7 **Partnerarbeit:** Diskutiert die Aussage von Gorinow: Wäre Lenin Parteiführer geblieben, hätte es keine Säuberungen (Terror 1937) gegeben.

8 Analysiere die Karikatur M8. Wiederhole dazu die Einstellung der Amerikaner zum Verhältnis von Wirtschaft und Staat vor 1929. Beurteile den Wandel.

Webcode: FG640249-107
Selbsteinschätzungsbogen

Café

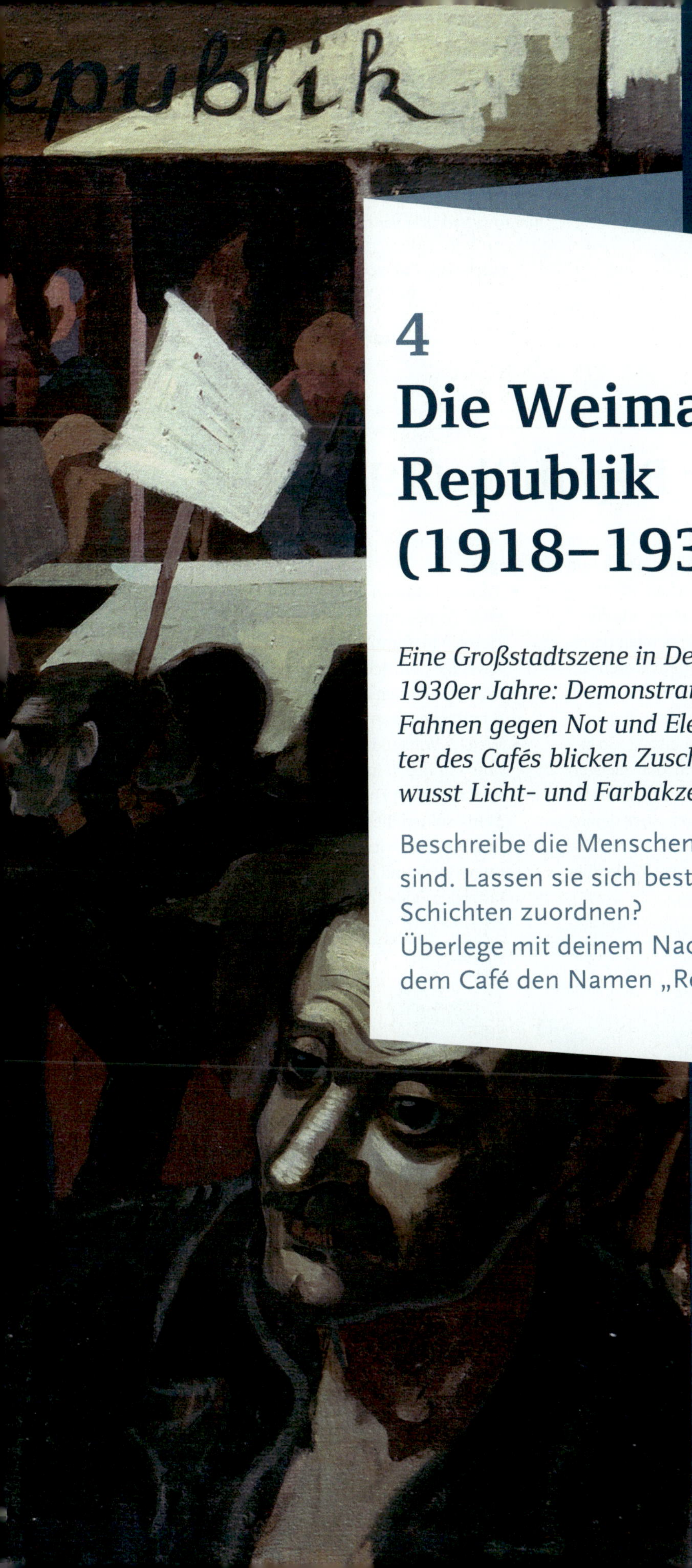

4
Die Weimarer Republik (1918–1933)

Eine Großstadtszene in Deutschland zu Beginn der 1930er Jahre: Demonstranten protestieren mit roten Fahnen gegen Not und Elend. Durch das große Fenster des Cafés blicken Zuschauer. Der Maler setzt bewusst Licht- und Farbakzente.

Beschreibe die Menschen, die auf dem Bild zu sehen sind. Lassen sie sich bestimmten gesellschaftlichen Schichten zuordnen?
Überlege mit deinem Nachbarn, warum der Künstler dem Café den Namen „Republik" gab.

„Hungermarsch", Gemälde von Hans Grundig, 1932

1915 | 1920

Nov. 1918 **Ausrufung der Republik**

Januar 1919 **Aufstände in Berlin; Weimarer Reichsverfassung**

Juni 1919 **Versailler Vertrag**

1920–1923 **Politische Morde und Aufstände von rechts und links, u. a. Hitler-Putsch**

1922–25 **Außenpolitische Annäherung zwischen dem Deutschen Reich, der Sowjetunion und Frankreich**

1914–1918 Erster Weltkrieg

1923 **Inflation**

Die Weimarer Republik (1918–1933)

Nach dem Ersten Weltkrieg sehnten sich die Menschen nach einem wirtschaftlich gesicherten Leben. Doch von welcher Staatsform und welcher politischen Richtung konnte sich der Einzelne ein besseres Leben erhoffen? Da gab es das amerikanische Modell der liberalen parlamentarischen Demokratie, das in schroffem Gegensatz zum kommunistischen Modell der Sowjetunion stand. Ein drittes Modell übte ab 1920 auf viele Menschen eine Anziehungskraft aus: der italienische Faschismus. So bekämpften sich nach Ende des Krieges in den meisten europäischen Ländern „linke“, „rechte“ und „liberale“ Kräfte. In Deutschland standen Anhänger einer demokratischen Ordnung jenen gegenüber, die eine autoritäre Staatsführung oder auch die Rückkehr zur Monarchie forderten.

In diesem Kapitel findest du Antworten auf folgende Fragen:

- Welche Gruppen strebten im Deutschen Reich nach einer demokratischen, welche nach einer autoritären Herrschaftsform? In welcher Weise sollte die jeweilige politische Ordnung funktionieren?
- Wie bewältigten der Staat und die Menschen wirtschaftliche Krisen?
- Welche Vorstellungen entwickelten die Menschen über ein Leben in Freiheit und Selbstbestimmung? Welche neuen Formen in Kunst, Architektur und Mode sollten dies verdeutlichen?
- Wie wandelte sich eine demokratische Herrschaft unmerklich und bereitete einer nachfolgenden Diktatur den Boden?

M 1

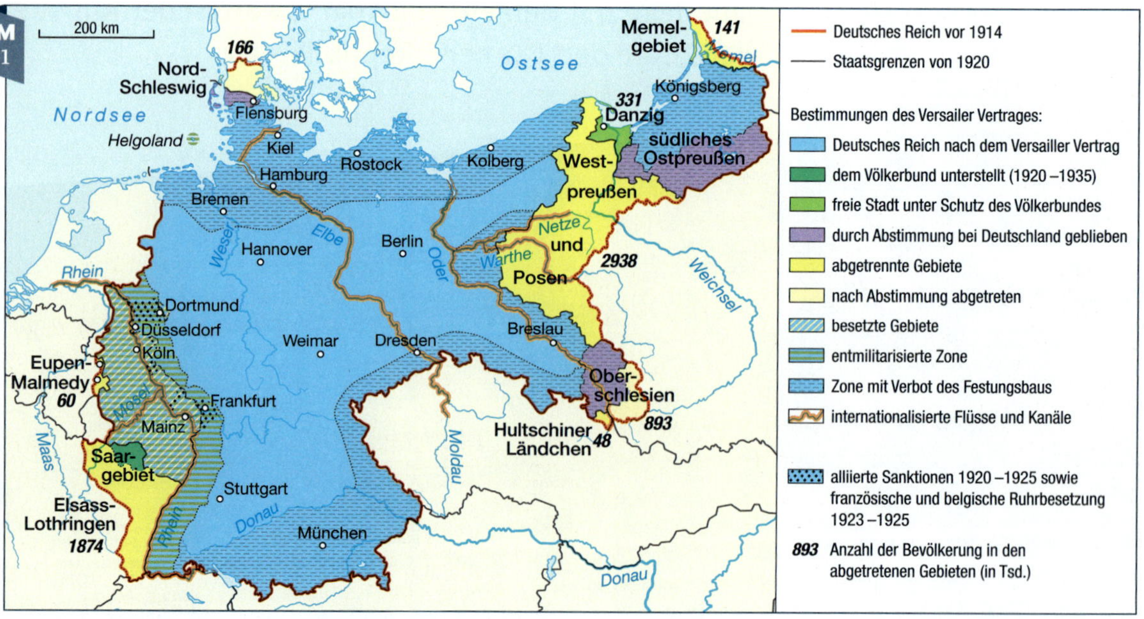

Deutschland nach dem Versailler Vertrag 1919

1925 | 1930 | 1935 | 1940

1925 **Paul von Hindenburg wird Reichspräsident**

1926 **Deutschland wird Mitglied im Völkerbund**

1929 **Weltwirtschaftskrise**

1930–1933 **Präsidialkabinette**

Januar 1933 Adolf Hitler wird Reichskanzler

1939–1945 Zweiter Weltkrieg

M 2

Revolution am 9. November 1918 in Berlin Unter den Linden: Soldaten schließen sich den Streikenden an, Foto, 1918

M 3

Plakat anlässlich der Reichstagswahl im November 1932

1 Teile die Zeitspanne der ersten deutschen Republik unter folgenden Überschriften in bestimmte Phasen ein: Krisenjahre, Stabilisierung, wirtschaftliche und politische Erschütterungen der Demokratie (Zeitleiste).

2 Vergleiche die Grenzen des Deutschen Reichs nach 1919 mit den Grenzen des Kaiserreichs von 1871 (Karte S. 12) und benenne die Unterschiede.

3 M2 und M3 beziehen sich jeweils auf ein Ereignis zu Beginn und am Ende der Weimarer Republik:
a) Wähle ein Bild aus, das dich interessiert und begründe dein Interesse.
b) Suche in M2 nach Hinweisen dafür, dass 1918 die Revolution von Arbeitern, Bürgern, deren Frauen und Soldaten gleichermaßen getragen wurde.
Tipp: Achte auf die Kleidung.
c) Beschreibe das Wahlplakat M3. Stelle Vermutungen an, wer hier wirbt und wen das Plakat ansprechen soll. Notiere dir Fragen dazu.

1918/19: Welche Staatsform für Deutschland?

Mit dem Ersten Weltkrieg endete die Monarchie in Deutschland. Aber wer sollte in Zukunft die Politik bestimmen? Die alten Kräfte hatten versagt – daher fand die politische Diskussion um die zukünftige Politik vorwiegend zwischen bürgerlichen und linken politischen Kräften statt. Erarbeite hier, wie Deutschland zur Republik wurde und welche Vorstellungen sich dabei durchsetzten.

M 1

Kaiser Wilhelm II. geht ins Exil nach Holland. „Wir weinen ihm keine Träne nach, er hat uns keine zu weinen übrig gelassen." Karikatur von Thomas Th. Heine aus dem „Simplicissimus" vom 3. Dezember 1918

Die revolutionären Ereignisse 1918/19

24.–28. Oktober 1918 Der Reichskanzler ist nicht mehr vom Kaiser, sondern vom Parlament abhängig.

28. Oktober Matrosen meutern gegen das Auslaufen ihrer Schiffe zum weiteren Kriegseinsatz.

9. November Zweifache Ausrufung der Republik, Bildung des „Rates der Volksbeauftragen."

16.–20. Dezember Der Kongress aller Räteversammlungen beschließt Wahlen zur Verfassunggebenden Nationalversammlung.

30. Dezember Gründung der Kommunistischen Partei Deutschlands (KPD) in der Nachfolge des Spartakusbundes.

5.–16. Januar 1919 Bewaffnete Aufstände von KPD- und USPD-Anhängern in Berlin. Die Reichsregierung lässt diese durch Soldaten niederschlagen; die KPD-Führer Rosa Luxemburg und Karl Liebknecht werden von Soldaten ermordet.

19. Januar Wahlen zur Nationalversammlung.

Kriegsende und Revolution in Deutschland

Am 9. November 1918 herrschte in Berlin und vielen anderen Städten in Deutschland Aufruhr. Der Kaiser hatte abgedankt, Soldaten meuterten und ein Generalstreik legte das Land lahm. In vielen Städten bildeten Arbeiter und Soldaten Räte*, die die Verwaltung übernahmen und eine völlige Abkehr von der bisherigen Politik forderten. Wie war es dazu gekommen?

Im Herbst 1918 stand fest, dass der Krieg für Deutschland militärisch nicht mehr zu gewinnen war. Die Oberste Heeresleitung (OHL) stimmte daher einer Übergabe der Macht an einen Reichskanzler zu, der vom Parlament und nicht mehr vom Kaiser abhängig war. Damit gab die OHL die eigene Verantwortung für die militärische Niederlage an eine Zivilregierung ab. Die neue Regierung handelte mit den USA, Großbritannien und Frankreich einen Waffenstillstand aus, der am 11. November 1918 in Compiègne nördlich von Paris unterschrieben wurde.

Revolution oder Reform?

In der revolutionären Situation übernahm Friedrich Ebert, Vorsitzender der SPD und stärksten Partei im Reichstag, das Amt des Reichskanzlers. Er bildete eine provisorische Regierung mit dem Namen „Rat der Volksbeauftragten" aus Mitgliedern der SPD und der USPD. Die neue Regierung musste drängende Fragen lösen, darunter die Organisation der Rückkehr der deutschen Soldaten, die Umstellung der Wirtschaft von Kriegs- auf Friedensproduktion und die Sicherung der Lebensmittelversorgung. Zur Wiederherstellung der öffentlichen Ordnung verbündete sich die revolutionäre Regierung mit den alten Führungsschichten des Kaiserreichs aus Militär, Verwaltung und Wirtschaft. Am 10. November verabschiedete Ebert mit den Militärs eine Vereinbarung zur Aufrechterhaltung der inneren Ordnung. Der Gewerkschaftsführer Carl Legien und der Großindustrielle Hugo Stinnes schlossen einen Pakt. Darin stand, dass das Privateigentum nicht angetastet werde. Im Gegenzug wurden die Gewerkschaften als Vertreter der Arbeiterschaft anerkannt und der Achtstundentag eingeführt. Die extreme Linke um KPD und Teile der USPD-Anhänger wollten diese Kompromisse nicht hinnehmen.

M 2

Ausrufung der Republik durch Philipp Scheidemann vom Balkon des Reichstags am 9. November 1918, nachgestellte Aufnahme aus den 1920er Jahren

M 3

„Es lebe die deutsche Republik!"

Philipp Scheidemann ruft am 9. November 1918, 14 Uhr die Republik aus:

Arbeiter und Soldaten! ... Der unglückselige Krieg ist zu Ende. Das Morden ist vorbei. Die Folgen des Kriegs, Not und Elend, werden noch viele Jahre lang auf uns lasten. Die Niederlage, die wir unter allen Umständen verhüten wollten, ist uns nicht erspart geblieben. Unsere Verständigungsvorschläge wurden sabotiert, wir selbst wurden verhöhnt und verleugnet. Die Feinde des werktätigen Volkes, die wirklichen inneren Feinde, die Deutschlands Zusammenbruch verschuldet haben, sind still und unsichtbar geworden ... Prinz Max von Baden hat sein Reichskanzleramt dem Abgeordneten Ebert übergeben. Unser Freund wird eine Arbeiterregierung bilden, der alle sozialistischen Parteien angehören werden ... Unerhörtes ist geschehen. Große und unübersehbare Arbeit steht uns bevor. Alles für das Volk. Alles durch das Volk ... Das Alte und Morsche, die Monarchie ist zusammengebrochen. Es lebe das Neue. Es lebe die deutsche Republik.

Zit. nach http://www.dhm.de/lemo/html/dokumente/-scheidemann (Stand: 18. 07. 2014).

M 4

„Ich proklamiere die freie sozialistische Republik!"

Wilhelm Karl Liebkknecht am 9. November 1918, 16 Uhr:

Der Tag der Revolution ist gekommen. Wir haben den Frieden erzwungen ... Das Alte ist nicht mehr ... Parteigenossen, ich proklamiere die freie sozialistische Republik Deutschland, in der es keine Knechte mehr geben wird, in der jeder ehrliche Arbeiter den ehrlichen Lohn seiner Arbeit finden wird. Die Herrschaft des Kapitalismus, der Europa in ein Leichenfeld verwandelt hat, ist gebrochen.

Zit. nach http://www.dhm.de/lemo/html/dokumente/liebknecht (Stand: 04. 04. 2014).

1 a) Beschreibe die Situation Deutschlands bei Kriegsende (Darstellungstext).
b) Erkläre und bewerte die Aussage der Karikatur M1.

2 Erstelle eine Zeitleiste mit allen wichtigen Ereignissen zwischen Oktober 1918 und Januar 1919 (Kasten links, M2 und Darstellungstext).

3 Analysiere die jeweilige Bedeutung der einzelnen revolutionären Ereignisse. Welche erscheinen dir davon am wichtigsten für einen Übergang zur Demokratie (Kasten links, Darstellungstext)?

4 Arbeite aus den Ausschnitten der Reden von Philipp Scheidemann (M3) und Wilhelm Karl Liebknecht (M4) heraus,
a) an welche Bevölkerungsgruppen sie sich jeweils wenden,
b) wie sie den vergangenen Krieg und die Monarchie beschreiben,
c) welche Erwartungen und Absichten sie für die Zukunft haben.

5 Beantworte die Fragen in der Überschrift und im Moderationstext. Begründe deine Antworten.

Webcode: FG640249-113
Kriegsende und Revolution

Die politische Ordnung der jungen Demokratie

Im November 1918 beauftragte Reichskanzler Friedrich Ebert den liberalen Staatsrechtler Hugo Preuß mit der Ausarbeitung einer demokratischen Verfassung. Aufgrund von Straßenkämpfen in Berlin zog die Verfassunggebende Nationalversammlung in die Stadt Weimar in Thüringen um, daher der Name „Weimarer Republik".

- ***Wie sah die neue Verfassung aus, und welche Parteien bestimmten nach den ersten demokratischen Wahlen die künftige Politik?***

Wie sah die Verfassung aus?

Am 19. Januar 1919 fanden die Wahlen zur neuen Nationalversammlung statt; am 6. Februar 1919 traten die Abgeordneten erstmals zusammen. Die Regierung bestand aus einer Koalition von Sozialdemokraten, Liberalen und Zentrumspartei.

Erstmals waren Frauen in Deutschland politisch gleichberechtigt. Weil der Reichstag ein getreues Bild des Volkswillens sein sollte, gab es keine Sperrklausel. So konnten auch sehr kleine Parteien ins Parlament einziehen. Die Verfassungsgeber fanden diesen Wahlmodus besonders gerecht und demokratisch. Das Recht auf Volksbegehren und Volksentscheid sollte zu unmittelbarer Mitbestimmung führen.

Friedrich Ebert (SPD) wurde mit über 70 Prozent aller Stimmen zum ersten Reichspräsidenten gewählt. Die Verfassung wurde am 31. Juli 1919 mit 262 Stimmen gegen 75 Stimmen der USPD, DVP und DNVP angenommen.

Friedrich Ebert (1871–1925)
stammte aus einer Schneidermeisterfamilie. Nach seiner Sattlerausbildung engagierte er sich in der SPD, wurde Redakteur der „Bremer Bürgerzeitung" und war seit 1912 Reichstagsabgeordneter, ab 1913 Parteivorsitzender. Ebert trat für die Gründung einer parlamentarischen Demokratie ein. Am 9. November 1918 wurde er Reichskanzler. Um den Weg zur parlamentarischen Republik zu sichern, verbündete er sich mit der Führung der Reichswehr („Ebert-Groener-Pakt"*). Von Februar 1919 bis zu seinem Tod am 28. Februar 1925 war er Reichspräsident. Seine Leistung bestand darin, einen Ausgleich zwischen dem gemäßigten Teil der Arbeiterbewegung und bürgerlichen Parteien herbeigeführt zu haben. Kritiker warfen Ebert und seiner Partei vor, sich zu stark auf die alten Führungskräfte des Kaiserreichs aus Militär, Verwaltung und Wirtschaft verlassen zu haben, statt diese auszutauschen.

M 1

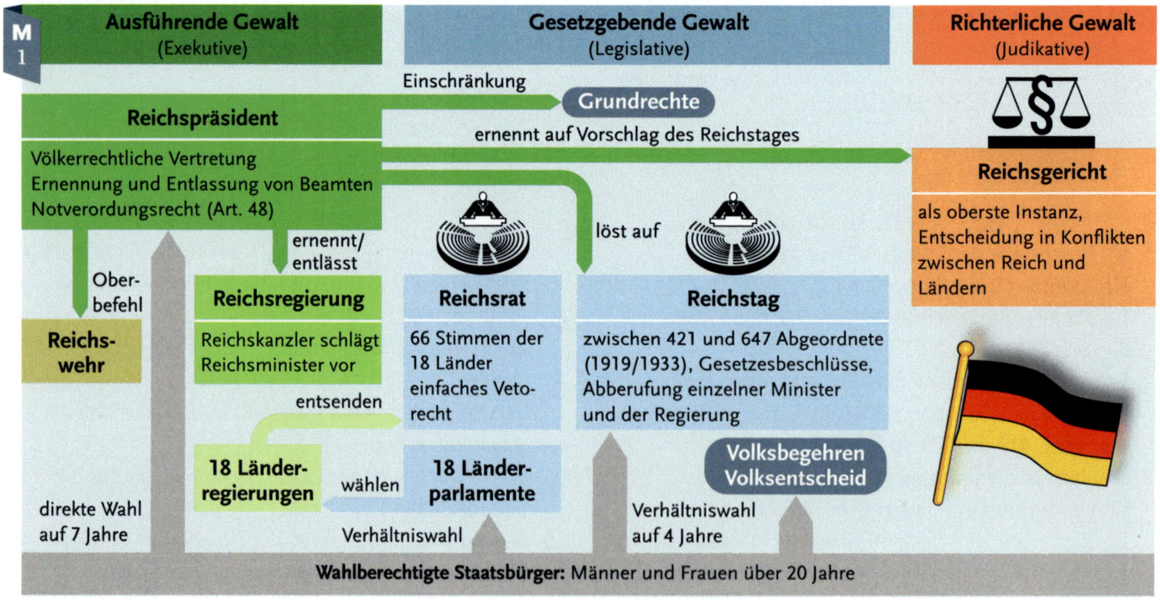

Die Weimarer Verfassung 1919

M 2

Die Parteien in der Weimarer Republik

Kernaussagen:

Sozialdemokratische Partei Deutschland (SPD)
- Bekenntnis zur parlamentarischen Demokratie
- gegen Einfluss monarchistischer und militaristischer Kreise
- Räte nur im wirtschaftlichen Bereich (Betriebsräte)
- für staatliche Schulen (keine Konfessionsschulen)

Unabhängige Sozialdemokratische Partei Deutschlands (USPD)
- 1917 als Abspaltung der SPD erstanden; 1920 trat ein Teil der USPD-Mitglieder der KPD bei, ein anderer Teil 1922 der SPD
- Spaltung in Befürworter einer Rätedemokratie und einer parlamentarischen Demokratie

Kommunistische Partei Deutschlands (KPD)
- Ablehnung der parlamentarischen Demokratie
- für eine Rätediktatur nach sowjetischem Vorbild
- Aufbau des Sozialismus (Enteignung von Großgrundbesitz, Banken und Privatunternehmen)

Zentrum
- Bekenntnis zur parlamentarischen Demokratie
- Schutz des Privateigentums
- für nach Konfessionen getrennte Schulen

Deutsche Demokratische Partei (DDP)
- Bekenntnis zur parlamentarischen Demokratie
- für Privatwirtschaft (gegen Verstaatlichung)
- für das Selbstbestimmungsrecht Deutschlands

Deutsche Volkspartei (DVP)
- Ablehnung der parlamentarischen Demokratie, aber verantwortliche Mitarbeit im Parlament
- für eine gesetzmäßig einzurichtende Monarchie

Deutschnationale Volkspartei (DNVP)
- Ablehnung der parlamentarischen Demokratie
- für eine Monarchie mit starker Exekutive
- für ein „starkes deutsches Volkstum"

Nationalsozialistische Deutsche Arbeiterpartei (NSDAP), seit 1920
- gegen Demokratie; Aufbau eines „Führerstaates"

Vom Autor zusammengestellt

M 3

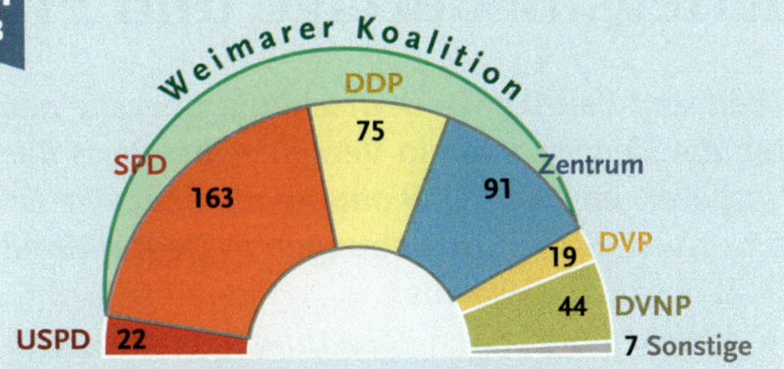

Sitzverteilung nach der Wahl zur Nationalversammlung am 19. Januar 1919

M 4

Auszüge aus dem Verfassungstext der Weimarer Verfassung (1919):

Art. 1 Das Deutsche Reich ist eine Republik. Die Staatsgewalt geht vom Volke aus.

Art 21 Die Abgeordneten sind Vertreter des ganzen Volkes. Sie sind nur ihrem Gewissen unterworfen und an Aufträge nicht gebunden.

Art. 22 Die Abgeordneten werden in allgemeiner, gleicher, unmittelbarer und geheimer Wahl von den über zwanzig Jahre alten Männern und Frauen nach den Grundsätzen der Verhältniswahl gewählt ...

Art. 48 Der Reichspräsident kann, wenn ... die öffentliche Sicherheit und Ordnung erheblich gestört oder gefährdet wird, ... Maßnahmen treffen, erforderlichenfalls mithilfe der bewaffneten Macht einschreiten. Zu diesem Zwecke darf er vorübergehend die ... Grundrechte ... außer Kraft setzen ... Die Maßnahmen sind auf Verlangen des Reichspräsidenten oder des Reichstags außer Kraft zu setzen. Das Nähere bestimmt ein Reichsgesetz.

Art. 109 Alle Deutschen sind vor dem Gesetz gleich. Männer und Frauen haben grundsätzlich dieselben staatsbürgerlichen Rechte und Pflichten.

Zit. nach http://www.documentarchiv.de/wr/wrv.html (Stand: 14. 01. 2014).

1 **Methode:** Erläutere die Machtverteilung und Kontrolle zwischen den Verfassungsorganen (M1). Siehe dazu auch die Arbeitsschritte auf S. 239.

2 Belege die herausragende Position des Reichspräsidenten (M1, M4). Bewerte die Aussage von Zeitgenossen, der Reichspräsident sei ein „Ersatzkaiser".

3 Überprüfe die Einstellungen der Parteien (M2) zur Weimarer Demokratie und erläutere Möglichkeiten einer Zusammenarbeit/Koalitionsbildung.

4 Erörtere die These, die Politik Eberts sei zugleich eine Politik der Kontinuität und der Revolution gewesen (M1, M3, Biografiekasten, Darstellungstext).

Webcode: FG640249-115
Die Weimarer Verfassung 1919

Kriegsniederlage und Friedensbedingungen

Während Politiker in Deutschland über die neue Verfassung berieten, verhandelten die Siegermächte in Versailles bei Paris über die Forderungen an den Kriegsverlierer. Im Juni 1919 musste die deutsche Delegation einen Vertrag unterschreiben, dessen Bedingungen in Deutschland heftige Empörung auslösten.

- ***Wie sahen diese aus?***
- ***Welche politischen Belastungen resultierten daraus für die junge deutsche Republik?***

„Schandfrieden" oder Chance für einen Neuanfang?

Der Versailler Vertrag forderte von Deutschland Gebietsabtretungen (siehe Karte S. 110, M1), Reparationszahlungen und Sachleistungen sowie eine deutliche Reduzierung der Truppenstärke einschließlich eines Verbots der Luftwaffe. Begründet wurden diese Maßnahmen damit, dass man dem Deutschen Reich und seinen Verbündeten die alleinige Kriegsschuld zuwies (Artikel 231). Die für den Krieg verantwortliche Monarchie war zusammengebrochen und der Kaiser geflohen. Die Verantwortung für die Folgen der Kriegsniederlage mussten jetzt die demokratischen Politiker übernehmen. Die deutsche Delegation unterschrieb den Vertrag, nachdem die Alliierten gedroht hatten, Deutschland zu besetzen. Reichsministerpräsident Philipp Scheidemann (SPD) kommentierte bereits im Mai 1919 die Situation, in der sich die deutsche Delegation befand: „Welche Hand müsste nicht verdorren, die sich und uns in Fesseln legte?"

Auch wenn die Fläche des Reichs beschnitten worden war, so blieb Deutschland als souveräner Staat erhalten. Damit setzten sich Briten und Amerikaner gegen die französischen Forderungen durch, ihr Land bis an den Rhein auszudehnen und Deutschland mit noch höheren Zahlungen für die Kriegsverwüstungen zu belasten. Wenige Jahre später war das Vertrauen in die deutsche Republik international so gewachsen, dass sie 1926 dem Völkerbund beitreten konnte. Im Jahr 1932 wurden die Reparationszahlungen stark vermindert.

Das politische Klima der folgenden Jahre war daher von zwei Hauptproblemen geprägt: die Auseinandersetzung um die Höhe und den zeitlichen Rahmen der Reparationsleistungen und die Forderung nach Räumung des besetzten Rheinlandes. In der deutschen Bevölkerung herrschte jedoch bei Anhängern aller politischen Richtungen das Gefühl vor, durch die Bedingungen des Versailler Vertrages betrogen worden zu sein. Damit wurden die Chancen, die dieser Frieden auch bot, nicht wahrgenommen.

Wer trägt die Schuld an der Kriegsniederlage?

Noch bevor der Friedensvertrag in Kraft trat, sorgte eine Aussage des früheren Chefs der Obersten Heeresleitung, Paul von Hindenburg, für große Unruhe in der Bevölkerung. So behauptete er, den „im Felde unbesiegten" deutschen Soldaten sei die Heimat durch sozialdemokratische Hetzaktionen, Streiks und Friedensinitiativen in den Rücken gefallen und hätte sie „von hinten erdolcht". Damit wollte er ausdrücken, dass der Krieg militärisch zu gewinnen gewesen wäre, wenn die Demokraten nicht durch Friedensgespräche das Heer aus der Heimat heraus „erdolcht" hätten. Obgleich dies nicht den Tatsachen entsprach, beeinflusste die sogenannte Dolchstoßlegende die politische Stimmung in Deutschland enorm.

M1

Medusenhaupt und Matrosenmütze: General von Hindenburgs Version der deutschen Kriegsniederlage, Karikatur von Werner Hahmann, Januar 1919

M 2

Die Folgen des Versailler Vertrages in einem zeitgenössischen Plakat um 1919, vielfach abgedruckt in Schulbüchern der Weimarer Republik

M 3

Aus dem Versailler Friedensvertrag (1919):

Art. 42 Es ist Deutschland untersagt, auf dem linken Ufer des Rheins und auf dem rechten Ufer westlich einer 50 km östlich des Stroms verlaufenden Linie Befestigungen beizubehalten oder anzulegen ...

Art. 51 Die ... 1871 an Deutschland abgetretenen Gebiete sind mit Wirkung vom Zeitpunkt des Waffenstillstands, vom 11. November 1918 an, wieder unter die französische Staatshoheit getreten ...

Art. 160 Spätestens am 31. März 1920 darf das deutsche Heer ... die gesamte Iststärke des Heeres der Staaten, die Deutschland bilden, nicht einhunderttausend Mann überschreiten ...

Art. 231 Die alliierten und assoziierten Regierungen erklären und Deutschland erkennt an, dass Deutschland und seine Verbündeten als Urheber für die Verluste und Schäden verantwortlich sind, die die alliierten und assoziierten Regierungen ... infolge des ihnen durch den Angriff Deutschlands und seiner Verbündeten aufgezwungenen Krieges erlitten haben ...

Zit. nach http://www.dhm.de/lemo/html/-dokumente/versailles/index.html (Stand: 10. 07. 2014).

1 Fasse die Verpflichtungen des Versailler Vertrages zusammen (M3 und S. 110, M1).
Tipp: Strukturiere deine Antwort nach passenden übergeordneten Gesichtspunkten.

2 **a)** Analysiere die Aussage des zeitgenössischen Plakats (M2).
b) Stelle Vermutungen an, warum auch Österreich einbezogen ist.

3 **a)** In der griechischen Mythologie ist Medusa die furchterregende Tochter eines Meeresgottes, bei deren Anblick jeder zu Stein wird. Benenne die Personengruppe, die sie verkörpert und begründe deine Zuordnung (M1). Nutze dazu den Darstellungstext.
b) Erläutere die Aussage der Karikatur (M1). Beziehe dich dabei auch auf die Rahmenhandlung durch Paul von Hindenburg.

Wie sollen die Reparationen bezahlt werden?

Die genaue Höhe der geforderten Kriegsentschädigungen wurde erst 1921 von den Alliierten festgelegt. Deutschland musste den Zahlungsplan innerhalb von sechs Tagen annehmen, andernfalls drohte die sofortige Besetzung des Ruhrgebietes, dem wichtigstem Industrierevier.

- ***Woher sollte die deutsche Regierung die geforderten 132 Milliarden Goldmark für Reparationen nehmen?***
- ***Wie konnte sich die Wirtschaft angesichts dieser Belastungen erholen?***

Die Folgen des Weltkrieges

Der Erste Weltkrieg kostete Deutschland über 160 Milliarden Mark. Den größeren Teil dieser Summe hatte sich der Staat bei seinen Bürgern durch Anleihen besorgt. Nach einem gewonnenen Krieg sollten die Anleihen dann mit Zinsen zurückgezahlt werden. Nun war aber der Krieg verloren, die Wirtschaft lag am Boden, und die Steuereinnahmen deckten nur noch 14 % der staatlichen Ausgaben.

Bei Kriegsende musste die Wirtschaft von Kriegs- auf Friedensproduktion umgestellt werden. Sieben Millionen Soldaten kehrten aus den Kriegsgebieten zurück und wollten wieder ihre Berufe aufnehmen. Viele von ihnen hatten schlimme Verletzungen davongetragen und waren nicht mehr oder nur noch eingeschränkt arbeitsfähig und auf Versorgungsleistungen angewiesen.

Der Wegfall wichtiger Industrie- und Rohstoffgebiete im Saarland und in Oberschlesien nach den Bestimmungen des Versailler Vertrages erschwerte den wirtschaftlichen Wiederaufbau. Viele Sachgüter wie Schiffe, Maschinen und Waggons mussten abgeliefert werden.

In dieser Situation schien den Deutschen die Summe von 132 Milliarden Goldmark viel zu hoch. Den Franzosen hingegen schien sie nur gerecht, da weite Landesteile im Osten und im Norden durch vier Jahre Krieg völlig verwüstet worden waren und mit deutschen Mitteln wieder aufgebaut werden sollten. Die deutschen Goldreserven waren schnell aufgebraucht. Als Deutschland 1922 mit Sachlieferungen von Kohle und Holz an Frankreich in Rückstand geriet, besetzten französische und belgische Truppen das Ruhrgebiet als „produktives Pfand" für ihre Forderungen.

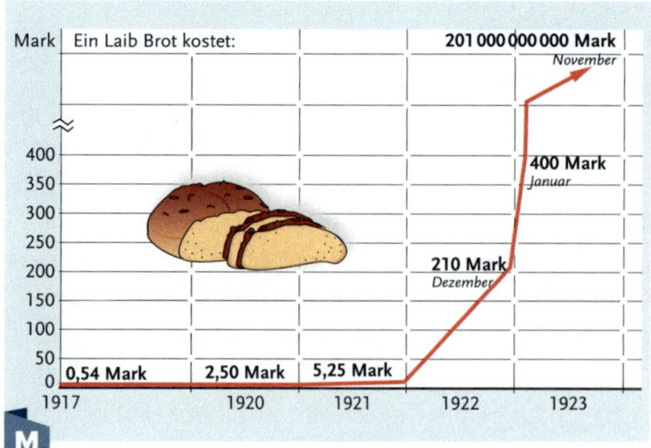

M 1 *Die Entwicklung des Brotpreises während der Hyperinflation*

Ruhrbesetzung und Hyperinflation

Aus Protest gegen die Ruhrbesetzung trat die Arbeiterschaft des Ruhrgebietes in den Streik, und die Streikenden wurden finanziell aus deutschen Steuermitteln unterstützt. Die deutsche Regierung reagierte auf Schulden, Kosten und Zahlungsforderungen, indem sie die umlaufende Menge des Geldes durch den Druck von mehr Geld erhöhte, ohne dass ein entsprechender Gegenwert – etwa gesteigerte Produktion oder Goldreserven – vorhanden gewesen wäre. Da der erhöhten Geldmenge kein entsprechendes Angebot an Waren gegenüberstand, verteuerten sich die Produkte. Es kam zu einer Hyperinflation. Noch mehr Geld wurde gedruckt und sein Wert verfiel immer schneller.

Durch die Geldentwertung waren die Guthaben der Sparer bald wertlos, die Besitzer von Sachwerten und ausländischem Geld Gewinner. Der Staat zahlte seine Schulden mit wertlosem Papiergeld zurück.

Die Hyperinflation wurde durch die Einführung einer neuen Währung, der Rentenmark, am 15. November 1923 beendet. Zugleich führten drastische Sparmaßnahmen zu einer Stabilisierung des Finanzsystems und einer allmählichen Erholung des Wirtschaftslebens.

Galoppierende Inflation/Hyperinflation
Rasch steigende Geldentwertung durch Erhöhung der umlaufenden Geldmenge, messbar am Anstieg des Preisniveaus. Hyperinflation: bei über 50 Prozent Preisanstieg im Jahr. Flucht der Anleger in Sachwerte (Gold, Immobilien).

M 2

Deutsches Propagandaplakat 1923, Zeichnung von Theo Matejko

M 3

Der Schriftsteller Stefan Zweig beschrieb die Inflation:

Man zahlte in der Straßenbahn mit Millionen, Lastwagen karrten das Papiergeld von der Reichsbank zu den Banken, und vierzehn Tage später fand man Hunderttausendmarkscheine in der Gosse: Ein Bettler hatte sie verächtlich weggeworfen. Ein Schuhsenkel kostete mehr als vordem ein Schuh ... ein zerbrochenes Fenster zu reparieren mehr als früher das ganze Haus, ein Buch mehr als vordem die Druckerei mit ihren Hunderten von Maschinen ... Fabriken kosteten umgerechnet nicht mehr als früher ein Schubkarren ... Die Arbeitslosen standen zu Tausenden herum und ballten die Fäuste gegen die Schieber [Geschäftemacher] und Ausländer in den Luxusautomobilen, die einen ganzen Straßenzug aufkauften wie eine Zündholzschachtel; jeder, der nur lesen und schreiben konnte, handelte und spekulierte, verdiente und hatte dabei das geheime Gefühl, dass sie alle sich betrogen und betrogen wurden von einer verborgenen Hand, die dieses Chaos sehr wissentlich inszenierte, um den Staat von seinen Schulden und Verpflichtungen zu befreien ... Alle Werte waren verändert und nicht nur im Materiellen; die Verordnungen des Staates wurden verlacht ... keine Moral respektiert.

Stefan Zweig, Die Welt von Gestern. Erinnerungen eines Europäers, Frankfurt a. M. (Fischer) 1998 (Erstausgabe 1944), S. 355ff.

1 Fasse die finanziellen Belastungen der jungen Republik zusammen (Darstellungstext).

2 **Wähle eine Aufgabe aus:**

a) Beschreibe die Entwicklungen, die aus der Grafik (M1) und den Erinnerungen Stefan Zweigs (M3) hervorgehen. Nimm auch die Information aus dem Begriffskasten zu Hilfe.

b) Stelle ausgehend von M1 und M3 Vermutungen darüber an, welche Bevölkerungsgruppen von der Inflation besonders betroffen waren.

3 Deute das Plakat zur Ruhrbesetzung (M2).

Tipp: Zeige auf, wie die öffentliche Meinung beeinflusst werden sollte.

4 Erörtere die Gründe und Risiken der Ruhrbesetzung durch Franzosen und Belgier (M2 und Darstellungstext).

5 Fasse in einem Schaubild mit Pfeilen und Verbindungslinien die Auswirkungen der Ruhrkrise zusammen (Darstellungstext).

Webcode: FG640249-119
Galoppierende Inflation und Hyperinflation

Wer bekämpfte die Republik?

Auf die Revolutionsphase 1918/19 folgten weitere vier Krisenjahre mit Umsturzversuchen radikaler Gruppierungen von rechts und links. In welcher Form sich dies zeigte, kannst du hier untersuchen.

Der Kapp-Lüttwitz-Putsch 1920

Gemäß dem Versailler Vertrag musste das deutsche Heer auf 100 000, die Marine auf 15 000 Mann reduziert werden (siehe S. 117). Rund 300 000 von der Entlassung bedrohte Angehörige der Reichswehr und viele Freiwillige (Freikorps*) klammerten sich jedoch an das Militär, das ihnen Halt bot. Als einer dieser Freiwilligenverbände aufgelöst werden sollte, besetzten seine Mitglieder auf Befehl des Generals von Lüttwitz am 13. März 1920 das Regierungsviertel in Berlin. Ein hoher Beamter und Politiker der äußersten Rechten, Wolfgang Kapp, ernannte sich zum Reichskanzler und General von Lüttwitz zum Reichswehrminister. Die rechtmäßige Regierung wich nach Stuttgart aus, da der Oberbefehlshaber der Reichswehr, General von Seeckt, sich weigerte, auf die ehemaligen Kameraden in den Freiwilligenverbänden zu schießen. Der Putsch scheiterte, als auf Initiative der Gewerkschaften und der SPD die Reichskanzlei zum Generalstreik aufrief.

Aufstände von links

Aus dem Generalstreik* entwickelte sich eine mächtige linksextreme Bewegung an Rhein und Ruhr, die weit über die Anhängerschaft der KPD hinausreichte. Ihre Anhänger organisierten „Arbeiterwehren". Ein Teil davon formierte sich zu einer etwa 50 000 Mann starken revolutionären „Roten Ruhrarmee", die zeitweise die Kontrolle über das wichtigste Industriegebiet des Deutschen Reichs ausübte. Die Aufständischen ließen sich nicht durch Zusagen politischer Reformen zum Aufgeben bewegen. Am Ende der Kämpfe waren mehr als 1000 Tote zu beklagen.

Auch in Sachsen und Thüringen kam es zu Aufständen, die gleichfalls mit großer Härte von Reichswehr und Freikorps niedergeschlagen wurden.

Politische Morde und die Justiz

In den ersten Jahren der Weimarer Republik schlossen sich viele rechtsextreme Kämpfer in geheimen Organisationen zusammen. Deren Mitglieder ermordeten bekannte deutsche Politiker, weil diese in den Augen der Rechten für die Annahme des Versailler Vertrages verantwortlich waren. Zu den Ermordeten gehörten 1921 Matthias Erzberger (Zentrum), der den Waffenstillstandsvertrag unterzeichnet hatte, und 1922 Außenminister Walther Rathenau.

Zur Wiederherstellung des inneren Friedens hatte der Reichstag bereits im August 1920 ein großzügiges Amnestiegesetz verabschiedet. Die von links und rechts verübten Straftaten sollten nur bestraft werden, wenn sie aus „niederen Beweggründen" erfolgt seien.

M 1

Adolf Hitler, Erich Ludendorff und weitere Putschisten am Tag der Urteilsverkündung. Aufnahme von Heinrich Hoffmann, dem bevorzugten Fotografen Hitlers, 1. April 1929

Der Hitlerputsch 1923

In der bayerischen Landeshauptstadt bildete sich noch in den ersten Monaten nach Kriegsende eine neue antisemitische Partei, die den Vorrang der deutschen „Volksgemeinschaft" gegenüber „Fremdrassigen" betonte und deren Führung 1920 der Kriegsfreiwillige Adolf Hitler aus dem österreichischen Braunau übernahm. Auch ein Vertreter der alten Eliten, der ehemalige Weltkriegsgeneral Erich Ludendorff, gehörte zu dieser rechtsradikalen Gruppe, die am 8. November 1923 im Münchner Bürgerbräukeller die Regierungen des Reichs und Bayerns für abgesetzt erklärten und Hitler zum Reichskanzler ernannten. Der Putsch wurde von der bayerischen Polizei niedergeschlagen, die Verantwortlichen inhaftiert und vor Gericht gestellt.

M 2

Auszug aus Hitlers Schlussrede vor Gericht am 27. März 1924:

Deutschlands Schicksal liegt nicht in der Republik oder in der Monarchie. Was ich bekämpfe, ist nicht die Staatsform als solche, sondern der schmähliche Inhalt. Wir wollen in Deutschland die Voraussetzungen dafür schaffen, die allein es möglich machen, dass die eiserne Faust unserer Feinde von uns genommen wird ... Und da frage ich Sie: Ist das, was wir gewollt haben, Hochverrat? Endlich: Wir wollten, dass unser Volk zum Aufbäumen gebracht werde gegen die drohende Versklavung ... Wir sind der Strafe verfallen, weil das Unternehmen misslungen ist. Die Tat des 8. November ist nicht misslungen. Sie wäre misslungen dann, wenn eine Mutter gekommen wäre und gesagt hätte: Herr Hitler, Sie haben auch mein Kind am Gewissen. Aber das darf ich Ihnen versichern, es ist keine Mutter gekommen. Im Gegenteil. Tausende anderer sind gekommen und haben sich in unsere Reihe gestellt.

Zit. nach Fridolin Wimmer, Der Hitler-Ludendorff-Putsch, in: Geschichte lernen, Heft 77, 2000, S. 42.

1 Gestalte aus den Informationen auf dieser Doppelseite ein Schaubild zu den Gegnern der Weimarer Republik, ihrem Vorgehen und ihren Zielen.
Tipp: Nimm S. 115, M2 zu Hilfe.

2 Erkläre die Hintergründe des Kapp-Putsches (Darstellungstext).

3 Bewerte die Darstellung der Angeklagten durch den sympathisierenden Fotografen (M1), indem du die Schwere ihres Verbrechens berücksichtigst.

4 **a)** Fasse anhand von M2 die Argumentation Hitlers für seinen Putschversuch zusammen.
b) Bewerte die Urteilsbegründung des Gerichts (M3).
c) Vergleiche M3 mit der Aussage des Historikers (M4).

5 **Recherche:** In der Geschichtsforschung über die Weimarer Republik wird oft von „politischer Justiz" gesprochen. Täter der Rechten hätten weitaus mildere Strafen erhalten als Täter der Linken. Kläre diesen Sachverhalt in einer Recherche und ziehe Beispiele hinzu.

Webcode: FG640249-121
Hitlerputsch 1923

M 3

Aus der Urteilsbegründung gegen Hitler vom 1. April 1924:

Auch das Gericht ist zu der Überzeugung gelangt, dass die Angeklagten bei ihrem Tun von rein vaterländischem Geiste und edelstem Willen geleitet waren. Alle Angeklagten, die in die Verhältnisse genaue Einblicke hatten – und die übrigen ließen sich von den Mitangeklagten als ihren Führern und völkischen Vertrauensmännern leiten –, glaubten nach bestem Wissen und Gewissen, dass sie zur Rettung des Vaterlandes handeln müssten und dass sie dasselbe täten, was kurz zuvor noch die Absicht der leitenden bayerischen Männer gewesen war. Das rechtfertigt ihr Vorhaben nicht, aber es gibt den Schlüssel zum Verständnis ihres Tuns.

Zit. nach Otto Gritschneder, Bewährungsfrist für den Terroristen Adolf H. Der Hitlerputsch und die bayerische Justiz, München (C. H. Beck) 1990, S. 92.

M 4

Der britische Historiker Ian Kershaw über das Urteil vom 1. April 1924 gegen Hitler (2008):

Wegen Hochverrats verurteilte das Gericht Hitler ... zu einer Haftstrafe von nur fünf Jahren ... Juristisch gesehen war das Urteil skandalös. Mit keinem Wort erwähnte das Urteil die vier Polizisten, die von den Putschisten erschossen worden waren ... Die Geiselnahme einiger sozialdemokratischer Ratsherren legten die Richter nicht Hitler zur Last; und mit keinem Wort gingen sie auf den Text einer neuen Verfassung ein, den die Polizisten in der Hosentasche des toten Putschisten gefunden hatten ...

Die Entschlossenheit der bayerischen Gerichte, auch gegen die überzeugende Argumentation der Münchner Polizei und der Staatsanwaltschaft auf Hitlers frühzeitiger Entlassung zu bestehen, ist allein durch politische Voreingenommenheit zu erklären. Am 20. Dezember 1924 ... wurde Hitler entlassen. Aus Berechnungen der Staatsanwaltschaft geht hervor, Hitler habe noch drei Jahre, 333 Tage, 21 Stunden und 50 Minuten seiner kurzen Strafe abzusitzen gehabt. Wie wäre die Weltgeschichte verlaufen, wenn er sie hätte verbüßen müssen?

Ian Kershaw, Hitler 1889–1945. Englische Ausgabe 2008, deutsche Ausgabe 2009 (Pantheon Verlag), S. 155f. und S. 164. Übers. v. Jörg W. Rademacher.

Rheinland und Pfalz: Trennung von Deutschland?

Nach der Französischen Revolution waren die Gebiete links des Rheins zeitweilig französisch geworden. Frankreich strebte nach dem Ersten Weltkrieg eine erneute Eingliederung dieser Gebiete an und förderte Bestrebungen nach einer Loslösung vom Deutschen Reich. Diese nahmen insbesondere während der wirtschaftlichen und sozialen Not in den Anfangsjahren der Weimarer Republik konkrete Formen an.

- ***Welche Kräfte wurden dabei wirksam und wie verhielt sich die Bevölkerung?***

M 1

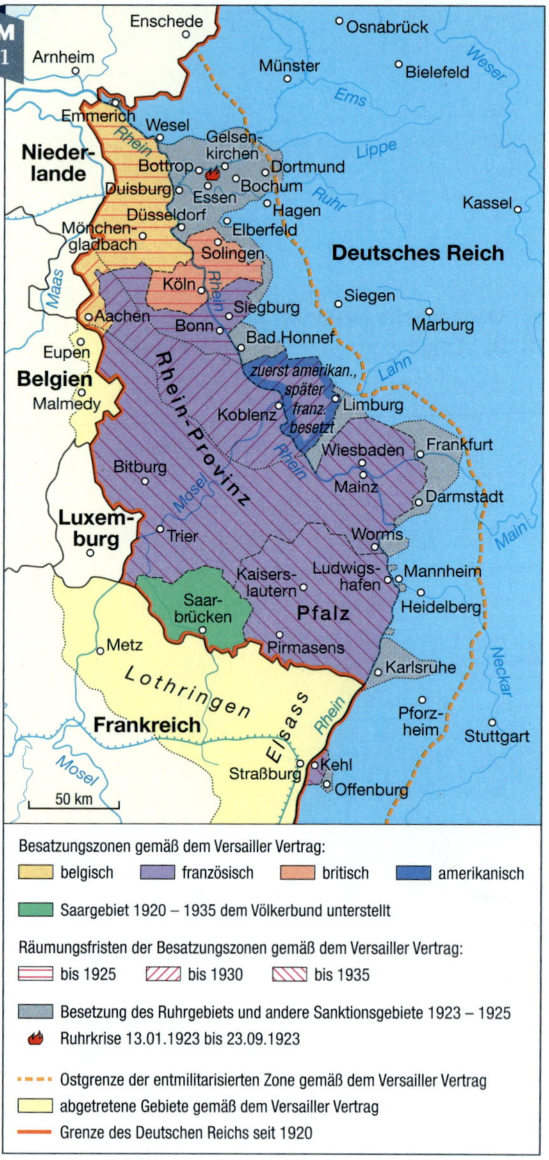

Karte des besetzten Rheinlandes mit den verschiedenen Besatzungszonen

Das Rheinland unter alliierter Kontrolle

Die Rheinlandbesetzung war eine Folge des Ersten Weltkrieges. Im Versailler Vertrag war festgelegt worden, dass Truppen der Siegermächte die linksrheinischen Gebiete und vier rechtsrheinische „Brückenköpfe" mit je 30 Kilometer Radius um Köln, Koblenz, Mainz und zehn Kilometer Radius um Kehl besetzten. An diese besetzte Zone schloss sich noch eine zehn Kilometer breite entmilitarisierte Zone an. Sie sollte einerseits als Bürgschaft für die fälligen Reparationszahlungen an Frankreich dienen und andererseits dem westlichen Nachbarn Sicherheit vor einem erneuten deutschen Angriff verschaffen. Da die Reparationen nicht in der geforderten Höhe erbracht wurden, besetzten französische und belgische Truppen ab dem Januar 1923 zusätzlich noch das Ruhrgebiet (siehe S. 118/119). Der Generalstreik, der daraufhin gegen die französische Besatzung im Ruhrgebiet ausbrach, verschärfte die Konflikte in der gesamten

M 2

Französischer Besatzungssoldat und älterer Herr in einer Stadt an der Ruhr, Foto, 1923

Grenzregion. Bis August 1924 starben bei gewalttätigen Auseinandersetzungen mit den Besatzern 137 Menschen; 603 Verletzte wurden gezählt.

Die Separatistenbewegungen im preußischen Rheinland und in der bayerischen Pfalz

Militante Separatisten riefen noch im Oktober 1923 eine von Frankreich unterstützte „Rheinische Republik" aus. Der französische Ministerpräsident Raymond Poincaré erblickte darin eine günstige Gelegenheit zur Schaffung eines vom Deutschen Reich unabhängigen rheinischen Staates. Die Ausweitung der Autonomiebewegung auf die Pfalz, wo seit November die Rathäuser in Speyer, Mainz und anderen Städten durch Putschisten besetzt wurden, konnte die deutsche Reichsregierung wegen der Entmilitarisierungsbestimmungen im Rheinland – festgelegt im Versailler Vertrag – nicht wirksam bekämpfen. Allerdings fand die Separatistenbewegung, der sich auch kriminelle Elemente angeschlossen hatten, in der Bevölkerung vor Ort keinen Rückhalt. Innere Machtkämpfe führten dazu, dass bewaffnete Truppen, die zuvor den Putsch unterstützt hatten, die im Koblenzer Schloss etablierte Regierung wieder absetzten. Noch vor Jahresende war das Projekt einer „Rheinischen Republik" gescheitert.

Nach der Ermordung des selbsternannten Präsidenten der „Autonomen Pfalz", des Landwirtes Franz-Joseph Heinz, im Januar 1924 brachen auch hier die Selbstständigkeitsbestrebungen in sich zusammen. Der Rückzug der französischen Truppen aus dem Ruhrgebiet beendete den Separatismus endgültig.

M3

Titelblatt der Zeitschrift „Kladderadatsch", vom 2. Dezember 1923. Der französische Ministerpräsident Poincaré wartet als Frosch auf das „Rheinkind", das ihm die „Separatistenschufte" zutragen: „Warum wehrst du dich, holdes Rheinkind? In der Obhut unseres Freundes, der liebend deiner begehrt, wirst du dich wohl und glücklich fühlen."

1 Erläutere anhand der Karte (M1) die Hintergründe für die besondere Ausgangslage in den linksrheinisch-pfälzischen Gebieten. Kläre dabei folgende Fragen:

a) Welche Nation besetzte welches Gebiet?

b) Wie lange sollte die im Versailler Vertrag festgeschriebene Rheinlandbesetzung dauern?

c) Warum verschärfte sich die Situation im besetzten Gebiet während des Jahres 1923? Nutze dazu auch den Darstellungstext.

2 Erkläre, warum das Unabhängigkeitsstreben der Rheinländer und Pfälzer ohne Erfolg blieb (Darstellungstext).

3 **Wähle eine Aufgabe aus:**

a) Analysiere das Titelbild der nationalliberalen deutschen Satirezeitschrift (M3).

b) Überprüfe die Aussage der Karikatur (M3) anhand der Informationen aus dem Darstellungstext.

4 **Partnerarbeit:** Anlässlich einer deutsch-französischen Schülerbegegnung an eurer Schule ist eine Ausstellung über die Geschichte des deutsch-französischen Verhältnisses geplant. Diskutiere mit deinem Banknachbarn, ob sich M2 und M3 für die Darstellung des Verhältnisses in den 1920er Jahren eignen. Schreibt Stichpunkte auf, was für, was gegen eine Präsentation spricht.

Deutsche Außenpolitik nach Versailles

Der Versailler Vertrag hatte die Rückkehr Deutschlands in die internationale Gemeinschaft erschwert, aber nicht unmöglich gemacht.
- ***Welche Chancen boten sich der deutschen Regierung und wie wurden sie genutzt?***

M 1

Stresemann als Retter Deutschlands und Schutzengel des deutschen Michel: „Er schaut nach rechts, er schaut nach links – er wird mich retten.“ Titelblatt der Satirezeitschrift „Simplicissimus“ vom 14. Mai 1923, Karikatur von Karl Arnold

Rückkehr in die Völkergemeinschaft

Ziel der deutschen Außenpolitik nach Versailles war die Milderung der Friedensbedingungen, die in der Bevölkerung als zu hart empfunden wurden (siehe S. 116/117). Zugleich war den handelnden Politikern in Europa bewusst, dass eine reine Machtpolitik wie 1923, die Besetzung des Ruhrgebiets, keinen dauerhaften Frieden in Europa herbeiführen würde. Auf deutscher Seite setzte sich der von 1923 bis 1929 amtierende Außenminister Gustav Stresemann für eine Annäherung der Kriegsgegner Deutschland und Frankreich ein.

Stresemann wollte, dass Deutschland wieder ein gleichberechtigter Partner unter den europäischen Mächten werde. Dazu war es notwendig, die Reparationsleistungen zu senken, militärische Gleichberechtigung durchzusetzen und Grundlagen für einen wirtschaftlichen Wiederaufstieg zu schaffen. Mit der Beendigung der Ruhrkrise und der Einführung der Rentenmark hatte Stresemann erste Erfolge erzielt. Seine Bemühungen führten zur Erholung des Wirtschaftslebens.

Als Außenminister war er um eine Aussöhnung mit Frankreich bemüht. Diese Annäherung war wichtig für die Neuregelung der Höhe der Reparationsleistungen ab 1924, die Deutschland wirtschaftlich tatsächlich verkraften konnte. Schwierig blieb das Verhältnis zur neu entstandenen Republik Polen. Deutschland verzögerte die Anerkennung der polnischen Grenzen mit der Begründung, dass sonst hunderttausende Mitglieder der deutschsprachigen Minderheit Polen verlassen würden.

M 2

Deutsche Außenpolitik 1922–1929

16. April 1922 Vertrag von Rapallo zwischen Deutschland und Sowjetrussland: außenpolitische und wirtschaftliche Annäherung; gegenseitiger Verzicht auf Ersatz von Kriegsschäden.

29. August 1924 Dawesplan (nach dem amerikanischen Banker Dawes): Festlegung von Höhe und Laufzeit der deutschen Reparationen; damit verbunden frühzeitige Räumung des Rheinlandes.

5. bis 16. Oktober 1925 Konferenz von Locarno: Anerkennung der Grenzen von Frankreich und Belgien durch Deutschland, wie in Versailles festgelegt; Verzicht auf Gewalt; keine außenpolitische Isolierung. Aufgrund des Vertrages mit Frankreich stieg das internationale Ansehen Deutschlands.

8. September 1926 Beitritt zum Völkerbund.

21. August 1929 Youngplan (nach dem amerikanischen Unternehmer Young): Neuregelung der Reparationen. Durch Gewährung eines Zahlungsaufschubes vonseiten des US-Präsidenten Hoover (1931) und das Lausanner Abkommen (1932) wurden die Zahlungen ausgesetzt.

Vom Autor zusammengestellt

Gustav Stresemann (1878–1929)
geboren in Berlin, studierte dort Volkswirtschaft. Mit 24 Jahren wurde er Jurist im „Verband sächsischer Industrieller“, 1903 folgte der Eintritt in die Nationalliberale Partei, die Mitgliedschaft im Dresdener Stadtrat und ab 1907 die Abgeordnetentätigkeit im Reichstag. Im Ersten Weltkrieg unterstützte Stresemann die deutsche Eroberungspolitik. 1917 wurde er Parteivorsitzender der DVP und gehörte nach 1918 zu den Gründerfiguren der Nationalliberalen Partei. Stresemann war Mitglied der Verfassunggebenden Nationalversammlung und des Reichstags seit 1919. Zunächst stand er der jungen Demokratie eher ablehnend gegenüber. Vom 13. August bis 23. November 1923 übte er das Amt des Kanzlers einer Großen Koalition von SPD, Zentrum, DDP und DVP aus. In dieser Zeit trug der Politiker maßgeblich zur Beendigung der Ruhrkrise und der Hyperinflation bei. Entscheidend geprägt hat Stresemann die Außenpolitik der Weimarer Republik. Als Außenminister (1923–1929) gelang es ihm, einige für Deutschland wichtige Verträge zu schließen und die junge Demokratie in die Gemeinschaft des Völkerbundes zu führen. Für seine Bemühungen um Aussöhnung erhielt er gemeinsam mit seinem französischen Kollegen Aristide Briand 1926 den Friedensnobelpreis.

M 4 *Wahlplakat der DNVP, 1928. Der Vertrag von Locarno spaltete die deutsche Öffentlichkeit zutiefst: Für die Konservativen und Nationalisten war er eine „Unterwerfung unter Frankreich“. Der abgebildete Soldat spielt auf die Tatsache an, dass in der französischen Armee viele Soldaten aus den afrikanischen Ländern Dienst taten.*

M 3

Der Historiker Heinrich August Winkler urteilte 1993:

Die Westmächte hatten Deutschland Zugeständnisse gemacht, weil sie sich von seiner vertraglichen Einbindung mäßigende und friedensfördernde Wirkungen versprachen. Die Mitgliedschaft im Völkerbund erschien ihnen als ein besonders geeignetes Mittel, um den deutschen Revisionismus[1] zu zügeln ... Auch aus Stresemanns Sicht trug Locarno dazu bei, den Frieden sicherer zu machen. Aber zugleich waren die Verträge für ihn doch nur eine Etappe auf dem Weg zu einer umfassenden Abkehr von der Nachkriegsordnung. Das Vertragswerk vom Oktober 1925 bedeutete für Stresemann die Erreichung eines Nahziels: Den Handlungsspielraum Deutschlands durch Verständigung mit dem Westen so zu erweitern, dass es, trotz verbleibender Beschränkungen seiner Souveränität, wieder die Politik einer Großmacht betreiben konnte. Dazu gehörte auch eine härtere Gangart gegenüber Polen, das seine Forderung nach einem „Ost-Locarno“ nicht durchsetzen konnte.

Heinrich August Winkler, Weimar 1918–1933, München (C. H. Beck) 1993, S. 308.

[1] *Streben nach Änderungen der Bedingungen von Versailles*

1 Nenne die Ziele der deutschen Außenpolitik nach Versailles (Darstellungstext).

2 **a)** **Methode:** Interpretiere die Karikatur M1 (siehe Arbeitsschritte „Eine Karikatur entschlüsseln“ auf S. 237).

b) Überprüfe die Aussage der Karikatur M1 mit Blick auf die Politik Stresemanns im Jahr 1923 (Darstellungstext, Biografiekasten).

3 Für eine Plakatausstellung im Klassenzimmer sollst du einen Text über Gustav Stresemann erstellen. Verfasse diesen Text, indem du seine Persönlichkeit charakterisierst (Berufsweg, Beurteilung seiner Karriere, Parteizugehörigkeit, politische Position) und dann seine Leistungen erläuterst (M2, M3, Darstellungstext, Biografiekasten).

4 Erarbeite die Motive für die Gegnerschaft der DNVP gegen das Vertragswerk von Locarno (M4 und Darstellungstext).

Webcode: FG640249-125
Deutsche Außenpolitik

Propagandaplakate untersuchen

Politische Plakate, insbesondere bildhaft gestaltete Wahlkampfplakate, erlebten in der jungen deutschen Demokratie eine erste Blüte. Erstmalig unterlag diese Werbung keiner Zensur. Der politische Wettbewerb sorgte seit 1918 für die zugespitzte Darstellung politischer Positionen. Am Beispiel der Reichspräsidentenwahl 1925 analysierst du hier Propagandaplakate. Die Arbeitsschritte auf dieser Doppelseite helfen dir dabei.

Wer wurde 1925 Reichspräsident?

Als Reichspräsident Ebert im Februar 1925 starb, wurde sein Nachfolger erstmalig direkt vom Volk gewählt. Für die Wahl eines neuen Reichspräsidenten war im ersten Wahlgang die absolute Mehrheit nötig. Diese erreichte keiner der sieben Kandidaten. Es folgte ein zweiter Wahlgang, in dem die einfache Mehrheit genügte. SPD, DDP und Zentrum einigten sich auf Wilhelm Marx von der Zentrumspartei als gemeinsamen Kandidaten. DNVP und DVP unterstützten den 78-jährigen Generalfeldmarschall Hindenburg. Die BVP (Bayerische Volkspartei), wie das Zentrum eine Partei des politischen Katholizismus, unterstützte nicht den rheinischen Katholiken Marx, sondern den Protestanten Hindenburg und trug damit entscheidend zum Ausgang der Wahl bei. Am 26. April 1925 votierte eine Mehrheit von 14,6 Millionen Stimmen für Hindenburg. Wilhelm Marx erreichte 13,7 Millionen und der KPD-Kandidat Ernst Thälmann erhielt 1,9 Millionen Stimmen.

Welche Rolle spielen Wahlplakate?

Auf Bildplakaten werden die politischen Standpunkte der Parteien und Kandidaten verkürzt und plakativ dargestellt. Die Botschaft soll ins Auge springen, schnell zu verstehen sein und möglichst lange in Erinnerung bleiben. Neben der älteren Form des Schriftplakats setzten die neueren Bildplakate moderne Mittel der Werbepsychologie ein. Farbgebung, Symbolik und vereinfachte Texte suchten die Wahrnehmung des Betrachters zu lenken.

M 1

M 2

„Der Retter", Wahlplakat für Paul von Hindenburg, 1925

Wahlplakat für den Zentrumskandidaten Wilhelm Marx, Plakat von Walter Riemer, 1925

Arbeitsschritte „Propagandaplakate untersuchen“

Ersten Eindruck festhalten	**Lösungshinweise zu M1**
1. Wie wirkt das Plakat?	• *Notiere Ideen und Gedanken, die dir spontan einfallen.*
Einzelheiten beschreiben	
2. Welche Personen und Gegenstände erkennst du? Achte auf die Art ihrer Darstellung (groß, klein, im Vordergrund, im Hintergrund, Position im Bild, farbliche Gestaltung) und auf den Zusammenhang zwischen Text und Bild.	• *Bildmitte: Hindenburgs Kopf als „Maske“ (Text); dahinter: stramm marschierende Personen (NS-Vertreter mit Hakenkreuz und Pistole), ...* *auf der linken Seite ...* *Text oben und unten ...*
Zusätzliche Informationen heranziehen	
3. Wie heißt der Grafiker?	• ...
4. Aus welchem Anlass ist das Plakat entstanden?	• ...
5. Lässt sich über die dargestellten Personen etwas herausfinden?	• *Zu Hindenburg siehe die Seiten 64/65 und 116/117.*
6. Wer oder was verbirgt sich hinter den Anspielungen im Text?	• *Recherchiere zu Wilhelm Marx: Zentrumsabgeordneter, Jurist, 1926–1928 Reichskanzler.*
Aussage des Plakates formulieren	
7. Welche Bedeutung hat die Anordnung der dargestellten Figuren und Gegenstände?	• *Hinter der großen Hindenburg-Maske schreiten rechtskonservative und rechtsextreme Kräfte im Gleichschritt. Die Gegenstände (...) stellen alle Attribute einerseits der alten Eliten aus Militär, Beamten- und Unternehmerschaft und andererseits der neuen rechtsextremen Kräfte dar.*
8. Welchen Zweck verfolgt der Text zum Bild?	• *Die Frage soll verblüffen; Begriff „Maske“ deutet auf den Vorwurf hin, dass ...*
9. Welche Akzente werden durch die Farbgebung gesetzt?	• *Bildhintergrund: Schwarz-Weiß-Rot (Farben des Kaiserreichs)*
Aussage des Plakates beurteilen	
10. Welche Botschaft enthält das Plakat?	• ...
11. Welche Wirkung soll erzielt werden?	• *Der Wähler soll auf einen „Betrug“ aufmerksam gemacht werden und den Gegenkandidaten wählen.*

1 Untersuche das Plakat M1 mithilfe der Arbeitsschritte. Ergänze die Lösungshinweise.

2 Analysiere M2 mithilfe der dir jetzt bekannten Arbeitsschritte.

3 **Partnerarbeit:** Diskutiere auf der Basis von M1 und M2 mit deinem Banknachbarn die folgende Behauptung: Ein guter Blickfang ist dem Plakatgestalter wichtiger als die politische Aussage.

Webcode: FG640249-127
Propgagandaplakate

Wirtschaftliche Stabilisierung und gesellschaftliche Veränderungen

„Goldene Zwanziger" wurde das Jahrzehnt nach dem Ersten Weltkrieg später genannt. In jenen Jahren entstand in Deutschland die moderne Massenkultur mit Kino und Sportveranstaltungen als beliebte Treffpunkte für alle. Neue künstlerische Ausdrucksweisen setzten sich durch.

- *Welche Veränderungen prägten jene Jahre?*

M 1

„Großstadt", Triptychon (dreigeteiltes Bild nach dem Vorbild von Kirchenaltären) von Otto Dix, 1927/28

Wirtschaft und Alltag nach 1923

Die deutsche Wirtschaft erholte sich von den Kriegsfolgen dank der ausländischen Kredite. Technische Fortschritte in der Autoindustrie und Kommunikationstechnik veränderten Arbeitsprozesse und Infrastruktur. Hohe staatliche Investitionen gab es im Bereich der Forschung und für die Modernisierung des Verkehrswesens. In vielen Bereichen erlangten deutsche Produkte wieder die Spitzenposition aus der Zeit vor dem Krieg. Viele Investitionen flossen in den Bau neuer Wohnungen. Staatliche Maßnahmen verbesserten die sozialen Leistungen für die Arbeiter und versuchten, die rechtliche Gleichstellung der Frauen durchzusetzen (siehe S. 130/131).

Mit dem Bauhausstil im Bereich der Architektur als auch mit dem Malstil der sogenannten Neuen Sachlichkeit gab es neue Ausdrucksweisen in Architektur und Kunst. Telefon und Radio erreichten ein Massenpublikum, wie auch Schallplatten und der Tonfilm. Rund zwei Millionen Menschen strömten täglich in die Kinos. Varietés und Tanzlokale entstanden; damit einher gingen neue Tänze wie der Charleston und der Jazz als neue Musikrichtung.

Viele Menschen drückten aber auch ihr Unbehagen angesichts der neuen Wirtschaftsblüte aus. Experten warnten vor einer Scheinblüte durch weitgehend auf Kredit finanzierte Ausgaben.

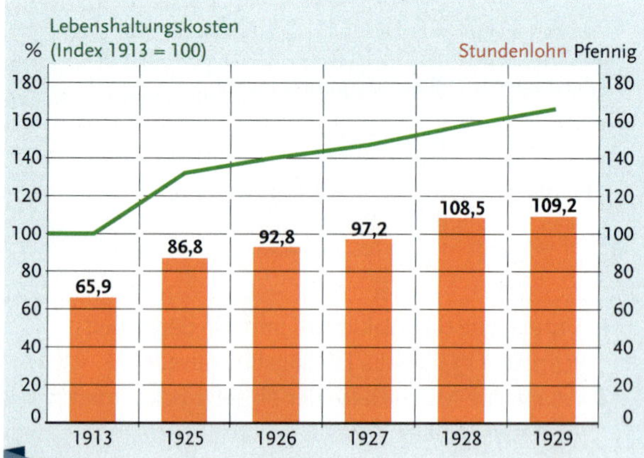

M 2

Löhne und Lebenshaltungskosten 1913 bis 1929

M 3 *In den 1920er Jahren erlebte die zivile Luftfahrt in Deutschland ihren Aufschwung. 1926 wurde die Deutsche Lufthansa gegründet. Hier Ankunft der Passagiere eines Linienfluges in Berlin-Tempelhof, Foto, um 1928*

M 4

Sozialpolitische Maßnahmen der Weimarer Republik

1918 Der Achtstundentag wird eingeführt.

1919 Die Gewerkschaften werden als gleichberechtigte Tarifpartner der Arbeitgeber anerkannt.

1920 Das Betriebsrätegesetz regelt die Mitsprache der Arbeitnehmer in Betrieben mit mehr als 20 Beschäftigten.

1923 Das Mieterschutzgesetz schützt vor Kündigungen.

1924 Die staatliche Fürsorge ersetzt die Armenpflege der Städte und Gemeinden.

1926 Neue Arbeitsgerichte regeln Streitigkeiten zwischen Arbeitgebern und Arbeitnehmern.

1927 Die Arbeitslosenversicherung wird zur Pflichtversicherung. Werdende Mütter erhalten Arbeits- und Kündigungsschutz.

Vom Autor zusammengestellt

M 5 *Weißenhofsiedlung in Stuttgart, erbaut unter der Leitung von Ludwig Mies van der Rohe und 17 führenden Architekten des „Neuen Bauens", Foto, 1927*

M 6

Radiohören im Jahr 1925. Übertragungen wurden sehr populär. 1924 gab es in Deutschland 10 000 Geräte, 1928 bereits zwei Millionen, Foto, 1925

1 Suche von S. 84 die Merkmale der amerikanischen Massenkultur heraus und stelle Vergleiche mit der Entwicklung in Deutschland an.

2 Fasse anhand des Darstellungstextes und der Materialien die Veränderungen in Wirtschaft und Alltagsleben nach 1923 zusammen.

3 Vergleiche die Lohnentwicklung in der Weimarer Republik mit den Löhnen der Vorkriegszeit. Erläutere die Lohnentwicklung im Verhältnis zur Preisentwicklung (M2).

4 **Methode:** Beschreibe die einzelnen Elemente im Bild M1. Zeige auf, inwiefern der Begriff der „Goldenen Zwanziger" nur für einen Teil der Gesellschaft in dieser Zeit Gültigkeit hatte.

Tipp: Nimm die Arbeitsschritte „Eine Bildquelle auswerten" auf S. 236 zu Hilfe.

5 Recherchiere die Begriffe „Bauhaus" und „Neue Sachlichkeit". Erläutere die Rolle von Architektur und Malerei als Ausdruck des modernen Lebensstils.

Mehr Rechte für Frauen?

Im Ersten Weltkrieg hatten die Frauen die Männerarbeit in Fabriken und auf den Feldern übernommen. Die politische Gleichberechtigung – etwa das gleiche Wahlrecht – kam mit der Weimarer Verfassung 1919. Seit dem Ende des 19. Jahrhunderts hatten Frauen in Vereinen für ihre Rechte gekämpft, nun wollten sie „erwerben, was sie besitzen" (Agnes von Zahn-Harnack, Vorsitzende des Bundes Deutscher Frauenvereine).

- ***Entscheide, mit welchen Materialien (A, B oder C) du arbeiten möchtest und untersuche, wie sich das Leben für die Frauen seit 1918 veränderte.***

Aufgabe für alle:
Diskutiert die Frage: Hatten Frauen in der Weimarer Republik mehr Freiheiten und Selbstbestimmung als im Kaiserreich? Ziehe dazu auch S. 26/27 und S. 231 heran.

A

M 1

Alltag einer 23-jährigen Textilarbeiterin, 1928:
Wenn sie um sieben Uhr zur Arbeit kommt, hat sie schon eineinhalb Stunden Hausarbeit hinter sich. Eigentlich dürfte sie ihren Beruf aus gesundheitlichen Gründen nicht mehr ausüben, sieht aber keine andere Möglichkeit, ihr Leben zu fristen. Wenn sie um 17.15 h nach Hause kommt, muss sie der ebenfalls Vollzeit tätigen Mutter erst noch bei der Hausarbeit helfen, ebenso am Wochenende. Nicht einmal die Mittagspause hat sie für sich, denn da muss sie den Brüdern das Mittagessen richten: „Diese haben es schöner als ich. Sie setzen sich an den vollen Tisch und wenn sie satt sind, verlassen sie ihn und lassen alles stehen und liegen. Ich dagegen muss Tisch und Bänke abputzen und das Geschirr zusammenstellen. Jetzt muss ich mich schon wieder hetzend zur Arbeit begeben, denn gleich wird die (Fabrik-)Sirene wieder heulen."

Zit. nach Alf Lüdtke, Mein Arbeitstag – mein Wochenende. Arbeiterinnen berichten von ihrem Alltag 1928, Hamburg (Ergebnisse Verlag) 1991, S. 34f.

M 2

Eine Ärztin erinnerte sich an die Probleme in den 1920er Jahren

Rahel Straus (1880–1963) studierte ab 1900 als erste Frau an der Universität Heidelberg Medizin. Noch vor dem Ersten Weltkrieg eröffnete sie eine Praxis in München, zog zugleich fünf Kinder groß und engagierte sich als Sozialarbeiterin und Frauenrechtlerin:

Noch war es auf Schritt und Tritt zu spüren, dass vier Jahre Krieg hinter uns lagen, dass wir noch immer hungerten. Ich sah es bei meinen Patientinnen, dass Schweres auf ihnen lastete. Die Männer, die zurückkamen, waren anders als die, die vor vier Jahren ausgezogen waren. Sie waren erschöpft, nervös, reizbar, nicht mehr an eine stetige Berufsarbeit gewöhnt. Aber auch die Frauen, die sie bei ihrer Heimkehr wiederfanden, waren anders als die, die sie vor vier Jahren verlassen hatten. Die Frauen, die so plötzlich die Arbeit ihres Mannes hatten übernehmen müssen, die sie vier Jahre getan und sehr gut getan hatten, waren selbstständige Persönlichkeiten geworden, die sich nicht mehr nur in Haus und Küche zurückschicken ließen. So mussten Ehetragödien entstehen, und eine ... Welle von Ehescheidungen setzte ein, ... und das gerade in den unteren Schichten, wo man trotz aller Zwistigkeiten beieinander ausgeharrt hatte.

Rahel Straus, Wir lebten in Deutschland. Erinnerungen einer deutschen Jüdin 1880–1933, Stuttgart (Deutsche Verlags-Anstalt) 1961, S. 238f.

1 Vergleiche die beiden Frauen in M1 und M2 in Bezug auf ihre berufliche Tätigkeit und ihre gesellschaftliche Stellung.

2 Erläutere die Meinung der Ärztin über die Rolle der Frauen und das Verhältnis zwischen den Geschlechtern nach dem Ersten Weltkrieg (M2).

B

M 3

Wahlplakat 1919, Grafik von Fritz G. Kirchbach

M 4

„Mädels von heute". Foto aus „Das Magazin", Berlin, Oktober 1925

1 Analysiere das Plakat (M3) mithilfe der Arbeitsschritte „Propagandaplakate untersuchen" auf den Seiten 126/127 sowie das Pressefoto (M4).

2 Erläutere, welches Bild die Presse (M4) und welches die Sozialdemokratische Partei (M3) von „der Frau" entwirft.

C

M 5

Wandel der Erwerbstätigkeit von Frauen

	1882	1907	1925	1933
Anteil der erwerbstätigen Frauen an der Gesamtzahl der Frauen in Prozent	33,8	31,2	35,6	34,2
davon jeweils tätig als (in Prozent) ...				
... mithelfende Familienangehörige in Familienbetrieben	40,7	35,2	36,0	36,1
... Dienstmädchen/Hausangestellte	17,9	16,1	11,4	10,5
... Arbeiterinnen in Industrie und Handel	11,8	18,3	23,0	22,9
... in der Landwirtschaft	15,5	14,5	9,2	7,5
... Angestellte und Beamtinnen	1,7	6,5	12,6	14,8
... Selbstständige	12,3	9,2	7,7	8,0

Die zu 100 % jeweils fehlenden 0,1 und 0,2 % ergeben sich durch Abrundungen

Zusammengestellt nach Ute Frevert, Frauen-Geschichte zwischen bürgerlicher Verbesserung und neuer Weiblichkeit, Frankfurt a. M. (Suhrkamp) 1986, S. 290.

1 Untersuche die Statistik (M5) und stelle fest, in welchen Bereichen sich die meisten Veränderungen für die Frauen ergaben.

2 Setze M5 in Bezug zur alltäglichen Lebenswirklichkeit der Textilarbeiterin (M1).

Jugend zwischen Selbst- und Fremdbestimmung

Politische Krisen und wirtschaftliche Not bestimmten nach 1918 auch den Alltag der Jugendlichen.

- ***Welche Erwartungen hatten die Erwachsenen an die Jugend?***
- ***Wie gelang es Jugendlichen trotz Not und Geldmangel, Freiräume zu finden?***

„Jugendkult" um 1900

Zu Beginn des 20. Jahrhunderts war „Jugend" ein Modewort, mit dem vielfache Hoffnungen auf eine tief greifende Reform der Gesellschaft und die Abschaffung des Obrigkeitsstaates verbunden waren. Ein internationaler Stil der Jahrhundertwende in Malerei, Architektur und Grafik nannte sich „Jugendstil". Im Jahr 1891 erschien Franz Wedekinds Theaterstück „Frühlingserwachen", in dem erstmals auf deutschen Bühnen die Themen Pubertät und Sexualität von Jugendlichen behandelt wurden. 1896 wurde in Berlin der „Wandervogel" gegründet, der bis in die Zeit der Weimarer Republik viele Jugendliche anzog. Seine Mitglieder waren vorwiegend protestantische Schüler von Gymnasien. Sie verbanden Kameradschaft und Naturerlebnis auf Fahrten am Wochenende und in den Ferien.

Wie waren Jugendliche organisiert?

In der Weimarer Republik waren etwa 40 Prozent aller Jugendlichen Mitglieder einer Organisation, meist in Sport- oder anderen Freizeitvereinen. Die Aktivitäten bestanden aus Wanderungen, Ausflügen, Lagerfeuerabenden und gemeinsamem Musizieren. In jüdischen, evangelischen und katholischen Jugendbewegungen versammelten sich religiös gebundene junge Menschen. Um 1925 gehörten rund 20 000 Jugendliche den „Wandervögeln" an, ein Viertel davon waren Mädchen. An die 80 000 Jugendliche waren in katholischen Jugendvereinen („Pfadfinder") organisiert. In der „Bündischen Jugend" trafen sich Söhne und Töchter aus dem Bürgertum. Wie die Pfadfinder- und „Wandervogel"-Bewegung bot auch die „Bündische Jugend" gemeinschaftliche Freizeiterlebnisse, Naturbegegnung und selbstbestimmtes Miteinander fern von bürgerlichen Zwängen.
Neben den Kirchen entdeckten auch die Parteien Jugendliche als wertvolle Zielgruppe. Rechte Parteien warben mit antidemokratischem und militärischem Geist. Die Sozialdemokratie strebte mit einer Fülle von Angeboten danach, die Jugendlichen an die Partei zu binden. Die Kommunistische Partei versuchte, die Jugendlichen für den Klassenkampf zu gewinnen.

Wirtschaftliche Not und politische Konflikte

Äußerlich unterschied sich der Alltag der Jugendlichen während der Weimarer Republik jedoch wenig von dem der Vorkriegszeit. Strenge Disziplin und Kontrolle in Schule und Lehrwerkstatt hatten aus der Kaiserzeit überlebt. Seit 1919 war die allgemeine Schulpflicht in der Verfassung festgeschrieben. Der Staat versuchte mithilfe von neuen Institutionen (Jugendämtern, Jugendgerichten, Jugendfürsorgeeinrichtungen), stärker auf die Jugendlichen einzuwirken, insbesondere in den unteren Schichten. Viele Lehrer, Erzieher, Juristen und Geistliche arbeiteten daran, wie man jugendlichen Revolten und unangepasstem Verhalten begegnen könnte. Angesichts der hohen Arbeitslosigkeit nach dem Krieg hatten die meisten Jugendlichen wenig Chancen auf einen Ausbildungs- oder Arbeitsplatz. Ab 1930 verschärfte sich diese Situation noch erheblich.

M 1

Erziehungsmaßnahme des Berliner Jugendamtes: Kinder tauschen Schundhefte gegen „gute" Literatur, Foto, 1922

M 2

Aus einem Artikel in der Zeitschrift „Freideutsche Jugend“[1] unter dem Titel „Wir Jungen“ (1919):

Wer ist denn ursprünglich für unser Schicksal, unsere Zukunft verantwortlich und deshalb berechtigt, bestimmend, urteilend auf diese einzuwirken, so wird zur klaren Antwort, dass wir Jungen selbst es sind, die diese Riesenaufgabe, die gigantische Verantwortung zu tragen haben. Doch nie und nimmer jene Generation, die ... selbst noch in den siebziger, achtziger Jahren des vorigen Jahrhunderts wurzelt ...

Wir können diese Ideengreise, wie sie die deutsche Nationalversammlung bevölkern, sich erdreisten, für unsere Zukunft, für Deutschlands Werden zu sprechen und zu handeln. Wenn die „Gesetze“, „Reformen“, die sie schaffen, ihre Lebensunfähigkeit, ihre Unzulänglichkeit beweisen werden an der heranwachsenden Generation, in uns und in denen nach uns, sind jene Phrasenmumien längst ihrer Verantwortung entronnen durch den Tod ... Weg damit, da doch alle Kraft, alles wühlende, brausende Leben, Keimende, Werdende im Frühling durch die Welt pulst, zur Jugendzeit der Erde.

Zit. nach Thomas Koerber, Rolf-Peter Janz, Frank Trommler (Hg.), „Mit uns zieht die neue Zeit“. Der Mythos Jugend, Frankfurt am Main (Suhrkamp) 1985, S. 187f.

[1] *Unter der Bezeichnung „Freideutsche Jugend“ sammelten sich Jugendgruppen unterschiedlicher Ausrichtung.*

M 3 *„Wandervogel“-Gruppe, Foto, 1932*

M 4

Bericht aus der Pfadfinderzeitschrift „Das Lagerfeuer“ (1932):

Kriegsspiel! Wir balgen uns nicht untereinander und zerfetzen unsere Kluften. Kriegsspiel! Nur mit den Gegnern. Der erste Anblick des Feindes jagt mir das Blut gegen die Schläfen, und ich stürze mich drauf mit Gebrüll, während ich das Chaos noch vor den Augen habe und die Feindesstärke nicht kenne. Und nun brechen die Buben durchs Gehölz, balgen sich, und ich rase zähneknirschend auf den Ersten los, um den Bann loszukriegen.

Zit. nach Harry Pross, Jugend, Eros, Politik. Die Geschichte der Jugendverbände, Bern u.a. (Scherz Verlag) 1964, S. 267.

1 **a)** Arbeite aus M2 und M4 die dort genannten Ziele und Kritiken junger Menschen in den 1920er Jahren heraus.
b) Vergleiche die in M2 und M4 ausgedrückten Ziele mit der Alltagswirklichkeit (M1, Darstellungstext).

2 M4 ist ein Beispiel für die Vereinnahmung der Jugendlichen in eine bestimmte Richtung. Führe Belege dafür an.

3 **Methode:** Beschreibe M3. Welches „Lebensgefühl“ kommt hier zum Ausdruck?
Tipp: Nimm die Arbeitsschritte „Eine Bildquelle auswerten“ zu Hilfe (siehe S. 236).

4 Beurteile die Wirksamkeit von staatlichen Maßnahmen wie in M1.

Börsenkrach in New York: Wie wirkte sich die Krise auf Deutschland aus?

Im Oktober 1929 kam es in den USA zu Panikverkäufen von Aktien und zum Zusammenbruch der Börse. Über 10 000 Banken wurden zahlungsunfähig. Millionen Amerikaner verloren durch die schlimmste Wirtschaftskrise des 20. Jahrhunderts ihre Arbeit und oft auch ihren Halt im Leben.
- ***Welche wirtschaftlichen und sozialen Folgen hatte die Krise für Deutschland?***

Die deutsche Wirtschaft nach 1923

Nach der Beendigung der französischen Besetzung des Ruhrgebiets und der Währungsreform erholte sich die deutsche Wirtschaft rasch. Dazu trugen in erheblichem Maße amerikanische Kredite bei. Die deutsche Industrieproduktion wuchs schnell an. Insbesondere die Chemie- und Elektroindustrie entwickelten sich zu Motoren des Wachstums. Dennoch wurden mehr Waren nach Deutschland importiert als aus Deutschland ins Ausland verkauft (siehe M2). Die Zahl der Arbeitslosen sank in Deutschland nur wenig. Darunter litt die Kaufkraft im Inland, weil den Menschen wenig Geld für Konsum übrig blieb.

Die amerikanische Krise erreicht Deutschland

Die amerikanischen Banken forderten in der Zeit der Not eine kurzfristige Rückzahlung ihrer an deutsche Unternehmen und Institutionen gewährten Kredite. Damit gerieten auch weite Teile der deutschen Wirtschaft in eine tiefe Krise: Viele Absatzmärkte brachen weg, die Produktion wurde eingeschränkt, weitere Kredite zur Abzahlung der Schulden mussten aufgenommen werden. Massenentlassungen waren die erste Folge der Krise in Deutschland. 1932 betrug die Zahl der Arbeitslosen an die fünf Millionen Menschen. Deren Ersparnisse waren rasch verbraucht, und bald wussten Hunderttausende nicht mehr, wie sie ihre Miete bezahlen oder Lebensmittel für den Tag kaufen sollten. Viele hungerten, saßen buchstäblich „auf der Straße“ und hofften auf die öffentliche Fürsorge. Wem es gelang, unter Hunderten von Bewerbern eine freie Arbeitsstelle zu ergattern, der arbeitete für sehr wenig Geld. Die Unterstützung durch die Arbeitslosenversicherung war gering, und nur wenige erhielten sie.

Hart betroffen war auch der gewerbliche Mittelstand, vor allem Ladenbesitzer, Möbelhändler, Bauunternehmer und Landwirte wurden ihre Erzeugnisse kaum noch los, verkauften diese unter Wert und konnten die Produktionskosten nicht mehr decken. In der Landwirtschaft kam es zwischen 1930 und 1932 zur Versteigerung von 4700 Betrieben.

Bankzusammenbrüche vernichteten die Spareinlagen der Privatkunden und das Kapital der Gewerbebetriebe – eine staatliche Sicherung der Einlagen gab es nicht.

M 1

„Erst Essen – dann Miete“. Aufschrift in einem Hinterhof in Berlin. Aus den Fenstern hängen Fahnen der NSDAP und der KPD. Foto, 1932

M 2

Welthandel 1930 bis 1932 (in Mrd. Reichsmark)

	Einfuhr		Ausfuhr	
	1930	**1932**	**1930**	**1932**
Deutsches Reich	10,4	4,7	12,0	5,7
Frankreich	8,6	4,9	7,0	3,3
Großbritannien	21,3	10,4	11,6	5,4
USA	12,8	5,6	16,1	6,8
Welthandel insg.	120,0	57,8	108,7	52,0

Zusammengestellt nach Statistisches Jahrbuch für das Deutsche Reich, Bd. 52, 1933, S. 107ff.

M 3

Arbeitslosigkeit in Deutschland 1923 bis 1933 (in 1000)

1923	818	**1929**	1899
1924	927	**1930**	3076
1925	682	**1931**	4520
1926	2025	**1932**	4603
1927	1312	**1933**	4804
1928	1391		

Nach: Dietmar Petzina u. a., Sozialgeschichtliches Arbeitsbuch, München (Beck) 1978, S. 119.

M 4

Arbeitslose in Hamburg, Foto, Januar 1931. In einer billigen Unterkunft schlafen Arbeitslose für wenige Pfennige „an der Leine"; nur auf ein Seil gestützt, um sich wenigstens vor der Witterung zu schützen.

M 5

Ein junger Arbeitsloser erzählt von seiner Arbeitslosigkeit (1932):

Der Hunger ist noch lange nicht das Schlimmste. Aber seine Arbeit verlernen, bummeln müssen und nicht wissen, ob man jemals wieder in seine Arbeit kommt, das macht kaputt. Man ist rumgelaufen nach Arbeit, Tag für Tag. Man ist bekannt bei den einzelnen Fabriken, und wenn man dann immer das eine hört: Nichts zu machen – da wird man abgestumpft.

Ich hasse diesen Staat und habe als Arbeitsloser das Recht und die Pflicht, den deutschen Besitzenden zu hassen.

„Der Tag" vom 22. September 1932.

M 6

Folgen der Arbeitslosigkeit für Kinder (1931):

Die Arbeitslosigkeit der Eltern verursacht bei den Kindern Unterernährung, Häufung von Krankheiten, Gleichgültigkeit gegenüber hygienischen Anforderungen. Die Kinder- und Erkältungskrankheiten häufen sich, da oft der Arzt zu spät oder gar nicht aufgesucht wird, weil für Arztschein und Medizin die notwendigen Gebühren nicht aufzubringen sind oder kein Fahrgeld vorhanden ist. Bei Nachforschungen in den Haushalten hat sich herausgestellt, dass die Ernährung völlig unzureichend ist, Vitamine ganz fehlen, weil die Mittel nicht vorhanden sind.

Zit. nach Deutschland in der Weltwirtschaftskrise in Augenzeugenberichten, hg. von Wilhelm Treue (= Allgemeine Reihe Nr. 1161), München 1976, S. 246ff. © Rauch Verlag, Düsseldorf 1967.

1 Erläutere die Handelsbilanz des Deutschen Reichs und vergleiche die Zahlen mit denen von Frankreich, Großbritannien und den USA (M2).
Tipp: In welchem Verhältnis stehen Einfuhren zu Ausfuhren?

2 Analysiere die Zahlen in M3 und stelle einen Bezug zu M1 her.

3 **Wähle eine Aufgabe aus:**

a) Fasse die Inhalte von M4–M6 zusammen und überprüfe die Aussage anhand des Darstellungstextes und M1.

b) **Partnerarbeit:** Erörtert die Folgen von Arbeitslosigkeit für den Einzelnen, den Staat und die Gesellschaft. Nutzt dazu M1, M4–M6 und den Darstellungstext.

Politische Instabilität als Folge der Wirtschaftskrise

Auch nach dem Krisenjahr 1923 herrschte nur relative politische Stabilität in der Weimarer Republik. Achtmal wurde in 14 Jahren das Parlament neu gewählt. Die direkte Bedrohung der Demokratie durch Gewalt von rechts und links nahm allerdings ab. Nach 1929 folgte der Wirtschaftskrise eine politische Krise, die zum Ende der Demokratie führte. Wie dies geschah, kannst du hier untersuchen.

Das Scheitern der Großen Koalition

Die Kassen der Sozialversicherungen waren angesichts der explodierenden Arbeitslosenzahlen rasch leer. Wie sollte den Arbeitslosen weiter geholfen werden? Der Sozialdemokrat Hermann Müller leitete eine Koalitionsregierung aus SPD, Zentrum, Bayerischer Volkspartei, DDP und DVP. In dieser Koalition entbrannte ein Streit darum, ob die Beiträge zur Arbeitslosenversicherung erhöht und ein Zuschuss aus Steuermitteln geleistet werden sollte. Dieser eher unbedeutende Streit führte zum Bruch der Koalition. Am 27. März 1930 trat die Regierung zurück.

Der Weg in den autoritären Staat

Gewinner der Reichstagswahlen vom September 1930 waren die extremistischen Kräfte. Sie verhinderten demokratische Mehrheiten im Reichstag. Die folgenden Regierungen waren deshalb von der Unterstützung des Reichspräsidenten Hindenburg abhängig. Er berief sich auf Artikel 48 der Verfassung, wonach er mit Notverordnungen ohne die Beteiligung des Parlaments regieren konnte (siehe S. 114/115). Zudem wendete er den Artikel 25 an, der es ihm erlaubte, den Reichstag aufzulösen.

Straßenkämpfe bestimmen die Tagespolitik

Die wirtschaftliche Not belastete die unteren und mittleren Schichten. Insbesondere im Mittelstand förderte die Furcht vor einem gesellschaftlichen Abstieg die Ablehnung der Republik, der man die Verantwortung für die Krise anlastete. Wahlkämpfe in rascher Folge, Parteiaufmärsche und –versammlungen trieben auch die Bürger auf die Straße. Die Kampfverbände der Nationalsozialisten SA* (Sturmabteilung) und SS* (Schutzstaffel) lieferten sich blutige Kämpfe mit dem kommunistischen Rotfrontkämpferbund. Eine Folge der Straßenkämpfe war die weitere Verunsicherung der Bevölkerung und deren schwindendes Vertrauen in die Autorität des Staates. Dies entsprach der Strategie der Radikalen, die sich von einem allgemeinen politischen Chaos Erfolge für die eigenen Ziele erhofften.

Warum gewinnt die NSDAP an Stimmen?

Nach dem gescheiterten Hitlerputsch (siehe S. 120/121) verlegten sich die Nationalsozialisten darauf, mit legalen Mitteln die Macht zu erlangen. Dazu schufen sie eine straff organisierte Partei und richteten diese an der Person Hitlers als „Führer" der Partei aus. Durch geschickte Propaganda sollte er der Bevölkerung als Retter Deutschlands erscheinen. In unzähligen Auftritten und unter aggressivem sowie gewalttätigem Schutz von SA und SS nutzte Hitler geschickt Vorurteile und den Ärger der Bevölkerung über die wirtschaftliche Not für die Zwecke der NSDAP. Andererseits ließen die Unterstützung durch Repräsentanten der deutschen Wirtschaft Hitler und die NSDAP als seriöse politische Kraft erscheinen.

M1

Karikatur von E. Schilling aus dem „Simplicissimus", 1931. Text darunter: „Notverordnung: Nach den Erfahrungen der letzten Wochen ist verfügt worden, dass jeder Demonstrationszug seinen eigenen Leichenwagen mitzuführen hat."

M 2

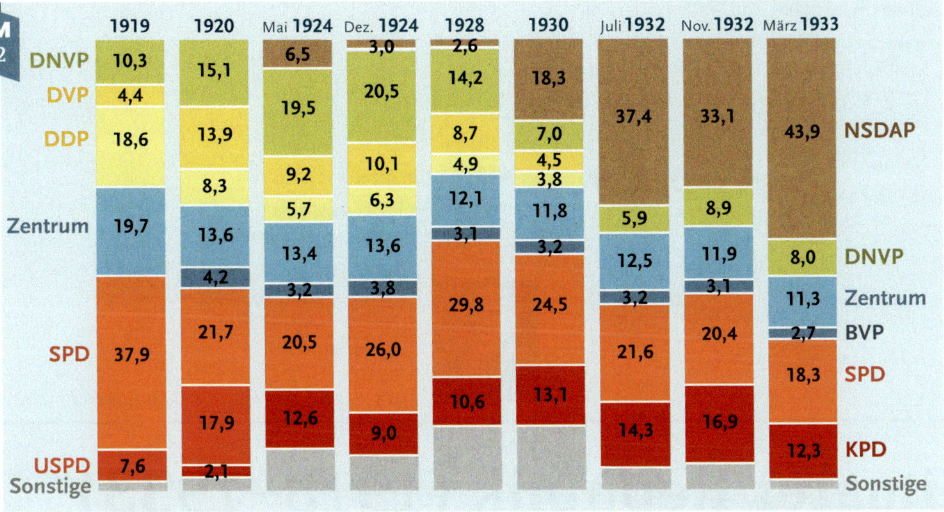

Ergebnisse der Reichstagswahlen 1919 bis 1933

M 3

Politik der Präsidialkabinette

- ***Reichskanzler Heinrich Brüning (Zentrum), April 1930 bis Mai 1932:***

Vom Reichspräsidenten eingesetzte Regierung mit einer Parlamentsmehrheit nur bei Tolerierung durch die SPD. Sparmaßnahmen in den öffentlichen Haushalten, Senkung der Beamtengehälter, Erhöhung von Steuern; Hinnahme einer Verschärfung der Wirtschaftskrise. Sturz durch Hindenburg nach politischen Intrigen von Interessenverbänden.

- ***Reichskanzler Franz von Papen (Zentrum), Juni bis November 1932:***

„Kabinett der Barone" (so genannt wegen zahlreicher adliger Minister); Aufhebung des SA-Verbots; dadurch Zunahme blutiger Straßenkämpfe; 20. Juli 1932 „Preußenschlag": Sturz der von der SPD geführten Koalitionsregierung in Preußen, einer starken Stütze der parlamentarischen Demokratie, durch Verordnung des Reichspräsidenten; Ernennung von Papens zum Reichskommissar für Preußen; Scheitern der Politik mit Notverordnungen; Entlassung Papens durch Hindenburg.

- ***Reichskanzler General Kurt von Schleicher (parteilos), Dezember 1932 bis Januar 1933:***

Ziel: Spaltung der NSDAP und Herstellung einer parlamentarischen Mehrheit durch die bürgerlichen Parteien und die SPD. Rücktritt nach Scheitern der Pläne. Hindenburg ernennt am 30. Januar 1933 Adolf Hitler zum Reichskanzler.

Vom Autor zusammengestellt

1 a) Arbeite die Faktoren heraus, die das Ende der Weimarer Republik begründeten (Darstellungstext).

b) Partnerarbeit: Sucht nach weiteren Gründen für das Scheitern der Republik. Schaut euch dazu noch einmal S. 116/117 sowie S. 120/121 an.

2 a) Erläutere, wie durch die Anwendung von Art. 25 und 48 einer autoritären Führung der Weg bereitet wurde (M3 und Darstellungstext).

b) Stelle die Maßnahmen der Präsidialkabinette (M3) den Forderungen der Bevölkerung (S. 134, M1) gegenüber und beurteile, in welchem Maße sie der wirtschaftlichen und politischen Situation nach 1929 gerecht wurden.

3 Wähle eine Aufgabe aus:

a) Analysiere die Wahlergebnisse zwischen 1930 und 1933 (M2).

b) Spekuliere: Was wäre geschehen, wenn die Große Koalition nicht an der Frage der Finanzmittel für die Arbeitslosen gescheitert wäre und noch weitere zwei Jahre (bis Ende 1932) regiert hätte (M3)?

4 a) Diskutiert mit Blick auf M1, M2 und den Darstellungstext gemeinsame Anliegen und Unterschiede des politischen Extremismus von rechts und von links.

b) Nimm begründet Stellung: Welchen Anteil hatten die Krise der politischen Führung und die Radikalisierung am Scheitern der Weimarer Republik?

Tipp: Welchem Faktor misst du mehr Gewicht zu?

Webcode: FG640249-137
Aufstieg der Nationalsozialisten

1920

November 1918 Ausrufung der Republik und Waffenstillstand

1919 Wahlen zur Nationalversammlung;
Friedrich Ebert (SPD) wird Reichspräsident;
Versailler Vertrag;
Weimarer Reichsverfassung

1920–1923 Terror und Attentate von links und von rechts

1922 Vertrag von Rapallo zwischen dem Deutschen Reich und der Sowjetunion

1923 Inflation;
Besetzung des Ruhrgebietes;
Währungsreform;
Hitlerputsch

1923–1929 Gustav Stresemann Außenminister

Die Weimarer Republik (1918–1933)

Von der Monarchie zur Demokratie 1918/19

Die US-Regierung unter Präsident Wilson wollte nur mit einer demokratisch legitimierten deutschen Regierung Waffenstillstandsverhandlungen führen. Daher kam es im Oktober 1918 zu einer Verfassungsänderung: Der neue Reichskanzler Max von Baden war nun dem Reichstag und nicht mehr dem Kaiser gegenüber verantwortlich; aus der konstitutionellen Monarchie wurde eine parlamentarische.

Als Soldaten der Kriegsmarine Befehl zu weiteren Kampfhandlungen erhielten, protestierten die Matrosen. Dem Protest schlossen sich in vielen deutschen Städten Soldaten und Arbeiter an, so auch in Berlin. Sie forderten die Abdankung des Kaisers und das Ende des Krieges. Am 9. November 1918, dem Tag der „Novemberrevolution", wurde in Berlin zweimal die Republik ausgerufen. Der Sozialdemokrat Philipp Scheidemann (SPD) rief die „deutsche Republik" aus, zwei Stunden später verkündete Karl Liebknecht (Spartakusbund, später KPD) die „freie sozialistische Republik". Kaiser Wilhelm II. floh in die Niederlande.

Verfassung und Versailler Friedensvertrag 1919

Seit dem 9. November 1918 stellte die SPD mit Friedrich Ebert den Reichskanzler einer aus SPD und USPD gebildeten Übergangsregierung, dem „Rat der Volksbeauftragten". Ihm gelang die Eindämmung radikaler und gewaltbereiter Kräfte von rechts wie von links mithilfe von regulären Truppenteilen und Freikorpsmitgliedern. Die Wahlen zur Verfasssunggebenden Nationalversammlung – mit hoher Wahlbeteiligung von über 80 % und erstmals unter der Beteiligung von Frauen – bestätigten die Mehrheit der politisch gemäßigten Parteien. Es entstand die „Weimarer Koalition" von SPD, DDP und Zentrum. Da in Berlin bürgerkriegsähnliche Unruhen herrschten, zog sich die Versammlung nach Weimar zurück. Die neue Verfassung, die Deutschland zu einer parlamentarischen Republik machte, trat am 14. August 1919 in Kraft. Um den Wählerwillen möglichst genau abzudecken, gab es keine Sperrklausel für kleine Parteien. Der Reichspräsident als höchster Vertreter der Exekutive erhielt eine herausragende Stellung („Ersatzkaiser"). Er wurde direkt vom Volk gewählt, konnte die Reichsregierung ernennen und entlassen sowie den Reichstag auflösen. Bei ihm lag der Oberbefehl über die Reichswehr.

Der Versailler Vertrag vom 28. Juni 1919 wurde in Deutschland als „Diktatfrieden" der Kriegsgegner empfunden und mit Empörung aufgenommen. Fälschlicherweise machten viele Deutsche die Politiker der jungen Demokratie für die harten Friedensbedingungen verantwortlich und beschimpften diese als „Erfüllungspolitiker" und „Novemberverbrecher". Der Vertrag wies Deutschland die alleinige Schuld am Ersten Weltkrieg zu und sah Gebietsabtretungen im Osten und Westen, die Entmilitarisierung des Rheinlandes, die Reduzierung des Heeres sowie Reparationszahlungen vor.

Krisenjahre 1920–1923

In jenen Jahren belasteten politische und wirtschaftliche Krisen die Weimarer Demokratie. Es kam zu zahlreichen Attentaten und Putschversuchen von rechts- wie auch von linksextremen Kreisen. Der Kapp-Lüttwitz-Putsch vom März 1920 scheiterte am Generalstreik und am passiven Verhalten der Ministerialbürokratie.

Das Jahr 1923 wurde zum Krisenjahr der Republik: Im Januar 1923 besetzten französische und belgische Truppen wegen ausstehender Reparationszahlungen das Ruhrgebiet. Daraufhin trat die Arbeiterschaft dieser

1925 | 1930

1925 Vertrag von Locarno zwischen dem Deutschen Reich und Frankreich
Paul von Hindenburg wird Reichspräsident

1926 Aufnahme Deutschlands in den Völkerbund

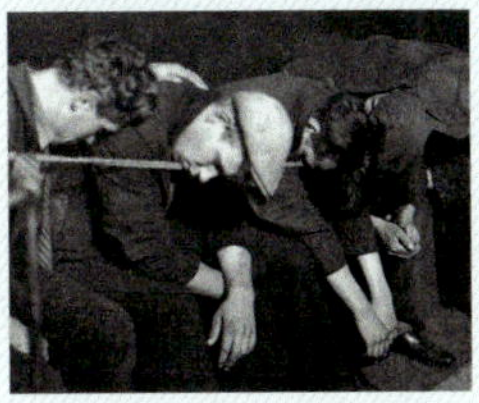

1929 Weltwirtschaftskrise und Youngplan

1930 zunehmende Radikalisierung im Wählerverhalten: Aufstieg der NSDAP zur stärksten Kraft im Parlament

1930–1933 Präsidialkabinette

Region in einen staatlich finanzierten Generalstreik. Dieser verschlimmerte die hohe Staatsverschuldung. Die Inflation führte zum völligen Verfall der Währung und verschärfte die soziale Krise. In München misslang im November 1923 ein Putsch rechtsradikaler Kräfte um Adolf Hitler. Auch die Autonomiebewegungen im Rheinland und der Pfalz scheiterten.

Jahre der Stabilisierung 1926–1929

Außenminister Gustav Stresemann (DVP), der sich von einem Anhänger der Monarchie zu einem „Vernunftrepublikaner" gewandelt hatte, gelang der Abschluss einiger bedeutender Verträge:

- Vertrag von Rapallo (1922)
- Dawesplan (1924)
- Konferenz von Locarno (1925)
- Aufnahme Deutschlands in den Völkerbund (1926)
- Neuregelung der Reparationszahlungen (Youngplan) 1929

Mit der Anerkennung der deutschen Westgrenzen gegenüber Frankreich und Belgien erreichte Deutschland im Vertrag von Locarno 1925 den Abzug der französischen Truppen aus dem Ruhrgebiet. Die Anerkennung der Grenzen im Osten ließ Stresemann offen. Dies bedeutete für die Republik Polen außenpolitische Unsicherheit, da sie ihre Forderungen nach gesicherten Grenzen nicht durchsetzen konnte.

Die Währung konnte Stresemann durch Einführung einer von Immobilien gedeckten Rentenmark sanieren und so die Kreditwürdigkeit Deutschlands wiederherstellen. Nach 1924 flossen amerikanische Kredite in beträchtlicher Höhe nach Deutschland (Dawesplan), die die inländische Wirtschaft stärkten.

Wandel in der Gesellschaft

Die Gesellschaft der 1920er Jahre befand sich im Spannungsfeld von Tradition und Moderne. Das wurde erkennbar vor allem an der neuen Rolle der Frau, an den bedeutenden sozialpolitischen Reformen und an Neuerungen in der Architektur, Kunst und Literatur. Wissenschaft und Technik wandelten sich rasch und bahnten modernen Produktionsstrukturen und Produkten den Weg. Film und Rundfunk wurden populär, die Massen drängten in Kinos, Varietés, Sportveranstaltungen und Kabaretts, in denen leichte Unterhaltung für breite Bevölkerungsschichten geboten und die Elitekultur des Kaiserreichs (Oper, Theater) in den Hintergrund gedrängt wurde.

Weltwirtschaftskrise und Scheitern der Weimarer Demokratie 1929–1933

Zwar erholte sich Deutschland ab 1924 wirtschaftlich, aber die Arbeitslosigkeit blieb hoch. Im Jahre 1925 wurde mit Paul von Hindenburg der oberste Militär Deutschlands im Ersten Weltkrieg aus der Führungsschicht des Kaiserreichs zum Reichspräsidenten der Weimarer Demokratie gewählt. Die Weltwirtschaftskrise ab 1929 offenbarte schlagartig die Schwäche der Weimarer Demokratie. Über zwei Jahre hinweg regierten Präsidialkabinette unter wechselnden Kanzlern, gestützt auf die Macht des Reichspräsidenten. Die parlamentarische Verfassung war damit in wichtigen Teilen außer Kraft gesetzt. Gewaltanwendung auf der Straße galt zunehmend als Mittel zur Lösung der Probleme. KPD und NSDAP erhielten starken Zulauf, die Koalition der demokratischen Parteien zerbrach 1930. Die Wahlergebnisse von 1930 und 1932 offenbarten eine zunehmende Radikalisierung im Wählerverhalten, sodass die NSDAP die stärkste Kraft im Parlament wurde und den Anspruch auf die Kanzlerschaft erhob.

In diesem Kapitel konntest du folgende Kompetenzen erwerben:

- Entwicklungen in Politik, Wirtschaft und Gesellschaft der ersten deutschen Republik erkennen, verstehen und verknüpfen
- die Rolle und Bedeutung von politischen Akteuren (Friedrich Ebert, Paul von Hindenburg, Gustav Stresemann) erkennen und einschätzen
- Faktoren von Stabilisierung (Wirtschaft, Außenpolitik) und Destabilisierung (obrigkeitsstaatliches Denken, Hyperinflation) unterscheiden und in den chronologischen Zusammenhang einordnen
- Wandel von Frauenrollen und Erziehungsmustern der Jugend verstehen und beurteilen
- **Methode:** Propagandaplakate untersuchen

M 1

„Was wir verlieren sollen!" Plakat der DNVP zu den im Versailler Vertrag festgelegten Gebietsabtretungen und Reparationen Deutschlands, Farblithografie, 1919, nach einem Entwurf von Louis Oppenheim

M 2

Franzosen an der Ruhr, Titelblatt der Beilage des „Petit Journal" vom 28. Januar 1923: „Damit Deutschland zahlt ... an den Türen aller öffentlichen Gebäude und Fabriken erinnern die blauen Mäntel unserer Soldaten die vergesslichen Deutschen an die rechtmäßigen Forderungen und den entschlossenen Willen Frankreichs."

M 3 *Der Karikaturist Fritz Behrendt stellte 1970 in einer deutschen Tageszeitung das Ende der Weimarer Republik in dieser Zeichnung dar.*

M 4

Eine Republik ohne Republikaner?

Heinrich August Winkler (geb. 1938) war bis 2007 Professor für Geschichte in Berlin:

Die Demokratie erschien nach 1918 vielen Deutschen, vor allem auf der Rechten, als die Staatsform der Siegermächte. Sie konnte also leicht mit der Niederlage gleichgesetzt und verteufelt werden. Zugleich gab es den Teilhabeanspruch der Massen durch das allgemeine gleiche Wahlrecht. Als dann in der Zeit der Präsidialkabinette zwischen 1930 und 1933 der Reichstag ausgeschaltet wurde, war das ein Trumpf für die antiparlamentarischen Kräfte, allen voran für die Nationalsozialisten, die sich nun als Repräsentanten des entmachteten Volkes aufspielen konnten. Hätte Hitler nicht auf der einen Seite an die Ressentiments [Vorbehalte] gegen die Demokratie und auf der anderen auf den verbrieften Teilhabeanspruch der Massen appellieren können, wäre die NSDAP wohl nicht zur stärksten Partei aufgestiegen.

Heinrich A. Winkler im Interview mit Christian Staat und Volker Ullrich, Das Versagen der Eliten, in: ZEIT Geschichte – 1918. Aufbruch in die Weimarer Republik, Hamburg (Zeitverlag Gerd Bucerius) 2008, S. 38f.

Methodenkompetenz

1 Analysiere das zeitgenössische Plakat (M1). Nimm die Arbeitsschritte auf S. 127 zu Hilfe.

2 Vergleiche das Titelblatt der französischen Zeitschrift (M2) mit der deutschen Postkarte auf S. 119, M2.

3 Deute die Karikatur (M3) und überprüfe den Realitätsgehalt der Aussage mit Blick auf die Ereignisse der Jahre 1930 bis 1932.

Fach- und Kommunikationskompetenz

4 Benenne Bereiche, in denen die Weimarer Republik sehr modern war. Lies dazu im Kapitel auf S. 128/129 nach.

5 **Vorschlag für eine Gruppenarbeit:**

a) Sammelt in kleinen Gruppen die Ursachen für das Ende der Weimarer Republik.

b) Erläutert die Ursachen für das Ende der Weimarer Republik und entscheidet begründet, welchen Faktoren ihr eine größere Bedeutung einräumt.

6 Erkläre den Begriff „Hyperinflation" und verbinde ihn mit der Besetzung des Ruhrgebietes (M2). Lies nach auf S. 118/119.

7 Fasse die Aussage von Heinrich August Winkler zusammen (M4). Diskutiere die These, dass ein Widerspruch innerhalb des demokratischen Systems der NSDAP zur Macht verhalf.

Urteilskompetenz

8 Einige Historiker gehen von der Vorstellung aus, dass Menschen „Geschichte machen". Erläutere diese Sichtweise am Beispiel dreier verantwortlicher Politiker der Weimarer Republik.

9 Nimm begründet Stellung: Spielt die erste deutsche Republik für die Emanzipation der Frauen eine entscheidende Rolle (siehe S. 130/131)?

5 Eine Ideologie setzt sich durch: Der Nationalsozialismus

Feststimmung: Über 700 000 Menschen sind gekommen. Sie haben seit Stunden auf den „Führer" Adolf Hitler gewartet. Er wird das Reichserntedankfest auf dem Bückeberg als Bühne zur Verbreitung seiner politischen Ideen nutzen. NS-Verbände geben ihm Geleit. An die 3000 geladene Gäste aus Politik und Wirtschaft sind ebenfalls gekommen.
Im Jahr zuvor war Hitler am 30. Januar 1933 zum Reichskanzler ernannt worden. Die Nationalsozialisten hatten die erste deutsche Demokratie innerhalb weniger Monate radikal beseitigt. Deutschland hatte sich grundlegend gewandelt: Es galt das Wort des „Führers".

Tauscht euch darüber aus, welche Wirkung das Foto auf euch hat. Sammelt Fragen, die das Foto für euch aufwirft, und besprecht sie in der Klasse.

Reichserntedankfest auf dem Bückeberg in der Nähe von Hameln im heutigen Niedersachsen, September 1934. Es handelt sich bei dem Foto um eine beabsichtigte und gezielt erstellte Aufnahme von Heinrich Hoffmann, Hitlers „Privatfotografen".

1933

1930–1933 Präsidialkabinette

- **30. Januar: Hitler wird Reichskanzler; Beginn der NS-Diktatur**
- **1. Februar: Auflösung des Reichtags**
- **27. Februar: Reichstagsbrand**
- **5. März: Neuwahlen zum Reichstag**
- **23. März: „Ermächtigungsgesetz“ – Ausschaltung des Reichstags als Gesetzgeber**

Eine Ideologie setzt sich durch: Der Nationalsozialismus

Als die Nationalsozialisten 1933 in Deutschland an die Regierung kamen, hatten sich im übrigen Europa bereits mehrere Demokratien und Monarchien in Diktaturen verwandelt. Vor diesem Hintergrund erschien das Ende der ersten deutschen Demokratie und die folgende Diktatur Hitlers zunächst nicht als etwas Besonderes.

Kein Zeitraum der Geschichte ist in der Wissenschaft so intensiv untersucht und in der Öffentlichkeit diskutiert worden wie die zwölf Jahre der NS-Herrschaft von 1933 bis 1945. Dabei vernachlässigten die Historiker die Gründe für den Beginn und die Festigung der Diktatur, weil man sie nur als Hinführung zum 1939 von Deutschland entfesselten Weltkrieg und dem von Deutschen verantworteten Völkermord betrachtete. In jüngster Zeit werden vor allem der Beginn der Herrschaft Hitlers und der Übergang von der Demokratie zur Diktatur intensiv untersucht; viele neue Bewertungen sind hinzugekommen.

- Wie haben die Zeitgenossen die Entwicklung seit Hitlers Ernennung zum Reichskanzler erlebt und bewertet?
- Mit welchen Mitteln gelang es den Nationalsozialisten, die Demokratie binnen weniger Monate in eine Diktatur zu „verwandeln“?
- Welche Weltanschauung vertraten die Nationalsozialisten?
- In welchem Maße konnte sich das NS-Regime auf Zustimmung der deutschen Bevölkerung stützen? Gab es anfangs schon Widerstand?

Antworten darauf findest du in diesem Kapitel.

M 1

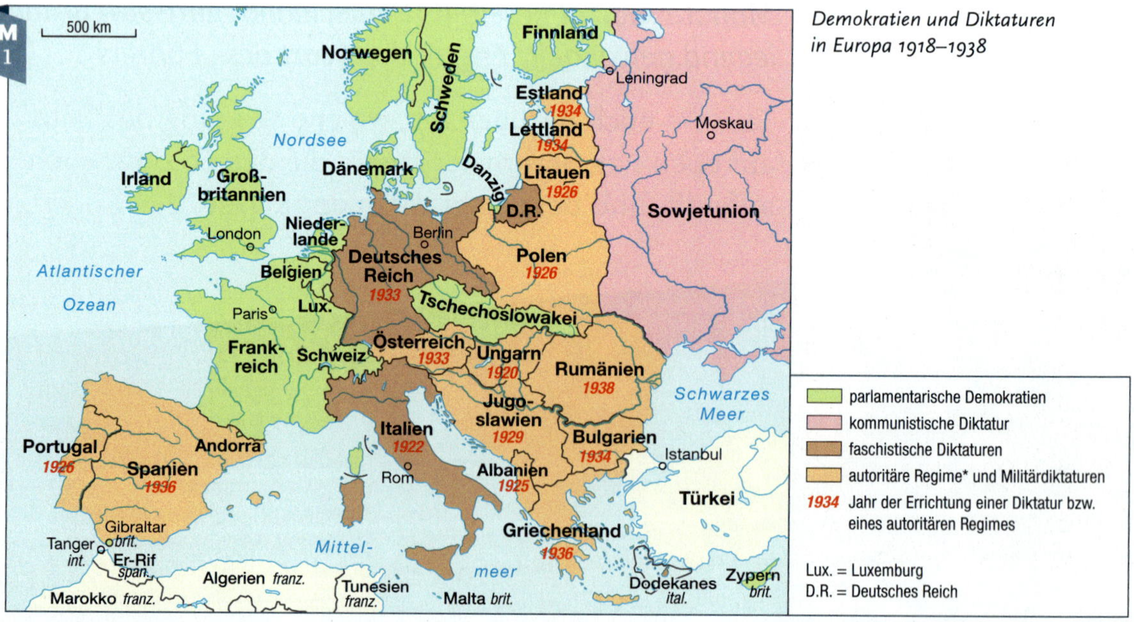

Demokratien und Diktaturen in Europa 1918–1938

1934

2. Mai: Zerschlagung der Gewerkschaften

Juni–Juli: Verbot der SPD und Auflösung der anderen Parteien

2. August 1934: Tod Hindenburgs; Hitler wird „Führer und Reichskanzler"

M 2 *Für einen NS-Film nachgestellte Szene des Fackelzugs der SA durch das Brandenburger Tor, mit dem die Nationalsozialisten am 30. 01. 1933 die Machtübernahme feierten, Berlin, Foto 1933*

M 3

Aus dem Gesetz über den „Neuaufbau des Reichs" vom 30. Januar 1934:

Der Reichstag[1] hat ... einstimmig das folgende Gesetz beschlossen ...

Artikel 1 Die Volksvertretungen der Länder werden aufgehoben.

Artikel 2 (1) Die Hoheitsrechte der Länder gehen auf das Reich über. (2) Die Länderregierungen unterstehen der Reichsregierung.

Artikel 3 Die Reichsstatthalter unterstehen der Dienstaufsicht des Reichsministers des Innern.

Artikel 4 Die Reichsregierung kann neues Verfassungsrecht setzen.

Artikel 6 Dieses Gesetz tritt mit dem Tage der Verkündigung in Kraft.

Zit. nach Reinhard Kühnl (Hg.), Der deutsche Faschismus in Quellen und Dokumenten, 7. durchgesehene und erw. Aufl., Köln (PapyRossa Verlag) 2000, S. 219f.

[1] *Der Reichstag bestand nur noch aus Abgeordneten der NSDAP, die durch eine „Einheitsliste" (= Liste des „Führers") in einer Volksabstimmung am 12. November 1933 „gewählt" wurden.*

1 Beschreibe mithilfe von M1 die politische Entwicklung in Europa zwischen 1918 und 1938.

2 Untersuche M2–M4. Formuliere Vermutungen und Fragen zur Errichtung der NS-Diktatur. Beziehe die Zeitleiste mit ein. Vergleicht eure Ergebnisse.

M 4 *Verhaftung von Kommunisten durch die Kampftruppe der Nationalsozialisten, die SA (= Sturmabteilung), am Tag nach den Reichstagswahlen, Foto, 6. März 1933*

Der 30. Januar 1933: Hitler wird Reichskanzler

Mit dem Tag der Ernennung Adolf Hitlers zum Reichkanzler begann die Herrschaft der Nationalsozialisten.

- ***Welche Umstände haben dazu geführt?***
- ***Wie ist das Ereignis aus der Rückschau zu bewerten?***

Hitler wird an die Macht gebracht

Bei den Parlamentswahlen am 31. Juli 1932 erlangte die NSDAP 37 % der Stimmen und 230 Sitze im Reichstag (siehe S. 137). Angesichts innerer Streitigkeiten über den politischen Kurs und finanziell in der Krise, musste Hitler seinen Anhängern dringend Erfolge vorweisen und strebte nach dem Posten des Reichskanzlers. Die Berater des Reichspräsidenten – darunter Franz von Papen – überzeugten Hindenburg davon, Hitler auf der Grundlage des Artikels 48 der Weimarer Verfassung zum Kanzler zu ernennen, da er ein Drittel der Wählerschaft hinter sich habe. Den Führer der NSDAP sollten Minister aus der Wirtschaft, dem Militär und dem Adel „einrahmen". Damit ließen sich nach ihrer Auffassung Hitlers extreme Ansichten und Pläne unter Kontrolle halten. Die Männer der nationalkonservativen alten Elite glaubten, mit Hitlers Anhang und Hindenburgs Autorität regieren und den Staat in ihrem Sinne umbauen zu können. Der spätere Propagandaminister der Nationalsozialisten, Joseph Goebbels, notierte am 31. Januar 1933 in sein Tagebuch: „Hitler ist Reichskanzler. Wie im Märchen! … Der Alte hat nachgegeben … Jetzt müssen wir ihn ganz gewinnen. Uns allen stehen die Tränen in den Augen."

Reichspräsident Hindenburg löste den Reichstag am 1. Februar auf und setzte Neuwahlen für den 5. März an.

M 1

Aus dem Bericht des Oberstleutnants Duesterberg über die Vorgänge in der Reichskanzlei:

Papen begrüßte … Hitler als neuen Reichskanzler. Hitler dankte und erklärte zur sichtlichen Überraschung …, dass nunmehr das deutsche Volk durch allgemeine Wahlen die vollzogene Kabinettsbildung bestätigen müsse … Hugenberg[1] widersprach in großer Entschiedenheit. Die letzten Novemberwahlen hätten die derzeitigen Parteistärken ergeben, und die heutige Regierungsbildung sei die zwangsläufige demokratische Folge. Neuwahlen wären deshalb nicht nötig. Es entspann sich eine immer heftiger werdende Auseinandersetzung. Hugenberg blieb bei seinem „Nein"… Die Lage stand auf des Messers Schneide … Plötzlich stürzte Meißner [Leiter des Büros des Reichspräsidenten] mit der Uhr in der Hand in den Raum: „Meine Herren, die Vereidigung … war um 11 Uhr angesetzt. Es ist 11.15 Uhr. Sie können den Herrn Reichspräsidenten nicht länger warten lassen." Und nun, von Hitler, Papen, Göring und den anderen bestürmt, gab Hugenberg nach. Hitler hatte gewonnen.

Zit. nach Herbert Michaelis/Ernst Schraepler (Hg.), Ursachen und Folgen. Vom deutschen Zusammenbruch 1918 und 1945 bis zur staatlichen Neuordnung Deutschlands in der Gegenwart, Bd. 8: Die Weimarer Republik. Das Ende des parlamentarischen Systems, Berlin (Dokumentenverlag H. Wendler), S. 761f.

[1] *Alfred Hugenberg (1865–1951) besaß den größten Medienkonzern der Weimarer Republik und war Abgeordneter der DNVP. Etwa die Hälfte aller deutschen Tageszeitungen erschienen in seinem Konzern und unterstanden daher dem politischen Einfluss rechtskonservativer Kräfte.*

M 2

Mit einem Fackelzug feierten die Nationalsozialisten die Ernennung Hitlers zum Reichskanzler. Die Vorbeimarschierenden als auch die Zuschauer blicken zu Hitler, der am Balkon der Reichskanzlei steht. Foto, 30. Januar 1933

M 3

Aus einem Artikel der konservativen „Deutschen Allgemeinen Zeitung" (DAZ), die der Großindustrie nahestand, 30. Januar 1933:

Eine gewagte Entscheidung ist es, ... und kein verantwortungsbewusster Politiker wird zum Jubel geneigt sein ... Die Zusammenarbeit mit den Nationalsozialisten wird voraussichtlich schwierig, und das vielleicht recht lange dauernde Regierungsexperiment wird manche Erschütterung mit sich bringen. Einmal musste aber dieser Sprung ins Dunkle gewagt werden, weil das deutsche Volk in den Wahlen die Hitlerregierung zum bei Weitem stärksten Faktor des politischen Lebens gemacht hatte ...

Obwohl in der „Deutschen Allgemeinen Zeitung" seit Jahren dieser Versuch mit allen Bedenken, die er hat, empfohlen wurde, können wir uns unmöglich in einen Rausch der Begeisterung versetzen. Aber wir halten die Ernennung Hitlers unter den gegebenen Umständen für richtig. Der nationalsozialistische Führer wird uns nun zu zeigen haben, ob er das Zeug zum Staatsmann besitzt.

Zit. nach Wieland Eschenhagen (Hg.), Die Machtergreifung. Tagebuch einer Wende nach Presseberichten vom 1. Januar bis 6. März 1933, Darmstadt/Neuwied (Luchterhand) 1982, S. 96.

M 4

Der Historiker Eberhard Kolb über die Ernennung Hitlers zum Reichskanzler (1984):

Mit dem Übergang zum Präsidialsystem wurde eine Abwendung von der parlamentarischen Regierungsweise vollzogen und die Position der republiktreuen und staatsbejahenden Kräfte empfindlich geschwächt ... Die NSDAP war nur siegreich, weil die alten Eliten in Großlandwirtschaft und Industrie, Militäraristokratie und Großbürgertum zur autoritären Abkehr von Weimar entschlossen waren und glaubten, die nationalsozialistische Bewegung für sich benutzen zu können. Zwar erstrebten sie nicht eine totalitäre Diktatur, wie sie seit dem 30. Januar 1933 Wirklichkeit wurde, aber im Kampf gegen Demokratie, Parlamentarismus und organisierte Arbeiterschaft war die NSDAP ein akzeptabler Bundesgenosse. Nicht der Arbeiterschaft ... und der schrumpfenden Gruppe der republiktreuen bürgerlichen Demokraten ist der Untergang der Republik anzulasten, sondern den nationalistischen und autoritären Gegnern der Weimarer Demokratie, die den Staat von Weimar in einer groß angelegten Offensive zertrümmerten.

Eberhard Kolb, Die Weimarer Republik, 7. Aufl., München (Oldenbourg) 2009, S. 152f.

M 5

Hitler umringt von Kabinettsmitgliedern, Foto, 30. Januar 1933. Sitzend v. l.: Hermann Göring (Minister ohne Geschäftsbereich, Reichskommissar für den Luftverkehr), Adolf Hitler (Reichskanzler), Franz von Papen (Vizekanzler und Reichskommissar für das Land Preußen); zwischen Göring und Hitler stehend: Wilhelm Frick (Reichsminister des Innern); rechts hinter von Papen stehend: Alfred Hugenberg (Reichsminister für Wirtschaft, Landwirtschaft und Ernährung)

1 Analysiere mithilfe von M1, M5 und dem Darstellungstext die Situation der NSDAP und die Rolle Hitlers bis zu seiner Ernennung am 30. Januar 1933.

2 Der Satz „Wir haben ihn uns engagiert" stammt von Franz von Papen. Überlege, was von Papen damit gemeint haben könnte, und vergleiche mit der Einschätzung von Joseph Goebbels (Darstellungstext).

3 Beschreibe anhand von M2 und M3 die Reaktionen auf die Ernennung Hitlers.

4 Untersuche anhand von M4, wen der Historiker Kolb für den Untergang der Weimarer Republik verantwortlich macht. Lies nach auf S. 136/137.

Webcode: FG640249-147
„Machtergreifung"

Lebenserinnerungen auswerten

Schriftliche Erinnerungen von Zeitzeugen sind eine wichtige Quelle, um vergangene Ereignisse aus verschiedenen Perspektiven rekonstruieren zu können. Wie erlebten diese Personen z. B. die Ernennung Hitlers zum Reichskanzler? Worauf muss man achten, wenn man diese Aufzeichnungen als Quellen nutzt? Auf den folgenden Seiten erhältst du eine Anleitung, wie man Lebenserinnerungen auswertet.

M 1

„Es ging um Leben und Tod“

Melita Maschmann schrieb in ihrer 1963 veröffentlichten Autobiografie „Fazit. Mein Weg in der Hitler-Jugend“ über den 30. Januar 1933:

30. Januar 1933! Wir haben diesen Tag beide in Berlin erlebt, aber damals kannten wir uns noch nicht. Erst an Ostern kamst du in meine Klasse. Welche Erinnerungen du mit dem „Tag der Machtergreifung“ verbinden magst, weiß ich nicht. Sie werden von einer dunkleren Stimmung getönt sein als die meinen, ... ich war damals gerade eben fünfzehn Jahre alt geworden ...

Am Abend des 30. Januar nahmen meine Eltern uns Kinder – meinen Zwillingsbruder und mich – mit in das Stadtzentrum. Dort erlebten wir den Fackelzug, mit dem die Nationalsozialisten ihren Sieg feierten. Etwas Unheimliches ist mir von dieser Nacht her gegenwärtig geblieben.

Das Hämmern der Schritte, die düstere Feierlichkeit roter und schwarzer Fahnen, zuckender Widerschein der Fackeln auf den Gesichtern und Lieder, deren Melodien aufpeitschend und sentimental zugleich klangen.

Stundenlang marschierten die Kolonnen vorüber, unter ihnen immer wieder Gruppen von Jungen und Mädchen, die kaum älter waren als wir. In ihren Gesichtern und in ihrer Haltung lag ein Ernst, der mich beschämte. Was war ich, die ich nur am Straßenrand stehen und zusehen durfte, mit diesem Kältegefühl im Rücken, das von der Reserviertheit der Eltern ausgestrahlt wurde? Kaum mehr als ein zufälliger Zeuge, ein Kind, das noch Jungmädchenbücher zu Weihnachten geschenkt bekam. Und ich brannte darauf, mich in diesen Strom zu werfen, in ihm unterzugehen und mitgetragen zu werden.

Erinnere dich, mit welcher schmerzhaften Heftigkeit auch du damals nach etwas Wesentlichem suchtest. Später suchten wir in unzähligen Gesprächen gemeinsam danach. In diesem Alter findet man sein Leben ... kümmerlich und arm an Bedeutung. Niemand traut einem zu, dass man sich für mehr interessiert als für diese Lächerlichkeiten. Niemand sagt: Du wirst für Wesentlicheres gebraucht, komm! Man zählt noch nicht mit, wenn es um ernste Dinge geht.

Aber die Jungen und Mädchen in den Marschkolonnen zählten mit: Sie trugen Fahnen, wie die Erwachsenen, auf denen die Namen ihrer Toten standen. Irgendwann sprang plötzlich jemand aus der Marschkolonne und schlug auf einen Mann ein, der nur wenige Schritte von uns entfernt gestanden hatte. Vielleicht hatte er eine feindselige Bemerkung gemacht. Ich sah ihn mit blutüberströmtem Gesicht zu Boden fallen und ich hörte ihn schreien. Eilig zogen uns die Eltern aus dem Getümmel, aber sie hatten nicht verhindern können, dass wir den Blutenden sahen. Sein Bild verfolgte mich tagelang. In dem Grauen, das es mir einflößte, war eine winzige Zutat von berauschender Lust. „Für die Fahne wollen wir sterben“, hatten die Fackelträger gesungen. Es ging um Leben und Tod. Nicht um Kleider oder Essen oder Schulaufsätze, sondern um Leben und Tod.

Für wen? Auch für mich? Ich weiß nicht, ob ich mir diese Frage damals gestellt habe, aber ich weiß, dass mich ein brennendes Verlangen erfüllte, zu denen zu gehören, für die es um Leben und Tod ging.

Melita Maschmann, Fazit. Mein Weg in der Hitler-Jugend, 3. Aufl., München (dtv) 1980, S. 7 ff.

Arbeitsschritte „Lebenserinnerungen auswerten“

Formale Aspekte	Lösungshinweise zu M1
1. Über welches Ereignis wird berichtet?	• *Fackelzug in Berlin anlässlich Hitlers Ernennung zum Reichskanzler am 30. Januar 1933*
2. Wer ist die Autorin/der Autor (Familie, Beruf, Biografie)?	• *Melita Maschmann, 1918–2010, bürgerlich-konservatives Elternhaus; seit 1933 Mitglied im BDM (Bund Deutscher Mädel) …*
3. In welchem zeitlichen Abstand zum Ereignis steht der Bericht? Wie alt war die Verfasserin/der Verfasser zum Zeitpunkt des Geschehens?	• … • …
4. In welcher Form hält sie/er die Erinnerungen fest?	• *Sie wählt für ihre Autobiografie die Briefform, wobei sie ihre ehemalige Schulfreundin Marianne Schweitzer anredet, die wegen ihrer jüdischen Abstammung 1939 aus Deutschland emigrierte.*
5. Warum hat sie/er diese aufgeschrieben?	• *Melita Maschmann könnte …* *… sich bei ihrer jüdisch-stämmigen Jugendfreundin für ihre Hinwendung zum Nationalsozialismus und die folgenden Gräueltaten entschuldigen wollen.* *… ihre Verstrickung in das NS-Regime im Nachhinein rechtfertigen wollen.*
Inhalte erschließen	
6. Wie beschreibt die Zeitzeugin/der Zeitzeuge das Ereignis? Distanziert sie/er sich, bekundet sie/er Einverständnis?	• *Obwohl die Zeitzeugin den Zug aus der Beobachterdistanz schildert („Was war ich, die ich nur am Straßenrand stehen und zusehen durfte…“), fühlt sie sich emotional stark angezogen („ein brennendes Verlangen … zu denen zu gehören“) und bewundert die ernsten und erwachsenen Jugendlichen in den Kolonnen („Sie trugen Fahnen, wie die Erwachsenen, auf denen die Namen ihrer Toten standen.“).*
7. Wie versucht sie/er, ihre/seine Sichtweise von damals zu begründen?	• *Sie rechtfertigt sich mit ihrer kindlichen Unerfahrenheit („Was war ich … kaum mehr als ein Kind …“).*
8. Hatte das beschriebene Ereignis Folgen für das Leben der Autorin/des Autors?	• *Sie tritt nach dem 30. Januar dem BDM bei.*
Autobiografische Erinnerungen mit anderen historische Quellen vergleichen	
9. Sind die Aussagen glaubwürdig? Inwiefern lassen sie sich durch andere Quellen stützen oder infrage stellen? Was konnte die Verfasserin/der Verfasser wissen, was nicht?	• *Lies nach auf S. 146/147.*
10. Wie lässt sich die Erzählung abschließend bewerten?	• …
11. Gibt es offene Fragen?	• …

M 2

„Kaum eine Chance, lange zu regieren"

Sebastian Haffner (1907–1999) in seinem 1939 verfassten Manuskript „Geschichte eines Deutschen. Die Erinnerungen 1914–1933":

Hitler wurde Reichskanzler ... Verfassungsrechtlich war der Vorgang weit normaler und unrevolutionärer als das meiste, was sich im Jahr zuvor abgespielt hatte. Und äußerlich verlief der Tag ebenfalls ohne alle revolutionären Merkmale – wenn man nicht einen Fackelzug der Nazis durch die Wilhelmstraße und eine belanglose nächtliche Schießerei in einem Vorort als solche gelten lassen will. Für uns andere bestand das Erlebnis des 30. Januar tatsächlich nur in Zeitungslektüre – und den Empfindungen, die sie auslöste.

Morgens hieß die Überschrift: Hitler zum Reichspräsidenten gerufen – und man empfand einen gewissen hilflosen nervösen Ärger: Hitler war im August und war im November zum Reichspräsidenten gerufen worden und hatte den Vizekanzler- und Kanzlerposten angeboten bekommen; jedes Mal hatte er unmögliche Bedingungen gestellt, und jedes Mal war danach feierlich erklärt worden: Nie wieder ...

Mittags hieß die Überschrift: Hitler verlangt wieder zu viel. Man nickte halb beruhigt. Sehr glaubhaft ...

Gegen 5 Uhr dann waren die Abendzeitungen da: Kabinett der nationalen Konzentration gebildet – Hitler Reichskanzler. Ich weiß nicht genau, wie die allgemeine erste Reaktion war. Die meine war etwa eine Minute lang richtig: Eisiger Schreck. Gewiss, es war „drin" gewesen, schon lange. Man hatte damit rechnen müssen. Dennoch, es war so phantastisch. So unglaubhaft ... Hitler – Reichskanzler ... Einen Augenblick spürte ich fast körperlich den Blut- und Schmutzgeruch um diesen Mann Hitler, und ich empfand etwas wie die zugleich bedrohliche und ekelerregende Annäherung eines mörderischen Tieres, eine schmutzige scharfkrallige Pfote an meinem Gesicht. Dann schüttelte ich das ab, versuchte zu lächeln, versuchte nachzudenken, und fand in der Tat viel Grund zur Beruhigung. Am Abend diskutierte ich die Aussichten der neuen Regierung mit meinem Vater, und wir waren uns einig darüber, dass sie zwar eine Chance hatte, eine ganz hübsche Menge Unheil anzurichten, aber kaum eine Chance, lange zu regieren. Eine schwarz-reaktionäre Regierung im Ganzen, mit Hitler als Mundstück. Bis auf diesen Zusatz unterschied sie sich wenig von den beiden letzten, die [Reichskanzler] Brüning gefolgt waren.

Sebastian Haffner, Geschichte eines Deutschen. Die Erinnerungen 1914–1933, Freiburg (dva) 2000, S. 103ff.

Sebastian Haffner (rechts) wird in Würdigung seines schriftstellerischen Lebenswerkes von dem damaligen Regierenden Bürgermeister Berlins, Eberhard Diepgen, eine Ehrenurkunde verliehen. Foto, 1988

1 Untersuche M1 mithilfe der Arbeitsschritte auf Seite 149. An einigen Stellen sind Teillösungen vorgegeben, an manchen muss du sie noch finden.
Tipp: Erstelle vorab eine Kurzbiografie zu Melita Maschmann.

2 Nutze deine Methodenkenntnis und bearbeite M2.
Tipp: Auch hier lohnt es sich, zuerst eine Biografie über den Verfasser mit den wichtigsten Lebenstationen zu erstellen.

3 Vergleiche die Ergebnisse aus M1 und M2 miteinander: Welche Unterschiede stellst du fest und worauf könnten sich diese zurückführen lassen?

4 Beziehe dein Wissen von den Seiten 146/147 mit ein: Welche neuen Sichtweisen auf den 30. Januar 1933 hast du gewonnen? Welche neuen Fragen oder Vermutungen ergeben sich?

„Machtergreifung“ in Mainz

Nach dem 30. Januar 1933 begannen die Nationalsozialisten auch in den Städten und Gemeinden die Macht an sich zu reißen. Dies gelang nicht überall auf Anhieb.

- ***Untersuche am Beispiel der Stadt Mainz, wie die Machtübernahme ablaufen konnte.***

M 1

Demonstrationen und Krawalle

Am 31. Januar 1933 schrieb die dem katholischen Zentrum nahestehende Tageszeitung „Mainzer Journal“:

Kaum war die Ernennung Hitlers zum Reichskanzler bekannt geworden ... setzte sich vom Halleplatz aus ein Demonstrationszug von über 3000 Personen ... in Bewegung ... Kurz darauf, gegen 8.30 Uhr, setzte sich vom Binger Schlag aus ein Fackelzug der NSDAP in Bewegung. Es handelte sich um ungefähr sechs- bis siebenhundert Fackelträger ... Es kam zu einer Schlägerei und Stecherei, die von der eingreifenden Polizei mit Gummiknüppeln beendet wurde.

Zit. nach Friedrich Schütz/Brigitte Sträßer, Die Machtergreifung der Nationalsozialisten 1933 in Mainz. Quellenband zur Ausstellung der Stadt Mainz, Mainz 1983, M1: S. 138, M2: S. 166, M3: S. 246ff.

M 2

„Strikte Neutralität“

In den Tagen nach dem 5. März wurden von SA-Truppen Hakenkreuzfahnen auf etlichen öffentlichen Gebäuden gehisst, so auch auf dem Stadthaus. In einer Aktennotiz vom 7. März 1933 hieß es:

Am 7. März 1933, 11.55 Uhr, erschien der Führer der SA ... Herr Saurmann im Amtszimmer des Oberbürgermeisters, nachdem zwei SA-Stürme vor dem Stadthaus aufmarschiert waren, und erklärte ... dem Herrn Oberbürgermeister Dr. Ehrhard, dass ... die Kreisleitung den Befehl gegeben habe, auf dem Stadthaus die Hakenkreuzflagge zu hissen ... Dr. Ehrhard erklärte, dass er sich selbstverständlich dem Hissen der Hakenkreuzfahne widersetzen müsse, da diese Fahne eine reine Parteifahne darstelle und die Stadtverwaltung ... ihre strikte Neutralität einhalten werde ... Auf einen Kampf könne er es nicht ankommen lassen, da ihm Machtmittel nicht zur Verfügung stünden ... Sofort nach Beendigung dieses Gesprächs ... wurde die Hakenkreuzfahne gehisst und einer der SA-Führer hielt eine kurze Ansprache an die vor dem Stadthaus aufmarschierten Stürme, welche nach Absingen des Horst-Wessel-Liedes[1] wieder abzogen.

Gez. Fink, Verw.-Inspektor

Quellenangabe siehe M1.

[1] *Parteihymne der NSDAP, die an den 1930 getöteten SA-Kämpfer Horst Wessel erinnert*

M 3

Wahl des Oberbürgermeisters

Das „Mainzer Journal“ berichtete am 3. Januar 1934:

Wahl des neuen Oberbürgermeisters und zweier Beigeordneter: Die Parteigenossen Dr. Barth, Schloimann und Saurmann wurden einstimmig gewählt.

In ungefähr 30 Minuten spielte sich im großen Sitzungssaal des Mainzer Stadthauses diese historische Begebenheit ... ab. Von vornherein war es kein Zweifel, dass für diese verantwortlichen Posten nur Männer in Betracht kamen, die durch ihre bisherige unermüdliche und außerordentliche Tätigkeit ... im Sinne des „Führers“ für das Wohl der Stadt Mainz besorgt waren.

Quellenangabe siehe M1.

1 Rekonstruiere und deute die in M1 und M2 dargestellten Ereignisse. Nenne Parallelen und Unterschiede zu den Ereignissen in Berlin (siehe S. 146/147).

2 Vergleiche M1 und M3. Beide Berichte stammen aus dem „Mainzer Journal“.

3 **Gruppenarbeit:** Formuliert Fragen und Vermutungen zu den Ereignissen in Mainz. Recherchiert und präsentiert die Ergebnisse.

Webcode: FG640249-151
Die „Machtergreifung“ in Mainz

Der „Tag von Potsdam“

Nach den Wahlen vom 5. März inszenierte die Regierung unter Hitler die Reichstagseröffnung am 21. März 1933 als feierliches Großereignis.

- ***Welche Botschaft sollte der Öffentlichkeit übermittelt werden? Arbeite mit Material A, B oder C.***

Aufgabe für alle:
Ihr seid ausländische Diplomaten. Schreibt einen Bericht über den „Tag von Potsdam“ an eure jeweilige Regierung.

Die Vorbereitungen

Da das Reichstagsgebäude durch den Brand Ende Februar 1933 zerstört worden war (siehe S. 154), wurde die Eröffnungszeremonie des neu gewählten Reichtags in die Potsdamer Garnisonkirche verlegt. Dort befanden sich die Gräber der preußischen Könige. Am 21. März 1871 hatte Kaiser Wilhelm I. am gleichen Ort die erste Sitzung des neu gegründeten Reichstags eröffnet. Die Kirche bot Platz für rund 2000 Ehrengäste. Zehntausende Zuschauer versammelten sich auf den im kaiserlichen Schwarz-Weiß-Rot und mit Hakenkreuzfahnen beflaggten Straßen und Plätzen, um den anschließenden Militärparaden zuzujubeln. Der kurz zuvor ernannte Propagandaminister Joseph Goebbels sorgte dafür, dass die Feier zu einem nationalen Ereignis wurde: In Zeitungen und im Radio hatte er zur Beflaggung von Wohnhäusern und zu lokalen Festakten mit Fackelzügen aufgerufen. Per Kamera und Mikrofon wurde die Veranstaltung festgehalten und im Radio übertragen.

A

M1

Protokoll für den Ablauf der Feier:

- Evangelischer Gottesdienst für Hindenburg und die evangelischen Abgeordneten in der Nikolaikirche, katholischer Gottesdienst in der Stadtpfarrkirche
- Stadtrundfahrt Hindenburgs bis zum Schloss Sanssouci und zurück, Ankunft in der Garnisonkirche
- Zusammentreffen in der Garnisonkirche, Hitler führt den Zug der Abgeordneten, Hindenburg schreitet die Ehrenkompanie auf dem Weg in die Kirche ab
- Festakt in der Kirche, Ansprache Hindenburgs, Regierungserklärung Hitlers, Kranzniederlegung auf den Gräbern der Preußenkönige
- Abnahme der Militärparade durch Hindenburg auf einer Tribüne vor der Kirche
- Abfahrt Hitlers und der Abgeordneten nach Berlin, Reichstagssitzung in der Kroll-Oper

Vom Autor zusammengestellt.

M2

Fotopostkarte zum „Tag von Potsdam“, 1933. Unter der Garnisonkirche von links: Adolf Hitler, Friedrich der Große, Paul von Hindenburg

1 Erläutere mithilfe von M1 und dem Darstellungstext, welche Botschaft der „Tag von Potsdam“ transportieren sollte.

2 Überprüfe anhand von M2, inwiefern sich diese Botschaft in der Darstellung wiederfinden lässt.

B

M3 Hindenburg schreitet nach dem Festakt zur Ehrentribüne.

M4 Schutzpolizisten und Angehörige von SA und SS versuchen, die Menschenmassen zurückzuhalten. Foto, 21. März 1933

1 Betrachte die Fotos (M3 und M4). Notiere deine Eindrücke zur Stimmung.

2 Stelle dir vor, du wärst als Zuschauer dabei gewesen. Verfasse einen Brief an eine(n) Verwandte(n), in dem du von den Erlebnissen und deinen Erwartungen berichtest.

C

M5 **Aus der Rundfunkübertragung des Reporters Eberhard Freiherr von Medem (1933):**

(Glockenläuten) ... Deutsche Hörer an allen Stellen des Reiches! Ich stehe jetzt mit Euch zusammen an einem hohen Fenster am Südportal der Garnisonkirche ... (Orgelspiel) Wir treten ein in die Kirche ... Hört, was das neue Deutschland in Ehrfurcht und Selbstbesinnung am Grabe Friedrichs des Großen der Welt zu sagen hat.

Reichspräsident Generalfeldmarschall von Hindenburg: ... Der Ort, an dem wir uns heute versammelt haben, mahnt uns zum Rückblick auf das alte Preußen, das in Gottesfurcht durch pflichttreue Arbeit, nie verzagenden Mut und hingebende Vaterlandsliebe groß geworden ist und auf dieser Grundlage die deutschen Stämme geeint hat. Möge der alte Geist dieser Ruhmesstätte auch das heutige Geschlecht beseelen, möge er ... in nationaler Selbstbestimmung und seelischer Erneuerung zusammenführen zum Segen eines in sich geeinten, freien, stolzen Deutschlands!

Reichskanzler Adolf Hitler: ... Diesem jungen Deutschland haben Sie, Herr Generalfeldmarschall, am 30. Januar 1933 in großherzigem Entschluss die Führung des Reiches anvertraut ... Wir erheben uns vor Ihnen ... Sie erlebten einst des Reiches Werden, sahen vor sich noch des großen Kanzlers [Bismarck] Werk, den wunderbaren Aufstieg unseres Volkes ... Heute lässt Sie die Vorsehung Schirmherr sein über die neue Erhebung unseres Volkes.

Zit. nach Michael Sauer (Hg.), Geschichte lernen, Sammelband Nationalsozialismus, Velber (Friedrich Verlag) 2000, S. 12.

1 **a)** Mache dir Notizen zur Stimmung und zu den inhaltlichen Aussagen der verschiedenen Sprecher (M5).

b) Stell dir vor, eine Familie (Vater, Mutter, Jugendliche/r) verfolgt gemeinsame die Radioübertragung. Entwirf ein anschließendes Gespräch, in dem unterschiedliche Sichtweisen auf das Ereignis deutlich werden.

Das „Ermächtigungsgesetz": Selbstentmachtung des Reichstags?

Am 23. März 1933 erlebte nach den Worten des Historikers Norbert Frei „die deutsche Parlamentsgeschichte ihren schwärzesten Tag". Damals stimmte das Parlament dem „Gesetz zur Behebung der Not von Volk und Reich" oder auch „Ermächtigungsgesetz" zu.

- ***Was ereignete sich an diesem Tage in der Kroll-Oper, die seit dem Reichstagsbrand als Sitzungssaal diente?***
- ***Welche Folgen hatte das Gesetz?***

Von den Notverordnungen zum „Ermächtigungsgesetz"

Seit März 1930 wurde in Deutschland mit Notverordnungen regiert (siehe S. 136/137). Als am 27. Februar 1933 der Reichstag brannte, beschuldigte Hitler zielgerichtet die Kommunisten der Brandstiftung. Bis heute ist die Urheberschaft nicht vollständig aufgeklärt. Mit bereits vorbereiteten Gesetzen gegen einen „kommunistischen Umsturz" sollte Reichspräsident Hindenburg die Politik Hitlers durchsetzen. Die Notverordnung „Zum Schutz von Volk und Staat", („Reichstagsbrandverordnung") hob alle demokratischen Grundrechte auf. Personen konnten nun willkürlich unter dem Vorwurf des „Hochverrats am deutschen Volk" verhaftet und ohne Gerichtsurteil eingesperrt werden. Allein in Preußen wurden bis April 1933 rund 35 000 Gegner, vorrangig Kommunisten, aber auch Sozialdemokraten und Gewerkschafter von den Nationalsozialisten inhaftiert und gefoltert, viele von ihnen ermordet.

Diese Umgehung des Parlaments ging den Nationalsozialisten noch nicht weit genug. Am 23. März legte Hitler den Abgeordneten das „Ermächtigungsgesetz"* zur Abstimmung vor. Zur Verabschiedung des Gesetzes mussten mindestens zwei Drittel der 647 Reichstagsmitglieder anwesend sein. Die 81 KPD-Abgeordneten wie auch 26 Sozialdemokraten waren entweder in „Schutzhaft"* genommen worden oder untergetaucht und daher nicht anwesend. Die Zustimmung des katholischen Zentrums und der ihm nahestehenden Bayerischen Volkspartei (BVP) hatte sich Hitler gesichert. Hitlers Annäherung an die katholische Kirche gab trotz innerer Zerrissenheit der Fraktionen und grundsätzlicher Vorbehalte gegenüber der Hitler-Regierung den entscheidenden Ausschlag. Das Gesetz wurde mit 444 Ja-Stimmen gegen 94 Nein-Stimmen der Sozialdemokraten angenommen. Es trat unverzüglich für die Dauer von vier Jahren in Kraft. Durch Verlängerungen galt es bis zum Ende der NS-Herrschaft.

M 1

Aus dem Gesetz zur Behebung der Not von Volk und Reich („Ermächtigungsgesetz"), 24. März 1933:

Reichsgesetze können außer in dem in der Reichsverfassung vorgesehenen Verfahren auch durch die Reichsregierung beschlossen werden. Dies gilt auch für die in den Artikeln 85 II und 87 der Reichsverfassung bezeichneten Gesetze.

Die von der Reichsregierung beschlossenen Reichsgesetze können von der Reichsverfassung abweichen, soweit sie nicht die Einrichtung des Reichstags und des Reichsrats als solche zum Gegenstand haben. Die Rechte des Reichspräsidenten bleiben unberührt.

Die von der Reichsregierung beschlossenen Reichsgesetze werden vom Reichskanzler ausgefertigt und im Reichsgesetzblatt verkündet ...

Verträge des Reichs mit fremden Staaten, die sich auf Gegenstände der Reichsgesetzgebung beziehen, bedürfen für die Dauer der Geltung dieser Gesetze nicht der Zustimmung der an der Gesetzgebung beteiligten Körperschaften. Die Reichsregierung erlässt die zur Durchführung dieser Verträge erforderlichen Vorschriften.

Dieses Gesetz tritt mit dem Tage seiner Verkündung in Kraft. Es tritt mit dem 1. April 1937 außer Kraft; es tritt ferner außer Kraft, wenn die gegenwärtige Reichsregierung durch eine andere abgelöst wird.

Zit. nach http://www.dhm.de/lemo/html/dokumente/-ermaechtigungsgesetz/index.html (Stand: 30. 06. 2014).

M 2

Der SPD-Abgeordnete Wilhelm Hoegner (1887–1980) berichtet über die Stimmung am 23. März 1933:

Wilde Sprechchöre empfingen und begleiteten uns: „Wir wollen das Ermächtigungsgesetz, sonst gibt es Feuer!“ In der Kroll-Oper wimmelte es von SA und SS ... Der Sitzungssaal war mit riesigen Hakenkreuzfahnen ... ausgeschmückt ... Als wir sie [die Plätze] eingenommen hatten, stellten sich SA- und SS-Leute an den Eingängen und Wänden hinter uns im Halbkreis auf. Ihre Mienen ließen nichts Gutes erwarten.“

Wilhelm Hoegner, Flucht vor Hitler. Erinnerungen an die Kapitulation der ersten deutschen Republik 1933, München (Ullstein) 1977, S. 130.

M 3

SA- und SS-Einheiten vor der Kroll-Oper rücken am Tag der Verabschiedung des „Ermächtigungsgesetzes“ als „Saalschutz“ ein, Foto, 1933.

M 4

Auszug aus der Rede des SPD-Vorsitzenden Otto Wels (1873–1939) in der Reichstagssitzung am 23. März 1933:

Nach den Verfolgungen, die die Sozialdemokratische Partei in der letzten Zeit erfahren hat, wird billigerweise niemand von ihr verlangen oder erwarten können, dass sie für das hier eingebrachte Ermächtigungsgesetz stimmt. Die Wahlen vom 5. März haben den Regierungsparteien die Mehrheit gebracht und damit die Möglichkeit gegeben, streng nach Wortlaut und Sinn der Verfassung zu regieren. Wo diese Möglichkeit besteht, besteht auch die Pflicht ... Noch niemals, seit es einen Deutschen Reichstag gibt, ist die Kontrolle der öffentlichen Angelegenheiten durch die gewählten Vertreter des Volkes in solchem Maße ausgeschaltet worden, wie es jetzt geschieht, und wie es durch das neue Ermächtigungsgesetz noch mehr geschehen soll ... Die Herren von der Nationalsozialistischen Partei nennen die von ihnen entfesselte Bewegung eine nationale Revolution, nicht eine nationalsozialistische. Das Verhältnis ihrer Revolution zum Sozialismus beschränkt sich bisher auf den Versuch, die sozialdemokratische Bewegung zu vernichten ... Zerstörung von Bestehendem ist aber noch keine Revolution. Das Volk erwartet positive Leistungen ... Wir deutschen Sozialdemokraten bekennen uns in dieser geschichtlichen Stunde feierlich zu den Grundsätzen der Menschlichkeit und der Gerechtigkeit, der Freiheit und des Sozialismus ... Wir grüßen die Verfolgten und Bedrängten. Wir grüßen unsere Freunde im Reich. Ihre Standhaftigkeit und Treue verdienen Bewunderung. Ihr Bekennermut, ihre ungebrochene Zuversicht verbürgen eine hellere Zukunft.

Zit. nach Herbert Michaelis/Ernst Schraepler, Ursachen und Folgen. Vom deutschen Zusammenbruch 1918–1945 bis zur staatlichen Neuordnung Deutschlands in der Gegenwart, Bd. 9, Berlin (Dokumentenverlag Wendler) 1964, S. 147f.

1 Hitlers Regierung setzte die Politik der Notverordnungen fort. Belege mithilfe des Darstellungstextes, wie sich die Aufhebung von Grundrechten auswirkte.

2 Arbeite aus M1 heraus, welche Folgen das Gesetz für die Parteien des Reichstags hatte und welche Möglichkeiten es der Regierung Hitler eröffnete.

3 Überprüfe mithilfe des Grundgesetzes der Bundesrepublik, ob heute ein ähnliches Gesetz möglich wäre.

4 Analysiere die Rede von Otto Wels (M4).

5 Allein die Sozialdemokraten widersetzten sich und stimmten unter Bedrohung gegen das Gesetz (M2, M3). Verfasse eine Rede, in der du diese Leistung aus heutiger Sicht würdigst.

Webcode: FG640249-155
Film: 1933 – Der Weg in die Diktatur

Das Konzentrationslager Osthofen: Ort des Terrors und der Erinnerung

Der Begriff „Konzentrationslager“ (KZ) wird vorrangig mit dem Ort Auschwitz und dem Holocaust, der systematischen Ermordung der Juden seit 1941, verbunden. Jedoch wurden bereits unmittelbar nach dem 30. Januar 1933 Konzentrationslager im gesamten Reichsgebiet eingerichtet. Osthofen bei Worms gehört zu diesen „frühen“ Konzentrationslagern.

- ***Welche Funktion hatte solch ein Lager für die Nationalsozialisten?***
- ***Wer war dort unter welchen Bedingungen inhaftiert?***

Von der Papierfabrik zum Konzentrationslager

Bereits am 6. März 1933 wurden Mitglieder der Osthofener SPD vorübergehend in der stillgelegten und von den Nationalsozialisten beschlagnahmten Papierfabrik eingesperrt. Als Lagerleiter fungierte der aus Osthofen stammende Druckereibesitzer und SS-Obersturmbannführer Karl d'Angelo. Bis zur Auflösung des Lagers im Juni 1934 waren mindestens 3000 Menschen zwischen einer Woche und einem Jahr dort inhaftiert. Der größte Teil der Häftlinge gehörte oppositionellen Parteien (KPD, SPD) an oder war durch „regimekritisches Verhalten“ aufgefallen. Die Haftgründe reichten dabei von dem Vorwurf der „heimlichen politischen Betätigung“ über die „Beleidigung des Reichskanzlers“ bis „zur eigenen Sicherheit“ („Schutzhaft“). Ab August 1933 waren auch Juden unter den Häftlingen. Neben der ehemaligen Papierfabrik gab es für den „verschärften Arrest“ das Lager II in der nahegelegenen Holzmühle. Von den bis zur Auflösung in Osthofen verbliebenen 84 Häftlingen wurden 71 entlassen und 13 in andere Gefängnisse oder Lager verlegt. Nach bisherigem Forschungsstand kam es im KZ Osthofen zu keinen Todesfällen.

M 1

Verordnung zur Schaffung eines Konzentrationslagers in Osthofen (1933):

Zur Durchführung der aus politischen Gründen gemäß § 1 der Verordnung des Reichspräsidenten „Zum Schutze von Volk und Staat“ vom 28. Februar 1933 zu verhängenden Polizeihaft wird angeordnet:

1. Für das Land Hessen wird ein Konzentrationslager eingerichtet, in dem alle aus politischen Gründen in Polizeihaft genommenen Personen unterzubringen sind, deren Haft bereits länger als eine Woche dauert oder über eine Woche ausgedehnt werden soll ...
2. Das Hessische Konzentrationslager wird eingerichtet auf dem Gelände der Papierfabrik in Osthofen, Kreis Worms.
3. Die Verwaltung ... wird dem Polizeiamt Worms übertragen.
4. Zum ehrenamtlichen Leiter ... wird der SS-Sturmbannführer Karl d'Angelo in Osthofen bestimmt. Er untersteht der Dienstaufsicht des Polizeiamts Worms. Der Lagerdienst wird durch Hilfspolizeibeamte ausgeübt.

Zit. nach Verfolgung und Widerstand in Rheinland-Pfalz 1933–1945, Ausstellungskatalog, hg. von der Landeszentrale für politische Bildung, Mainz 2008, S. 24f.

M 2 *Eingang KZ Osthofen, Foto, April 1933*

M 3

Ehemalige Häftlinge erinnern sich:

Lager II befand sich unter dem größten Massivbau der Mühle, wo es besonders nasskalt war und das Wasser von den Wänden floss. Es waren kleine Käfige mit Stacheldraht abgeteilt ..., wo die Insassen meistens stehend und frierend, Tag und Nacht, im Dunkeln verbringen mussten ... *(Otto G.)*

Lager II war ja rundherum ... mit Stacheldraht zu, die haben scharf geschossen links und rechts, der hat einen Schießstand draus gemacht, und da hatten sie hinten im Eck ein Klavier stehen, und nach dem Klaviertakt haben wir Schläge gekriegt. *(Michael D.)*

Das Essen ... war sehr primitiv. Morgens und abends gab es Spitzbohnenkaffee und ungefähr am Tag ... 300 Gramm Brot – und mittags gab es Eintopfessen, welches gerade den Hunger stillte. *(Christoph W.)*

Der SS-Arzt frug jeden Eingelieferten, ob er etwas zu klagen hätte oder ob er krank sei. Ein Kamerad aus Lampertheim namens Johann Kleber war durch Schläge und Misshandlungen bei der Gestapo in Worms so zugerichtet, dass er dem Arzt sagte: „Tun Sie bitte mich untersuchen, dann werden Sie sehen, was mit mir geschehen ist." Weil der Kamerad ... seine Beschwerden nicht ... sagte, wurde er ohne Untersuchung 14 Tage in verschärften Arrest gesteckt. *(Christoph W.)*

Das Gros der Lagerinsassen hatte keine Arbeit, sie waren den ständigen Schikanen der SA ausgesetzt. *(Karl W.)*

Ein riesiges SS-Wappen mussten wir aus der Erde formen ... Zu zwanzig haben wir da rumgebuddelt. *(Heinrich G.)*

Eines Tages fragte ich d'Angelo ... warum werde ich hier so lange festgehalten, während viele, die mit mir eingeliefert wurden, schon entlassen sind? Er nahm sein Telefon und meldete sich in Darmstadt bei der Gestapo und empfahl meine Entlassung. *(Otto G.)*

Zit. nach Angelika Arenz-Morch, Das Konzentrationslager Osthofen 1933/34, in: Hans-Georg Meyer/Hans Berkessel (Hg.), Die Zeit des Nationalsozialismus in Rheinland-Pfalz, Bd. 2: „Für die Außenwelt seid ihr tot!", Mainz 2000, S. 32ff. und Heribert Fachinger, Leben und Alltag in einem frühen Konzentrationslager im Spiegel von Häftlingsberichten und Erinnerungen, in: Meyer/Berkessel, a. a. O., S. 80ff.

M 4

Schlaf- und Aufenthaltsraum, NS-Propagandafoto, 1933. Auf dem Band steht „Ordnung ist des Hauses Zierde."

Lesetipp:
Anna Seghers, Das siebte Kreuz, 36. Auflage, Berlin (Aufbau-Verlag) 1993.
Der Roman beschreibt die Flucht von sieben Häftlingen aus einem KZ während der Zeit des Nationalsozialismus.

1 Gruppenarbeit: Untersucht M1–M4 und bereitet einen Vortrag über das Konzentrationslager Osthofen vor, in dem ihr Antworten auf die Leitfragen im Moderationstext gebt. Beendet euren Vortrag mit offenen Fragen, die sich aus dem Material ergeben und nicht klären lassen.

2 Wähle eine Aufgabe aus:
Recherchiere:
a) Der bekannteste Häftling in Osthofen war Carlo Mierendorff. Erstelle eine Kurzbiografie.
b) Berichtet über Max Tschornicki, der auch in Osthofen inhaftiert war.
c) Für Werner Best war die Verwaltung des Konzentrationslagers ein Schritt seiner Parteikarriere. Stelle seine Biografie vor.

3 Exkursionstipp: Seit den 1990er Jahren befindet sich in dem Gebäude des ehemaligen Konzentrationslagers eine Gedenkstätte. Bereitet mithilfe eurer Arbeitsergebnisse und Fragen einen Besuch der Gedenkstätte vor.

Webcode: FG640249-157
Konzentrationslager Osthofen

Die Errichtung der Diktatur

Unmittelbar nach dem 30. Januar 1933 begannen die Nationalsozialisten, die politischen Institutionen und das gesellschaftliche Leben in ihrem Sinne umzubauen. Diesen Prozess bezeichneten sie als „Gleichschaltung".

- ***Wie wurde innerhalb weniger Monate die Weimarer Demokratie in eine Diktatur verwandelt?***

Die Zerstörung der demokratischen Ordnung

Mithilfe des „Ermächtigungsgesetzes" (siehe S. 154/155) konnten die Nationalsozialisten alle staatlichen Einrichtungen unter ihre Kontrolle bringen. So wurden mit dem „Gesetz zur Gleichschaltung der Länder mit dem Reich" die Länderregierungen beseitigt und „Reichsstatthalter" eingesetzt, die Hitler unmittelbar unterstanden. Das im April 1933 erlassene „Gesetz zur Wiederherstellung des Berufsbeamtentums" bot die Grundlage für die Entlassung politisch andersdenkender sowie jüdischer („nichtarischer") Beamter.

Der 1. Mai wurde zum „Tag der nationalen Arbeit" erklärt und mit Massenaufmärschen und Großkundgebungen als Feiertag inszeniert. Am 2. Mai 1933 besetzten völlig überraschend SA, SS und Polizei Gewerkschaftshäuser im ganzen Reich. Freie Gewerkschaften wurden verboten, ihre Vermögen beschlagnahmt, zahlreiche Gewerkschaftsfunktionäre verhaftet und in Konzentrationslager gebracht. Nachdem alle Parteien verboten worden waren bzw. die bürgerlichen Parteien sich selbst aufgelöst hatten, wurde im Juli die NSDAP zur alleinigen Staatspartei erklärt. Für eine positive Berichterstattung in der Presse wie auch die Gleichschaltung der Literatur und Kunst sorgten das „Reichsministerium für Volksaufklärung und Propaganda" und die „Reichskulturkammer" unter Joseph Goebbels. Kritische Journalisten wurden auf Druck der Nationalsozialisten entlassen. Missliebige Künstler und Schriftsteller erhielten Berufsverbote. Viele von ihnen emigrierten. Am 10. Mai wurden in vielen deutschen Städten Bücher verbotener Autorinnen und Autoren öffentlich verbrannt.

Die Nationalsozialisten trafen auf keinen nennenswerten Widerstand gegen diese tief greifenden Veränderungen. Viele Menschen waren wohl auch deshalb bereit, sie hinzunehmen, weil die Nationalsozialisten nach den Krisenzeiten der Weimarer Republik politische Stabilität versprachen und es ihnen zumindest kurzfristig gelungen war, die Arbeitslosigkeit zu beseitigen.

Festigung der Macht

Anhaltende Unruhen, eine scharfe Konkurrenz zwischen der immer mächtiger werdenden SA und der Reichswehr sowie parteiinterne Macht- und Richtungskämpfe belasteten das Hitler-Regime zunehmend. Im Sommer 1934 wurden die gesamte SA-Spitze um Ernst Röhm sowie etliche konservative Regimekritiker auf Befehl Hitlers entmachtet und hingerichtet.

Nach dem Tod des Reichspräsidenten Hindenburg am 2. August 1934 ergriff Hitler auch den Posten des Staatsoberhauptes und ließ sich nachträglich durch Volksentscheid als „Führer* und Reichskanzler" in diesem Amt bestätigen. Damit besaß er die uneingeschränkte Gewalt in Deutschland.

M 1

„1. Mai 1933", Tag der Arbeit, Postkarte, 1933

M 2

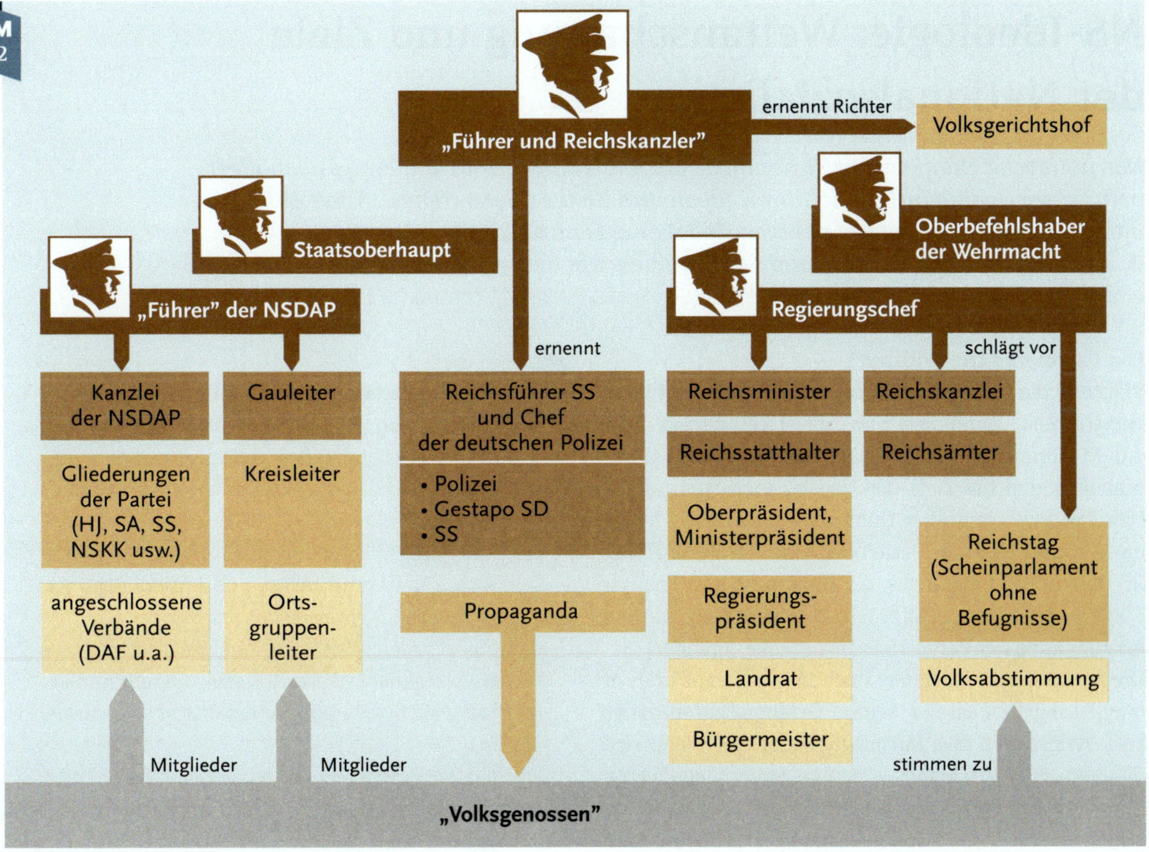

Machtstruktur der NS-Diktatur

M 3

Reichpropagandaminister Goebbels notierte in seinem Tagebuch, 17. April 1933:

Ich habe mit dem Führer die schwebenden Fragen eingehend durchgesprochen ... Den 1. Mai werden wir zu einer grandiosen Demonstration des deutschen Volkswillens gestalten. Am 2. Mai werden dann die Gewerkschaftshäuser besetzt. Gleichschaltung auch auf diesem Gebiet. Es wird vielleicht ein paar Tage Krach geben, aber dann gehören sie uns. Man darf hier keine Rücksicht mehr kennen ... Sind die Gewerkschaften in unserer Hand, dann werden sich auch die anderen Parteien und Organisationen nicht mehr lange halten können.

Zit. nach Herbert Michaelis/Ernst Schraepler (Hg.), Ursachen und Folgen: Vom deutschen Zusammenbruch 1918 und 1945 bis zur staatlichen Neuordnung Deutschlands in der Gegenwart, Berlin (Wendler) 1964, S. 628.

1 Erläutere den Begriff „Gleichschaltung“ an den im Darstellungstext aufgeführten Beispielen.

2 Untersuche M1 und M3. Beantworte am Beispiel der Gewerkschaften und Arbeiter die Frage, mit welcher Strategie die Nationalsozialisten bei der Gleichschaltung vorgingen.

3 Werte M2 aus:

a) Kläre zunächst unbekannte Begriffe und Abkürzungen.

b) Beschreibe anschließend die Organisation und Struktur der NS-Diktatur.

4 Erstelle mithilfe des Darstellungstextes und der Materialien ein Schaubild mit dem Titel „Die Errichtung der Diktatur“.

NS-Ideologie: Weltanschauung und Ziele der Nationalsozialisten

Das politische Handeln der Nationalsozialisten ist nicht ohne die Frage nach ihrer politischen Grundeinstellung, ihren Ideen und Zielen zu verstehen. Adolf Hitler und seine Weltanschauung nehmen dabei eine zentrale Stellung ein.

- ***Was waren die Kernideen und Schlüsselbegriffe der nationalsozialistischen Ideologie?***

Die Partei und ihr „Führer"

Während die NSDAP bis 1930 rund 130 000 Mitglieder verzeichnete, waren bis zum Mai 1933 bereits über 1,6 Millionen Menschen eingetreten. Hitlers Weltanschauung und die Ziele der Nationalsozialisten lassen sich aus zwei zentralen Quellen herausarbeiten. Eine dieser Quellen ist das Parteiprogramm der NSDAP. Die 25 Punkte des Programms, die Hitler schon im Februar 1920 im Münchener Hofbräuhaus verkündete, wurden bis zum Ende der Partei 1945 nicht mehr verändert. Die zweite Quelle ist Hitlers Buch „Mein Kampf", das er hauptsächlich während seines Gefängnisaufenthaltes verfasst hatte. In dem Buch legte Hitler dar, wie er sich die Zukunft Deutschlands vorstellte. Seine Ideen waren die Grundlage der nationalsozialistischen Ideologie und sie bestimmten im Wesentlichen die NS-Politik. Die Auflage des Buches lag bis 1933 bei 290 000 Exemplaren und schnellte bis Ende 1933 um rund eine Million in die Höhe. Die Gewinne aus dem Buchverkauf machten Hitler zu einem wohlhabenden Mann.

M 2

NS-Propagandaplakat „Es lebe Deutschland!", Entwurf von Karl Stauber, 1930er Jahre

M 1

Aus dem Parteiprogramm der NSDAP (1920):

2. Wir fordern die Gleichberechtigung des deutschen Volkes gegenüber anderen Nationen, Aufhebung der Friedensverträge von Versailles und Saint-Germain[1].

3. Wir fordern Land und Boden (Kolonien) zur Ernährung unseres Volkes und Ansiedlung unseres Bevölkerungsüberschusses.

4. Staatsbürger kann nur sein, wer Volksgenosse ist. Volksgenosse kann nur sein, wer deutschen Blutes ist ... Kein Jude kann daher Volksgenosse sein.

20. Um jedem fähigen und fleißigen Deutschen das Erreichen höherer Bildung ... zu ermöglichen, hat der Staat für einen gründlichen Ausbau unseres gesamten Volksbildungswesens Sorge zu tragen ... Das Erfassen des Staatsgedankens muss bereits ... durch die Schule erzielt werden.

21. Der Staat hat für die Hebung der Volksgesundheit zu sorgen und durch den Schutz der Mutter und des Kindes, durch Verbot der Jugendarbeit, durch Herbeiführung der körperlichen Ertüchtigung mittels Festlegung einer Turn- und Sportpflicht ...

23. ... Zeitungen, die gegen das Gemeinwohl verstoßen, sind zu verbieten. Wir fordern den gesetzlichen Kampf gegen eine Kunst und Literaturrichtung, die einen zersetzenden Einfluss auf unser Volksleben ausübt.

25. Zur Durchführung alles dessen fordern wir: die Schaffung einer starken Zentralgewalt des Reichs.

Zit. nach http://www.dhm.de/lemo/html/dokumente/nsdap25/ (Stand: 07.07.2014).

[1] *einer der Pariser Friedensverträge; er regelte die Auflösung Österreich-Ungarns*

M 3

Aus Adolf Hitlers „Mein Kampf“ (1924/26):

A Demgegenüber erkennt die völkische Weltanschauung die Bedeutung der Menschheit in deren rassischen Urelementen ... Sie glaubt, somit keineswegs an eine Gleichheit der Rassen[1], sondern erkennt mit ihrer Verschiedenheit auch ihren höheren und minderen Wert und fühlt sich durch diese Erkenntnis verpflichtet, ... den Sieg des Besseren, Stärkeren zu fördern, die Unterordnung des Schlechteren und Schwächeren zu verlangen ... Sie sieht nicht nur den verschiedenen Wert der Rassen, sondern auch den verschiedenen Wert der Einzelmenschen ... Menschliche Kultur und Zivilisation sind auf diesem Erdteil unzertrennlich gebunden an des Vorhandensein des Ariers[2]. Sein Aussterben oder Untergehen wird auf diesen Erdball wieder die dunklen Schleier einer kulturlosen Zeit senken.

B ... Wo immer wir in der Welt über Angriffe gegen Deutschland lesen, sind Juden ihre Fabrikanten, gleich wie ja auch im Frieden und während des Krieges die jüdische Börsen- und Marxistenpresse den Hass gegen Deutschland planmäßig schürte ... Die Gedankengänge des Judentums sind klar. Die Bolschewisierung Deutschlands, d. h. die Ausrottung der nationalen völkischen Intelligenz und die dadurch ermöglichte Auspressung der deutschen Arbeitskraft im Joch der jüdischen Weltfinanz, ist nur als Vorspiel gedacht für die Weiterverbreitung dieser jüdischen Welteroberungstendenz.

C ... Die Außenpolitik des völkischen Staates hat die Existenz der durch den Staat zusammengefassten Rasse auf diesem Planeten sicherzustellen ... Nur ein genügend großer Raum auf dieser Erde sichert einem Volk die Freiheit des Daseins ... Damit ziehen wir Nationalsozialisten bewusst einen Strich unter die außenpolitische Richtung unserer Vorkriegszeit. Wir setzen dort an, wo man vor sechs Jahrhunderten endete. Wir stoppen den ewigen Germanenzug nach dem Süden und Westen Europas und weisen den Blick nach dem Land im Osten. Wir schließen endlich ab die Kolonial- und Handelspolitik der Vorkriegszeit und gehen über zur Bodenpolitik der Zukunft. Wenn wir aber heute in Europa von Grund und Boden reden, können wir in erster Linie nur an Russland und die ihm untertanen Randstaaten denken ...

D Die junge Bewegung ist ihrem Wesen und ihrer inneren Organisation nach antiparlamentarisch, d. h., sie lehnt im Allgemeinen wie in ihrem eigenen inneren Aufbau ein Prinzip der Majoritätsbestimmung[3] ab, in dem der Führer nur zum Vollstrecker des Willens und der Meinung anderer degradiert[4] wird. Die Bewegung vertritt im Kleinsten wie im Größten den Grundsatz der unbedingten Führerautorität, gepaart mit höchster Verantwortung ... Der völkische Staat hat ... keinen Vertretungskörper ..., sondern nur Beratungskörper, die dem jeweilig gewählten Führer zur Seite stehen.

A und C zit nach Walter Hofer (Hg.), Der Nationalsozialismus, Frankfurt a. M. (Fischer) 1957, S. 31f. und 175.
B und D zit. nach Adolf Hitler, Mein Kampf, 11. Aufl., München (Franz Eher Nachfolger) 1932, S. 702f., 378 und 501f.

[1] *unwissenschaftliche Anwendung biologischer Erbmerkmale (z. B. Hautfarbe) auf das gesellschaftliche Leben*
[2] *Völker der indoeuropäischen Sprachfamilie*
[3] *Mehrheitsprinzip*
[4] *herabsetzen*

1 Im Zentrum von Hitlers Weltanschauung standen die Rassenideologie, der Antisemitismus, die Lebensraumideologie und das „Führerprinzip“. Ordne diese Begriffe den jeweiligen Stellen in M1 und M3 zu.

2 **Partnerarbeit:** Verfasst einen Lexikonartikel zur „Ideologie der Nationalsozialisten“, in dem ihr die Begriffe „Rasse“, „Lebensraum“, Antisemitismus und „Führer“ verwendet. Nehmt auch das Lexikon zu Hilfe (siehe S. 240 ff.).

3 a) **Methode:** Analysiere M2 nach den Arbeitsschritten „Propagandaplakate untersuchen“ auf S. 127.

b) Erläutere, inwiefern die Darstellung die Ideologie der Nationalsozialisten widerspiegelt? Beziehe auch die Bildunterschrift mit ein.

Webcode: FG640249-161
NS-Ideologie

Instrumentalisierte Kunst analysieren

Bald nach der Ernennung Hitlers zum Reichskanzler begann das Reichspropagandaministerium Künstler zu überwachen und verhängte Berufsverbote gegen Maler, deren Kunst als „undeutsch" betrachtet wurde. Eine Vielzahl in den Augen der Nazis „entarteter" Kunstwerke wurde in Museen und Privatsammlungen beschlagnahmt, ins Ausland verkauft oder vernichtet. Aufträge gab es nur noch für Gemälde und Skulpturen, die der Ideologie der Nationalsozialisten entsprachen. Kunst und Architektur standen nun im Dienst der Diktatur, daher spricht man von „instrumentalisierter Kunst". Hier kannst du anhand von zwei Gemälden aus der NS-Zeit diese Instrumentalisierung analysieren.

M 1

„Die Fahne", Aquarell von Paul Hermann, veröffentlicht 1942 zum Jahrestag des sogenannten Hitlerputsches vom 9. November 1923. Das Werk hing 1942 in der „Großen Deutschen Kunstausstellung" in München. Auf Hitlers Veranlassung erhielt der Künstler mehrere Auszeichnungen.

M 2

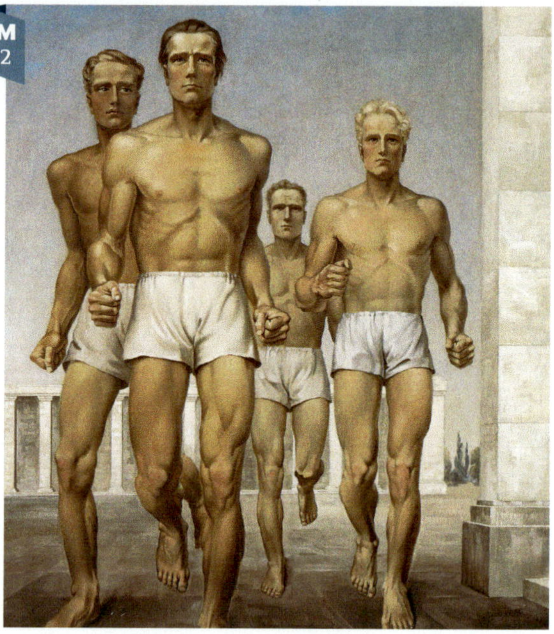

„Turner", Gemälde von Gerhard Keil, 1939

1 Untersuche M1 mithilfe der Arbeitsschritte rechts. Ergänze die Lösungshinweise.
2 Analysiere M2 mithilfe der Arbeitsschritte.
3 In einer heutigen Ausstellung über NS-Kunst sollen auch die beiden Gemälde M1 und M2 hängen. Verfasse auf der Grundlage der Analyse einen Bildkommentar für den Ausstellungskatalog.
4 **Recherche:** Informiere dich unter dem Stichwort „Raubkunst" über das Schicksal eines von den Nationalsozialisten verbotenen Künstlers oder eines Werkes.
5 Diskutiert die Rolle des Künstlers als „Auftragsarbeiter" für eine bestimmte Ideologie.

Arbeitsschritte „Instrumentalisierte Kunst analysieren“

Thema und Einzelaspekte des Bildes erfassen und beschreiben	**Lösungshinweise zu M1**
1. Wer hat das Bild gemalt? Wann ist es entstanden?	• ...
2. Welchen ersten Eindruck und welche Stimmung vermittelt das Bild?	• *Auf dem Bild herrscht eine ernste, feierliche und heroische Stimmung vor. Diese wird erzeugt durch ...*
3. Welche Personen und Gegenstände sind zu sehen?	• *Vier Männer in Uniform in der Mitte, gefolgt von einer größeren Gruppe, dicht gedrängte Menschenmassen, Fahnenschmuck an den Fassaden. Die Personen sind kaum als Individuen erkennbar.*
4. Wo befinden sich die Personen und wie ist das Bild aufgebaut (Bildmittelpunkt, Perspektive)?	• *Die vier Männer mit der Fahne bilden den Mittelpunkt. Die Arme der Zuschauer lenken den Blick des Betrachters auf sie. Durch das Hochformat wirkt die Straßenflucht enger, dunkle Säulen heben sich ab. Auf den Säulen sind in großen Schalen Feuer entzündet.*
5. Werden Farben, Licht und Schatten eingesetzt?	• *Gleißendes Sonnenlicht lässt die Personen als dunkle Gestalten erscheinen, lediglich die Fahnen haben Farbakzente. Der Rauch der Feuer erzeugt eine gespenstische, mystische Atmosphäre.*
Symbolik und Geschichtlichkeit des Bildes erschließen und deuten	
6. In welchem Bezug stehen die Einzelaspekte und welche „Geschichte“ erzählt das Bild?	• *Das Bild soll stark stilisiert den jährlich inszenierten Marsch auf die Feldherrnhalle darstellen und die Erinnerung an den Hitlerputsch von 1923 (siehe S. 120/121) wachhalten.*
7. Lassen sich Symbole oder bildhafte Vergleiche finden?	• *Die Fahne steht für die nationalsozialistischen Werte der Treue, der Entschlossenheit, des Heldentums wie auch für die „Volksgemeinschaft“, in welcher das Individuum aufgeht.*
8. An welchen Bildelementen werden die Vorstellungen der Nationalsozialisten sichtbar?	• *Das Individuum geht in der Masse auf, der Hitlergruß soll die Gemeinschaft unterstreichen, das Soldatische und die Fahne stehen im Mittelpunkt ...*
Entstehung und Wirkung des Bildes untersuchen und in seinem Zusammenhang interpretieren	
9. Was wissen wir über die Entstehung des Werkes und über den Künstler? Wie stand der Künstler zu den Nationalsozialisten?	• ...
10. Welche Wirkung könnte es auf Zeitgenossen gehabt haben?	• ...
11. Lassen sich ideologische Bezüge erkennen? Inwiefern liegt hier ein Beispiel „instrumentalisierter Kunst“ vor?	• ...

1933

30. Januar Hitler wird zum Reichskanzler ernannt

1. Februar Reichspräsident Hindenburg löst den Reichstag auf

27./28. Februar Reichstagsbrand und „Reichstagsbrandverordnung“

5. März Neuwahlen zum Reichstag

6. März erste Häftlinge im Konzentrationslager Osthofen

21. März „Tag von Potsdam“

23. März Reichstag stimmt dem „Ermächtigungsgesetz“ zu

31. März „Gleichschaltung“ der Länder

2. Mai Zerschlagung der Gewerkschaften

22. Juni–5. Juli Verbot der SPD und Auflösung der anderen Parteien

Eine Ideologie setzt sich durch: Der Nationalsozialismus

Hitler wird Reichskanzler

Eine wichtige Voraussetzung für die Beseitigung der Weimarer Demokratie wurden die Präsidialregierungen seit 1930. Diese waren vom Reichspräsidenten eingesetzt; das Parlament war weitgehend ausgeschaltet. Schon seit dem Ende der 1920er Jahre gab es eine erkennbare Tendenz deutschnationaler und anderer konservativer Kreise, eine autoritäre Exekutive unter Umgehung des Parlaments zu schaffen. Die Ernennung Adolf Hitlers am 30. Januar 1933 zum Reichskanzler passte daher ins Schema des Regierungsantritts eines weiteren Präsidialkabinetts. Diese Fehleinschätzung wurde in der folgenden Zeit auch denen zum Verhängnis, die Hitler „die Steigbügel“ gehalten hatten. Obwohl die Nationalsozialisten im Kabinett Hitler gegenüber den Deutschnationalen in der Minderheit waren, nutzten sie innerhalb weniger Monate die Chance rücksichtlos aus, die ganze Macht an sich zu reißen.

Die NS-Propaganda stilisierte den Tag im Nachhinein zum Beginn der „nationalen Revolution“. Tatsächlich markiert der 30. Januar einen Wendepunkt in der deutschen Geschichte, der eine zwölfjährige Diktatur unter Hitler einleitete. Die Historiker sind sich jedoch einig, dass man nicht von einer „nationalen Revolution“ sprechen kann. Auch hat Hitler die Macht nicht „ergriffen“, sondern sie wurde ihm vom Reichspräsidenten übertragen.

Die Errichtung des NS-Herrschaftssystems

Als Grundlage für die Machtsicherung dienten den Nationalsozialisten die ersten einschneidenden Maßnahmen der Regierung Hitler:

1. Die „Reichstagsbrandverordnung“ vom 28. Februar 1933:

Obgleich der im brennenden Reichstagsgebäude festgenommene Marinus van der Lubbe immer beteuerte, allein und aus Protest gehandelt zu haben, inszenierte die NS-Propaganda diesen Brand zum terroristischen Angriff der Kommunisten auf den Staat. Die Behauptung eines Umsturzversuchs diente den Nationalsozialisten als Rechtfertigung, Hindenburg zum Erlass einer „Reichstagsbrandverordnung zum Schutz von Volk und Staat“ zu drängen. Die Notverordnung setzte aber tatsächlich wichtige Grundrechte, wie persönliche Freiheit, die Meinungs- und die Versammlungsfreiheit sowie das Postgeheimnis, außer Kraft. Aufgrund dieser Verordnung konnten viele tausende politische Gegner verhaftet und ohne Gerichtsurteil eingesperrt werden.

2. Das „Ermächtigungsgesetz“ vom 23. März 1933:

Das Gesetz wurde im Reichstag mit den Stimmen der bürgerlichen Parteien gegen die Stimmen der sozialdemokratischen Abgeordneten verabschiedet. Die KPD-Abgeordneten wie auch einige SPD-Abgeordnete konnten wegen Verfolgung, Verhaftung und Flucht nicht an der Abstimmung teilnehmen. Das Gesetz ermöglichte es der Regierung, Gesetze ohne Zustimmung des Reichstags zu erlassen und verlieh ihr damit diktatorische Vollmachten.

Die Gleichschaltung und Propaganda

In den folgenden Wochen und Monaten versuchten die Nationalsozialisten, die politischen Institutionen wie auch die Überzeugungen der Bevölkerung nach den Ideen der Nationalsozialisten auszurichten. Diesen Prozess bezeichneten sie als „Gleichschaltung“.

1934 1935

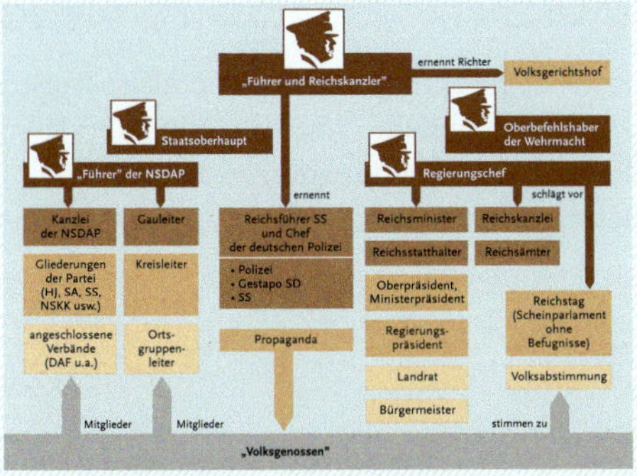

30. Juni–2. Juli Ermordung etlicher SA-Eliten und konservativer Regimekritiker auf Anordnung Hitlers

2. August Tod Hindenburgs: Hitler „Führer und Reichskanzler"

Die Gewerkschaften wurden aufgelöst, die SPD wurde verboten, die bürgerlichen Parteien gezwungen, sich selbst aufzulösen. An ihre Stelle traten die „Deutsche Arbeitsfront" (DAF) als Einheitsgewerkschaft sowie die NSDAP als Einheitspartei. Die Länderregierungen wurden bereits im April 1933 per Gesetz aufgelöst und durch Hitler unmittelbar unterstellte „Reichsstatthalter" ersetzt. Auch die Bevölkerung sollte durch Propaganda gleichgeschaltet werden. In diesem Sinne inszenierte Joseph Goebbels als „Reichminister für Volksaufklärung und Propaganda" die Eröffnung des neuen Reichstags am „Tag von Potsdam" (21. März 1933) mithilfe der Medien zu einem nationalen Großereignis. Die Berichterstattung der durch Entlassungen, Verbot und Zensur gleichgeschalteten Presse- und Rundfunkredaktionen sollte die Gesetze und Verordnungen wie auch den Terror als notwendige Maßnahmen zur Erhaltung der staatlichen Ordnung erscheinen lassen. Die Propaganda war ein wichtiger Faktor zur Verschleierung der Doppelstrategie von Scheinlegalität und Terror.

Die Zensur erstreckte sich auch auf die Kultur und Kunst. So war es die Aufgabe der Reichskulturkammer unter Joseph Goebbels, „undeutsche", „entartete" Kunst und Literatur zu verbieten und „deutsche" Kunst, welche die Aussagen der NS-Ideologie künstlerisch unterstützte, zu fördern.

Die Ausschaltung politischer Gegner und die Machtsicherung durch Terror

Die Nationalsozialisten duldeten keinen Widerstand. Bald nach dem 30. Januar 1933 entstanden im gesamten Reich Konzentrationslager. Dort wurden anfangs vorrangig regimekritische Politiker und Gewerkschafter inhaftiert (in „Schutzhaft" genommen). Gedächtnisstätten wie die des ehemaligen Konzentrationslagers Osthofen erlauben Einblicke in die Lebens- und Arbeitsbedingungen der Häftlinge jener Zeit.

Als besonderes Problem stellte sich für die Nationalsozialisten die Entwicklung der SA dar. Sie war unter der Führung Ernst Röhms auf eine zwei Millionen Mann starke Armee angewachsen, die immer schwerer zu kontrollieren war und in scharfer Konkurrenz zur Reichswehr stand. Die Krise löste sich ein Jahr später, als Hitler in einer dreitägigen Mordaktion vom 30. Juni bis zum 2. Juli 1934 große Teile der SA-Führung sowie Regimekritiker aus den konservativen Kreisen, darunter auch den ehemaligen Reichskanzler Kurt von Schleicher, verhaften und hinrichten ließ. Hitler begründete die Aktion mit einem drohenden Putsch gegen das Regime und erließ im Nachhinein ein Gesetz, das die Morde als „Staatsnotwehr" legitimierte.

Mit dem Tod Hindenburgs am 2. August 1934 ließ Hitler das Amt des Reichspräsidenten auflösen und die Staatsführung allein auf ihn als „Führer und Reichskanzler" übertragen.

Die Ideologie der Nationalsozialisten

Im Zentrum der Ideologie, die Hitler als seine „Weltanschauung" bezeichnete, standen der Rassismus, der Antisemitismus und die Auffassung, das deutsche Volk benötige einen größeren „Lebensraum im Osten". Mit scheinwissenschaftlichen Begriffen wie „Rasse", „Arier" und „Nichtarier" wurde eine Überlegenheit der „arischen" Menschen behauptet. Ein weiteres wesentliches ideologisches Element ist in dem „Führerprinzip" zu sehen. Demnach sollten politische Entscheidungen nicht durch parlamentarische Vertretungen beschlossen, sondern von einem starken „Führer" gefällt werden. Ein ausgeprägter „Führerkult" überhöhte die Person Hitlers.

In diesem Kapitel konntest du folgende Kompetenzen erwerben:

- die Umstände der Ernennung Hitlers zum Reichskanzler verstehen und kritisch bewerten
- die Schritte der „Gleichschaltung“ rekonstruieren sowie Ziele und Auswirkungen einordnen und erläutern
- die Ideologie Hitlers und der Nationalsozialisten beschreiben und ihre Anziehungskraft erklären
- **Methode:** Lebenserinnerungen auswerten
- **Methode:** Instrumentalisierte Kunst analysieren

M1

„Der 30. Januar 1933“, Gemälde von Arthur Kampf (1864–1950), 1938

M2

Der Historiker Volker Ullrich über den 30. Januar 1933 (2013):

Tatsächlich war Hitlers Weg zur Macht kein unaufhaltsamer Siegeszug, sondern eine Hängepartie, die auch anders hätte ausgehen können. ... Hitlers Triumph war keineswegs ein „Betriebsunfall“ der deutschen Geschichte, aber er war auch nicht das unvermeidliche Resultat der Weimarer Staatskrise. Noch Ende Januar 1933 gab es die Möglichkeit, ihn von der Macht fernzuhalten.

http://www.zeit.de/2013/04/Hitler-Machtuebernahme-Reichskanzler-1933 (Stand: 10. 10. 2014).

M 3

Aus der Rede des Abgeordneten Reinhold Maiers (DDP) vom 23. März 1933 zum „Ermächtigungsgesetz":
Wir verstehen, dass die gegenwärtige Regierung weitgehende Vollmachten verlangt, um ungestört arbeiten zu können. Wenn wir gleichwohl in dieser so ernsten Stunde uns verpflichtet fühlen, Besorgnisse zum Ausdruck zu bringen ... Wir vermissen in dem vorliegenden Gesetzentwurf, dass den verfassungsmäßigen Grundrechten ... keine ausdrückliche Sicherung vor Eingriffen gegeben wurde. Unantastbar müssen vor allem bleiben die Unabhängigkeit der Gerichte, das Berufsbeamtentum und seine Rechte, ...die staatsbürgerliche Gleichberechtigung, die Freiheit von Kunst und Wissenschaft wie ihre Lehre [sein]. Diese Werte sind Grundelemente jedes Gemeinschaftslebens in einem geordneten Rechtsstaat ... Im Interesse von Volk und Vaterland und in Erwartung einer gesetzmäßigen Entwicklung werden wir unsere ernsten Bedenken zurückstellen und dem Ermächtigungsgesetz zustimmen.

Zit. nach Josef u. Ruth Becker (Hg.), Hitlers Machtergreifung, München (dtv dokumente) 1992, S. 177.

M 4

Der amerikanische Historiker William Allen über die „Machtergreifung" in kleineren Städten (1966):
Den einen Tag gab es Verhaftungen und den nächsten einen großen jubelnden Umzug ... Zuerst hörte der Gesangverein mit alter Tradition und hohem Ansehen auf zu existieren, und dann kam die messingschimmernde SA-Kapelle. Aufzuckende Bilder von schwarz-weiß-roten Fahnen, brennenden Büchern, blechernen Rundfunkreden, Schulkindern mit Hakenkreuzen, gestiefelte SA-Männer, die einen Mann ins Gefängnis schleppten, Fackelzügen, auf denen heisere Stimmen Lieder sangen ... Gerüchte über die Gestapo, Hämmern, die bei der Instandsetzung von Wohnhäusern dröhnten, rhythmische Siegheil-Salven – das alles vermischte sich, ... und Ende des Sommers 1933 befand sich [die Stadt] ... so fest im Griff der Nationalsozialisten, dass es keine Möglichkeit mehr gab, den Prozess umzukehren.

Zit. nach William Allen, „Das haben wir nicht gewollt." Die nationalsozialistische Machtergreifung in einer Kleinstadt 1930–1935, Gütersloh (S. Mohn) 1966, S. 240 f. Übers. von Jutta und Theodor Knust.

Methodenkompetenz

1 Die Nationalsozialisten haben den 30. Januar 1933 im Nachhinein zum „Tag der nationalen Erhebung" erklärt und vielfältig inszeniert. Interpretiere M1 mithilfe der Arbeitsschritte auf S. 163. Vergleiche auch mit M2 auf S. 146 und M1 auf S. 148.

2 Lebenserinnerungen von Zeitzeugen liefern interessante Sichtweisen auf historische Ereignisse. Erläutere kritisch, inwiefern sie als authentische Quellen gelten können.

Fach- und Kommunikationskompetenz

3 Wiederhole die wichtigsten Begriffe der NS-Ideologie und zeige auf, welche Ziele damit verbunden waren. Lies nach auf S. 160/161.

4 Erläutere, wie es den Nationalsozialisten gelang, die Demokratie bis zum Sommer 1933 in eine Diktatur zu verwandeln. Berücksichtige dabei den Begriff der „Gleichschaltung" wie auch M4.

Urteilskompetenz

5 a) Führe M2 fort, indem du Argumente für die These Ullrichs anführst.
b) Diskutiert, inwiefern es aus eurer Sicht möglich war, die NS-Diktatur im Januar 1933 zu verhindern.

6 a) Beschreibe die politische Haltung, die in der Rede Maiers (M3) sichtbar wird.
b) Beurteile die Entscheidung des DDP-Abgeordneten aus der historischen Perspektive der Situation am 23. März 1933 und aus heutiger Sicht.

7 a) Erläutere, was man unter einem „totalitären Staat" versteht (Lexikon).
b) Stelle dar, inwiefern diese Bezeichnung auf das NS-Regime zutrifft.
Tipp: Lest dazu auf S. 154 bis 161 nach.

Webcode: FG640249-167
Selbsteinschätzungsbogen

Milch
Sahne
Milch
Eier
Käse
Milch
IA - 85569
KRUPP

6
Leben im Nationalsozialismus

„Führer befiehl, wir folgen! Alle sagen Ja!“
Sagten wirklich alle „Ja“, wie auf dem Transparent zu lesen ist?
Per Volksabstimmung sollte am 19. August 1934 das Zusammenlegen der Ämter des Reichskanzlers und Reichspräsidenten legitimiert werden. Im Sommer war daher auch die Hitlerjugend auf der Straße, um für Hitler zu werben. Die Faszination des Regimes hatte sie gebannt, der Mechanismus von Verführung hatte gegriffen.

Beschreibe die Stimmung, die dieses Bild widerspiegelt.
Überlege, warum Jugendliche voller Überzeugung für den „Führer“ Propaganda betrieben. Ziehe auch die Informationen aus dem vorhergehenden Kapitel hinzu.

Propagandawagen der Hitlerjugend, Berlin, Foto, 1934

1930

1935

ab 1933 Aufbau nationalsozialistischer Massenorganisationen;
Beginn der Verdrängung der Juden aus dem Berufs- und Wirtschaftsleben

1935 Nürnberger Gesetze: Juden sind keine Staatsbürger mehr

1930–1933 Präsidialkabinette

1918–1933 Weimarer Republik

30. Januar 1933 Hitler wird Reichskanzler

Leben im Nationalsozialismus

Ein Meer von Hakenkreuzfahnen kündete im Frühjahr 1933 die Machtübernahme der Nationalsozialisten an. Das Alltagsleben der Menschen veränderte sich. Bestehende Verbände und Vereine wurden verboten und gingen in neuen Massenorganisationen auf. Ob im Beruf oder in der Freizeit – die Deutschen wurden fortan gleichgeschaltet.

Dennoch herrschte bei vielen eine Aufbruchsstimmung. Steigender Lebensstandard, aber auch gezielte Propaganda verankerten im öffentlichen Bewusstsein das Bild einer sich ausschließlich um das Wohlergehen der Bevölkerung kümmernden Staatsführung. Dabei sorgten sozialfürsorgerische Initiativen wie das „Winterhilfswerk" oder an die NSDAP angeschlossene Verbände wie die „Deutsche Arbeitsfront" für eine gezielte Einflussnahme und Kontrolle der Deutschen. Gestärkt durch ein „Wir-Gefühl", sollte jeder Einzelne in der sogenannten „Volksgemeinschaft" aufgehen. Besonderes Augenmerk wurde dabei auf die Erziehung von Kindern und Jugendlichen in der Hitlerjugend gelegt.

In diesem Kapitel setzt du dich mit dem Alltagsleben in einem totalitären* Regime auseinander und wirst danach folgende Fragen beantworten können:

- Wie gelang es der NS-Diktatur, weite Teile der Bevölkerung für sich zu gewinnen, und welche Mittel wurden dabei eingesetzt?
- Wie veränderte sich hierdurch das Leben des Einzelnen und der Gesellschaft?
- Wie wurden Menschen systematisch diskriminiert*, entrechtet und in ihrer Menschenwürde verletzt?

M 1

Schaubild zur Verbreitung des Volksempfängers. Das Plakat entstand anlässlich der Rundfunkausstellung in Berlin 1936. Der Volksempfänger war ein Radiogerät, das in Großserie hergestellt wurde, um den Kauf erschwinglich zu machen. 1938 stand es in fast drei Millionen Haushalten. Die Nationalsozialisten befahlen das gemeinsame Anhören von „Führerreden" zu Hause, in Schulen und in Betrieben.

1940 | 1945

1936 Hitlerjugend (HJ) und Bund Deutscher Mädel (BDM) einzige erlaubte Jugendorganisationen

9. November 1938 Reichspogromnacht: Zerstörung jüdischen Eigentums und vieler Synagogen

Oktober 1939 Beginn der Mordaktion an behinderten Menschen

1939–1945 Zweiter Weltkrieg

M2

Plakat der „NS-Volkswohlfahrt", 1934

M3

Plakat der Organisation „Kraft durch Freude", um 1938

M4

Drei Frauen werden in der Öffentlichkeit die Haare abgeschnitten. Sie tragen jeweils ein Schild, auf dem steht: „Ich bin aus der Volksgemeinschaft ausgestoßen", Foto, Linz/Österreich, November 1938.

1 Nenne Gründe, warum der NS-Staat die Anschaffung von Radios unterstützte (M1).

2 **Recherche:** Sammle im Internet Informationen über die Organisationen der „NS-Volkswohlfahrt" (M2) sowie „Kraft durch Freude" (M3). Gestalte jeweils eine Mindmap.

3 Finde mögliche Gründe, warum den Frauen in aller Öffentlichkeit die Haare abgeschnitten wurden (M4).

4 Stelle anhand von M1, M2 und M3 Vermutungen an, warum das NS-System eine so hohe Akzeptanz fand.

Die „Volksgemeinschaft“: ein Ideal?

Das Versprechen von einer großen Gemeinschaft ohne Klassengegensätze trug wesentlich zur Attraktivität des Nationalsozialismus bei. Was verstanden die Nationalsozialisten unter dem Begriff „Volksgemeinschaft“? Wie wurde diese im Alltag umgesetzt und gelebt? Waren alle Bürger Teil der „Volksgemeinschaft“? Finde Antworten auf diese Fragen, indem du diese Doppelseite bearbeitest.

M 1

„Berlin isst heute sein Eintopfgericht“, Foto, 1935. Solche öffentlichen Eintopfessen fanden jeweils am ersten Sonntag der Monate Oktober bis März statt. Von jedem Teilnehmer wurde eine großzügige Spende für Bedürftige erwartet. Auch der „Führer“ und andere NS-Größen nahmen regelmäßig daran teil.

„Gemeinnutz geht vor Eigennutz“

Mit dieser Parole und ähnlichen Losungen schafften die Nationalsozialisten ein Zusammengehörigkeitsgefühl in der Bevölkerung. In der „Volksgemeinschaft“* sollten alle Unterschiede in Herkunft, Beruf, Vermögen und Bildung aufgehoben sein und sich jeder als Teil eines großen Ganzen fühlen. Inszenierte Massenveranstaltungen, bei welchen Menschenmengen zu einem festen Block zusammenzuschmelzen schienen, spiegelten dies optisch wider (siehe S. 142/143). Sammelaktionen für das „Winterhilfswerk“ (WHW) oder die „Eintopfsonntage“ vermittelten ebenfalls eine identitätsstiftende Solidarität. Die nationalsozialistische Propaganda unterstützte die Maßnahmen mit Schlagworten wie „Du bist nichts, dein Volk ist alles!“, wodurch die Eingliederung des Einzelnen in eine opferbereite Volks- und Leistungsgemeinschaft beschworen wurde. Während des Zweiten Weltkrieges erfuhr die Idee ihre äußerste Steigerung in der propagierten „Schicksalsgemeinschaft des deutschen Volkes“ – nach dem Willen Hitlers sollten alle auf Leben und Tod miteinander verschworen sein.

Wer gehörte nicht zur „Volksgemeinschaft“?

Alle Bürger, die nicht bereit waren, blinden Gehorsam gegenüber dem Führer zu akzeptieren oder für seine Politik Opfer zu bringen, galten als „Volksschädlinge“. Juden, Behinderte, Homosexuelle, Sozialdemokraten und Kommunisten sowie alle weiteren Gegner des Regimes wurden von der „Volksgemeinschaft“ diskriminiert*, ausgeschlossen und brutal verfolgt (siehe S. 171, M4).

M 2

Plakat von René Ahrlé, zwischen 1933 und 1939

M 3

Mitglieder der „Deutschen Arbeitsfront" am Deutschen Eck in Koblenz mit dem Kaiser-Wilhelm-Denkmal, Foto, 1933

M 4

Auszug aus dem Programm der NSDAP (1920):

4. Staatsbürger kann nur sein, wer Volksgenosse ist. Volksgenosse kann nur sein, wer deutschen Blutes ist, ohne Rücksichtnahme auf Konfession. Kein Jude kann daher Volksgenosse sein.

5. Wer nicht Staatsbürger ist, soll nur als Gast in Deutschland leben können und muss unter Fremdengesetzgebung stehen ...

10. Erste Pflicht jedes Staatsbürgers muss sein, geistig oder körperlich zu schaffen. Die Tätigkeit des Einzelnen darf nicht gegen die Interessen der Allgemeinheit verstoßen, sondern muss im Rahmen des Gesamten und zum Nutzen aller erfolgen.

Zit. nach Walther Hofer (Hg.), Der Nationalsozialismus, Dokumente 1933–1945, 49. Aufl., Frankfurt a. M. (Fischer Verlag) 2004, S. 28f.

1 Beschreibe die Fotografie (M1). Welchen Sinn hatten Veranstaltungen wie das „Eintopfessen".

2 Erstelle anhand des Darstellungstextes eine Mindmap zum Begriff „Volksgemeinschaft".

3 Notiere die NS-Parolen aus dem Darstellungstext. Erläutere deren mögliche Auswirkungen auf deine heutige Lebenssituation.

4 Analysiere das Plakat (M2) und erarbeite, welche Botschaft vermittelt wird.

5 a) **Recherche:** Informiere dich mittels Internet über die „Deutsche Arbeitsfront" (DAF).

b) Finde heraus, weshalb die DAF den in M3 abgebildeten Versammlungsort ausgesucht hatte.

6 Wähle eine Aufgabe aus:

Nimm Stellung zur Kapitelüberschrift aus der Sicht

a) eines Mitgliedes der „Volksgemeinschaft",

b) eines sogenannten „Volksschädlings".

Webcode: FG640249-173
„Volksgemeinschaft"

Frauen in der „Volksgemeinschaft"

Bis heute ist die Rolle der Frauen im Nationalsozialismus umstritten.

- ***Spielten sie nur als Hausfrauen und Mütter eine aktive Rolle, so wie die NS-Ideologie dies vorsah? Wähle ein Material (A, B, oder C) und finde eine Antwort auf diese Frage.***

Aufgabe für alle:
Überprüft, in welchen Bereichen sich das Leben der Frauen in der „Volksgemeinschaft" im Gegensatz zur Weimarer Republik verändert hatte. Zieht dazu S. 130/131 heran.

Frauen zurück an den Herd?

Die „Gleichschaltung" erfasste auch die Frauen. Frauenvereine wurden in das „Deutsche Frauenwerk" und in den Parteiverband „NS-Frauenschaft" eingegliedert. Ziel war es, einerseits die Bedeutung der Frau für die „Volksgemeinschaft" deutlich zu machen, andererseits alle Volksgenossinnen durch gemeinnützige Aktivitäten für die „Volksgemeinschaft" zu mobilisieren.
Die ideologische Zielsetzung der Nationalsozialisten, Frauen „zurück an den Herd" zu schicken, wurde allerdings der Kriegsführung untergeordnet. Während des Krieges waren Frauen in den besetzten Gebieten im Einsatz. Dort beteiligten sie sich an rassistischer Diskriminierung und Verbrechen. Ihre Mittäterinnenschaft bei Gewalttaten blieb allerdings beschränkt. Frauen mussten nicht nur Sorge für die Familie tragen, sondern in der Arbeitswelt immer mehr die im Krieg kämpfenden Männer ersetzen.
Nicht zuletzt erhöhten sich gerade durch die Kriegswirtschaft die Karrierechancen für Frauen in der Wirtschaft und an den Universitäten.

A

M 1

„Muttertag 1939", Titelbild der Zeitschrift „NS-Frauen-Warte", 1939

M 2

Verleihung des Mutterkreuzes in Hamburg, Foto, 1940. Das „Ehrenkreuz der deutschen Mutter", wie es offiziell hieß, wurde seit 1938 als ordensähnliche Auszeichnung an Mütter mit vier oder mehr Kindern verliehen.

1 Beschreibe die Bilder (M1, M2) und die von ihnen ausgehenden Stimmungen.
2 Erkläre, was sie dem Betrachter vermitteln sollen.
3 Erfinde zu den Bildern jeweils einen kurzen inneren Monolog, in dem die Mutter ihre Rolle darlegt.

B

M3

Heiratsanzeigen in der Parteizeitung „Völkischer Beobachter", 12. August 1934:

1A SA-Scharführer, Anfang 30, Blutordensträger, blonder Vollgermane, kernig und erbgesund, sucht auf diesem Weg die Mutter seiner kommenden Kinder und Wahrerin seines Hortes. Selbe muss Garantin rassischer Vollwertigkeit kommender Geschlechter sein. Stattliche Blondine bevorzugt, nachgedunkelte Schrumpfgermanin unerwünscht. Eigenes Heim vorhanden.

1B Deutsche Minne, blondes BDM-Mädel, gottgläubig, aus bäuerlicher Sippe, artbewusst, kinderlieb, mit starken Hüften, möchte einem deutschen Jungmann Frohwalterin seines Stammes sein (niedere Absätze – kein Lippenstift). Nur Neigungsehe mit zackigem Uniformträger.

Zit. nach Wochenschau I, Nr. 2: Der NS-Staat, März/April 1995, S. 74.

1 Arbeite anhand von M3 die Rolle der Frau in der NS-Ideologie heraus.
2 Untersuche die Heiratsanzeigen auf Merkmale der typischen NS-Sprache. Erkläre den Sprachgebrauch.
3 Vergleiche die Heiratsanzeigen mit den Aussagen von M2 auf S. 173 und S. 174.

C

M4

Zeitungsartikel über die BDM-Haushaltsschule in Kaiserslautern (1934):

Wir erlebten einmal eine Zeit, da sich die Frau emanzipierte, alle Berufe ergriff und die natürlichen Aufgaben einer Frau und Mutter vernachlässigte. Diese Seuche griff verheerend um sich, und viele deutsche Frauen waren von ihr ergriffen, bis zu der Stunde, da das Lebensgesetz wieder in seine richtige Bahn gelenkt wurde und die Familie wieder zur lebenswichtigen Zelle des Staates erhoben wurde. Heute wissen wir, dass alles unnütz ist, wenn wir kein kinderreiches Land werden, wenn unsere Mädel nicht zu guten Müttern und Hausfrauen erzogen werden ... Aus diesem Grund werden auch BDM-Haushaltsschulen gegründet, die es jedem Mädel ermöglichen, eine praktische und weltanschauliche Ausbildung zu bekommen, damit den Schülerinnen bewusst wird, dass ihr Einsatz ... zum Segen der Volksgemeinschaft gefordert wird.

NSZ-Rheinfront vom 16. Juni 1937.

M5

Zeitungsartikel zum Kriegseinsatz von Frauen (1943):

Die Mädel haben sich freiwillig schon im Kriegseinsatz betätigt und wollen, bei der verstärkten Heranziehung von Frauen für Rüstungsaufgaben, dieses Gebiet ihrer Kriegsarbeiten ausbauen. Aus ihrer Initiative erwächst laufend ein weiterer Kriegseinsatz: Soldatenbetreuung, Hilfe für Soldatenkinder und Hinterbliebene, erweiterte Nachbarschaftshilfe für berufstätige Frauen, Hilfe in Krankenhäusern, im Ernteeinsatz. In Saarbrücken konnten Soldaten abgelöst werden, indem Mädel sich zum Dienst in Wehrmachtsküchen zur Verfügung stellten. In Neunkirchen ist die erste Feuerwehrschar des BDM ausgebildet. Im Bann [Bezirk] Neustadt kochten Mädel ländlicher Arbeitsgemeinschaften zum Teil als Ertrag der eigenen bewirtschafteten Bauerngärten 1973 Gläser Obst und Gemüse ein. Im gleichen Bann hat ein Rekordnähen für die Wehrmacht eingesetzt.

NSZ-Rheinfront vom 7. April 1943.

1 Arbeite anhand von M4 heraus, wie bereits die Mädchen auf ihre Rolle als Frau vorbereitet wurden.
2 Erkläre mithilfe von M4 und M5 die Veränderungen der Frauenrolle, die durch den Weltkrieg eintraten. Zähle einige Bereiche auf.
3 Suche aus M5 heraus, wer der Urheber dieser neuen Ausrichtung von Frauenarbeit ist. Bewerte M5 vor dem Hintergrund des Einleitungstextes.

Propaganda im Nationalsozialismus

Der Nationalsozialismus war eine Herrschaft des Terrors, der Ausgrenzung und Verfolgung. Dennoch haben viele Zeitzeugen positive Erinnerungen an diese Zeit. Warum ist das so? Wie wurde die öffentliche Meinung gestaltet? Welche Mittel wurden eingesetzt?

- ***Hier erhältst du Einblicke in den riesigen Propaganda-Apparat der Nationalsozialisten und kannst dir ein Urteil über dessen Wirksamkeit bilden.***

Massenmedien als Propagandainstrumente

Bereits für ihren Aufstieg hatten die Nationalsozialisten auf neue Medien gesetzt, um die Bevölkerung für sich zu gewinnen. Der Einsatz von Lautsprecheranlagen, Plakaten und Parteizeitungen zeigte Wirkung. „Hitler über Deutschland" titelte die NS-Propaganda 1932 anlässlich seiner Wahlkampfreisen per Flugzeug. Die bis dahin wenig bekannte Präsenz dieses Politikers vermittelte einen modernen und dynamischen Eindruck seiner Person.

Die NS-Führung nutzte insbesondere Rundfunk und Film, um die breite Masse zu erreichen. Der Rundfunk wurde das wichtigste Massenmedium im Dritten Reich*. Mittels des preisgünstigen Volksempfängers (siehe S. 170, M1) konnte der „Führer" eine immer größere Zahl von Hörern mit seinen Reden erreichen.

M 1

Schließung der Geschäfte anlässlich Hitlers Rede am 1. September 1939, in der er vor dem Reichstag den Polenfeldzug verkündet, Foto, 1939

Das Angebot an Filmen hatte eine große Bandbreite. Es umfasste politisch-propagandistische Filme ebenso wie Unterhaltungsfilme. 1200 Spielfilme und zahllose Wochenschau- sowie „Kulturfilme" entstanden während der NS-Zeit. Unter dem Deckmantel von „Dokumentationen" wurden Propagandafilme gefördert, unter anderem Filme über die Reichsparteitage oder den von Leni Riefenstahl gedrehten Film über die Olympischen Spiele 1936. Hetzfilme wie „Jud Süß" und „Der ewige Jude" vermittelten einen aggressiven Antisemitismus. Viele Unterhaltungsfilme sollten vor allem im Krieg dazu dienen, von den Problemen der Gegenwart abzulenken. Ab 1934 war allen Kinobesitzern vorgeschrieben, im Vorprogramm wenigstens einen „Kulturfilm" und die „Wochenschau" zu zeigen. Die „Kulturfilme" präsentierten scheinbar objektiv und sachlich Themen wie die Rassenlehre. Die „Wochenschau" war eine Nachrichtensendung, in der besonders die Leistungen des NS-Regimes dargestellt und gewürdigt wurden.

Das eigens geschaffene „Ministerium für Volksaufklärung und Propaganda" unter Minister Joseph Goebbels überprüfte und sorgte für die Einhaltung der Vorgaben der Nationalsozialisten durch sämtliche Massenmedien.

M 2

Deutsche Funkausstellung in Berlin, August 1939. Goebbels (Bildmitte) auf seinem Rundgang durch die Ausstellung mit Reichsintendant Dr. Glasmeyer (rechts im Bild)

M 3

Hitler mit Goebbels und dessen Tochter am Strand, Foto, 1935

M 4

Hitler schreibt in „Mein Kampf" über das Wesen der Propaganda:

Gerade darin liegt die Kunst der Propaganda, dass sie, die gefühlsmäßige Vorstellungswelt der großen Masse begreifend, in psychologisch richtiger Form den Weg der Aufmerksamkeit und weiter zum Herzen der breiten Massen findet. Versteht man aber die Notwendigkeit der Einstellung der Werbekunst der Propaganda auf die breite Masse, so ergibt sich weiter: Es ist falsch, der Propaganda die Vielseitigkeit geben zu wollen. Die Aufnahmefähigkeit der großen Masse ist nur sehr beschränkt, das Verständnis klein, dafür jedoch die Vergesslichkeit groß. Aus diesen Tatsachen heraus hat sich jede wirkungsvolle Propaganda auf nur sehr wenige Punkte zu beschränken und diese schlagwortartig so lange zu vertreten, bis auch bestimmt der Letzte ... das Gewollte sich vorzustellen vermag.

Adolf Hitler, Mein Kampf, 220./224. Auflage, München (Eher) 1936, S. 197.

M 5

Reichssendeleiter Eugen Hadamovsky über Grundsätze der Propaganda (1933):

Propaganda und abgestufte Gewaltanwendung [müssen] in ganz besonders kluger Form zusammenwirken ... Die Gewaltanwendung kann ein Teil der Propaganda sein. Dazwischen gibt es alle Arten der wirksamen Beeinflussung von Menschen und Massen, angefangen von der blitzartigen Erregung der Aufmerksamkeit, der gütlichen Überredung des Einzelnen bis hin zur trommelnden Massenpropaganda, von der losen Organisation der Gewonnenen bis zur Schaffung staatlicher oder halbstaatlicher Institutionen, vom individuellen bis zum Massenterror, von der legitimierten Gewaltanwendung des Stärkeren, Stand, Klasse, Staat, bis zur militärischen Erzwingung von Gehorsam und Disziplin im Standrecht.

Eugen Hadamovsky, Propaganda und nationale Macht, Oldenburg (Gerhard Stalling) 1933, S. 22 und 39.

1 Erkläre den Begriff „Propaganda". Erstelle eine Mindmap.

2 Bei besonders wichtigen Ereignissen und Reden wurde „Gemeinschaftsempfang" verordnet (M1). Erläutere die Absicht dahinter.

3 Betrachte M2. Erörtere das Verhältnis zwischen NS-Staat und Medien.
Tipp: Nimm den Darstellungstext und S. 170 M1 zu Hilfe.

4 Beschreibe M3 und lege dar, warum es sich bei dem Foto um Propaganda handelt.

5 Notiere in Stichpunkten, durch welche Medien die Nationalsozialisten die Bevölkerung beeinflussten und lenkten (Darstellungstext und Quellen).

6 Arbeite Wesen und wesentliche Ziele von Propaganda heraus (M4 und M5).

Webcode: FG640249-177
NS-Propaganda

Spielfilme untersuchen

Der Spielfilm verfolgt wie literarische Werke in der Regel zwei Ziele: Er will unterhalten und eine Botschaft vermitteln. Hier kannst du untersuchen, wie Spielfilme aus nationalsozialistischer Produktion geschickt Unterhaltung und Spannung mit Propaganda für die eigene Politik verbanden.

Filme in der NS-Zeit

„Auch die Unterhaltung ist heute staatspolitisch wichtig, wenn nicht sogar kriegsentscheidend", erklärte Propagandaminister Goebbels 1942. Das Kino hatte sich in der Diktatur zu einem sehr populären Medium entwickelt und wurde genutzt, um die Bevölkerung von Alltagssorgen und Bombardierungen abzulenken und politisch zu beeinflussen. Unter den über tausend Filmen, die zwischen 1933 und 1945 entstanden, handelte es sich überwiegend um Unterhaltungsfilme, die unterschwellig die Zuschauer beeinflussen sollten. Zu dieser Kategorie gehörte der Film „Quax, der Bruchpilot" aus dem Jahre 1941.

Ein Fliegerfilm mitten im Krieg

Der Film erzählt von Otto Groschenbügel (Heinz Rühmann), der als kleiner Angestellter eines Verkehrsbüros in dem Ort Dünkelstätt bei einem Wettbewerb eine kostenlose Ausbildung zum Sportflieger gewinnt. Obgleich von Natur aus ängstlich, macht ihn die plötzliche Berühmtheit im Ort zum Angeber. Dieses Verhalten wird jedoch nicht in der Fliegerschule akzeptiert. Er lernt im Lauf der Handlung durch den disziplinierten und engagierten Ausbilder Hansen (Lothar Firmans), der für ihn gleichsam eine Vaterfigur verkörpert, sich in die Gemeinschaft der Flugschüler einzugliedern. Schließlich erobert er mit Charme und Witz auch das Herz Mariannes (Karin Himboldt), die aus vermögendem Elternhaus stammt und wird selbst Fluglehrer. Seine ersten Flugschüler begrüßt er am Ende des Films mit den Worten: „Fliegerische Zucht und Ordnung steht über allem."
Der Film erfreute sich wegen der spektakulären Flugszenen, die alle von Rühmann geflogen wurden, ungewöhnlich großer Beliebtheit und brachte hohe Gewinne ein. Die Nationalsozialisten brauchten im Jahr der Produktion dringend fliegerischen Nachwuchs. Sie wollten mit diesem Film aufzeigen, dass auch ein kleiner Mann zum Helden werden kann. Nach dem Zweiten Weltkrieg verboten die Alliierten zunächst die Vorführung des Films, der aber in der jungen Bundesrepublik wieder sehr beliebt wurde.

M 1

„Quax, der Bruchpilot", Filmplakat, 1941

M 2

Otto Groschenbügel alias Heinz Rühmann im Gespräch mit seinem Ausbilder Fluglehrer Hansen (Lothar Firmans), Szenenfoto

Arbeitsschritte „Spielfilme untersuchen“

Formale Betrachtung	Lösungshinweise
1. Wer ist der Regisseur?	• *Kurt Hoffmann (1910–2001)*
2. Wer hat das Drehbuch geschrieben?	• *Robert Adolf Stremmle nach einer Idee des Fliegermajors Hermann Grote*
3. Was war der Anlass für die Filmproduktion?	• *Heinz Rühmanns Wunsch, einen Film zu drehen, in dem sein Hobby (das Fliegen) im Mittelpunkt steht*
4. Welche Schauspieler sind beteiligt?	• …
5. Drehort	• *Außenaufnahmen u.a. bei Prien am Chiemsee*
Handlungsablauf untersuchen	
6. Lassen sich unterschiedliche Handlungsebenen erkennen?	*a) Haupthandlung: ein Angeber und Angsthase lernt fliegen* *b) Entwicklung einer Vater-Sohn-ähnlichen Beziehung zwischen dem Flugschüler und seinem Lehrer* *c) Liebesgeschichte zwischen Marianne und Otto*
7. Worin besteht der Höhepunkt? Gibt es mehrere Höhepunkte?	• *Ballonfahrt Ottos und Mariannes, in deren Verlauf sich der Angeber zum Retter wandelt*
Figurenkonstellation analysieren	
8. In welcher Beziehung stehen die Filmfiguren zueinander?	• *Otto Groschenbügel und Fluglehrer Hansen in einer Vater-Sohn-Beziehung; Otto Groschenbügel als Angeber und Knecht Alois als Spaßmacher*
9. Werden Typen oder Charaktere dargestellt?	• *Mischung aus Typen (Knecht Alois) und Charakteren (Groschenbügel): Komödie*
10. Welche Entwicklung erfährt die Hauptfigur?	• *Wandel …*
Technische Gestaltungsmittel auf ihre Wirkung hin überprüfen	
11. Kameraführung und Kameraeinstellungen, Musik, Licht, Farbe	• *spektakuläre Flugszenen (Loopings u.a.), Installation von Kameras vor dem Cockpit* • *bekannter Schlager „Heimat, deine Sterne“*
Botschaft des Films erfassen	
12. Welche Wertung ist erkennbar?	• *Disziplin, Gehorsam, Anpassung an die Gemeinschaft, Orientierung an der Abenteuerlust der Zuschauer und dem Wunsch, die eigenen Grenzen auszuloten*
13. Wozu fordert der Film auf (Appell, Unterhaltung)?	• …

1 Charakterisiere die Filmfigur Otto Groschenbügel entsprechend der Darstellung in M1 und M2.

2 Seht euch den Film an, sucht Szenen aus, die die in den Arbeitsschritten aufgezeigten Informationen widerspiegeln. Ergänze die fehlenden Informationen in der Tabelle. Lies dazu auch den Darstellungstext.

3 Analysiere M1 mithilfe der Methode „Propagandaplakate untersuchen“ (siehe S. 127). Beziehe dabei die Frage mit ein, an welches Publikum sich der Film aus dem Jahr 1941 richten sollte.

Ideologievermittlung durch Feste und Feiern

Perfekt organisierte Massenveranstaltungen, Faszination für das Publikum.

- ***Wie schafften es die Nationalsozialisten, den Ablauf von Feiern und Festen so minutiös zu inszenieren, dass sie die Teilnehmer begeisterten und zu Publikumsmagneten wurden?***
- ***Welche politischen Absichten verfolgten die Nationalsozialisten mit solchen Massenveranstaltungen?***

M 1

Reichsparteitag in Nürnberg 1933, Einmarsch der NS-Führungsspitze, Foto, 1933

„Du bist nichts, dein Volk ist alles!"

An keinem Ort wurde diese Parole der NS-Ideologie so deutlich wie auf den Festveranstaltungen der NSDAP. Gleich den großen kirchlichen Feiertagen waren sie fest in den Jahreslauf des NS-Regimes integriert. Angefangen am 30. Januar mit der Feier des Tages der „Machtübernahme", über den 1. Mai (den Tag der Arbeit), Muttertag (Verleihung des Mutterkreuzes), das Erntedankfest (Anfang Oktober) bis hin zum Gedenktag für die „Märtyrer der Bewegung" aus Anlass des Hitlerputsches am 9. November 1923, bildeten sie feste Rituale, die mit Aufmärschen, Paraden und Wehrmachtsvorführungen von zigtausenden Soldaten zelebriert wurden. Mit dieser Feierkultur sollte das Zusammengehörigkeitsgefühl der „Volksgemeinschaft" gefördert werden. Höhepunkt im Jahresablauf war die Selbstdarstellung der NSDAP auf den perfekt geplanten Reichsparteitagen. Sie fanden immer Anfang September in Nürnberg statt und standen jeweils unter einem Motto wie „Sieg des Glaubens" (1933) oder „Triumph des Willens" (1934).

Das Reichserntedankfest

Bäuerinnen und Bauern bildeten in der NS-Ideologie eine zentrale Stütze des deutschen Volkes. Hitler strebte „angesichts der feindlichen Nachbarn" nach einer von Importen unabhängigen Lebensmittelversorgung Deutschlands. In der Propaganda hieß die Bauernschaft „Reichsnährstand"*. Ein Beispiel inszenierter Feier-Propaganda waren die Reichserntedankfeste auf dem Bückeberg bei Hameln an der Weser. Zum ersten Mal wurde das Fest am 1. Oktober 1933 mit etwa 500 000 Menschen veranstaltet. Das deutsche Bauerntum – so die offizielle Losung – sollte an diesem Tag ein Bekenntnis zum neuen Reich ablegen.

M 2

Auszug aus dem Programmheft zum Erntedankfest auf dem Bückeberg am 6. Oktober 1935:

7 Uhr: Beginn des Aufmarsches der Teilnehmer. Ab 8 Uhr: Darbietungen durch Volkstanzgruppen, Sing- und Spielgruppen, Massenchöre und Musik; 8000 bäuerliche Trachtenträger, Träger von Feldzeichen und Fahnen rücken zur Spalierbildung vor. Gegen 12 Uhr: Eintreffen des Führers auf dem Kundgebungsgelände; Abfeuern von 21 Schuss Salut. 12.19 Uhr: 3 Knallbomben als Zeichen zur Eröffnung der Kundgebung; Überreichung einer Erntekrone an den Führer. Chor „Segnung". 12.25 Uhr: Eröffnungsansprache Reichsminister Dr. Goebbels. Begrüßungsflug von 7 Staffeln der Luftwaffe; Beginn der Gefechtsübung der Wehrmacht. 13.25 Uhr: Rede des Führers; danach Deutschland-Lied, Horst-Wessel-Lied; Abfahrt des Führers; Abschuss von 200 Fallschirmbomben (mit Hakenkreuzfähnchen); Beginn des Abmarsches der Teilnehmer. 19 Uhr bis 7. Okt., 7 Uhr: Abfahrt der Sonderzüge. 20 Uhr: Empfang der Bauernabordnungen durch den Führer in der Kaiserpfalz Goslar. 21.15 bis 21.25 Uhr: großes Feuerwerk.

Zit. nach Bernhard Gelderblom, Die Reichserntedankfeste auf dem Bückeberg, Hameln (Niemeyer) 1998, S. 16f.

M 3

Rede Hitlers anlässlich des Reichserntedankfestes auf dem Bückeberg (1937):

Glauben Sie: Wir stehen schwereren Aufgaben gegenüber als andere Staaten und andere Länder: Zu viele Menschen auf einem zu kleinen Lebensraum, es mangelt an Rohstoffen, mangelt an Anbaufläche, und trotzdem: Ist Deutschland nicht schön? Ist Deutschland nicht trotzdem wunderbar? Lebt unser Volk nicht trotzdem so anständig? Mögen Sie alle mit irgendetwas anderem tauschen? (stürmische „Niemals"-Rufe der Massen) ...

Wir haben keine Lust, mit irgendjemandem Händel anzufangen. Aber es soll auch jeder wissen: Den Garten, den wir uns bestellt haben, den ernten wir auch allein ab, und niemand soll sich einbilden, jemals in diesen Garten einbrechen zu können! Das können sich die internationalen jüdischen Bolschewistenverbrecher gesagt sein lassen: Wo immer sie auch hingehen – an der deutschen Grenze stoßen sie auf ein eisernes Stopp! (lang anhaltende begeisterte Zustimmung)

Völkischer Beobachter vom 4. Oktober 1937, S. 3.

1 **Wähle eine Aufgabe aus:**
 a) Beschreibe die Stimmung, welche das Bild (M1) vermittelt.
 b) Vergleiche M4 mit dem Bild auf S. 142/143.
 Tipp: Wie wird der „Führer" jeweils dargestellt?

2 **Partnerarbeit:** Erörtert, wie es die Nationalsozialisten schafften, die Bevölkerung in Massen zu verführen (M1–M2, M4 und Darstellungstext).

3 **a)** Recherchiere die Ursprünge des Erntedankfestes (Lexikon, Internet).
 b) Erläutere, wie es den Nationalsozialisten gelang, dieses Fest zu instrumentalisieren (Darstellungstext, M4).
 c) Nimm Stellung zu dieser Instrumentalisierung.

4 Untersuche die Rede M3. Notiere, welche rhetorischen Mittel Hitler einsetzte, um seine Zuhörer zu beeinflussen.
 Tipp: Lies die Rede laut vor.

M 4

Reichserntedankfest auf dem Bückeberg bei Hameln, Foto, Oktober 1937

Webcode: FG640249-181
Reichsparteitagsgelände

Freizeit im NS-Staat

Gehe ich mit Freunden ins Kino oder chatte ich lieber? Wie wir unsere Freizeit verbringen und wohin wir in Urlaub fahren, bestimmen wir weitgehend selbst.

- ***Wie sah das zur Zeit des Nationalsozialismus aus?***
- ***Gab es attraktive Freizeitangebote?***

Begib dich auf Spurensuche.

„Kraft durch Freude“

Im Mai 1933 waren im Zuge der nationalsozialistischen Gleichschaltungspolitik die Gewerkschaften aufgelöst worden. Die NS-Organisation „Deutsche Arbeitsfront“ (DAF) vertrat von nun an die Interessen der Arbeiterschaft, darunter auch die Frage des Urlaubsanspruchs. Im November 1933 wurde die DAF-Organisation „Kraft durch Freude“ (KdF) gegründet, welche ein umfangreiches Freizeitangebot für die Bevölkerung organisierte. Neben „Bunten Abenden“, Gymnastikkursen, Schwimmlehrgängen, Nähkursen oder Schachturnieren gab es auch ein umfangreiches kulturelles und touristisches Freizeitangebot. Theateraufführungen, Konzerte, Kunstausstellungen oder Vorträge wurden bis 1938 von über 38 Millionen Menschen besucht.

Mit ihren Aktivitäten unterstützte die KdF den Gedanken der „Volksgemeinschaft“. Damit sollte die Arbeiterschaft für die Weltanschauung der Nationalsozialisten gewonnen werden. Die vielfältigen Angebote der KdF-Organisation dienten allerdings auch der Erhöhung der Arbeitsleistung.

Der Beginn des Massentourismus

Kurz mal einen All-inclusive-Urlaub zu buchen, ist heute fast schon selbstverständlich. Die Organisation der KdF ermöglichte erstmals auch dem „kleinen Mann“ und seiner Familie den Luxus größerer Reisen. Sie war der größte Reiseveranstalter im Dritten Reich. 43 Millionen Reisen verkaufte die KdF bis 1939, der überwiegende Teil davon waren Tagesausflüge.

Besonders beliebt waren Urlaubsziele zu Schiff nach Norwegen, Madeira oder Italien. Die Preise lagen zwischen einer und fünf Reichsmark für Kurzreisen und 120 Reichsmark für eine Schiffsreise nach Madeira. Das durchschnittliche Monatseinkommen eines Arbeiters lag bei 150 Reichsmark.

Das „KdF-Seebad der Zwanzigtausend“

Das Seebad Prora an der Ostsee sollte für den neuen Massentourismus Maßstäbe setzen. Robert Ley, Chef der DAF, begründete den Bauplan des Großprojektes: „Wir verloren den Krieg [Erster Weltkrieg], weil wir die Nerven verloren haben … Deshalb will der Führer, dass die Nerven des Volkes gesund und stark bleiben.“

1936 wurde mit dem Bau einer 4,5 Kilometer langen Badestadt begonnen. Die Anlage mit Meeresterrassen sollte ein Theater, mehrere Kinos, Kuranlagen, Läden, zwei Schwimmhallen, Schule, Krankenhaus, Parkhaus sowie einen Festplatz von 40 000 Quadratmetern umfassen. Bis zu 20 000 Menschen und 2000 Beschäftigte sollte das riesige Bauprojekt beherbergen. Prora wurde nie ganz fertiggestellt. Während des Zweiten Weltkrieges diente Prora als Arbeitsstätte für Zwangsarbeiter und Kriegsgefangene, später als Notunterkunft für Ausgebombte und als Krankenstation für Flüchtlinge aus dem Osten.

M 1

Betriebssport, NS-Gemeinschaft „Kraft durch Freude“, Plakat, 1934/39

M 2 *Plakat der Organisation „Kraft durch Freude“, 1939*

M 4 *Prora, Foto, 2012*

1 Arbeite aus dem Darstellungstext und aus den Materialien die Ziele heraus, welche die Organisation „Kraft durch Freude“ verfolgte.

2 Stelle dar, worin die Faszination der Plakate (M1, M2 und M5) bestand.
Tipp: Nimm die Arbeitsschritte „Propagandaplakate untersuchen“ zu Hilfe (S. 127).

3 Erläutere die Aussage: „Die KdF war die totale Inbesitznahme der Menschen durch die Nationalsozialisten.“

4 **Recherche:** „5 Mark die Woche musst du sparen – willst du im eigenen Wagen fahren.“
Finde heraus, was aus der propagandistisch versprochenen Mobilisierung (M5) wurde. Referiere deine Ergebnisse vor der Klasse.

5 **Wähle eine Aufgabe aus:**
a) Recherche: Rekonstruiere die Geschichte von Prora nach dem Zweiten Weltkrieg.
b) Nimm kritisch Stellung zum historischen Wert solcher Bauwerke.

M 3

Prora, Blick in eine Wohn-Schlaf-Einheit, Foto, undatiert

M 5

Plakatentwurf von Atelier Brach, 1939

Webcode: FG640249-183
Das „KdF-Seebad“ Prora

Jugend im Nationalsozialismus

1926 wurde die Hitlerjugend (HJ) gegründet. Der erwartete Ansturm auf die HJ blieb allerdings aus. Bis Ende 1932 waren 100 000 Jugendliche in die HJ eingetreten. Zwei Jahre später betrug die Anzahl der Mitglieder bereits 3,5 Millionen.
- ***Was machte die HJ für Jugendliche so spannend und attraktiv?***

M 1 *Hitlerjugend beim Appell, Foto, 1936*

M 2 *Mitgliederwerbung für den Bund Deutscher Mädel (BDM), Plakat, 1937*

Die HJ als wachsende Organisation

Mit Hitlers Amtsantritt am 30. Januar 1933 begann eine gewaltige Kampagne, um die Jugendlichen zum Eintritt in die HJ zu bewegen. Geworben wurde mit Fahrten und Zeltlagern. Sondereinheiten wie die Reiter-, Motor-, Flieger-, oder Nachrichten-HJ zogen insbesondere technisch Begabte und sportliche Jugendliche an. Für künstlerisch Talentierte gab es Fanfarenzüge und Theaterspielscharen. 1936 wurde erstmals ein Jahrgang zu fast 100 Prozent erfasst, weil die Mitgliedschaft per Gesetz verpflichtend war.

„Jugend muss von Jugend geführt werden"

Die Hitlerjugend war hierarchisch aufgebaut. Jugendliche standen Jugendlichen als „kleine" Führer vor. An oberster Stelle stand der Reichsjugendführer Baldur von Schirach. Die HJ gliederte sich in das Deutsche Jungvolk (DJ), die Hitlerjugend (HJ) für die männlichen Jugendlichen sowie die Jungmädel (JM) und den Bund Deutscher Mädel (BDM) für die weiblichen Jugendlichen. Im Jungvolk und bei den Jungmädel waren die 10- bis 14-Jährigen organisiert, in HJ und BDM die 14- bis 18- bzw. bis 21-Jährigen.

Ideologische Schulung der Jugend

Die HJ war seit ihrer Gründung rassistisch ausgerichtet. Antisemitische Parolen und Lieder wurden in den sogenannten Heimabenden vermittelt. Jüdischen Jugendlichen war der Beitritt in die HJ verwehrt.
Bei allen Aktivitäten der HJ spielte vor allem das Leitbild des Soldaten eine wichtige Rolle. Die soldatischen Tugenden – Disziplin, Gehorsam und Opferbereitschaft – sollten während Wochenendfahrten spielerisch geübt werden. Die vormilitärische Ausbildung, welche auch Schießübungen umfasste, galt als Vorbereitung der Jungen auf den Krieg. Der BDM bereitete die Mädchen auf ihre Rolle als Ehefrau und Mutter vor. Neben hauswirtschaftlichen Aufgaben und Leibesübungen wurden sie auch nach Maßgabe der „Rassenhygiene" geschult. Ihre Aufgabe war es, später „erbgesunde" Kinder zur Welt zu bringen.

M 3

Eine Tochter berichtet über die Ausgrenzung ihres Vaters (1995):

Mein Vater berichtete, dass er wochenlang im Sommer 1933 auf der Suche nach einer Lehrstelle war. Der Grund für die Nichteinstellung war immer derselbe: Nichtmitglied der HJ. Es war ihm schließlich möglich, eine Lehrstelle bei einer jüdischen Firma zu bekommen. Nach und nach wurde in den einzelnen Provinzen der katholischen Jugend verboten, Uniformen zu tragen, das Christusabzeichen zu zeigen oder Wanderungen zu unternehmen. Man ließ sich dadurch nicht entmutigen, man trug das Christuszeichen unter dem Jackenaufschlag oder man nagelte es sogar unter die Schuhe.

Zit. nach Eva Wetzler, Die Katholische Kirche und der Nationalsozialismus in Ludwigshafen 1933–1945, Bd. 2: Die Laien, hg. vom Archiv des Bistums Speyer, Speyer (Pilger Verlag) 1995, S. 97f.

M 4

Gesetz über die Hitlerjugend (1936):

Von der Jugend hängt die Zukunft des deutschen Volkes ab. Die gesamte deutsche Jugend muss deshalb auf ihre künftigen Pflichten vorbereitet werden. Die Reichsregierung hat daher das folgende Gesetz beschlossen ...:

§1 Die gesamte deutsche Jugend innerhalb des Reichsgebiets ist in der Hitlerjugend zusammengefasst.

§2 Die gesamte deutsche Jugend ist außer in Elternhaus und Schule in der Hitlerjugend körperlich, geistig und sittlich im Geiste des Nationalsozialismus zum Dienst am Volk und zur Volksgemeinschaft zu erziehen.

Zit. nach Wolfgang Michalka (Hg.), Deutsche Geschichte 1933–1945, Dokumente zur Innen- und Außenpolitik, Frankfurt a. M., (Fischer Taschenbuchverlag) 2000, S. 90.

M 5

Ausschnitt aus einem Zeitungsartikel über das Führerlager der HJ am Gelterswoog, Kaiserslautern (1937):

Das beste Mittel, um unsere Jugend zur Kameradschaft zu erziehen, ist das Lager. Hier sind sie aufeinander angewiesen, hier sind sie eine Mannschaft, die Freud und Leid miteinander teilt, hier ist das Leben nur bei strengster Disziplin möglich und hier lernt derjenige gehorchen, der einst befehlen wird. Nirgends lässt sich die weltanschauliche Grundlage, die allein zur wahren Kameradschaft und Schicksalsgemeinschaft führen, besser schaffen. Am Samstagnachmittag marschierten ungefähr 400 Hitlerjugend-Führer hinaus an den Gelterswoog, wo auf der Wiese vor dem Weiher die schönen weißen Zelte aufgeschlagen waren.

Am Sonntagmorgen saß man um die lustig im Winde flatternde HJ-Fahne. Der Gebietsführer hielt an die Hitler-Jungen eine Ansprache, in der er sich über den Sinn der Kameradschaft und der Pflicht gegenüber Deutschland ausließ, denn alle die jungen Führer haben Vorbild zu sein und ihrer Gefolgschaft den Weg zu zeigen, der gegangen werden muss, um das große Werk des Führers zu vollenden. Man konnte die Jungen bei schönen sportlichen Spielen beobachten. Mit Fäusten gingen die Gegner aufeinander los, Mut und Tapferkeit im Kleinen beweisend. Unter großem beipflichtendem Hallo der Zuschauer schlugen die gepolsterten Fäuste auf den Gegner ein, von denen keiner sich allzu schnell ergab. Wer Lust hatte, schwamm in dem schon 18 Grad warmen Wasser.

NSZ-Rheinfront vom 18. Mai 1937.

1 Untersuche mittels M1, M2 und M5, was die Jugendlichen damals an der Hitlerjugend fasziniert haben könnte.

2 Fasse zusammen, zu welchen Eigenschaften die Jugendlichen in der HJ und im BDM erzogen werden sollten (M1, M4, M5 und S. 175 M4, M5).

3 Erläutere, was es für Jugendliche bedeutete, wenn sie sich nicht der HJ anschlossen (M3).

4 Arbeite aus dem Darstellungstext die Ziele der nationalsozialistischen Jugendorganisationen heraus.

5 Nimm Stellung zum Umgang des NS-Staates mit seiner Jugend. Vergleiche mit unserer heutigen Demokratie.

Webcode: FG640249-185
Jugend im Nationalsozialismus

Schule im Nationalsozialismus

An keinem anderen Ort lassen sich Kinder und Jugendliche besser beeinflussen als in der Schule. Neue Unterrichtsfächer und Rituale gehörten nach 1933 zum Schulalltag im nationalsozialistischen Deutschland.

- ***Welche Konflikte ergaben sich für Lehrer und Schüler aus dem Druck der rassistischen Ideologie?***
- ***Was geschah mit Verweigerern?***

Schule als gleichgeschaltete Institution

Die nationalsozialistische Propaganda und der „Führerkult" waren auch in der Schule präsent. Hitlerporträts und Fahnen mit Hakenkreuzen hingen in jedem Klassenzimmer. Gegrüßt wurde mit dem Hitlergruß. Es fanden regelmäßig Fahnenappelle statt. Die Lehrkräfte wurden gleichgeschaltet, sie mussten dem NS-Lehrerbund beitreten. Jüdische Lehrkräfte durften nach der Machtergreifung nicht mehr unterrichten. Ab 1936/37 wurde der Schulunterricht noch mehr im Sinne des NS-Rassismus umgestaltet. Besonders die Fächer Biologie und Geschichte eigneten sich für die Einflussnahme durch NS-Gedankengut. Der Geschichtsunterricht beschränkte sich auf die deutsche Geschichte und die der „nordischen Rasse". Im Biologieunterricht wurden „Vererbungslehre" und „Rassenkunde" eingeführt. Das Fach Sport erhielt eine erhöhte Stundenzahl, damit das nationalsozialistische Ideal der körperlichen Ertüchtigung umgesetzt werden konnte.

Schulen für den NS-Führungsnachwuchs

Trotz aller Maßnahmen des NS-Staats blieb die Schule in ihren Grundzügen weitgehend bestehen. Deshalb schufen die Nationalsozialisten neben den herkömmlichen Schulen „Eliteschulen" wie die Adolf-Hitler-Schulen (AHS), die Nationalpolitischen Erziehungsanstalten (Napola) und die sogenannten Ordensburgen.

Die AHS waren Internate, die die Schüler fünf Jahre lang besuchten. Der Eintritt erfolgte im Alter von 12 bis 13 Jahren nach einer genau festgelegten Prüfung und unter Einhaltung bestimmter Vorgaben, wie einem einwandfreien Ahnennachweis. Weitere Grundvoraussetzungen der Aufnahme waren die Erbgesundheit der Familie sowie ein Engagement in der NSDAP oder ihren angeschlossenen Verbänden. Die Schulzeit endete mit dem Erwerb des „Diploms der Adolf-Hitler-Schulen", welches mit dem staatlichen Abitur gleichgesetzt war. Den Absolventen stand damit jede Laufbahn innerhalb der NSDAP und des Staates offen. Die AHS galten als Vorstufe für die Partei-Ordensburgen.

Die Nationalpolitischen Erziehungsanstalten unterstanden dem „Reichsministerium für Wissenschaft, Erziehung und Volksbildung". Wie auch die AHS waren sie kostenlose Internatsschulen, welche begeisterte und fähige Nationalsozialisten erziehen sollten. Die Absolventen der „Napola" sollten weiterstudieren oder einen Beruf ergreifen.

M 1

Schulunterricht, Foto, 1941

Filmtipp:
„Napola – Elite für den Führer", Deutschland 2004;
Regie: Dennis Gansel.
Film über die Freundschaft zweier Jugendlicher während ihrer Ausbildung in einer Napola.

M 2

Otto Jehuda Reiter über seine Schulzeit (1983):
[1933] kam es an meiner Schule zu ersten antijüdischen Ausschreitungen. In der Pause rotteten sich die Schüler auf dem Schulhof zusammen, und unter den Augen des aufsichtführenden Lehrers gelang es meinen Mitschülern, mich in einen der Papierkörbe zu stecken und mich mit viel Geschrei zu umtanzen. Schlagartig setzte nun eine Veränderung auf fast allen Gebieten des Schulbetriebs ein. Die Lehrer wurden aufgefordert, beim Betreten der Klasse den deutschen Gruß zu grüßen, und die Schüler antworteten im Chor. Nur einige Mitschüler wagten es noch, mit mir überhaupt zu reden. In den kommenden Jahren war eine besondere Schulbank an der Seite des Klassenzimmers für mich bestimmt. In den Jahren 1933 bis 1937 wurden viele Unterrichtsstunden gleichgeschaltet .... In den Turnstunden wurde fast nur Wehrsport getrieben. Aber trotz aller Versuche, alles durchzustehen: ... blieb mir nichts anderes übrig, als 1937 auf eine jüdische Schule überzuwechseln. Am 9. November 1938 wurde das Seminar [die Schule] während der sogenannten Kristallnacht zerschlagen, wir Schüler mit den Lehrern zusammen verhaftet und in die KZs überführt.

Zit. nach Geert Platner (Hg.), Schule im Dritten Reich. Erziehung zum Tod? Eine Dokumentation, München (dtv) 1983, S. 145ff.

M 3

Ordensburg Sonthofen, Oberallgäu/Bayern, Modell, ca. 1934

M 4

Helmut Steiner will Priester werden (1995):
Schulleiter Grassl kam mehrmals in der Woche in meine Klasse und brüllte mich an: „Ich dulde keine Kommunisten an meiner Schule." ...
1938 wurde ein Verfahren gegen mich eingeleitet wegen „Politischer Umtriebe". Wir wurden von der Gestapo rigoros verhört. Ich ... kam in das Ludwigshafener Gefängnis in Einzelhaft kurz vor dem Abitur. Während der Verteilung der Abiturzeugnisse warf Grassl mir das Zeugnis vor versammelter Lehrerschaft, Elternschaft und Schülerschaft vor die Füße, da ich bei der Verteilung nicht mit dem „Deutschen Gruß" grüßte, sondern mich nur verneigte ... Später erfuhr mein Vater, auf Anordnung von Grassl seien meine Noten herabgesetzt worden ... Ich bekam vom Sondergericht in Frankenthal die Mitteilung, dass ich unter die Amnestie [Straferlass] falle, dass eine Strafe unter zehn Monaten Gefängnis zu erwarten sei.
Mein Vater ... wurde nicht mehr befördert mit der Begründung, die Tatsache, dass ich katholischer Priester werden wolle, beweist, dass er nicht in der Lage gewesen sei, seine Familie im NS-Geist zu erziehen.

Zit. nach Eva Wetzler, Die Katholische Kirche und der Nationalsozialismus in Ludwigshafen 1933–1945, Bd. 2: Die Laien, hg. vom Archiv des Bistums Speyer, Speyer (Pilger Verlag) 1995, S. 175f.

1 Arbeite heraus, wie sich Schule unter dem NS-Regime veränderte (M1, Darstellungstext).
2 Erörtere, aus welchen Gründen sich Schüler und Eltern um die Aufnahme in derartige Schulen bemühten (Darstellungstext).
3 Fasse zusammen, wie der NS-Staat mit jüdischen Lehrern und Schülern umging (M2, Darstellungstext).
4 **a)** Beschreibe die Architektur der Ordensburg Sonthofen (M3).
b) Recherche: Informiere dich über die NS-Ordensburgen. Schreibe einen kurzen Beitrag über die Ergebnisse deiner Nachforschungen.
5 **Recherche:** Finde heraus, wo es im Gebiet des heutigen Rheinland-Pfalz NS-Eliteschulen gab. Berichte.
6 Gib die Vorwürfe wieder, die gegen Helmut Steiner erhoben werden (M4). Bewerte diese.

Webcode: FG640249-187
Schule im Nationalsolzialismus

Die Ausgrenzung der deutschen Juden bis 1938

Nach der Machtübernahme 1933 setzten die Nationalsozialisten ihre judenfeindlichen Ziele in die Praxis um.

- *Mit welchen Maßnahmen gelang es ihnen, die Juden innerhalb weniger Jahre systematisch aus dem öffentlichen und politischen Leben zu verdrängen?*

M 1

Boykott jüdischer Geschäfte, SA-Männer vor dem Berliner Kaufhaus Wertheim, Foto, 1933

Juden in Deutschland vor 1933

Während der Weimarer Republik lebten die deutschen Juden mit allen Bürgerrechten unter dem Schutz der demokratisch liberalen Verfassung. Dennoch kam es – wie schon im Kaiserreich – immer wieder zu antisemitischer Propaganda und Übergriffen auf Juden durch die politische Rechte. Die Wenigsten machten sich allerdings wegen der antisemitischen Haltung Hitlers und der Drohungen seiner Parteigenossen gegen Juden große Sorgen. Auch jüdische Organisationen konnten sich nicht vorstellen, dass das antisemitische Parteiprogramm der NSDAP jemals zur staatlichen Politik erhoben würde. Kaum einer ahnte, wie schnell und unmenschlich das NS-Regime den Hass auf Juden in Gesetze und Verfolgungen umwandeln würde.

Entrechtet, diskriminiert, beraubt

Unmittelbar nach der Machtergreifung begannen spontane Übergriffe von Nationalsozialisten gegen die jüdische Bevölkerung. Die erste geplante Aktion war der am 1. April 1933 inszenierte Boykott-Tag. Überall hingen Schilder mit der Aufschrift „Deutsche, kauft nicht bei Juden!". Der Aufruf galt auch für die Konsultation von jüdische Ärzten und Rechtsanwälten. Mit der Gleichschaltung (siehe S. 158/159) wurden jüdische Funktionäre und Mitglieder aus den meisten Vereinen hinausgeworfen. Mit dem „Gesetz zur Wiederherstellung des Berufsbeamtentums" 1933 verloren alle jüdischen Beamten ihren Posten, darunter viele Lehrerinnen und Lehrer, Beamte in Verwaltungen und jüdische Ärzte im Gesundheitswesen und in Krankenhäusern. Die Krankenkassenzulassung wurde ihnen entzogen; sie konnten nur noch Privatpatienten betreuen.

Die „Nürnberger Gesetze" vom September 1935 stellten die rechtliche Grundlage zur weiteren Entrechtung und Ausgrenzung der Juden aus der „Volksgemeinschaft" dar. Juden verloren das Wahlrecht und durften keine politischen Ämter mehr bekleiden. Eheschließungen zwischen Deutschen und Juden waren als „Rassenschande" verboten. Ab 1935 häufte sich die Aufschrift „Juden unerwünscht" an Ortseingängen, Restaurants sowie bei Sportvereinen. Weitere Berufsverbote nahmen immer mehr Juden ihre Existenzgrundlage. Ab 1938 war jüdischen Schülern und Studenten der Besuch von Schulen und Universitäten untersagt. Jüdische Ladeninhaber mussten ihre Geschäfte aufgeben. Weitere Verbote betrafen das Auto- und Motorradfahren. Führerscheine wurden entzogen. Ab dem Sommer 1938 wurden Juden gezwungen, die Zwangsvornamen „Israel" bzw. „Sara" zu führen. Den vorläufigen Höhepunkt dieser Serie von Diskriminierungen stellte die Pogromnacht vom 9./10. November dar (siehe S. 190/191).

M 2

Der Historiker Hannes Ziegler über das Vorgehen gegen die Juden in der Pfalz 1933:

In Kaiserslautern hinderten bereits am 10. März SA-Posten jüdische Rechtsanwälte und Richter daran, das Gerichtsgebäude zu betreten. SA-Männer postierten auch vor den jüdischen Geschäften in der Innenstadt und warnten die Passanten davor, in diesen Geschäften einzukaufen. Man beließ es nicht bei Warnungen und Drohungen. Einige Tage später flogen in Kaiserlautern Steine. Bei den jüdischen Warenhäusern im Stadtzentrum, beim „Schweriner", bei „Eschwege" und bei „Wohlwert", gingen die Schaufenster zu Bruch, wurden die Auslagen geplündert ... Einige Tage später brannten auf dem Stiftsplatz die Bücher jüdischer Autoren, ließen SA-Männer Theateraufführungen platzen, weil man glaubte, der Dirigent sei Jude. SA-Männer steckten die Kaiserslauterer Zigarrenfabrikanten Felsenthal und Levy, die Rechtsanwälte Tuteur und Dr. Kehr in „Schutzhaft"; alle vier kamen ins Sammellager nach Neustadt, wo ihnen der Abtransport in das neu errichtete Konzentrationslager Dachau drohte. Auch in anderen pfälzischen Städten, in Neustadt, Landau und Pirmasens, war es zu solchen, von der Gauleitung als „spontan" qualifizierten Aktionen gekommen ...

Ende März 1933 erging „eine Anordnung des Beauftragten des Staatskommissars", die Bankkonten sämtlicher in Landau und Pirmasens lebender Ostjuden zu sperren.

Hannes Ziegler, Verfemt – Verjagt – Vernichtet. Die Verfolgung der pfälzischen Juden 1933–1945, in: Die Pfalz unterm Hakenkreuz, hg. von Gerhardt Nestler und Hannes Ziegler, 2. durchgesehene Aufl., Landau/Pfalz (Pfälzische V.-A.) 1997, S. 307 und 329.

M 3

Auszug aus dem Tagebuch von Victor Klemperer, der bis zu seiner Entlassung durch die Nationalsozialisten 1935 als Professor für romanische Sprachen in Dresden tätig war (1942):

1) Nach acht oder neun Uhr abends zu Hause sein. Kontrolle!
2) Aus dem eigenen Haus vertrieben
3) Radioverbot, Telefonverbot
4) Theater-, Kino-, Konzert-, Museumsverbot
5) Verbot, Zeitschriften zu abonnieren oder zu kaufen ...
8) Verbot, Zigaretten zu kaufen oder irgendwelche Rauchstoffe
9) Verbot, Blumen zu kaufen
10) Entziehung der Milchkarte
11) Verbot, zum Barbier zu gehen
12) Jeder Art Handwerker nur nach Antrag bei der Gemeinde bestellbar
13) Zwangsablieferung von Schreibmaschinen,
14) von Pelzen und Wolldecken,
15) von Fahrrädern – zur Arbeit darf geradelt werden (Sonntagsausflug und Besuch zu Rad verboten),
16) von Liegestühlen,
17) von Hunden, Katzen, Vögeln.
18) Verbot, die Bannmeile Dresdens zu verlassen,
19) den Bahnhof zu betreten ...

Victor Klemperer, Ich will Zeugnis ablegen bis zum letzten. Tagebücher 1942–1945, hg. von Walter Nowojski, Berlin (Aufbau Taschenbuch) 1995, S. 107f.

1 Wiederhole die rechtliche Stellung von Juden im Kaiserreich (siehe S. 28/29).

2 **a)** **Methode:** Beschreibe das Foto M1. Welche Stimmung vermittelt es? Ordne es in den historischen Zusammenhang ein.
Tipp: Nimm die Arbeitsschritte „Eine historische Fotografie analysieren" auf S. 237 zu Hilfe.
b) Auf dem Foto sieht man einen Kameramann. Stelle Überlegungen zu dessen Funktion an.

3 **a)** Gestalte einen Zeitstrahl zum Thema „Entrechtung der Juden 1933–1938" (Darstellungstext und Materialien).
b) Erläutere die Folgen der Maßnahmen für die Betroffenen.
c) Recherchiere im Internet unter „Entrechtung der Juden" und suche weitere rassistische Maßnahmen der Nationalsozialisten heraus.

4 Viele Deutsche verharmlosten das Vorgehen gegen die Juden. Stelle Vermutungen zu den möglichen Reaktionen an. Welche Fragen ergeben sich dabei?

Webcode: FG640249-189
Film: Ausgrenzung der Juden

Die Reichspogromnacht November 1938

Von elf jüdischen Geschäften wurden in Kaiserslautern zehn vollständig zerstört. Siebzig Prozent der jüdischen Wohnungen waren demoliert. Wohnungseinrichtungen lagen auf der Straße. Auch in vielen anderen deutschen Städten gab es Zerstörungen. Wie konnte dies alles geschehen?

- ***Begib dich am Beispiel der Pfalz auf die Spur der Täter und ihrer Opfer.***

Die Reichspogromnacht

Der Höhepunkt der Verfolgung vor Beginn des Zweiten Weltkrieges 1939 war das Jahr 1938. Als Vorwand für die Gewaltanwendung diente das Attentat eines aus Deutschland emigrierten Juden auf den deutschen Gesandtschaftsrat in Paris. Dessen Eltern waren zuvor aus Deutschland nach Polen ausgewiesen worden. Die Kampfverbände der SA und SS inszenierten einen reichsweiten Pogrom. In der Nacht vom 9. auf den 10. November 1938 wurden in Deutschland Synagogen in Brand gesteckt, jüdische Friedhöfe geschändet, jüdische Wohnungen sowie Geschäfte zerstört und rund 30 000 Juden verhaftet. An die 100 jüdische Bürger wurden ermordet. Als „Sühneleistung" für die entstandenen Schäden wurde den deutschen Juden zudem die Zahlung von einer Milliarde Reichsmark auferlegt. Ferner enteigneten die Nationalsozialisten zahlreiche jüdische Betriebe zugunsten von Nichtjuden, sogenannten „Ariern" („Arisierung"*). Außerdem zwangen sie die Juden, ihren Besitz zu verkaufen und ihre Bankkonten offenzulegen.

Das Schicksal von pfälzischen Juden

Nach der Pogromnacht setzte eine große Fluchtbewegung ein. Für viele Juden war dieser Schritt jedoch äußerst schwierig. Die große Zahl der Auswanderungswilligen und niedrige Zulassungsquoten verzögerten oft eine Ausreise ins Ausland. Die meisten pfälzischen Juden flohen in die Vereinigten Staaten. Nach 1941 war ihnen dies allerdings verboten. Viele flüchteten in die nächsten Großstädte und hofften, dort im Schutz der Anonymität zu überleben. Manche kehrten schon einige Tage später wieder in die Pfalz zurück, wo ihnen vielfach verboten wurde, in ihre geplünderten Wohnungen einzuziehen. 1940 unterzeichnete Gauleiter Bürckel einen Befehl, der die Ausweisung der saarpfälzischen Juden aus dem Gau Westmark anordnete. Die Gestapo-Stellen in Neustadt und Saarbrücken wurden angewiesen, den Transport zu organisieren. Die meisten waren von ihrer Deportation völlig überrascht. Lediglich mit ihren Kleidern am Leib und einem eilig gepackten Koffer wurden sie zu den Sammelstellen nach Ludwigshafen und Kaiserslautern verfrachtet. Die pfälzischen, badischen und saarländischen Juden wurden nach Gurs, einem Lager in Südfrankreich, deportiert.

M 1 *Geplündertes jüdisches Geschäft für Damenmoden, Berlin, Foto, 9./10. November 1938*

M 2 *Synagoge von Landau in der Nacht vom 9. auf den 10. November 1938, Foto*

M 3

Reichspogromnacht, Erinnerungen der Jüdin Selma Jilek aus Winnweiler:

Die Sirene heulte. Die Synagoge mit ihrer wunderschönen Mahagoni-Einrichtung stand in hellen Flammen ... Ein junges Mädchen (sie ist heute ein angesehene Bürgerin) schaute auf das brennende Haus und sagte, dass ich es hören konnte: „Wie schön wäre es jetzt, wenn alle Juden da drin wären." ... Bei Isaak Frank haben sie die Möbel zertrümmert, bei Max Fromann und Rubel die Wohnungen zerstört. Bei Mathilde Allmann, einer alleinstehenden Frau, die einen kleinen Kolonialladen hatte, warfen sie Futtermittel auf die Straße. Als Frau Allmann hörte, dass man sie nach Obermorschel in „Schutzhaft" nehmen wollte, steckte sich die verzweifelte Frau 20 Mark in die Bluse. Daraufhin wurde sie misshandelt.

Zit. nach Reinold Rehberger, Kerndeutsch. Der Landkreis Rockenhausen in der Nazi-Zeit, Geldern (Roje & Bauer) 1989, S. 246f.

M 4

Reichspogromnacht, ein Pirmasenser Jude, berichtet:

Mein Vater, mein Bruder und ich wurden am Morgen des 11. November 1938 von der Polizei verhaftet ... Alle Pirmasenser männlichen Juden zwischen 16 und 60 Jahren wurden in Postautos verladen und über die nahe gelegene deutsch-französische Grenze nach Frankreich gejagt ... In Frankreich selbst wurden wir nach kurzem Aufenthalt wieder so wie wir waren nach Deutschland zurückgeschickt ... Am Abend des 12. November wurden wir mit einem Postauto nach Ludwigshafen gebracht. Dort stand schon ein Sonderzug bereit, welcher uns ... nach Dachau brachte.

Zit. nach Roland Paul, „Es war nie Auswanderung, immer nur Flucht", in: Juden in der Provinz, Beiträge zur Geschichte der Juden in der Pfalz zwischen Emanzipation und Vernichtung, hg. von Alfred Hans Kuby, Neustadt (Verlag Pfälz. Post) 1989, S. 152f.

M 5

Aus den Erinnerungen von Selma Löser, deren Ehemann kein Jude war:

Vom November 1938 an wurde mir nahegelegt, mich nicht mehr im Büro zu zeigen, da der Betrieb [meines Mannes] sonst als jüdischer Betrieb angesehen würde ... Selbst war ich wohl kein Sternträger[1], musste jedoch von allen Veranstaltungen der Kultur fernbleiben. Meinem Mann, der leidenschaftlicher Sportler und 1926 deutscher Meister über 100 Meter war, verbot man sofort 1933 die Teilnahme an Sportfesten und die Zugehörigkeit zum Turn- und Fechtclub Ludwigshafen. Unsere Bekannten zogen sich alle zurück und wir waren zu einem einsamen Dasein verpflichtet. Während dieser Zeit kamen unsere drei Kinder zur Welt ... Als der Kleinste drei Wochen alt war, mussten meine Angehörigen Ludwigshafen verlassen. Die Nacht vorher verbrachten sie bei uns im Hause und am Morgen musste mein Mann zu ihnen sagen, geht, ich kann Euch nicht mehr helfen. Sie gingen freiwillig dem Transport nach [Deportation nach Gurs 1940]. Die Schwierigkeiten nahmen dauernd zu, neben Abholen der Lebensmittelkarten an Sondertüren, Bestellungen auf die Gestapo, ... Zurückweisen von Paketen, die ich versuchte nach Gurs zu schicken, und neuerlichen Verhören ... 1945 wurde ich verhaftet und mit dem Transport von Frankfurt nach Theresienstadt[2] eingewiesen.

Stadtarchiv Ludwigshafen, M 406. Zit. nach Lothar Meinzer, Die Reihen fest geschlossen. Ludwigshafen im Nationalsozialismus 1933–1939, in: Geschichte der Stadt Ludwigshafen am Rhein, hg. von Stefan Mörz und Klaus Becker, Bd. 2, Ludwigshafen (Stadtarchiv) 2003, Kapitel 11.

[1] *Juden mussten in der Öffentlichkeit einen gelben Davidstern tragen.*
[2] *Konzentrationslager bei Prag*

1 Erläutere den Grund, warum es zur Reichspogromnacht kam (Darstellungstext). Bewerte diesen.

2 Formuliere deine Gedanken und Eindrücke über M3. Nimm M1 und M2 zu Hilfe.

3 Trage anhand der Materialien und des Darstellungstextes Folgen der Reichspogromnacht für die Juden zusammen. Lege eine Mindmap an.

4 **Wähle eine Aufgabe aus:**
Fertige ein Kurzreferat an über
a) das Lager Gurs (Deportation, Leben im Lager, Zeitzeugen),
b) die Auswanderung der pfälzischen Juden in der NS-Zeit.

Webcode: FG640249-191
Lager Gurs und Auswanderung der pfälzischen Juden

Eugenik und „Euthanasie“

Bereits Jahrzehnte vor der Zeit des Nationalsozialismus hatten Wissenschaftler in vielen Ländern Überlegungen angestellt, wie sich die Gesellschaft im Industriezeitalter fortentwickeln würde. Ihr Hauptaugenmerk richteten sie dabei vorrangig auf die „Volksgesundheit“ und die „Vererbungs- und Rassenlehre“ (Eugenik*).

- ***Wie wandelten die Nationalsozialisten die Erkenntnisse dieser Wissenschaftler für ihre Auffassungen von Bevölkerungspolitik um?***

M 1 *Rassenkunde in der Schule, Foto, 1943*

Die Behandlung behinderter Menschen durch die Nationalsozialisten

Nach der Machtübernahme Hitlers wurden Menschen mit körperlichen und geistigen Behinderungen registriert und „ausgesondert“. Auch Personen mit erblichen Krankheiten wurden als Bedrohung für die „Volksgesundheit“ angesehen und erlitten dieses Schicksal. Nahezu 400 000 Deutsche wurden zwischen 1933 und 1945 zwangssterilisiert. Das „Ehegesundheitsgesetz“ von Oktober 1935 verbot Ehen zwischen „erbgesunden“ und „erbkranken“ Menschen. 1936 wurde die „Reichszentrale zur Bekämpfung der Homosexualität und Abtreibung“ ins Leben gerufen. Die Nationalsozialisten wollten damit gegen sinkende Geburtenzahlen vorgehen.

Ins Visier der Programme zur „Rassenhygiene“ gerieten neben den Juden auch Minderheiten wie die Sinti und Roma, die als „fremdrassig“ galten.

Zwischen 1939 und 1945 wurden mehr als 5000 körperlich und geistig behinderte Neugeborene und Kinder in Kliniken als „lebensunwert“ ermordet.

Das „Euthanasie“-Programm

Im Oktober 1939 autorisierte Hitler in einem Schreiben die „Euthanasie“* als „Gnadentod“ für „unheilbare“ Patienten. Mehr als 70 000 Menschen kamen zwischen 1940 bis zum August 1941 in den eingerichteten „Euthanasie“-Zentren zu Tode. Unter Aufsicht von Ärzten, Krankenschwestern und Pflegern wurden sie in Gaskammern ermordet, die als Duschräume getarnt waren. Ärzte wählten die für den Tod bestimmten Patienten aus. Die Tötungsmaßnahmen erregten mit der Zeit öffentliches Aufsehen und Proteste, sodass die Ermordung mit Gas eingestellt wurde. In zahlreichen Krankenhäusern und Einrichtungen für psychisch Kranke starben Patienten an Unterernährung oder medikamentöser Überdosierung. Insgesamt wurden etwa 200 000 Menschen durch die NS-„Euthanasie“ getötet.

M 2

Denkmal „Grauer Bus“ von Horst Hoheisel zur Erinnerung an die „Euthanasie“-Opfer, hier: Berlin, Foto, 2008.

M 3

Brief eines Vaters an die Anstaltsleitung in Haar-Eglfing (1940):

Wir möchten Sie bitten, uns zu berichten, warum unser Sohn Alois R. so schnell gestorben [ist] ... und was fehlte ihm? Sie schreiben uns, dass er Nierenentzündung und Harnvergiftung hatte und warum ist er verbrannt worden und wie war er zuletzt ... Ich lege Ihnen eine Briefmarke bei und sind Sie so gut und berichten Sie uns das.

Zit. nach Gerhard Schmidt, Selektion in der Heilanstalt 1933–1945, Stuttgart (Springer) 1965, S. 89.

M 4

Auszug aus einem Brief eines Körperbehinderten aus der Anstalt Stetten-Waiblingen:

In diesem jammervollen Gefühl völliger Wehrlosigkeit klagte immer wieder R. W., der mit seinen lahmen Beinen im Selbstfahrerstuhl saß: „Wohin soll ich fliehen und wer will mich verstecken, wer kann für mich Einsprache einlegen? Bei mir sieht man ja schon von Weitem, dass ich ein unnützer Brotesser bin und zu nichts tauge."

Zit. nach Ludwig Schlaich, Lebenswert? Kirche und Innere Mission Württembergs im Kampfe gegen die „Vernichtung lebensunwerten Lebens", Stuttgart (Quellverlag der Evangelischen Gesellschaft) 1947, S. 76.

M 5

Schreiben des Bischofs von Limburg an den Reichsminister der Justiz vom 13. August 1941:

Etwa 8 km von Limburg entfernt ist in dem Städtchen Hadamar ... eine Anstalt, in der nach allgemeiner Überzeugung oben genannte Euthanasie seit Monaten ... planmäßig vollzogen wird ... Öfter in der Woche kommen Autobusse mit einer größeren Anzahl Opfer ... an ... Nach der Ankunft solcher Wagen beobachten dann die Hadamarer Bürger den aus dem Schlot aufsteigenden Rauch ... Alle gottesfürchtigen Wesen empfinden diese Vernichtung hilfloser Wesen als himmelschreiendes Unrecht ... Es ist in der Bevölkerung unfasslich, dass planmäßige Handlungen vollzogen werden, die nach § 211 StGB[1] mit dem Tode zu bestrafen sind!

Zit. nach Wolfgang Michalka (Hg.), Das Dritte Reich, Bd. 2, München (dtv) 1985, S. 236 f.

[1] *Strafgesetzbuch*

M 6

Der Journalist Klaus Franke schrieb 2001:

Warum regte sich im ärztlichen Kollegenkreis kein Widerstand gegen das „Euthanasie"-Programm? Kein einziger deutscher Psychiater protestierte; kaum einer zögerte, die ihm anvertrauten Patienten ... zu selektieren und an die Tötungsanstalten auszuliefern ... 23 Angeklagte, darunter 20 Mediziner, standen 1946 im Nürnberger Ärzteprozess vor Gericht. Sieben von ihnen ... wurden gehängt, neun erhielten langjährige Freiheitsstrafen, sieben wurden freigesprochen ... Nur ein Industriestaat mit seiner komplexen Infrastruktur konnte ... den reibungslosen Lauf der Mordmaschinerie gewährleisten, eine Erkenntnis, die kaum hilft, die Furcht vor einer Wiederholung des Horrors zu dämpfen – zumal die moderne Gentechnik, wie ihre Kritiker warnen, eine Rückkehr eugenischer Zuchtfantasien fördere.

Klaus Franke, Reine Rasse, in: Spiegel spezial, Nr. 1, 2001, S. 133 ff.

1 Arbeite Motive, Ziele und Methoden der nationalsozialistischen „Euthanasie" heraus (M1 und Darstellungstext). Stelle deine Ergebnisse in einer Tabelle dar. Beziehe auch S. 186 ein.

2 Untersuche und bewerte die Auswirkungen der NS-„Euthanasie" auf die Betroffenen, ihre Angehörigen und die Öffentlichkeit (M3–M5).

3 Gib die Aussagen des Journalisten Franke wieder (M6). Erläutere und bewerte seine Schlussbemerkung.

4 **Wähle eine Aufgabe aus:**
Recherchiere:
a) Welche Funktion hatten die „Grauen Busse"?
b) Was verbarg sich hinter der Bezeichnung „Aktion T4"?

Webcode: FG640249-193
„Gedenkort T4"

1932 | 1933 | 1934 | 1935 | 1936 | 1937

1933
März Gründung des „Reichsministeriums für Volksaufklärung und Propaganda"
April Aufruf zum Boykott jüdischer Geschäfte; Beginn der Ausgrenzung und Verfolgung der jüdischen Bevölkerung in Deutschland
Juli „Gesetz zur Verhütung erbkranken Nachwuchses"
November Gründung der „Deutschen Arbeitsfront" und der Organisation „Kraft durch Freude" (KdF)

1935
„Nürnberger Gesetze" („Gesetz zum Schutz des deutschen Blutes und der deutschen Ehre" sowie „Reichsbürgergesetz"), „Ehegesundheitsgesetz"

1936
Hitlerjugend und Bund Deutscher Mädel wird „Staatsjugend"

Leben im Nationalsozialismus

Die Gesellschaft im NS-Staat

Nach der Machtübernahme im Januar 1933 bauten die Nationalsozialisten den Staat nach ihren Vorstellungen um. Mit der Idee der „Volksgemeinschaft" sollten soziale Gegensätze und gesellschaftliche Unterschiede überwunden werden. Ausgeschlossen von der „Volksgemeinschaft" waren Juden, Sinti und Roma sowie körperlich und geistig behinderte Menschen. Diese Gruppen wurden systematisch diskriminiert, entrechtet und vielfach ermordet. Die Rollen von Jungen und Mädchen, Männern und Frauen waren nach der NS-Ideologie klar definiert: Auf der einen Seite stand der kämpfende, heldenhafte Mann, auf der anderen Seite die auf ihre Mutterrolle als „Erhalterin des Volkes" festgelegte Frau. Frauen, die diese Rolle verweigerten, liefen ebenfalls Gefahr, aus der „Volksgemeinschaft" ausgeschlossen zu werden. Das vorgegebene Rollenbild entsprach jedoch nie der Realität. Denn mit Kriegsbeginn 1939 waren die Arbeitskraft und der Einsatz der Frauen auf vielen zuvor von Männern besetzten Positionen in Wirtschaft und Verwaltung gefragt.

Propaganda und Inszenierung

Massenveranstaltungen wie die Reichserntedankfeste dienten der Selbstinszenierung des NS-Herrschaftssystems. Das neue Medium Rundfunk wurde geschickt für Propagandazwecke eingesetzt. Der preiswerte „Volksempfänger" war als Radiogerät bald in allen Familien und Betrieben vorhanden. Die Produktion von Spielfilmen und Wochenschauen diente der Festigung der NS-Propaganda und wurde finanziell gefördert. Alljährlich wiederkehrende Feiern nutzte das Regime zur Inszenierung seiner Macht, wie den 30. Januar als „Tag der Machtergreifung", den 20. April als „Führers" Geburtstag und den 1. Mai als „Tag der nationalen Arbeit". Höhepunkt des Veranstaltungsjahres waren die alljährlich im September stattfindenden Reichsparteitage in Nürnberg.

Freizeitgestaltung durch den Staat

Wie jeder totalitäre Staat diktierte auch das NS-Regime die Freizeitaktivitäten der Bevölkerung. Um die Leistungsbereitschaft der Arbeitnehmerschaft zu fördern, wurde 1933 die NS-Organisation „Kraft durch Freude" (KdF) gegründet. Sie war als Sonderorganisation der „Deutschen Arbeitsfront" (DAF) mit der Organisierung und Durchführung von Freizeitangeboten beauftragt. Die Veranstaltungen der KdF umfassten neben Erholungsangeboten auch Vorträge und Schulungen zur Festigung der nationalsozialistischen Weltanschauung. Die Bürger wurden somit auch in ihrer Freizeit überwacht und gleichgeschaltet. Propagandistisch in Szene gesetzte Großprojekte wie die „KdF-Flotte", das „KdF-Seebad" und der „KdF-Wagen" sollten die Attraktivität des Regimes steigern. Nach Kriegsbeginn wurden diese Programme allmählich eingestellt.

Jugend und Schule im NS-Staat

Die Nationalsozialisten unternahmen große Anstrengungen, die Jugendlichen für ihre Ansichten zu gewinnen. Nach dem Verbot aller anderen Jugendorganisationen wurde die bereits vor 1933 gegründete Hitlerjugend

1938 | 1939 | 1940 | 1941 | 1942 | 1943

1938
9./10. November von den Nationalsozialisten gesteuerte Pogrome in ganz Deutschland („Reichspogromnacht"), Synagogen brennen, Juden werden verhaftet und ermordet;
in der Folge: Enteignung von jüdischen Betrieben, Juden müssen ihren Besitz verkaufen und Bankkonten offenlegen

1939 Beginn der Tötung behinderter Menschen („Euthanasie")

Juli 1940/August 1941
Proteste aus Kirchenkreisen gegen das „Euthanasie"-Programm der Nationalsozialisten

1936 zur „Staatsjugend" erklärt. Mädchen und Jungen konnten ab dem 14. Lebensjahr in den Bund Deutscher Mädel (BDM) oder in die Hitlerjugend (HJ) eintreten. Die 10- bis 14-Jährigen konnten dem „Deutschen Jungvolk" als „Jungmädel" oder die Jungen als „Pimpfe" beitreten. Eltern, deren Kinder der Organisation nicht beitraten, wurden bestraft und benachteiligt. Dies traf auch auf Kinder und Jugendliche zu.

Auch im Schulwesen trieben die Nationalsozialisten ihre Politik der Diskriminierung voran: Jüdische Lehrkräfte, Schülerinnen und Schüler wurden ebenso vom Unterricht an öffentlichen Schulen ausgeschlossen wie Kinder deutscher Sinti und Roma. Christliche Konfessionsschulen mussten Ende 1939 schließen. In nationalsozialistischen Internatsschulen, den „Napolas" und „Adolf-Hitler-Schulen", sollte eine neue Elite von Nationalsozialisten herangezogen werden.

Entrechtung und Verfolgung der Juden

Die rassistische Politik der Nationalsozialisten wurde sofort nach der Machtübernahme umgesetzt. Sie begann mit einschneidenden Maßnahmen wie dem Aufruf zum Boykott jüdischer Geschäfte im April 1933. Zwischen 1933 und 1939 führte sie über die systematische Aberkennung der Bürgerrechte („Nürnberger Gesetze", 1935) zur offenen Verfolgung. Das „Gesetz zum Schutz des deutschen Blutes und der deutschen Ehre" stellte „rassische Mischehen" sowie sexuelle Kontakte zwischen Juden und „Staatsangehörigen deutschen oder artverwandten Blutes" unter Strafe.

Das Jahr 1938 brachte einen weiteren Höhepunkt der NS-Judenpolitik: Juden, die mehr als 5000 Reichsmark besaßen, mussten dies bei den Behörden anmelden. Jüdische Ärzte und Rechtsanwälte durften ihren Beruf nicht mehr ausüben. Alle Juden mit nichtjüdischen Vornamen hatten den Zwangsvornamen „Sara" oder „Israel" zu tragen. Die Ausreise und Flucht für Juden aus Deutschland wurde erschwert, indem die Behörden ihre Reisepässe einzogen und ein großes „J" in die Dokumente stempelten. Die von der NS-Führung inszenierte Judenverfolgung (Reichspogromnacht vom 9. zum 10. November 1938) zeigte die Brutalität des NS-Herrschaftsregimes und die Bereitschaft zur Mittäterschaft vieler Deutscher: Synagogen wurden in Brand gesteckt, jüdische Friedhöfe geschändet, Wohnungen von jüdischen Bewohnern zerstört und an die 100 Juden ermordet. Etwa 26 000 männliche Juden kamen in Konzentrationslager.

Eugenik und „Euthanasie"

Die nationalsozialistische „Vererbungs- und Rassenlehre" nutzte bestimmte Vorstellungen der Eugeniker vom Anfang des 20. Jahrhunderts in menschenverachtender Weise: Mit dem „Ehegesundheitsgesetz" von 1935 wurden Zwangssterilisationen legalisiert, damit keine „erbkranken" Kinder auf die Welt kämen. Der von den Nationalsozialisten angeordneten Tötung von „lebensunwertem Leben" („Euthanasie") fielen etwa 200 000 Menschen zum Opfer. Wegen anhaltender Proteste aus Kirchenkreisen wurden die Morde eingestellt.

In diesem Kapitel konntest du folgende Kompetenzen erwerben:

- die Lebensbedingungen für den Einzelnen in einer Diktatur darlegen und bewerten
- den nationalsozialistischen „Griff nach der Jugend" erklären und die Instrumentalisierung der Jugendlichen für die NS-Ideologie beurteilen
- Fakten benennen, die die Menschenverachtung der nationalsozialistischen Ideologie kennzeichnen
- Bedeutung und Wirkung von Propaganda beschreiben und erklären
- Lebenssituationen im Nationalsozialismus mit denen in einer heutigen Demokratie vergleichen und beurteilen
- **Methode:** Spielfilme untersuchen

M 1

Der Historiker Michael Wildt über die „Volksgemeinschaft" (2011):

Die Verheißung von sozialer Gemeinschaft und nationalem Wiederaufstieg, von Überwindung der Klassengesellschaft und politischer Einheit trug ganz wesentlich zur Attraktivität des Nationalsozialismus bei ...

Nicht so sehr die Frage, wer zur „Volksgemeinschaft" gehörte, beschäftigte die Rechte als vielmehr, wer nicht zu ihr gehören durfte, eben jene bereits sprachlich ausgegrenzten „Gemeinschaftsfremden", allen voran die Juden. Der Antisemitismus spielte dabei eine entscheidende Rolle. Denn in der außerstaatlichen Konstruktion des Volkes als „natürliche Blutsgemeinschaft", die zu ihrer politischen Ordnung – die eben nicht der bürgerliche Nationalstaat war – finden müsse, war die rassistische, antisemitische Grenzlinie untrennbar eingelassen ...

Der Nationalsozialismus bot Möglichkeitsräume, nicht nur der Macht als vielmehr auch der Gewalt. Nationalsozialistische Politik war von Anfang an stets gewalttätige Praxis: Antisemitismus der Tat.

Michael Wildt, „Volksgemeinschaft" als Selbstermächtigung, in: Hitler und die Deutschen. Volksgemeinschaft und Verbrechen, Katalog einer Ausstellung des DHM 2011, hg. von Hans-Ulrich Thamer und Simone Erpel, Dresden (Sandstein-Verlag) 2011, S. 90f.

M 2

„Reichsparteitag der Einheit und Stärke", Nürnberg, Foto, 1934

M 3

Szene aus dem Spielfilm „Napola – Elite für den Führer", Deutschland, 2004

M4

Der Historiker Wolfgang Benz (1988):

Der Novemberpogrom, als „Reichskristallnacht“[1] im Umgangston verniedlicht, bedeutete den Rückfall in die Barbarei, in einer Nacht wurden die Errungenschaften der Aufklärung, der Emanzipation, der Gedanke des Rechtsstaates und die Idee von der Freiheit des Individuums zuschanden. Seit dem 15. Jahrhundert hatte es in Mitteleuropa solche Judenverfolgung nicht mehr gegeben, aber nicht nur dies, denn die mittelalterlichen Pogrome fanden statt als unkontrollierte Aggressionen zusammengelaufener Volkshaufen, in denen sich soziale und wirtschaftliche Spannungen auf dem Hintergrund religiös motivierte Judenfeindschaft entluden. Regelrecht programmiert und in Szene gesetzt von staatlichen Instanzen war vor dem 9. November kein einziger solcher antisemitischer Aufruhr gewesen.

Wolfgang Benz (Hg.), Die Juden in Deutschland 1933 bis 1945, 4. Aufl., München (C. H. Beck), S. 499.

[1] *Bezeichnung der Nationalsozialisten für die Reichspogromnacht*

M5

„60 000 RM“ (= Reichsmark), Propagandaplakat, um 1938.

Methodenkompetenz

1 **Gruppenarbeit:**
   a) Schaut euch den Spielfilm „Napola“ an (M3).
   b) Untersucht den Film mithilfe der Arbeitsschritte „Spielfilme untersuchen“ auf S. 179.

2 Analysiere M2 im Hinblick auf die Wirkung, die die Nationalsozialisten mit den Massenkundgebungen erzielen wollten.
   Tipp: Achte auch auf die Bildunterschrift.

3 Nimm Stellung zu Form und Inhalt des Plakats (M5). Nimm die Arbeitsschritte auf S. 127 zu Hilfe.

Fach- und Kommunikationskompetenz

4 Fasse kurz zusammen, warum es deiner Meinung nach den Nationalsozialisten gelang, in kurzer Zeit so viele Anhänger zu gewinnen. Beziehe auch M1 mit ein.

5 **Partnerarbeit:** Erklärt euch gegenseitig die folgenden Begriffe: „Volksgemeinschaft“, „Deutsche Arbeitsfront“, „Kraft durch Freude“, „Hitlerjugend“, „Reichspogromnacht“ und „Euthanasie.“

6 Erstelle ein Kurzreferat, in dem du über die ideologischen Werte und Ideale, die an einer „Napola“ vermittelt wurden, berichtest (siehe S. 186 und die Ergebnisse der Filmanalyse).
   Tipp: Gehe dabei besonders darauf ein, wie die Jugendlichen von dieser Ideologie vereinnahmt wurden.

7 Erläutere die Stufen der Diskriminierung deutscher Juden bis 1939. Beurteile die persönlichen und wirtschaftlichen Folgen dieser Diskriminierungen für die Betroffenen. Lies nach auf S. 188–191.

Urteilskompetenz

8 Das NS-System setzte auf totalen Einsatz von Propaganda. Diskutiert vor diesem Hintergrund, ob die Deutschen „verführte Opfer“ dieser Propaganda und Manipulation waren.

9 Nimm Stellung zu der These, der Pogrom am 8./9. November 1938 sei ein Wendepunkt in der Judenverfolgung gewesen (M4).

10 Begründe, warum die „Euthanasie“-Politik der Nationalsozialisten gegen Bürger- und Menschenrechte verstieß.

Webcode: FG640249-197
Selbsteinschätzungsbogen

7
Nationalsozialistische Außenpolitik und Zweiter Weltkrieg

2. Mai 1945: Auf dem Berliner Reichstag weht die rote Fahne, eine symbolträchtige Geste des Sieges über den Nationalsozialismus.
Von dem Sturm der sowjetischen Soldaten auf den Reichstag zwei Tage zuvor gibt es keine Fotos, deshalb machte sich der 28-jährige Kriegsfotograf Jewgeni Chaldej mit drei jungen Soldaten auf den Weg zum Reichstag. Gemeinsam kletterten sie auf das Dach. Es entstand eine Fotoserie, die um die Welt gehen sollte. Im Moskauer Labor wurde die Szene später verändert, indem man Rauchwolken hinzufügte, die Flagge aufbauschte und eine der beiden erbeuteten Uhren von den Handgelenken des Soldaten retuschierte.

Beschreibe die Stimmung, die das Bild vermittelt. Was könnte Chaldej dazu veranlasst haben, dieses Bild nachzustellen?

Berlin, 2. Mai 1945, Flaggenhissung auf dem Reichstag. Fotograf: Jewgeni Chaldej

1930 · 1935

1930–1933 Präsidialkabinette

1933 Hitler wird Reichskanzler

1933 Austritt Deutschlands aus dem Völkerbund

1935 Wiedereinführung der allgemeinen Wehrpflicht

1936
Vierjahresplan zur Wiederaufrüstung
Olympische Spiele in Berlin

1938
Anschluss Österreichs
Münchner Abkommen: Tschechoslowakei tritt das Sudetengebiet an das Deutsche Reich ab

Nationalsozialistische Außenpolitik und Zweiter Weltkrieg

1939 entfesselte Deutschland mit dem Überfall auf Polen den Zweiten Weltkrieg. Damit begann eine gnadenlose Vernichtungspolitik der Deutschen in Osteuropa. Die NS-Propaganda forderte „Lebensraum im Osten" für das angeblich zu dicht besiedelte Deutschland. Schätzungen zufolge starben rund 80 Millionen Menschen, die Verbrechen und Kriegsfolgen miteinbezogen. Um diesen Krieg durchführen zu können, musste das Deutsche Reich die Industrie binnen kurzer Zeit auf Kriegswirtschaft umstellen. Zugleich gelang es Hitler, die europäischen Mächte von seinen „friedlichen" Absichten zu überzeugen und dennoch Gebietsgewinne zu machen.
Ebenfalls zum Zweiten Weltkrieg gehört die in der Sprache der Nationalsozialisten als „Endlösung der Judenfrage" genannte Ermordung der europäischen Juden.
Nicht alle fügten sich ihrem Schicksal, es gab auch Menschen, die sich in Gruppen oder einzeln unter Gefährdung ihres eigenen Lebens gegen die Nationalsozialisten stellten. Dieses Kapitel hilft dir, die folgenden Fragen zu beantworten:

- Welche Anstrengungen unternahmen die Nationalsozialisten, um den Krieg wirtschaftlich vorzubereiten?
- Wie gelang es Hitler, das Ausland so lange von seinen angeblich friedlichen Absichten zu überzeugen?
- Welche Länder waren am Zweiten Weltkrieg beteiligt und wo lagen die Hauptkriegsschauplätze?
- Welche Auswirkungen hatte die deutsche Besatzungs- und Vernichtungspolitik und wie konnte es zum Massenmord an den Juden kommen?
- In welcher Form leisteten Menschen Widerstand gegen das NS-Regime?
- Wie können wir den heutigen Rechtsextremismus bekämpfen?

M 1

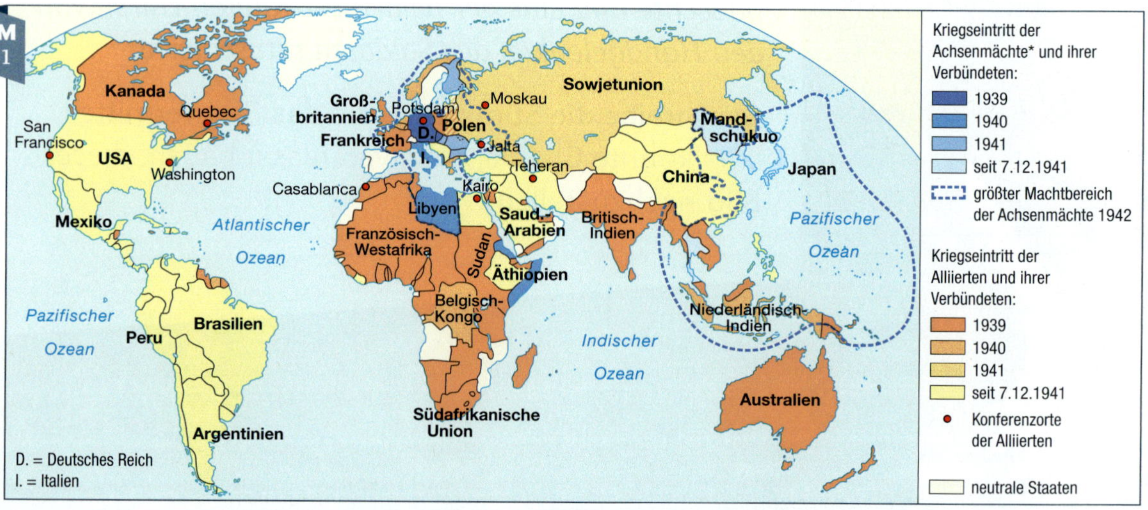

Zweiter Weltkrieg 1939–1945: Bündnisse und größte Ausdehnung des Machtbereichs der Achsenmächte (Deutschland, Italien, Japan)

1940 | 1945

1939
März: Deutsche Truppen marschieren in die Tschechoslowakei ein
September: deutscher Überfall auf Polen; Beginn des Zweiten Weltkrieges

1941
Juni: deutscher Überfall auf die Sowjetunion
ab Herbst: Deportation der europäischen Juden aus allen Gebieten unter deutscher Kontrolle in die Konzentrationslager

20. Juli 1944 Attentat auf Hitler

1945
Mai: bedingungslose Kapitulation der Wehrmacht
August: Atombomben auf Hiroshima und Nagasaki; Kapitulation Japans

Juni 1945 Deutschland in Besatzungszonen aufgeteilt

M2

Kritische Schrift zu den Olympischen Spielen in Berlin, Paris, 1936

M3

Einmarsch deutscher Truppen in Prag am 15. März 1939, Foto

M4

Ankunft und „Selektion" ungarischer Juden im Konzentrationslager von Auschwitz-II-Birkenau, Foto, 1944

1 Ziehe aus M1 Schlüsse über den Kriegsverlauf und Deutschlands Lage im Zweiten Weltkrieg.
Tipp: Achte auf die verschiedenen Bündnisse.

2 Betrachte M2. Worauf verweist der Zeichner mit seiner Darstellung? Gib ihr eine passende Bildunterschrift.

3 Ordne die Abbildungen M3 und M4 in die Zeitleiste ein und formuliere erste Eindrücke über die Ereignisse vor und während des Zweiten Weltkrieges. Welche Fragen stellen sich dir? Schreibe sie auf und versuche, sie am Ende der Einheit zu beantworten.

Welche Rolle spielte die Wirtschaft für den NS-Staat?

Die Nationalsozialisten erkannten, dass die Wirtschaft eine maßgebliche Rolle bei der Verwirklichung ihrer Eroberungspläne spielte und dass der Rückhalt dieser Politik in der Bevölkerung eine zwingende Voraussetzung dafür war.

- ***Welche Zusammenhänge bestanden zwischen militärischer, wirtschaftlicher und gesellschaftlich-politischer Entwicklung?***

Überwindung der Wirtschaftskrise

Als zentraler Kern der NS-Wirtschaftspolitik galten die Arbeitsbeschaffungsprogramme. Waren beim Regierungsantritt Hitlers noch fast sechs Millionen Deutsche ohne Arbeit, herrschte im Jahr 1938 Vollbeschäftigung. Vor allem der Straßen- und Häuserbau, die Aufrüstung sowie die Wiedereinführung der allgemeinen Wehrpflicht und der Reichsarbeitsdienst (RAD)* ließen die Zahl der Arbeitslosen sinken. Hinzu kam die Propagierung der Rolle der Frau als Mutter, die sich ganz der Kindererziehung und dem Haushalt widmen und keiner Berufstätigkeit nachgehen sollte (siehe S. 174/175).
Ob dieses „Wirtschaftswunder" überwiegend auf die NS-Wirtschaftspolitik zurückzuführen oder der 1932 einsetzenden Erholung der Weltwirtschaft zu verdanken ist, bleibt unter den Historikern umstritten.

Wirtschaft im Zeichen des Krieges

Das gesamtwirtschaftliche Ziel der Aufrüstung folgte einem 1936 verkündeten ersten Vierjahresplan. Ziel war eine wirtschaftliche Autarkie*, die so weit ging, dass man versuchte, ausländische Rohstoffe durch deutsche Produkte zu ersetzen. Zu keinem Zeitpunkt konnte Deutschland jedoch die angestrebte Unabhängigkeit erreichen. Das Reich sollte „kriegsfähig" werden. Finanziert wurde die Aufrüstung durch Kredite in zweistelliger Milliardenhöhe. Diesen standen Gesamteinnahmen von sechs Milliarden Reichsmark gegenüber. Der Staatsbankrott drohte dem nationalsozialistischen Regime fast von Anfang an. Erst der durch Deutschland entfesselte Weltkrieg brachte die Wende: Goldreserven der besetzten Staaten wurden gestohlen und diese Länder systematisch ausgeplündert.

M 1

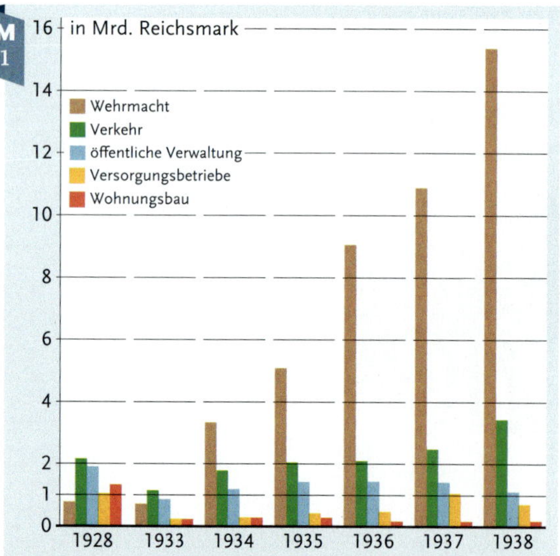

Die öffentlichen Ausgaben im Deutschen Reich. Die NS-Regierung gab zwischen 1933 und 1938 mehr Geld für Rüstung aus als Frankreich, Großbritannien und die USA zusammen

M 2

Propagandistischer Sonderdruck über die Wirtschafts- und Rüstungserfolge des Deutschen Reichs im Rahmen des „Vierjahresplanes", 1941

M 3

Aus der geheimen Denkschrift Hitlers zum Vierjahresplan vom 6. August 1936:

Deutschland wird wie immer als Brennpunkt der abendländischen Welt gegenüber den bolschewistischen Angriffen anzusehen sein …

Wir können uns aber diesem Schicksal nicht entziehen. Unsere politische Lage ergibt sich aus Folgendem: Europa hat zurzeit nur zwei dem Bolschewismus gegenüber als standfest anzusehende Staaten: Deutschland und Italien. Die anderen Länder sind entweder durch ihre demokratische Lebensform zersetzt, marxistisch infiziert und damit in absehbarer Zeit selbst dem Zusammenbruch verfallen oder von autoritären Regierungen beherrscht, deren einzige Stärke die militärischen Machtmittel sind … Alle diese Länder wären unfähig, jemals einen aussichtsvollen Krieg gegen Sowjetrussland zu führen. Wie denn überhaupt außer Deutschland und Italien nur noch Japan als eine der Weltgefahr gegenüber standhaltende Macht angesehen werden kann … Denn ein Sieg des Bolschewismus über Deutschland würde nicht zu einem Versailler Vertrag führen, sondern zu einer endgültigen Vernichtung, ja Ausrottung des deutschen Volkes … Gegenüber der Notwendigkeit der Abwehr dieser Gefahr haben alle anderen Erwägungen als gänzlich belanglos in den Hintergrund zu treten! … Wenn es uns nicht gelingt, in kürzester Frist die deutsche Wehrmacht … zur ersten Armee der Welt zu entwickeln, wird Deutschland verloren sein! …

Wir sind übervölkert und können uns auf der eigenen Grundlage nicht ernähren … Die endgültige Lösung liegt in einer Erweiterung des Lebensraumes bzw. der Rohstoff- und Ernährungsbasis unseres Volkes …

Ich stelle damit folgende Aufgabe:

Die deutsche Armee muss in 4 Jahren einsatzfähig sein.

Die deutsche Wirtschaft muss in 4 Jahren kriegsfähig sein.

Zit. nach Wolfgang Michalka (Hg.), Das Dritte Reich. Dokumente zur Innen- und Außenpolitik, Bd. 1: „Volksgemeinschaft" und Großmachtpolitik 1933–1939, München (dtv) 1985, S. 188–190.

M 4

Lohnentwicklung in den Kruppschen Gussstahlfabriken:

	1929/30	1930/31	1933/34	1934/35	1935/36
Werkzeugmacherei					
Monatslohn[1]	173,4	136,9	142,0	158,6	172,8
Stundenlohn	0,91	0,83	0,75	0,40	0,86
Wochenstunden	44,0	38,1	43,7	45,6	46,3
mech. Werkstatt					
Monatslohn	209,2	172,4	162,9	180,0	191,5
Stundenlohn	1,04	0,96	0,84	0,89	0,91
Wochenstunden	46,1	41,3	44,3	46,8	48,8

Zusammengestellt nach HA Krupp WA 41/3-807, 812 (Betriebsberichte)

[1] *einschließlich Prämien und Zulagen, z. B. Staubzulage*

1 **Methode:** Analysiere mithilfe der Arbeitsschritte auf S. 238 die wirtschaftliche Situation in Deutschland (Statistiken M1 und M4).

a) Welche Schwerpunkte lassen sich bei der Verteilung der Gelder in M1 erkennen?

b) Untersuche M4 vor allem hinsichtlich des Verhältnisses zwischen Arbeitszeit und dem dafür erhaltenen Lohn.

2 **Methode:** Erläutere anhand des Plakats (M2) die Idee des Vierjahresplans (siehe Arbeitsschritte auf S. 127).

3 **a)** Erkläre mithilfe von M3 Hitlers Sichtweise auf die weltpolitische Lage.

b) Arbeite die sich daraus ergebenden politischen und wirtschaftlichen Ziele heraus.

Webcode: FG640249-203
Industrie und Wirtschaft im Nationalsozialismus

Nationalsozialistische Außenpolitik 1933–1938

Inwiefern verbinden und trennen Ideologien die Welt? War es für einen Staat, der eine derart radikale Ideologie verfolgte, wie das nationalsozialistische Deutschland, überhaupt möglich, mit anderen Ländern gemeinsame Politik zu betreiben? Hitler entschied sich für eine zweigleisige Politik.

- ***Wie er sie umsetzte, kannst du auf dieser Doppelseite erarbeiten.***

M1

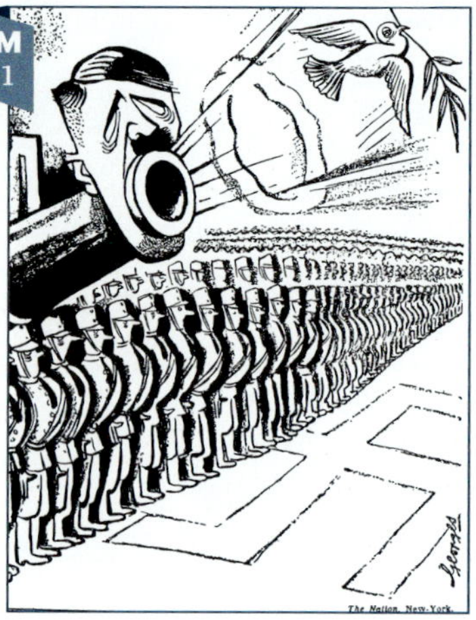

Amerikanische Karikatur zur Rede Hitlers am 17. Mai 1933

Zwischen Friedensbeteuerungen nach außen und Kriegsvorbereitungen im Inneren

Die Ziele der nationalsozialistischen Außenpolitik lehnten sich im Wesentlichen an die Ideologie an. Im Vordergrund standen die Revision des Versailler Vertrages und die Expansion durch Krieg. Auch wenn die meisten seiner Zeitgenossen dies nicht erkennen konnten, trieb Hitler die Eskalation der politischen Verhältnisse bereits seit seiner Machtergreifung voran. Den Krieg, den er bereits in „Mein Kampf" als „normales politisches Mittel" bezeichnet hatte, plante er über Jahre hinweg. Dabei folgte Hitler dem Leitgedanken, dass Deutschland entweder als Weltmacht oder gar nicht existieren werde.
Bereits im Oktober 1933 trat Deutschland aus dem Völkerbund aus. Begründet wurde dies mit der Nichtanerkennung der militärischen Gleichberechtigung Deutschlands durch die Genfer Abrüstungskonferenz. Dies hatte zur Folge, dass die Aufrüstung ohne vertragliche Bindungen vorangetrieben werden konnte. Zwei Jahre später, 1935, die Wehrmacht zählte inzwischen ca. 300 000 Mann, wurde die allgemeine Wehrpflicht wieder eingeführt. Trotzdem waren die meisten ausländischen Diplomaten immer noch von Hitlers beteuerten friedlichen Absichten überzeugt. Ein weiterer Triumph für die Nationalsozialisten war die Volksabstimmung im Saargebiet, bei der ca. 90 % der Wahlberechtigten für eine Rückkehr nach Deutschland stimmten.
Auch auf die 1936 erfolgte Besetzung des laut dem Versailler Vertrag entmilitarisierten Rheinlands erfolgte aus Angst vor einem Krieg keine ernstzunehmende Reaktion. Im gleichen Jahr kam es zum Bündnis mit dem ebenfalls faschistischen Italien: Es entstand die „Achse Berlin-Rom".
Die Olympischen Spiele 1936 in Berlin waren propagandistisch im Inland wie im Ausland sehr wirksam. Sie wurden perfekt vorbereitet: Antisemitische Parolen verschwanden, und die Hetze gegen Juden war für die Dauer der Spiele verboten. Zur Besänftigung des Auslands starteten in der deutschen Mannschaft zwei jüdische Sportler, der Eishockeyspieler Rudi Ball und die Fechterin Helene Mayer.
Der nächste Schritt in der NS-Außenpolitik erfolgte 1938 mit dem Anschluss Österreichs, der von der Mehrheit der dortigen Bevölkerung sehr begrüßt wurde.

M2

Adolf Hitler in Wien, Foto, 1938

Das Münchner Abkommen

Mit den außenpolitischen Erfolgen Hitlers wuchsen auch seine Forderungen. Er verlangte nun das Selbstbestimmungsrecht für die in den Randgebieten der Tschechoslowakei lebenden Sudetendeutschen. Als seine Forderungen nicht erfüllt wurden, drohte er mit Krieg. Daraufhin trafen sich im September 1938 der italienische Diktator Mussolini, der britische Premierminister Chamberlain und der französische Ministerpräsident Daladier mit Hitler in München. Im Münchner Abkommen stimmten sie der Abtretung des Sudetenlandes an Deutschland zu. Tschechoslowakische Vertreter waren nicht anwesend. Großbritannien und Frankreich erhofften sich von diesem Zugeständnis, dass Deutschland nun keine weiteren Gebietsansprüche mehr erheben würde. Diese zwischen 1933 und 1939 verfolgte Politik des Appeasements* (engl. Beschwichtigung) gegenüber dem nationalsozialistischen Deutschland war angesichts der fortdauernden Aggressivität der deutschen Seite erfolglos.

M 3 Erste außenpolitische Rede Hitlers vor dem Reichstag am 17. Mai 1933:

Wir haben aber keinen sehnlicheren Wunsch, als den, beizutragen, dass die Wunden des Krieges und des Versailler Vertrages endgültig geheilt werden, und Deutschland wird dabei keinen anderen Weg gehen als den, der durch die Verträge selbst als berechtigt anerkannt wird. Die deutsche Regierung wünscht, sich über alle schwierigen Fragen politischer und wirtschaftlicher Natur mit den anderen Nationen friedlich und vertraglich auseinanderzusetzen. Sie weiß, dass jede militärische Aktion in Europa auch im Falle seines vollständigen Gelingens, gemessen an seinen Opfern, in keinem Verhältnis steht zum möglichen endgültigen Gewinn.

Zit. nach Paul Meier-Benneckenstein (Hg.), Dokumente der deutschen Politik, Bd. I, 2. Aufl., Berlin (Junker u. Dünnhaupt) 1937, S. 83 ff.

M 4 Rede Hitlers vor der deutschen Presse am 10. November 1938:

Die Umstände haben mich gezwungen, jahrzehntelang fast nur vom Frieden zu reden.
Nur unter der fortgesetzten Betonung des deutschen Friedenswillens und der Friedensabsichten war es mir möglich, dem deutschen Volk Stück für Stück die Freiheit zu erringen und ihm die Rüstung zu geben, die immer wieder für den nächsten Schritt als Voraussetzung notwendig war. Es ist selbstverständlich, dass eine solche jahrzehntelange betriebene Friedenspropaganda auch ihre bedenklichen Seiten hat; denn es kann nur zu leicht dahin führen, dass sich in den Gehirnen vieler Menschen die Auffassung festsetzt, dass das heutige Regime an sich identisch sei mit dem Entschluss und dem Willen, den Frieden unter allen Umständen zu bewahren ...
Es war nunmehr notwendig, das deutsche Volk psychologisch allmählich umzustellen und ihm langsam klarzumachen, dass es Dinge gibt, die, wenn sie nicht mit friedlichen Mitteln durchgesetzt werden können, mit Mitteln der Gewalt durchgesetzt werden müssen. Dazu war es aber notwendig, nicht etwa nun die Gewalt als solche zu propagieren, sondern es war notwendig, dem deutschen Volk bestimmte außenpolitische Vorgänge so zu beleuchten, dass die innere Stimme des Volkes selbst langsam nach der Gewalt zu schreien begann.

Zit. nach Wilhelm Treue (Hg.), Rede Hitlers vor der deutschen Presse am 10. November 1938, in: Vierteljahreshefte für Zeitgeschichte, Jg. 6, 1958, S. 175 ff.

1 a) Methode: Analysiere M1. Nutze dazu auch die Arbeitsschritte zu „Eine Karikatur entschlüsseln" auf S. 237.
b) Erkläre anhand Hitlers Außenpolitik der Jahre 1933–1938, inwiefern die Aussage der Karikatur zutrifft (Darstellungstext).

2 Untersuche M2 auf seine propagandistische Wirkung hin. Vergleiche mit M3 auf S. 201.

3 Fasse den Inhalt der beiden Redeausschnitte (M3, M4) mit eigenen Worten zusammen.

4 Vergleiche M3 mit M4.
a) Welche Unterschiede ergeben sich hinsichtlich der Redeabsicht?
b) Welche Rückschlüsse lassen sich auf Hitlers Außenpolitik ziehen?

5 Wähle eine Aufgabe aus:
Erstelle eine Kurzbiografie zu
a) dem Eishockeyspieler Rudi Ball
b) der Fechterin Helene Meyer

Der Zweite Weltkrieg in Europa

Während der zwölf Jahre, die das Dritte Reich* existierte, herrschte sechs Jahre Krieg. Dieser lässt sich mit keinem anderen in der Geschichte der Menschheit vergleichen. Bei der rücksichtslosen Eroberung „neuen Lebensraumes" wurde das Existenzrecht ganzer Völker in Frage gestellt. In Osteuropa führten die Deutschen einen rassebiologisch begründeten Vernichtungskrieg. Das Völkerrecht missachtend, wurden Soldaten und Zivilpersonen gleichgesetzt.

- ***Wie kam es zum Ausbruch des Zweiten Weltkrieges?***
- ***Welchen Verlauf nahm er in den ersten Kriegsjahren?***

Der Weg in den Krieg

Nach seinem außenpolitischen Erfolg auf der Konferenz in München 1938 fühlte sich Hitler ermutigt, seine Lebensraumpolitik weiter voranzutreiben.

Im März 1939 marschierten deutsche Truppen in die sogenannte „Rest-Tschechei" ein und gliederten diese als „Protektorat Böhmen und Mähren" in das Deutsche Reich ein (siehe S. 203, M3). Dies war ein Bruch des Münchner Abkommens und machte deutlich, dass Hitlers Bestrebungen weit über die Revision des Versailler Vertrages hinausgingen. Auch gegenüber Polen hatte das Deutsche Reich bereits unannehmbare territoriale Forderungen gestellt. Großbritannien setzte nun seine Appeasement-Politik nicht mehr fort und gab gemeinsam mit Frankreich eine Garantieerklärung für den Bestand Polens ab.

Hitler nahm dies zum Anlass, am 28. April den 1934 mit Polen geschlossenen Nichtangriffspakt zu kündigen. Er war entschlossen, in Polen einzumarschieren. Durch den für alle Außenstehenden am 23. August 1939 völlig überraschend nach Geheimverhandlungen geschlossenen Hitler-Stalin-Pakt*, ein gegenseitiges Nichtangriffsabkommen mit der Sowjetunion, schien die Gefahr eines Zweifrontenkrieges gebannt. Wichtigster Bestandteil des Paktes aber war ein geheimes Zusatzabkommen, in welchem die territorialen Interessen des Deutschen Reichs und der Sowjetunion in Polen und in den baltischen Staaten abgesteckt wurden. Zudem konnte sich Hitler auf das Wohlwollen Italiens verlassen („Achse Berlin-Rom").

Kriegsbeginn in Polen – die „Blitzkriege"

Am 1. September 1939 griffen Truppen der Wehrmacht ohne vorherige Kriegserklärung Polen an. Rund drei Wochen nach dem Überfall auf Polen war das militärisch deutlich unterlegene Land weitgehend besiegt. Es wurde zwischen dem Deutschen Reich und der Sowjetunion, deren Truppen am 17. September in Ostpolen einmarschiert waren, aufgeteilt. Großbritannien und Frankreich hatten trotz Kriegserklärungen nicht aktiv eingegriffen.

Bis zum Sommer 1941 verlief der Krieg für das NS-Regime sehr erfolgreich. Die Strategie Hitlers, andere Staaten nach einem rasch erfolgten Angriff zu besetzen, ohne dem Gegner Zeit für eine gezielte Gegenwehr zu geben, wird als „Blitzkrieg" bezeichnet. Grund für dieses schnelle und offensive Vorgehen war die Tatsache, dass die deutsche Rüstungsindustrie einem längeren Krieg nicht gewachsen war. Es fehlte sowohl an Rohstoffen als auch an ausreichenden Produktionsstätten. Um sich die schwedische Erzzufuhr zu sichern und eine bessere Ausgangsbasis für den Krieg gegen Großbritannien zu haben, wurden im April und Juni 1940 Dänemark und Norwegen besetzt. Es folgten Angriffe auf Holland, Belgien, Luxemburg und Frankreich. Letzteres war im Juni 1940 gezwungen, ein Waffenstillstandsabkommen zu unterzeichnen. Ein großer Teil Frankreichs wurde von deutschen Truppen besetzt. Hitler war auf dem Höhepunkt seiner Macht.

Die darauf folgenden Luftangriffe gegen England vom Sommer 1940 bis Anfang 1941 führten zu schweren Zerstörungen (vor allem in London, Birmingham und Coventry), dennoch gelang es nicht, die durch die USA unterstützte Inselmacht wesentlich zu schwächen.

Der „Russlandfeldzug" und andere Kriegsschauplätze

Am 31. Juli 1940 kündigte Hitler den Oberbefehlshabern der Wehrmacht die baldige Zerschlagung der Sowjetunion an, die durch den Überfall deutscher Soldaten auf russische Gebiete am 22. Juni 1941 eingeleitet wurde. Dieser Vernichtungskrieg wurde unter dem Decknamen „Unternehmen Barbarossa" vorbereitet. Parallel dazu fanden Kämpfe im Mittelmeerraum, auf dem Balkan und in Afrika statt, größtenteils gemeinsam mit den verbündeten Truppen des italienischen Diktators Mussolini.

M 1

Obdachlos gewordene Kinder vor den Trümmern ihres Wohnhauses in einer östlichen Vorstadt Londons, Foto, 1940

M 2

Europa unter der Herrschaft Deutschlands und seiner Verbündeten 1942

M 3

Aus dem Befehl Hitlers zum Angriff auf Polen vom 31. August 1939:

1. Nachdem alle politischen Möglichkeiten erschöpft sind, um auf friedlichem Wege eine für Deutschland unerträgliche Lage an seiner Ostgrenze zu beseitigen, habe ich mich zur gewaltsamen Lösung entschlossen.

2. Der Angriff gegen Polen ist nach den für den Fall „Weiß" [Polen] getroffenen Vorbereitungen zu führen mit Abänderungen, die sich beim Heer durch den inzwischen fast vollendeten Aufmarsch ergeben. Aufgabenverteilung und Operationsziel bleiben unverändert.

Angriffstag: 1. September 1939.

Angriffszeit: 4.45 ...

3. Im Westen kommt es darauf an, die Verantwortung für die Eröffnung der Feindseligkeiten eindeutig England und Frankreich zu überlassen. Geringfügigen Grenzverletzungen ist zunächst rein örtlich entgegenzutreten.

Die von Holland, Belgien, Luxemburg und der Schweiz zugesicherte Neutralität ist peinlich zu achten.

Zit. nach Walter Hofer, Nationalsozialismus. Dokumente 1933–1945, Frankfurt a. M. (Fischer) 1957, S. 232f.

---

1 Beschreibe mithilfe des Darstellungstextes und anhand von M2 den Verlauf des Zweiten Weltkrieges bis 1941.
Tipp: Erstelle dazu einen Zeitstrahl und schreibe stichwortartig die wichtigsten Ereignisse auf.

2 Diskutiert in der Klasse die Frage, ob die deutsche Außenpolitik von 1919 bis 1939 mehr durch Kontinuität oder eher durch Brüche gekennzeichnet ist.
Tipp: Lest noch einmal auf den Seiten 124/125 und 204/205 nach.

3 **a)** Stellt euch vor, ihr wärt eines der Kinder auf dem Bild M1. Schreibt einen Tagebucheintrag, in welchem ihr eure Hoffnungen und Ängste bezüglich des Krieges schildert. Beschreibt eure eigene Situation und berichtet vielleicht auch über eure Familie.
b) Lest euch gegenseitig eure Texte vor.

4 Belegt mithilfe von M3, mit welchen Äußerungen Hitler versucht, seinen Angriff auf Polen nach außen hin abzusichern.

Webcode: FG640249-207
Der Zweite Weltkrieg

Besatzungspolitik und Vernichtungskrieg im Osten

Der Krieg gegen die Sowjetunion unterschied sich von allen bisherigen Kriegen. Er richtete sich nicht nur gegen eine andere Armee, sondern auch gegen die Zivilbevölkerung und war von Kriegsverbrechen gekennzeichnet. Unter Kriegsverbrechen versteht man Verstöße gegen das Kriegs- und Völkerrecht wie Mord, Terror, Misshandlung und Massentötung von Zivilisten und Kriegsgefangenen. Auch die Soldaten der deutschen Wehrmacht beteiligten sich an solchen Verbrechen.

- ***Welche Verbrechen werden ihnen zur Last gelegt?***

Gewaltherrschaft in Polen und in der Sowjetunion
Bereits während des Krieges gegen Polen war es zu brutalen Übergriffen gegen die Zivilbevölkerung gekommen. Bis Ende 1939 wurde auf Befehl Hitlers die polnische Führungsschicht (ca. 60 000 Ärzte, Politiker, Lehrer, Geistliche u. a.), aber auch Arbeiter und Gewerkschafter ermordet. Um „Lebensraum" für die Deutschen in den polnischen Westgebieten zu gewinnen, wurden hunderttausende Polen umgesiedelt.

Am 22. Juni 1941 überfiel das Deutsche Reich die Sowjetunion. Mit der kommunistischen Sowjetunion bekämpften die Nationalsozialisten den aus ihrer Sicht „jüdisch-bolschewistischen" Hauptfeind. In den besetzten Gebieten Polens und der Sowjetunion setzten die Nationalsozialisten ihre rassistische und antisemitische Politik radikal um: Es kam zur massenhaften, systematischen Tötung von Juden und sowjetischen Kriegsgefangenen durch Einheiten von SS und Polizei und durch die Wehrmacht. Im Kampf gegen Partisanen, d. h. irreguläre, bewaffnete Widerstandskämpfer, löschte die Wehrmacht ganze Dörfer aus und entvölkerte vor allem in Weißrussland komplette Landstriche. Ab 1943 wurden immer mehr Zwangsarbeiterinnen und Zwangsarbeiter aus den besetzten Gebieten ins Deutsche Reich deportiert (siehe S. 222/223).

Durch Krieg und Besatzung starben 1941–1944 etwa 27 Millionen Sowjetbürger. Historiker bezeichnen den Krieg gegen die Sowjetunion auch als „Weltanschauungs- und Vernichtungskrieg".

M 1

Deutsche Besatzungspolitik im Osten

A *Aus dem Erlass Hitlers über „Die Ausübung der Kriegsgerichtsbarkeit im Gebiet ‚Barbarossa' [Unternehmen Barbarossa = Russlandfeldzug] und besondere Maßnahmen der Truppe" (13. Mai 1941):*

Freischärler[1] sind durch die Truppe im Kampf oder auf der Flucht schonungslos zu erledigen ... Auch alle anderen Angriffe feindlicher Zivilpersonen gegen die Wehrmacht ... sind ... auf der Stelle mit den äußersten Mitteln bis zur Vernichtung des Angreifers niederzukämpfen ... Für Handlungen, die Angehörige der Wehrmacht ... gegen feindliche Zivilpersonen begehen, besteht kein Verfolgungszwang, auch dann nicht, wenn die Tat zugleich ein militärisches Verbrechen oder Vergehen ist.

B *Aus den Richtlinien für die Behandlung „politischer Kommissare". Darunter fielen höherrangige Beamte der Roten Armee, die nicht als Soldaten anerkannt wurden (6. Juni 1941):*

Im Kampf gegen den Bolschewismus ist mit einem Verhalten des Feindes nach den Grundsätzen der Menschlichkeit oder des Völkerrechts nicht zu rechnen ... Die Truppe muss sich bewusst sein:
1. In diesem Kampfe ist Schonung und völkerrechtliche Rücksichtnahme diesen Elementen gegenüber falsch. Sie sind eine Gefahr für die eigene Sicherheit und die schnelle Befriedung der eroberten Gebiete.
2. Die Urheber barbarisch asiatischer Kampfmethoden sind die politischen Kommissare ... Sie sind daher, wenn im Kampf oder Widerstand ergriffen, grundsätzlich sofort mit der Waffe zu erledigen.

[1] *Partisanen*

Zit. nach Hamburger Institut für Sozialforschung (Hg.), Verbrechen der Wehrmacht. Dimensionen des Vernichtungskrieges 1941–1944, Hamburg (Hamburger Edition) 2002, S. 46ff.

M 2

Der Obergefreite Müller erzählt von seinen Erlebnissen an der Ostfront:

In einem Dorf in Russland waren Partisanen. Da ist es klar, man muss das Dorf dem Erdboden gleichmachen, ohne Rücksicht auf Verluste. Da hatten wir einen ... Brosicke, ein Berliner; jeden, den er im Dorf sah, führte er hinters Haus und hat ihm einen Genickschuss gegeben. Dabei war der Kerl damals zwanzig Jahre oder neunzehneinhalb. Es hieß, jeder zehnte Mann ist zu erschießen in dem Dorf. „Ach, was heißt hier jeder zehnte Mann? Das ist doch klar", sagen die Kumpels, „das ganze Dorf muss ausgerottet werden." Da haben wir Bierflaschen mit Benzin gefüllt auf den Tisch gestellt und beim Rausgehen so ganz lässig Handgranaten dahinter geworfen. Da brannte gleich alles lichterloh – Strohdächer. Man hat Frauen und Kinder, alles niedergeschossen; die wenigsten davon waren Partisanen. Ich habe bei so was nie geschossen, wenn ich nicht ganz genau gewusst habe, dass das überhaupt Partisanen waren. Aber es gab viele Kumpels, denen machte das ungeheuren Spaß.

Zit. nach Sönke Neitzel und Harald Welzer, Soldaten. Protokolle vom Kämpfen, Töten und Sterben, 5. Aufl., Frankfurt a. M. (S. Fischer) 2011, S. 124 f.

M 3

Aus dem Bericht der Einsatzgruppe[1] A [Baltikum] über durchgeführte Hinrichtungen vom 15. Oktober 1941:

	Juden	Kommunisten	zusammen
Litauen	80311	860	81171
Lettland	30025	1843	31868
Estland	474	684	1158
Weißruthenien	7620	–	7620

[1] *Einsatzgruppen bestanden aus Angehörigen des SD (Überwachung von politischen Gegnern und Parteimitgliedern) und der Sicherheitspolizei (Gestapo und Kripo), die den kämpfenden deutschen Armeen folgten und die Aufgabe hatten, in den besetzten Ostgebieten die jüdische Bevölkerung, die kommunistische Führungsschicht der UdSSR, Partisanen sowie Sinti und Roma zu ermorden.*

Zit. nach Wolfgang Michalka (Hg.), Das Dritte Reich, Bd. 2, München (dtv) 1985, S. 191.

M 4

Hinrichtung von Partisanen aus Welisch, Kreis Smolensk (im heutigen Zentralrussland), durch die deutsche Wehrmacht, Foto, 1942

1 Analysiere M1 hinsichtlich der Vorgaben für die deutschen Soldaten.

2 **a)** Untersuche anhand von M2, wie sich der Obergefreite Müller selbst darstellt.
b) Partnerarbeit: Diskutiert, ob er die Taten der Wehrmacht als Kriegsverbrechen bezeichnen würde.

3 **Wähle eine Aufgabe aus:**
a) Stelle anhand von M2–M4 dar, wie der Krieg gegen die Sowjetunion geführt wurde.
b) Erläutere anhand von M1–M4, was Historiker unter dem Begriff „Vernichtungskrieg" verstehen.

4 **Recherche:** Die Ermordungen wurden von den „Einsatzkommandos" durchgeführt, während die „Wehrmacht" als unbelastet galt. Informiere dich im Internet zum Thema „saubere Wehrmacht".

Webcode: FG640249-209
Vernichtungskrieg im Osten

Shoa: Die Ermordung der Juden

Bereits im vorangegangenen Kapitel hast du von der Ausgrenzung der deutschen Juden und der Reichspogromnacht erfahren. Genau sechs Jahre nach seinem Amtsantritt drohte Hitler vor dem Reichstag „die Vernichtung der jüdischen Rasse in Europa" an.

- ***Wie konnten die Nationalsozialisten dieses Vorhaben planen, anordnen und umsetzen?***
- ***Inwiefern änderte der Kriegsbeginn die Situation der Juden in allen von Deutschland besetzten Ländern?***

M 1

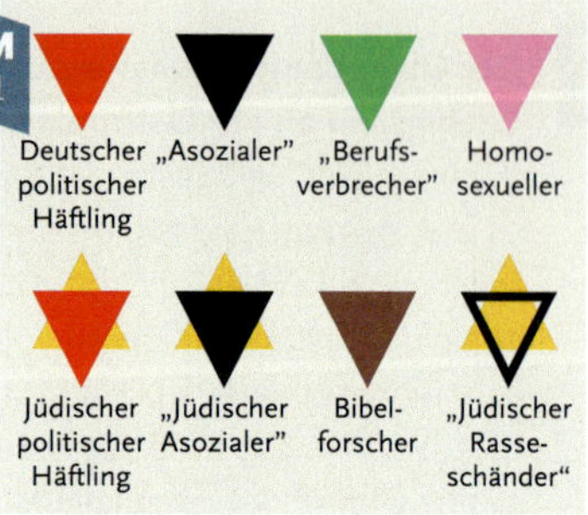

Beispiele für Kennzeichnung der KZ-Häftlinge durch die NS-Bürokratie

Deportation und Selektion

Millionen Juden und weitere Angehörige sogenannter „minderwertiger Rassen" gerieten durch die Besetzung ihrer Heimatländer durch die Deutschen unter die NS-Herrschaft. Damit verschlechterte sich ihre Situation dramatisch. In den besetzten Gebieten zwangen die Deutschen die jüdische Bevölkerung zum Umzug in spezielle „Judenbezirke" (Gettos), wo sie verstärkt der Kontrolle und dem Terror des deutschen Regimes ausgesetzt waren. Von dort wurden sie, zusammengepfercht in Viehwaggons, zu den Vernichtungslagern in abgelegenen Gegenden Polens transportiert. In Auschwitz begutachteten SS-Ärzte die Angekommenen und „selektierten", d.h. sie sonderten die zur Schwerstarbeit in den benachbarten Fabriken vorgesehenen Menschen von den anderen aus (siehe S. 201, M4). Die nicht Arbeitsfähigen, etwa vier Fünftel der Menschen eines Transportzuges, wurden sofort in den Gaskammern ermordet.

M 2 *Misshandlung eines Juden. Straßenszene im Getto Litzmannstadt (Lodz), Foto, 1942*

Wannseekonferenz – Planung der „Endlösung"

Der Völkermord an den europäischen Juden hatte bereits im Juni 1941 mit dem Überfall auf die Sowjetunion begonnen. Ab Oktober 1941 kam es auch zu Massendeportationen deutscher Juden in die Gettos im Osten. Reinhard Heydrich, Leiter des Reichssicherheitshauptamtes (RSHA) und Stellvertretender Reichsprotektor in Böhmen und Mähren, wurde 1941 von Hermann Göring mit der „Endlösung der Judenfrage" beauftragt. Er berief am 20. Januar 1942 eine Konferenz am Berliner Wannsee ein, auf der die Koordination eines systematischen Mordes an allen Juden Europas abgesprochen wurde. Zum Zeitpunkt der Konferenz am Wannsee waren bereits über eine halbe Million Menschen ermordet worden.

Mittäterschaft

Insgesamt fielen der Shoa ca. sechs Millionen europäische Juden zum Opfer, darunter ca. 1,5 Millionen Kinder. Nur ca. 10 000 deutschen Juden gelang es, sich zu verstecken oder zu fliehen. Viele, die von den Verbrechen an den Juden wussten oder etwas ahnten, schwiegen. Auch wenn es Menschen gab, die sich gegen die NS-Regierung stellten, erfuhren die Juden insgesamt nur wenig Hilfe aus der Bevölkerung. Die Planung und Durchführung der sogenannten „Endlösung" wäre nicht möglich gewesen, hätten sich daran nur die NS-Spitzen beteiligt. Eine solche Unternehmung erforderte auch die Mithilfe der mittleren und unteren Führungsebenen, also der Männer und Frauen, die in den Kommunen, Behörden, Polizeidienststellen und Verkehrsbetrieben des Deutschen Reichs sowie in den Konzentrations- und Vernichtungslagern arbeiteten. Auch die Vertreter der katholischen und evangelischen Kirchen protestierten nur in wenigen Fällen gegen die Verfolgungen und den Massenmord.

M 3

Die Ermordung der europäischen Juden

Shoa (Holocaust)

Auf die Phasen der Entrechtung (z. B. Nürnberger Gesetze 1935) und Verfolgung (z. B. Pogromnacht 1938) folgte in konsequenter Umsetzung der NS-Rassenideologie die physische Ermordung von Millionen Juden in Vernichtungslagern. Das Lager Auschwitz wurde als ein Ort des systematischen Mordens zum Symbol der NS-Rassenpolitik. Die Deportationen der Juden in die Vernichtungslager begannen 1941, die Massenvergasungen 1942. Das Phänomen des Völkermords an den Juden haben die Nationalsozialisten mit dem Begriff „Endlösung“ verschleiert. In der Geschichtsschreibung taucht häufig der Begriff Holocaust (griech. „totale Verbrennung“) auf. Die überlebenden Juden sprechen meist von der Shoa (hebr. „einzigartiges Opfer, totale Zerstörung“). Sie gilt auch als Zivilisationsbruch, der die Grundlagen des sozialen Handelns außer Kraft setzt und das Vertrauen in die Vernunft des Menschen aufhebt.

M 4

Rudolf Höß (1900–1947), Kommandant des Konzentrationslagers Auschwitz, sagte vor dem Nürnberger Kriegsverbrecherprozess (1946):

Die „Endlösung der Judenfrage“ bedeutete die vollständige Ausrottung aller Juden in Europa. Ich hatte den Befehl, Ausrottungserleichterungen in Auschwitz im Juni 1942 zu schaffen ... Als ich das Vernichtungsgebäude in Auschwitz errichtete, gebrauchte ich also Zyklon B, eine kristallisierte Blausäure ... Es dauerte 3 bis 15 Minuten, ... um die Menschen in der Todeskammer zu töten ... Nachdem die Leichen fortgebracht waren, nahmen unsere Sonderkommandos die Ringe ab und zogen das Gold aus den Zähnen der Körper.

Zit. nach Léon Poliakov/Josef Wulf, Das Dritte Reich und die Juden, Berlin (Arani) 1955, S. 128f.

1 Belege, wodurch die menschenverachtende Einstellung der Nationalsozialisten offensichtlich wird (M1, M2).

2 Werte M3 aus. Welche Rückschlüsse lassen sich über die Vernichtung der Juden im Nationalsozialismus ableiten? Nimm den Darstellungstext zur Hilfe.

3 **Recherche:** Untersuche, warum in M3 bei Ländern wie Bulgarien oder Dänemark keine Opferzahlen genannt werden.

4 Analysiere M4. Achte vor allem auf die Sprache.

5 **Wähle eine Aufgabe aus:**
Recherchiere und berichte darüber vor der Klasse:
a) Leben in einem Arbeitslager
b) Leben in einem Getto

6 Die Auseinandersetzung mit der Frage nach Schuld und Verantwortung ist auch für die heutige Generation eine Aufgabe. Diskutiert darüber in der Klasse.

Webcode: FG640249-211
Konzentrationslager Auschwitz

Historische Ereignisse bewerten

Die Shoa, der größte Massenmord und Zivilisationsbruch in der Geschichte, wäre nicht ohne die Beteiligung zahlreicher Menschen und Behörden möglich gewesen. Welche Schuld trifft dabei den Einzelnen? Immer wieder werdet ihr im Unterricht aufgefordert, Ereignisse oder Handlungen von Personen zu beurteilen und zu bewerten. Doch wie gelangt man zu einem qualifizierten Urteil? Hierzu erhältst du anhand des Beispiels nach der Frage der Mitschuld Einzelner an der Shoa hilfreiche Tipps.

Arbeitsschritte „Historische Ereignisse bewerten"

Themenstellung formulieren	**Lösungshinweise zu M1 und M2**
1. Was genau soll beurteilt werden? Eine Person, eine Epoche, ein Ereignis, ein Konflikt, eine Aussage etc.	• *die Mitschuld Einzelner an der Shoa*
Voraburteil	
2. Was hast du bisher über diese Thematik erfahren? Halte kurz deinen ersten spontanen Eindruck fest.	• *Lies nach auf S. 210 f.* • …
Ein begründetes Sachurteil treffen	
3. Unter welchen sozialen, wirtschaftlichen und politischen Voraussetzungen handelten die Beteiligten?	• *Familienväter mittleren Alters aus einfachen Verhältnissen; Polizisten, keine Mitglieder der SS*
4. Welche Interessen verfolgten sie?	• *gesund heimkehren, Ausschluss aus der Gruppe vermeiden …*
5. Welche Handlungsmöglichkeiten hatten sie?	• *Befehl befolgen oder aus der Gruppe heraustreten*
6. Wie beurteilten die Zeitgenossen die Situation?	• *zusätzliche Recherche notwendig*
7. Haben die Beteiligten ihre möglicherweise gesetzten Ziele erreicht? Wäre dies möglich gewesen?	• …
8. Welche Aussagen sind belegbar, welche nur Vermutungen?	• *Die Ausführungen stützen sich auf Aussagen der Bataillonsmitglieder.*
Ein begründetes Werturteil formulieren	
9. Welchen Einflüssen unterliegt der Urteilende?	• *heutige Moral- und Wertvorstellungen*
10. Wie sind die vergangenen Ereignisse aus heutiger Perspektive zu beurteilen?	• *Browning betont, dass ähnliche Ereignisse auch in anderen modernen Gesellschaften denkbar wären, da moderne Gesellschaften zum Gehorsam erziehen; somit wird etwas Schuld von dem Einzelnen genommen. Goldhagen hebt den Wunsch des „normalen Deutschen" hervor, der Hitlers Vision von der Ausrottung der Juden folgt.*
11. Kann eine positive oder negative Wertung vorgenommen werden?	• *Beachte den Handlungsspielraum zur damaligen Zeit* • …
12. Ist das Handeln der Beteiligten aus eurer Perspektive gerechtfertigt? Würdet ihr ebenso handeln?	• …

M1

Der amerikanische Historiker Christopher Browning (1993):
In aller Frühe wurden die Männer des Reserve-Polizeibataillons 101 am 13. Juli 1942 aus ihren Betten geholt ... Die Männer ... waren Familienväter mittleren Alters und kamen aus kleinbürgerlichen Verhältnissen ... [Sie] sammelten sich ... um Major Wilhelm Trapp ... Das Bataillon stehe vor einer furchtbar unangenehmen Aufgabe, erklärte er mit tränenerstickter Stimme. Ihm selbst gefalle der Auftrag ganz und gar nicht, ... aber der Befehl komme von ganz oben ... Das Bataillon habe nun den Befehl, diese Juden zusammenzutreiben. Die Männer im arbeitsfähigen Alter sollten ... in ein Arbeitslager gebracht werden, während Frauen, Kinder und ältere Männer vom Polizeibataillon auf der Stelle zu erschießen seien. Nachdem Trapp seinen Männern auf diese Weise erklärt hatte, was ihnen bevorstand, machte er ein außergewöhnliches Angebot: Wer von den Älteren sich dieser Aufgabe nicht gewachsen fühlte, könne beiseite treten ...
Warum entwickelten sich die meisten Männer des Reserve-Polizeibataillons 101 zu Mördern ...? Für die Herausbildung eines solchen Verhaltens sind ... schon eine Reihe von Erklärungen angeboten worden: Brutalisierung in Kriegszeiten, Rassismus, ... besondere Selektion der Täter, Karrierismus, blinder Gehorsam und Autoritätsgläubigkeit, ideologische mögliche Indoktrinierung und Anpassung ... Ein weiterer entscheidender Aspekt war das gruppenkonforme Verhalten. Den Befehl, Juden zu töten, erhielt das Bataillon, nicht aber jeder einzelne Polizist. Dennoch machten sich 80 bis 90 Prozent der Bataillonsangehörigen ans Töten, obwohl es fast alle von ihnen – zumindest anfangs – entsetzte und anwiderte. Die meisten schafften es einfach nicht, aus dem Glied zu treten und offen nonkonformes Verhalten zu zeigen. Zu schießen fiel ihnen leichter ... Doch jene, die getötet haben, können nicht aus der Vorstellung heraus freigesprochen werden, dass in ihrer Situation jeder Mensch genauso gehandelt hätte. Denn selbst unter ihnen gab es ja einige, die sich von vornherein weigerten zu töten oder aber ab einem bestimmten Punkt nicht mehr weitermachten. Die Verantwortung für das eigene Tun liegt letztlich bei jedem Einzelnen.
... In jeder modernen Gesellschaft wird ... das Gefühl für die persönliche Verantwortung geschwächt, ... übt die Gruppe, der eine Person angehört, gewaltigen Druck auf deren Verhalten aus und legt moralische Wertmaßstäbe fest. Wenn die Männer des Reserve-Polizeibataillons 101 unter solchen Umständen zu Mördern werden konnten, für welche Gruppe von Menschen ließe sich dann noch Ähnliches ausschließen?

Christopher R. Browning, Ganz normale Männer. Das Reserve-Polizeibataillon 101 und die „Endlösung“ in Polen, Reinbek (rororo TB) 1993, S. 21f., 208, 246 und 341. Übers. v. Jürgen Peter Krause.

M2

Der amerikanische Politologe Daniel J. Goldhagen (1996):
Letztlich ist es nicht wirklich relevant, ob die Männer in allen Polizeibataillonen wussten, dass sie eine direkte Mitwirkung an den Morden ohne ernsthafte Nachteile verweigern konnten; denn auch die Deutschen, die es wussten, töteten wie die mindestens 4500 Mann aus den genannten neun Polizeibataillonen. Es ist auffallend, dass acht dieser Bataillone überwiegend ... aus Reservisten bestanden. Deshalb liegt die Vermutung nahe, dass auch die Angehörigen anderer Polizeibataillone, unabhängig davon, ob sie von der möglichen Freistellung Kenntnis hatten, gemordet hätten. Es gibt keinen Beweis für das Gegenteil. Die Stichprobe reicht aus, um ... sagen zu können: Indem sie sich dafür entschieden, sich nicht vom Völkermord an den Juden freistellen zu lassen, machten die Deutschen selbst deutlich, dass sie Vollstrecker des Völkermords sein wollten.

Daniel Jonah Goldhagen, Hitlers willige Vollstrecker. Ganz gewöhnliche Deutsche und der Holocaust, Berlin (Siedler) 1996, S. 252–255 und 330. Übers. v. Klaus Kochmann.

1 Untersuche M1 und M2 mithilfe der Arbeitsschritte. Ergänze die Lösungshinweise.

2 Vergleiche die Darstellungen beider Autoren vor allem hinsichtlich deren Meinung über die Schuld einzelner Personen.

Gab es Widerstand gegen die NS-Herrschaft?

Trotz der ungeheuren Verbrechen des Nationalsozialismus bildete sich in Deutschland kein breiter politischer Widerstand. Waren damals wirklich alle Menschen Anhänger der NSDAP? Was hielt sie davon ab, Widerstand zu leisten? Und wer wagte es dennoch, sich gegen dieses Regime zu wehren?

Formen und Motive des Widerstands

Viele Deutsche versprachen sich von der Herrschaft der Nationalsozialisten wirtschaftlichen, außenpolitischen und militärischen Erfolg. Durch die Zustimmung des weitaus größten Teils der Bevölkerung wurde der Widerstand gegen den Nationalsozialismus in Deutschland erschwert. Jeglicher Widerstand dagegen wurde gleich zu Beginn der Errichtung des NS-Regimes radikal und mit brutaler Gewalt unterdrückt. Die Geheime Staatspolizei (Gestapo) ging auch rücksichtslos gegen vermeintliche Oppositionelle vor, was viele Menschen, die dem NS-Regime ganz oder teilweise zustimmten, wenig berührte. Es bestand immer die Gefahr, von den Nachbarn oder Kollegen verleumdet zu werden. Mit der Einführung des Volksgerichtshofs* konnten „politische Straftäter" ohne förmliche juristische Verfahren verurteilt werden. Dennoch fanden sich stets Mutige in der Bevölkerung, die trotz der Gefahr für ihr Leben Widerstand als Einzelner oder in Gruppen leisteten.

Der Widerstand äußerte sich in unterschiedlicher Weise. So gab es den bewussten politischen Kampf gegen die NS-Herrschaft und den des zivilen Ungehorsams wie die Verweigerung des Hitlergrußes oder die Aufrechterhaltung von Kontakt zu Juden sowie die heimliche Versorgung von Zwangsarbeitern mit Essen. Die Gründe für den Widerstand der Andersdenkenden waren verschieden: politische Überzeugung, christlicher Glauben oder Entsetzen über die Verbrechen des NS-Staates.

M 1

Hitler und Mussolini besichtigen wenige Stunden nach dem gescheiterten Attentat die Zerstörungen im Konferenzraum des Führerhauptquartiers, Foto, 1944

Wer leistete Widerstand in Deutschland? – Beispiele

- **Kommunisten, Sozialdemokraten und Gewerkschafter:** Ihre Mitglieder waren von Anfang an Gegner der NS-Herrschaft; sie wurden massiv verfolgt; gründeten Untergrundorganisationen; arbeiteten im Exil, verteilten u. a. Flugblätter, die zum Widerstand aufriefen.
- **Widerstand vonseiten der Kirche:** Gründung der „Bekennenden Kirche" mit den Pfarrern Martin Niemöller und Dietrich Bonhoeffer; öffentliche Predigten gegen „Euthanasie"; Protestschreiben beider Kirchen an Hitler wegen Verfolgung der Kirchen und Missachtung der persönlichen Freiheiten; christliches Bekenntnis nicht mit NS-Ideologie vereinbar (Rassismus, kriegerischer Nationalismus).
- **Militärischer Widerstand:** missglücktes Attentat am 20. Juli 1944 durch Oberst Claus Graf Schenk zu Stauffenberg, Generalmajor Henning von Tresckow u. a.
- **Jugend- und Studentengruppen:** „Weiße Rose" (siehe S. 216), Kritik an der Missachtung von Menschenrechten und an menschenverachtender Kriegsführung; „Swing-Jugend": hörte den aus den USA stammenden Swing, der vom NS-Staat als undeutsch diffamiert wurde; zunächst unpolitische Treffen, im Laufe der Zeit jedoch immer mehr regimekritische Stimmen; „Edelweißpiraten": vornehmlich Jugendgruppen aus dem rheinisch-westfälischen Industriegebiet, meist aus Arbeiterfamilien kommend; gegen Militarisierung in der HJ; Suche nach Freiraum; anfangs unpolitisch, nach Verfolgung stärkere Proteste und Widerstand.
- **Bürgerlicher Widerstand:** „Kreisauer Kreis"; Militärs, Beamte, Geistliche, Sozialdemokraten; erstellten Pläne zur politisch-gesellschaftlichen Neuordnung nach dem angenommenen Zusammenbruch der Hitler-Diktatur; Umsturz aus ihrer Sicht nur mithilfe der Militärs möglich.
- **Einzelkämpfer:** Georg Elser; fehlgeschlagener Sprengstoffanschlag auf Hitler am 8. November 1938 im Münchner Bürgerbräu-Keller.

Widerstand in den besetzten Gebieten

Auch in den besetzten Gebieten setzten sich die Menschen gegen die Nationalsozialisten zur Wehr. In Frankreich und Belgien gab es zahlreiche Bewegungen gegen die Besatzungsmächte, die unter dem Namen Résistance zusammengefasst werden. In den von Deutschen besetzten Ländern in Osteuropa kämpften verschiedene Partisanengruppen gegen die Wehrmacht. Im Warschauer Getto fand vom 19. April bis 16. Mai 1943 ein bewaffneter Widerstand statt. Die „Jüdische Kampforganisation" zusammen mit der „Polnischen Heimatarmee" gingen hierbei aktiv gegen die Deportation der Gefangenen in die Vernichtungslager vor. Fast alle noch im Getto verbliebenen ca. 50 000 Juden wurden während der Kämpfe bzw. danach in den Vernichtungslagern von den SS-Truppen getötet.

Widerstand

In der neueren Zeit versteht man das Widerstandsrecht als Teil der Menschenrechte (Grundrecht Art. 20, Abs. 4); es dient vor allem zur Rechtfertigung der Abwehr diktatorischer staatlicher Gewalt. Die Ziele und Formen des Widerstands gegen die NS-Herrschaft waren vielfältig, jedoch meist erfolglos.

M 3

Urteil des Volksgerichtshofes gegen Karl Friedrich Stellbrink, Pastor in Lübeck (1943):

In dem Gespräch [mit dem Vater eines Täuflings] führte er dann aus, der Führer habe den Krieg auf dem Gewissen, jedermann in Deutschland müsse dazu beitragen, den heutigen Staat zu Fall zu bringen, daran könne jeder zu seinem kleinen Teile mitwirken, indem man z. B. Kupfermünzen nicht abliefere, Altpapier vernichte und Lebensmittelreste beseitige und dadurch kriegsnotwendiges Material der Verwendung entziehe. Wenn jeder so mitarbeite, würde die Regierung in 14 Tagen erledigt sein, sie müsse Frieden machen und würde dann gestürzt werden. ... „Diese" Regierung müsse verschwinden, damit die Kirche zu ihrem Recht komme.
... Der Angeklagte setzte seine staatsfeindliche Betätigung sogar noch in der Haft fort, indem er unter Mitgefangenen Gerüchte über militärische und politische Ereignisse aussprengte ... Als Strafe kam allein die Todesstrafe in Frage.

Zit. nach http://www.luebeckermaertyrer.de/-de/geschichte/urteile/urteil-stellbrink.html (Stand: 07. 04. 2014).

M 2

Aus dem Aufruf der Widerstandskämpfer vom 20. Juli 1944, der nach dem Anschlag auf Hitler verbreitet werden sollte:

Oberst Claus Schenk von Stauffenberg (1907–1944)

Deutsche! Hitler ... hat die göttlichen Gebote verhöhnt, das Recht zerstört, den Anstand verfemt, das Glück von Millionen vernichtet. Er hat Ehre und Würde, Freiheit und Leben anderer für nichts erachtet. Zahllose Deutsche, aber auch Angehörige anderer Völker schmachten seit Jahren in Konzentrationslagern ... Durch grausame Massenmorde ist unser guter Name besudelt .... Unser Ziel ist die wahre, auf Achtung, Hilfsbereitschaft und soziale Gerechtigkeit gegründete Gemeinschaft des Volkes. Wir wollen Gottesfurcht anstelle von Selbstvergottung, Recht und Freiheit anstelle von Gewalt und Terror, Wahrheit und Sauberkeit anstelle von Lüge und Eigennutz ... Wir wollen mit besten Kräften dazu beitragen, die Wunden zu heilen, die dieser Krieg allen Völkern geschlagen hat, und das Vertrauen zwischen ihnen wieder neu beleben.

Zit. nach Bodo Scheurig (Hg.), Deutscher Widerstand 1938–1944, 2. Aufl., München (dtv) 1984, S. 278ff.

1. **Vorschlag für eine Gruppenarbeit:**
   Erarbeitet in Gruppen anhand des Darstellungstextes und der Quellen:
   a) die Gründe für den Widerstand,
   b) die verschiedenen Formen des Widerstands.
   Fasst eure Ergebnisse in einer Mindmap zusammen.
2. Diskutiert, wovon es abhängt, ob ein Vorgehen gegen den Staat als Widerstand bezeichnet werden kann. Zieht auch die Formulierung aus dem Grundgesetz (Art. 20, Abs. 4) hinzu.
3. Untersuche anhand des Darstellungstextes und der Materialien, in welchen gesellschaftlichen Bereichen und Gruppierungen Widerstand geleistet wurde. Erstelle eine Liste.
4. Stelle mithilfe des Darstellungstextes dar, warum sich kein breiter Widerstand in Deutschland bildete.
5. Diskutiert, ob ihr damals selbst Widerstand geleistet hättet.

Webcode: FG640249-215
Widerstand gegen das NS-Regime

Eine biografische Recherche durchführen

Es gibt verschiedene Möglichkeiten, etwas über das Leben eines Menschen zu erfahren, beispielsweise aus mündlichen Erzählungen, Fotografien und schriftlichen Quellen, wie Briefen und Tagebüchern oder auch Lebenserinnerungen (siehe S. 148–150). Hier erhältst du Tipps für die Durchführung einer biografischen Recherche.

Webcode:
FG640249-216
Film: Weiße Rose

M 1

Aus dem letzten Flugblatt der „Weißen Rose", Februar 1943:

Erschüttert steht unser Volk vor dem Untergang der Männer von Stalingrad ... Wollen wir den niederen Machtinstinkten einer Parteiclique den Rest der deutschen Jugend opfern? Nimmer mehr! Der Tag der Abrechnung ist gekommen, der Abrechnung der deutschen Jugend mit der verabscheuungswürdigsten Tyrannis, die unser Volk je erduldet hat. Im Namen der deutschen Jugend fordern wir vom Staat Adolf Hitlers die persönliche Freiheit, das kostbarste Gut der Deutschen, zurück, um das er uns in der erbärmlichsten Weise betrogen [hat].

Zit. nach https://www.dhm.de/lemo/html/-dokumente/weisserose6/index.html (Stand: 30. 06. 2014).

M 2

Mitglieder der „Weißen Rose": Hans (links) und Sophie Scholl mit Christoph Probst, Foto, 1942

Filmtipp:
Seht euch gemeinsam den 2005 erschienenen Film „Sophie Scholl – die letzten Tage" an. Untersucht einzelne Szenen des Films mithilfe der Methode auf S. 178/179 und geht dabei vor allem darauf ein, inwiefern der Film die historische Realität abbildet.

M 3

Aus den Verhörprotokollen von Sophie Scholl am 18. Februar 1943:

... Es war unsere Überzeugung, dass der Krieg für Deutschland verloren ist, und dass jedes Menschenleben, das für diesen verlorenen Krieg geopfert wird, umsonst ist.

Nach vielen und langen Unterredungen über dieses Thema zwischen meinem Bruder und mir reifte im Dezember 1942 bei uns der Entschluss, ein Flugblatt zu verfassen, in größerer Zahl herzustellen und zu verbreiten. Schmorell hat wohl um diese Zeit von unserem feststehenden Plan gewusst, trat jedoch aktiv nicht in Erscheinung, sondern war vielmehr zuerst Mitwisser und Zuhörer ... Der Student Willi Graf ... war an der Herstellung und Verbreitung der Flugblätter in keiner Weise beteiligt ... In meinem Übermut oder meiner Dummheit habe ich den Fehler begangen, etwa 80 bis 100 solcher Flugblätter vom 2. Stock der Universität in den Lichthof herunterzuwerfen, wodurch mein Bruder und ich entdeckt wurden ...

Ich war mir ohne Weiteres im Klaren darüber, dass unser Vorgehen darauf abgestellt war, die heutige Staatsform zu beseitigen und dieses Ziel durch geeignete Propaganda in breiten Schichten der Bevölkerung zu erreichen ...

[Schlussfrage der Gesamtvernehmung] Sind Sie nach diesen Aussprachen nun nicht doch zu der Auffassung gekommen, dass man Ihrer Handlungsweise ... gerade in der jetzigen Phase des Krieges als ein Verbrechen gegenüber der Gemeinschaft insbesondere aber unserer im Osten hart kämpfenden Truppen anzusehen ist, das die schärfste Verurteilung finden muss?

Antwort: Von meinem Standpunkt muss ich diese Frage verneinen. Ich bin nach wie vor der Meinung, das Beste getan zu haben, was ich gerade jetzt für mein Volk tun konnte.

Zit. nach http://www.bpb.de/geschichte/nationalsozialismus/weisse-rose/61044/verhoerprotokoll-sophie-scholl?p=all (Stand: 30. 06. 2014).

Arbeitsschritte „Eine biografische Recherche durchführen“

Suche vorbereiten/Thema festlegen	**Lösungshinweise**
1. Über welche Person möchte ich mich informieren? Soll ein bestimmter Aspekt oder eine bestimmte Lebensphase berücksichtigt werden?	• *z. B. über Sophie Scholl, eine Widerstandskämpferin während der NS-Zeit; spezieller Lebensabschnitt: Flugschriftenaktion und Gerichtsurteil*
2. Welche Medien kommen als Informationsquelle infrage?	• *Sachbücher, Autobiografie, Zeitzeugenaussagen, Tondokumente, Kino- und Dokumentarfilm*
Eine Gliederung erstellen	
3. Wie baue ich mein Referat oder meine Präsentation auf (Text-, Bild- evtl. auch Tonquellen)? 4. Welche Schwerpunkte möchte ich beim Inhalt und der Quellenart (Quellenauswahl) setzen? 5. Habe ich auch die historische Zeit berücksichtigt, in der die beschriebene Person gelebt hat?	*Eine Biografie enthält meist Informationen zu:* • *Elternhaus, Geschwister, Kindheit* • *Schulzeit, evtl. Studium und Berufsausbildung* • *ggf. Familiengründung* • *berufliche Erfolge, Werdegang* • *Interessen, Leidenschaften* • *besondere Leistungen, Erfolge oder Ereignisse* • *Tod*
Informationen sammeln, Recherche durchführen	
6. Gibt es in der Bibliothek Informationen?	• *im Bibliothekskatalog recherchieren; sich mithilfe eines Bibliothekars informieren*
7. Gibt es aussagekräftige Quellen im Internet?	• *Quellen und Fundstelle speichern, stichwortartige Notizen machen*
8. Kann ich Orte besuchen, die für die Person wichtig waren, z. B. Ort ihres Wirkens?	• *die Ludwig-Maximilians-Universität (z. B. Denkmal für die „Weiße Rose“, Lichthof)*
Ergebnisse auswerten	
9. Sind meine Quellen glaubwürdig, objektiv und vielfältig? Enthalten sie unterschiedliche Sichtweisen aus verschiedenen Zeiten? 10. Haben sich bei meinen Recherchen Widersprüche ergeben?	• *Hinweis zu M3: Bei der Interpretation der Quellen ist zu beachten, dass es sich um Aufzeichnungen von Gestapo-Mitarbeitern handelt und sich in ihnen keine Hinweise finden, unter welchen Bedingungen diese Aussagen gemacht oder ob sie manipuliert wurden. Auch gilt zu bedenken, was Sophie mit ihrer Aussage erreichen wollte, z. B. die Entlastung ihrer Mitstreiter.*
Biografie vorstellen	
11. In welcher Form und wo sollen meine Ergebnisse präsentiert werden?	• *Plakat, Referat, Power-Point-Präsentation vor der Klasse, auf der Homepage der Schule etc.*

1 Gib mit eigenen Worten den Inhalt des Flugblattes (M1) wieder. Was wirft man Hitler vor?

2 Analysiere M3 und gehe dabei vor allem darauf ein, wie Sophie Scholl ihre Taten rechtfertigt und wie sie sich über ihre Mitverschwörer äußert.

3 **Vorschlag für Gruppenarbeit:** Recherchiert in kleinen Gruppen über die Mitglieder der Widerstandsgruppe „Weiße Rose“, z. B. über Sophie Scholl und Kurt Huber. Nutzt dazu die Arbeitsschritte oben. **Tipp:** Untersucht dabei vor allem, was die einzelnen Mitglieder zum Widerstand bewog.

4 Diskutiert, wie ihr euch in der Zeit des Nationalsozialismus verhalten hättet, und bewertet die Haltung der Mitglieder der „Weißen Rose“.

„Totaler Krieg“ und Niederlage

Viele Länder feiern den 8. Mai (Russland den 9. Mai) alljährlich als hohen Feiertag zum Sieg über das Hitler-Regime. Auch in der Bundesrepublik ist er ein wichtiger Gedenktag. Lange wurde in Deutschland darüber diskutiert, ob er auch als „Tag der Befreiung“ zu verstehen ist.
- ***Wie verliefen die letzten Kriegsjahre und wie kam es zum Ende des Krieges?***
- ***Endete der Krieg auf der ganzen Welt gleichzeitig?***

Die Ausweitung zum Weltkrieg

Der Angriff der deutschen Truppen auf die Sowjetunion kam Ende 1941 zum Stillstand. Im selben Jahr entwickelten der amerikanische Präsident Roosevelt und der britische Premierminister Churchill mit der „Atlantik-Charta“* vom 14. August 1941 die Vorstellung von einer künftigen Weltordnung: Zu dieser gehörten Verzicht auf Annexionen und Gewalt, Anerkennung des Selbstbestimmungsrechts der Völker, Freiheit des Handels und der Meere sowie die Gründung einer Weltsicherheitsorganisation.

Als Japan, das nach der Vorherrschaft im pazifischen Raum strebte, am 7. Dezember 1941 den amerikanischen Militärstützpunkt Pearl Harbor angriff, erklärte die deutsche Führung kurz danach den USA den Krieg. Ziel war es, die amerikanischen Kräfte durch zwei Kriegsschauplätze, Europa und Asien, zu schwächen. Dies erwies sich als Fehleinschätzung, denn Churchill und Roosevelt schlossen sich zur Anti-Hitler-Koalition zusammen und richteten ihre Anstrengungen gegen Deutschland.

Die letzte Mobilisierung – der „totale Krieg“*

Zur Kriegswende kam es im Januar/Februar 1943, als die 6. Armee in Stalingrad von sowjetischen Truppen eingekesselt und unter großen Verlusten zur Kapitulation gezwungen wurde. Von 250 000 Soldaten kamen 90 000 um, von den übrigen kehrten nur etwa 6000 nach langer Kriegsgefangenschaft in die Heimat zurück. Dennoch rief Reichspropagandaminister Joseph Goebbels am 18. Februar 1943 im Berliner Sportpalast unter dem Jubel der Anhänger des NS-Regimes zum „totalen Krieg“ auf. Entgegen der NS-Ideologie wurden immer mehr Frauen zu Verwaltungsaufgaben, als Luftwaffenhelferinnen bei der Flugabwehr oder in der Rüstungsindustrie dienstverpflichtet. Jugendliche und ältere, noch wehrfähige Männer rief man zu den Waffen. In der Landwirtschaft, im Handwerk und in der Industrie wurden an die zehn Millionen Zwangsarbeiter, KZ-Häftlinge und ein Großteil der Kriegsgefangenen eingesetzt (siehe S. 222/223).

M 1

Gefallene Angehörige der Hitlerjugend, die als Soldaten in Nordfrankreich kämpften, Foto, 1944/45

Bombenkrieg und Kapitulation

Mit dem Vorrücken der sowjetischen Armee nach Westen und der Invasion amerikanischer und britischer Truppen in der Normandie im Sommer 1944 zeichnete sich ein Ende des Krieges ab. Die deutsche Zivilbevölkerung litt unter den Bombenangriffen der Briten und Amerikaner (siehe S. 220/221). Zum Jahreswechsel 1944/45 standen die Truppen der drei Alliierten an den Reichsgrenzen. Im Osten begann die Flucht von Millionen Deutschen aus Angst vor Rache der Roten Armee. Nach erbitterten Kämpfen erreichten amerikanische und sowjetische Truppen am 25. April 1945 die Elbe bei Torgau.

Bereits wenige Tage nach Hitlers Selbstmord am 30. April im „Führerbunker“ in Berlin und nach der Einnahme der Hauptstadt durch die Rote Armee, unterzeichnete die Führung der deutschen Wehrmacht am 7. Mai im amerikanischen Hauptquartier in Reims die bedingungslose Kapitulation. In der Nacht vom 8. auf den 9. Mai wurde dies im sowjetischen Hauptquartier wiederholt.

M2 Atompilz über Nagasaki am 9. August 1945, Foto

Krieg in Asien

Nach zahlreichen Zusammenstößen hatte Japan 1937 China den Krieg erklärt. Durch die Ausweitung der japanischen Macht im Pazifikraum wurden jedoch auch die Interessen der USA berührt. Diese nutzten die Abhängigkeit Japans vom Erdöl und anderen Rohstoffen, sperrten im Juli 1941 die Erdölausfuhr nach Japan und forderten einen Rückzug der Japaner aus China. Japan antwortete mit einem Überraschungsangriff auf den amerikanischen Flottenstützpunkt auf Hawaii, Pearl Harbor. In einem verlustreichen Seekrieg errang das amerikanische Militär entscheidende Siege. Am 6. und 9. August 1945 warfen amerikanische Flugzeuge über den japanischen Städten Hiroshima und Nagasaki jeweils eine Atombombe ab. Über 100 000 Tote und langfristig zehntausende Opfer durch Verstrahlungen und Verbrennungen waren die Folge. Wenige Tage später kapitulierte die japanische Regierung.

M4 Die Toten des Zweiten Weltkrieges (Auswahl), in Klammern: Anteil der Zivilisten

Gesamtverluste: ca. 65 Millionen Tote

Deutschland	6 350 000 (1 170 000)
Sowjetunion	27 000 000 (14 000 000)
China	13 500 000 (10 000 000)
USA	407 316
Frankreich	360 000 (150 000)
Polen	6 000 000 (5 700 000)
Ungarn	950 000 (590 000)
Jugoslawien	1 690 000 (950 000)
Niederlande	220 000 (198 000)
Griechenland	180 000 (160 000)
Japan	3 760 000 (1 700 000)

Zusammengestellt nach Rolf-Dieter Müller (Hg.), Das Deutsche Reich und der Zweite Weltkrieg, Bd. 10: Der Zusammenbruch des Deutschen Reiches 1945, Halbband 2: Die Folgen des Zweiten Weltkrieges, München (Deutsche Verlags-Anstalt) 2008, Die Menschenverluste im Zweiten Weltkrieg (Karte mit Grafik/Tabelle), ohne Seitenangabe.

M3 *Ein Überlebender des KZ Buchenwald hat von seinen Befreiern, US-amerikanischen Soldaten, Essen erhalten. Foto, 1945*

1 Diskutiere, ob sich der Kriegseinsatz von Frauen mit der NS-Ideologie in Einklang bringen lässt.
Tipp: Lies noch einmal auf den Seiten 174/175 nach und vergleiche mit dem Darstellungstext.

2 Analysiere die Tabelle M4 und ziehe dabei Rückschlüsse auf die Hauptkriegsschauplätze.

3 Beschreibe, welchen Eindruck M1 hinterlässt. Inwiefern steht es sinnbildlich für den „totalen Krieg“? Beziehe in deine Überlegungen zum totalen Krieg auch M2 mit ein.

4 Schreibe einen Zeitungsbericht über das Ende des Zweiten Weltkrieges mithilfe des Darstellungstextes und der Materialien auf dieser Doppelseite.

5 Der amerikanische Präsident Truman äußerte sich 1965 im Rückblick auf seine Entscheidung, Atombomben auf japanische Städte abwerfen zu lassen: „Ich betrachte die Bombe als militärische Waffe und hatte nie den geringsten Zweifel, dass sie eingesetzt werden sollte.“ Diskutiert diesen Standpunkt in der Klasse.

Webcode: FG640249-219
„Totaler Krieg“

Bombenkrieg

Der Luft- oder Bombenkrieg kennt keine Fronten, die eingesetzten Waffen zielen sowohl auf militärische wie auf zivile Anlagen. Damit verbunden ist eine hohe Zahl an Opfern unter der Zivilbevölkerung und die Zerstörung von Wohnungen. Entscheide dich für A, B, oder C und untersuche:

- ***Welche Rolle spielte der Bombenkrieg im Kriegsverlauf?***
- ***In welchem Maß war Rheinland-Pfalz betroffen und welche Folgewirkungen gibt es zum Teil noch heute?***

Aufgabe für alle:
Diskutiert in der Klasse, ob der Luftkrieg als Kriegsverbrechen angesehen werden kann.

Gelingt die Demoralisierung der Deutschen?
Der Luftkrieg radikalisierte sich auf deutscher wie auf alliierter Seite zunehmend. Zunächst war es vor allem die Absicht, die Lufthoheit über dem jeweils feindlichen Gebiet zu erlangen und militärische Ziele des Gegners zu zerstören. Hitler richtete zwischen 1939 und 1941 schwere Luftangriffe auf Städte wie Warschau, Rotterdam und Coventry. Insbesondere seit dem Frühjahr 1942 griffen dann die britische Luftwaffe, die Royal Air Force (RAF) und amerikanische Bomberflotten massiv deutsche Städte an. Ziel war die Demoralisierung der Bevölkerung. Man hoffte so, das NS-Regime zur Kapitulation zu zwingen. Erreicht wurde jedoch eher das Gegenteil: der „totale Krieg". Insgesamt forderte der Bombenkrieg im Deutschen Reich 600 000 zivile Opfer. Zudem wurden 1,8 Millionen Wohnungen zerstört und weitere 3,6 Millionen Gebäude beschädigt.

A

M 1

„Diese Nacht hat alles verändert"

Luftangriffe auf Ludwigshafen im August 1943. Der heute 84-jährige Zeitzeuge und Hobbyhistoriker Richard Braun erzählt:

Um 1.20 Uhr fielen die ersten Bomben. „Das Motorengeräusch wurde immer stärker, ... ein tiefes, grollendes Donnern", erinnert sich der Zeitzeuge. Dann kamen die ersten Bombeneinschläge. Das zweistöckige Haus in Mundenheim (Ortsbezirk von Ludwigshafen) erzitterte unter der Wucht der Explosionen. Im Keller fiel der Putz von den Wänden. Das Licht fiel aus. Die Bewohner schrien vor Angst, als das Haus getroffen wurde und brannte. Nach einer Stunde war der Angriff vorbei. Die Briten hatten etwa 2000 Spreng- und Brandbomben in mehreren Angriffswellen auf Industrie- und Hafenanlagen beiderseits des Rheins geworfen. Doch auch zivile Wohnquartiere wurden zu Zielen ... Die Bilanz des Großangriffs: In Ludwigshafen registrierten die Behörden 88 Tote, 238 Verletzte und fünf Vermisste. In Mannheim starben 240 Menschen. An 291 Wohngebäuden in Ludwigshafen entstand Totalschaden ... Rund 600 Häuser wurden schwer und 1782 Gebäude leicht beschädigt ...

http://www.rheinpfalz.de/cgi-bin/cms2/cms.pl?cmd=showMsg&tpl=rhpMsg_thickbox.html&path=/rhp/lokal/lud&id=91-13325081 (Stand: 06.03.2014)

M 2

Zerstörtes Worms, Foto, 1945

1 Lies den Zeitzeugenbericht (M1) und betrachte das Foto von den Zerstörungen (M2):

a) Beschreibe den Eindruck, den du durch diese Quellen von den Auswirkungen der Bombenkriege erhältst.

b) Stelle dir vor, du würdest im Jahr 1943 in einer Stadt leben, die von den Alliierten bombardiert wird. Verfasse einen Tagebucheintrag.

B

M 3

Aber ich denke an Coventry

Thomas Mann (geboren 1875 in Lübeck, gestorben 1955 in Zürich) hielt 1942 diese Radioansprache aus dem Exil:

Zum ersten Mal jährt sich der Tag der Zerstörung von Coventry durch Görings Flieger – einer der schauderhaftesten Leistungen, mit denen Hitler-Deutschland die Welt belehrte, was der totale Krieg ist ... Hat Deutschland geglaubt, es werde für die Untaten, die sein Vorsprung in der Barbarei ihm gestattete, niemals zu zahlen haben? ... Beim jüngsten britischen Raid über Hitlerland hat das alte Lübeck zu leiden gehabt. Das geht mich an, es ist meine Vaterstadt ... Aber ich denke an Coventry – und habe nichts einzuwenden gegen die Lehre, dass alles bezahlt werden muss. Es wird mehr Lübecker geben, mehr Hamburger, Kölner und Düsseldorfer, die dagegen auch nichts einzuwenden haben und, wenn sie das Dröhnen der RAF über ihren Köpfen hören, ihr guten Erfolg wünschen ... Hitler-Deutschland hat weder Tradition noch Zukunft. Es kann nur zerstören, und Zerstörung wird es erleiden. Möge aus seinem Fall ein Deutschland erstehen, das gedenken und hoffen kann, dem Liebe gegeben ist rückwärts zum Gewesenen und vorwärts in die Zukunft der Menschheit hinaus. So wird es, statt tödlichen Hasses, die Liebe der Völker gewinnen.

Zit. nach „An die gesittete Welt" – Politische Schriften und Reden im Exil. Zit. nach http://www.cicero.de/berliner-republik/ich-habe-nichts-einzuwenden/36748 (Stand: 06.03.2014).

M 4

Bombenabwürfe in Tonnen

	1940	1941	1942	1943	1944	1945
auf Deutschland	10 000	30 000	40 000	120 000	650 000	500 000
auf England	36 844	21 858	3 260	2 298	9 151	761

Bombenabwürfe 1940–1945

1 Lies dir den Ausschnitt aus der Hörfunkansprache (M3) von Thomas Mann gut durch:
a) Gib mit eigenen Worten wieder, wie der Autor den Bombenkrieg beurteilt.
b) Nimm Stellung, ob man eine Tat mit einer anderen aufwiegen kann (M3 und M4).

C

M 5

Bombenentschärfung in Koblenz

Fast drei Stunden haben Kampfmittelräumer unter Hochspannung an der Entschärfung der gefährlichen Sprengkörper gearbeitet .... Etwa 2500 Helfer aus ganz Rheinland-Pfalz waren in den letzten Tagen rund um Koblenz im Einsatz. Fast 70 Jahre hatten eine 1,8 Tonnen schwere britische Luftmine und eine kleinere US-Bombe im Rhein geschlummert ... Auch für den technischen Leiter des Kampfmittelräumdienstes Rheinland-Pfalz war der Einsatz in Koblenz nicht alltäglich: „Ich hatte schon ziemliches Interesse daran, das Ding zu entschärfen, das war nicht das Übliche", sagte Horst Lenz, der am Sonntag Nervenstärke bewies und durch seine Arbeit zum Helden von Koblenz wurde.

http://www.express.de/panorama/bombenentschaerfung-er-ist-der-held-von-koblenz,2192,11262074.html (Stand: 06.03.2014)

M 6

Koblenz – Entschärfung der Bomben, Foto, 2011

1 Lies den Zeitungsartikel (M5) durch und überlege, welche Auswirkungen der Bombenkrieg auf die heutige Zeit hat. Beziehe dabei auch das Foto M6 mit ein.

2 Stelle Vermutungen an, warum in großen deutschen Städten heute immer noch Bomben gefunden werden.
Tipp: Nimm M4 zu Hilfe.

Zwangsarbeit: Arbeitskräfte für Deutschland

Um die Rüstungs- und Lebensmittelindustrie während des Krieges aufrechtzuerhalten, wurden überall in Deutschland Kriegsgefangene sowie KZ-Häftlinge und zivile ausländische Arbeiterinnen und Arbeiter zwangsweise beschäftigt. Die meisten von ihnen kamen aus Osteuropa, von wo man sie zusammentrieb und verschleppte. Untersuche, unter welchen Bedingungen sie arbeiteten und lebten.

M 1

Zwangsarbeiterinnen in einer Wäscherei, Rheinland, Foto, 1942

M 2

Zwangsarbeitslager in Deutschland, Ort unbekannt, Foto, 1942

Lebensumstände der Zwangsarbeiter

Ende 1944 gab es über zehn Millionen Zwangsarbeiter in Deutschland, darunter fast zwei Millionen Russen und 850 000 Polen – mehr als die Hälfte von ihnen Frauen. Wie die Zwangsarbeiter behandelt wurden, hing stark von ihrem Einsatzgebiet in Industrie und Landwirtschaft ab. Während den Arbeitern auf dem Land häufig ein Rest von Menschlichkeit begegnete, fristeten diejenigen in den Rüstungsbetrieben meist ein Leben unter unzumutbaren Bedingungen. Bereits bei geringen Verstößen gegen die zahlreichen Regelungen waren sie drastischen Strafen, z. B. Essensentzug, Strafarbeit oder Prügelstrafen, ausgesetzt. Öffentliche Einrichtungen wie Kinos oder Schwimmbäder durften sie nicht betreten. Auf Liebesverhältnisse mit Deutschen stand die Deportation in ein KZ oder sogar die Todesstrafe. Aufgrund der mangelnden Hygiene in den Unterkünften litten die Bewohner der Lager zudem häufig unter Ungezieferplagen.

Neben ihrem Einsatzort war vor allem die Herkunft der Zwangsarbeiter für die Lebens- und Arbeitsbedingungen von zentraler Bedeutung. Die aus Westeuropa stammenden Zivilarbeiter wurden deutlich besser behandelt, wenngleich auch sie kaum Rechte hatten. Die als „artfremde Untermenschen“ geltenden „Ostarbeiter“ aus Polen, der Ukraine und Russland waren der Ausbeutung ihrer Arbeitskraft jedoch fast schutzlos ausgeliefert und gesellschaftlich isoliert. Somit hatte die Zwangsarbeit nicht nur eine wirtschaftliche Funktion, sondern war auch Teil der rassistischen NS-Gesellschaftsordnung.

M 3

Kennzeichen für „Ostarbeiter“ aus der Sowjetunion, Foto, undatiert

M 4 *Häftlinge des KZ Dachau bei der (Zwangs-)Arbeit in einem Rüstungsbetrieb, Foto, 1943*

Zwangsarbeit in Rheinland-Pfalz

Auch in dem Gebiet des heutigen Rheinland-Pfalz gab es Tausende von Zwangsarbeitern aus vielen europäischen Ländern. Ludwigshafen beispielsweise war während des Zweiten Weltkrieges ein bedeutender Standort der Rüstungsindustrie. Der Chemiekonzern BASF gehörte dem IG Farbenindustrie-Konzern an. Allein in Ludwigshafen waren Ende 1943 an die 20 000 Ausländer gemeldet, von denen ca. 14 000 in den Chemiewerken der IG-Farbenindustrie arbeiteten. Der Konzern hatte ein eigenes Werk im KZ Auschwitz, in welchem während des Krieges mehr als 25 000 Zwangsarbeiter umkamen.

Entschädigung

Deutsche NS-Opfer erhielten ab den späten 1940er Jahren Zahlungen als „Wiedergutmachung". Die von ausländischen Mächten und ehemaligen Opfern geforderten Wiedergutmachungszahlungen gestalteten sich zunächst schwierig. Ihre Ansprüche galten durch die Reparationszahlungen Deutschlands an die zuvor besetzten Länder als abgegolten. Angesichts einer Fülle von Sammelklagen aus den USA beschloss der Bundestag 1998 die Einrichtung einer Stiftung zur Entschädigung ehemaliger Zwangsarbeiter unter finanzieller Beteiligung der Unternehmen, die von Zwangsarbeit profitiert hatten.

M 5 **Ein Gedicht der ukrainischen Zwangsarbeiterin Elena Bogomaz, die von 1942–1945 in Hochheim bei Mainz in einer Malzfabrik arbeiten musste:**

Der Winter ist vergangen, der Sommer ist gekommen.
In den Gärten blühen wieder Blumen.
Mich – ein junges Mädchen – hat man nach
Deutschland ins Lager verschleppt.
Die Kerze brennt mit einer zitternden Flamme,
In den Baracken schlafen alle fest,
Um die Baracke sind die Aufseher,
Sie gehen wachend durch die Gegend.
...
Ich träume von meinem Heimatland,
Ich Arme kann nicht schlafen.
Warum gebarst du mich, meine Mutter?
Warum zwangst du mich, hier zu leben?
Du schenktest mir mein armseliges Schicksal.
Du ließest zu, dass man mich in dieses „Kulturland" verschleppte.
In diesem „Kulturland" hasst man uns,
Nirgendwo sind wir willkommen,
Man nennt uns „Russenschwein",
Man schickt uns ins Konzentrationslager.
Schwere Klötze erdrücken unsere Füße,
„OST" steht auf unserer Brust,
Sperren, Stacheldrahtzäune und Aufseher
Haben uns unserer Freiheit beraubt.
Lass' diese Wälder verbrennen
Lass' dieses Lager verschwinden,
Wir möchten so gern in der heimatlichen Ukraine
bei unseren Familien leben und wieder froh sein.

Zit. nach http://www.zwangsarbeit.rlp.geschichte.uni-mainz.de/F_Bruechert_d8.htm (Stand: 29. 04. 2014)

1 Fasse zusammen, wie die Schreiberin von M5 ihre Zeit in Deutschland schildert. Welche Gefühle werden deutlich?

2 Beschreibe auf Grundlage der Materialien (M1–M5) und des Darstellungstextes die Lebensumstände der Zwangsarbeiter. Unterscheide dabei zwischen Arbeitern aus West- und Osteuropa.

3 **Recherche:** Informiere dich über die Stiftung „Erinnerung, Verantwortung und Zukunft" und berichte kurz über Aufgaben und Ziele dieser Organisation in der Klasse.

4 Diskutiert, ob wir nach so langer Zeit noch etwas zur „Wiedergutmachung" beitragen können.

Webcode: FG640249-223
Zwangsarbeit

Rechtsextremismus heute

Noch immer gibt es Menschen, die das nationalsozialistische Regime verharmlosen, rechtfertigen oder verherrlichen. Inzwischen zeigen sich in vielen Ländern Europas terroristische Formen des Rechtsextremismus.

- ***Welche Ursachen haben diese und wie stehen sie im Zusammenhang mit der Ideologie des Nationalsozialismus?***

Ein Erbe des Nationalsozialismus?

In Deutschland wurde der Rechtsextremismus lange Zeit überwiegend als Folge der nationalsozialistischen Vergangenheit angesehen. Eine Rolle spielte hierbei auch die sogenannte Auschwitz-Lüge, bei der immer wieder versucht wurde, den Holocaust zu leugnen und dies mit pseudowissenschaftlichen Untersuchungen zu beweisen. Das Verbreiten dieser Lüge ist inzwischen in den meisten Ländern strafbar.

Die heutigen terroristischen Formen des Rechtsextremismus, die sich in vielen europäischen Ländern verbreitet haben, sind eng verbunden mit Ausländer- und Fremdenfeindlichkeit. So tötete der Rechtsextremist Anders Behring Breivik am 22. Juli 2011 in Norwegen 77 Menschen, mehrheitlich Teilnehmer am Zeltlager einer sozialdemokratischen Jugendorganisation. Der Täter gab als Motiv für seine Tat vor, dass die regierenden Sozialdemokraten die Einwanderung nach Norwegen sehr gefördert hätten und er daher deren Anhänger „so stark wie möglich treffen wollte".

Immer wieder gibt es Aufmärsche von sogenannten Neonazis, die für ihre Ideen werben wollen, doch die zahlreichen Gegendemonstrationen beweisen, dass eine Mehrheit der Menschen in Deutschland Rechtsextremismus ablehnt.

M 2 *Demonstration in Dortmund, Foto, September 2013*

M 1

Grundeinstellungen des Rechtsextremismus

1 „Natürliche Ungleichheit"

Die „arische Rasse" sei wertvoller als andere Menschen (Rassismus; „Rasse" ein unwissenschaftlicher Begriff). Auf Deutschland und das deutsche Volk könne man extrem stolz sein (Nationalismus).

Der Stärkere habe das Recht, sich gegenüber dem Schwachen durchzusetzen (Sozialdarwinismus).

Die Gleichberechtigung und Gleichstellungen von Männern und Frauen sei „unnatürlich".

2 „Volksgemeinschaft"

Das – „ethnisch reine" – Volk sei von besonderem Wert und bilde die „Volksgemeinschaft". Unterschiedliche Interessen seien zu unterdrücken, um dem Ideal der „homogenen Volksgemeinschaft" nahezukommen.

3 „Führerprinzip und Gewalt"

Herrschaft sei am besten durch das „Führerprinzip" bzw. einen autoritären Staat auszuüben. Demokratische Wahlen und Parlamente seien abzulehnen, ebenso die Gewaltenteilung und -kontrolle.

Gewaltanwendung sei die einfachste Lösung (innen- und außenpolitischer Probleme).

Für die noch mangelhafte Verwirklichung der eigenen Ziele seien „innere und äußere Feinde" verantwortlich, wie Andersdenkende, Minderheiten, Verschwörungen in Politik, Wirtschaft, Gesellschaft.

Die Verbrechen des NS-Staates werden relativiert, geleugnet oder mit offenem Bekenntnis zur NSDAP und ihren „Taten" verteidigt.

4 Antisemitismus

Wird von Rechtsextremisten aus taktischen Gründen nicht immer offen vertreten, gehört jedoch zu den Grundeinstellungen.

Vom Autor zusammengestellt

M 3

Interview mit einer Aussteigerin, 2005:

Als wir in der Schule das „Dritte Reich“ durchgenommen haben, hat mein Opa mir die Zeit in den buntesten Farben geschildert. Mich hat das interessiert und fasziniert ...
andere sind besonders kritisch und gehen zu den Linken. Ich wurde auch besonders radikal, aber rechtsradikal ... Mit 13 traf ich in der Stadt auf die ersten Glatzen und hatte ersten Kontakt zu den Jungen Nationaldemokraten und der NPD ... Ich wollte Massen bewegen. Ich wollte so richtig einsteigen und habe mich an die FAP [Freiheitliche Deutsche Arbeiterpartei] gewandt ... Ich bin in der rechten Szene untergetaucht. Zunächst in Deutschland und dann wurde ich nach Dänemark geschleust ... Bis 18 war ich in Dänemark ... Ich habe das Extreme gesucht. Die Abnabelung war ein schleichender Prozess. Auch habe ich die Lüge, der Holocaust habe nicht stattgefunden, irgendwann nicht mehr geglaubt. Ich habe zu viel gelesen.

„Ich habe das Extreme gesucht.“ Interview von Annette Rollmann mit einer Aussteigerin, in: Das Parlament, Nr. 45, 2005, S. 16.

M 4

Umfrageergebnisse zu rechtsextremen Einstellungen in Deutschland (2012):

	Gesamt D (N = 2510)	West (N = 1907)	Ost (N = 504)
Befürwortung der Diktatur	3,5 %	3 %	5,4 %
rechtsextremes Weltbild	9 %	7,3 %	15,8 %
Chauvinismus[1]	19,4 %	18,4 %	23,5 %
Ausländerfeindlichkeit	25,1 %	21,7 %	38,7 %
Antisemitismus	8,6 %	8,2 %	10,4 %
Sozialdarwinismus	4,3 %	3,4 %	7,8 %
Verharmlosung des Nationalsozialismus	3,1 %	3 %	3,5 %
Islamfeindschaft	36,2 %	35 %	41 %

Nach Oliver Decker, Johannes Kiess, Elmar Brähler, Die Mitte im Umbruch. Rechtsextreme Einstellungen in Deutschland 2012, hg. für die Friedrich-Ebert-Stiftung von Ralf Melzer, Bonn (Dietz) 2012.

[1] *Glaube an die Überlegenheit der eigenen Rasse, des eigenen Volkes, aggressiver Nationalismus*

M 5

Jüdischer Friedhof in Schwäbisch-Hall, Foto, 2000

1 Überprüfe mithilfe von M1, welche Einstellungen des Rechtsextremismus sich im Nationalsozialismus wiederfinden lassen. Ziehe auch die Inhalte der Seiten 142 ff. und 168 ff. hinzu.

2 Erarbeite Motive und Wandel der Aussteigerin (M3).

3 **Partnerarbeit:** Analysiert die Tabelle M4. Was macht euch Sorge, evtl. Angst? Macht Vorschläge, wie man entgegensteuern könnte (M1).

4 Beschreibe deinen Eindruck von M5.

5 **Wähle eine Aufgabe aus:**

a) **Recherche:** Informiere dich über das NPD-Verbotsverfahren und berichte in der Klasse darüber. Führt anschließend eine Diskussion über Für und Wider des Verbots durch.

b) **Recherche:** Informiere dich über den sogenannten Nationalsozialistischen Untergrund (NSU). Berichte darüber anschließend in der Klasse.

Webcode: FG640249-225
Rechtsextremismus heute

1933 | 1934 | 1935 | 1936 | 1937 | 1938 | 1939

1933 Austritt Deutschlands aus dem Völkerbund

1934 Nichtangriffspakt mit Polen

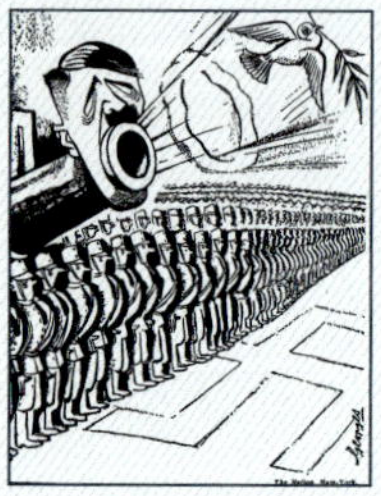

1935 Volksabstimmung im Saargebiet;
Wiedereinführung der allgemeinen Wehrpflicht

1936 Bündnis mit Italien („Achse Berlin-Rom");
Vierjahresplan zur Wiederaufrüstung

1938 Anschluss Österreichs;
Münchner Abkommen

1939
März: Zerschlagung der „Rest-Tschechei"
August: Hitler-Stalin-Pakt
1. September: Überfall auf Polen; Beginn des Zweiten Weltkrieges

Nationalsozialistische Außenpolitik und Zweiter Weltkrieg

Zwischen „friedlicher" Politik und Aufrüstung

Seine Ziele, die Revision des Versailler Vertrages und die Schaffung von „Lebensraum im Osten", bereitete Hitler mit einer doppelgleisigen Politik vor. So beteuerte er öffentlich stets – trotz einer aggressiven Politik – seine „friedlichen" Absichten und konnte gleichzeitig sowohl Deutschlands Wirtschaft stabilisieren als auch das Heer erstarken lassen. Ohne eine Ausrichtung der Wirtschaft auf Krieg hätten die Nationalsozialisten ihre Ziele nicht umsetzen können. Den notwendigen Rückhalt in der Bevölkerung erreichten sie insbesondere durch die vielen Arbeitsbeschaffungsmaßnahmen.

Die aggressive Außenpolitik Hitlers zeigte sich u. a. in der Besetzung der entmilitarisierten Rheinlandzone (1936) und dem Anschluss Österreichs (1938). Um den Frieden aufrechtzuerhalten, akzeptierten die Westmächte im Münchner Abkommen (1938) auch die Eingliederung der sudetendeutschen Gebiete in das Deutsche Reich. Die Appeasementpolitik der Westmächte endete, als Hitler weitere Teile der Tschechoslowakei als „Protektorat Böhmen und Mähren" annektierte.

Vom „Blitzkrieg" zum Vernichtungskrieg

Kurz nach der Unterzeichnung des Hitler-Stalin-Pakts begannen am 1. September 1939 mit dem Überfall auf Polen eine Serie von „Blitzkriegen" und der Vernichtungskrieg im Osten. Großbritannien und Frankreich hielten sich an ihre an Polen gegebenen Garantien und erklärten dem Deutschen Reich den Krieg. Mit der Blitzkriegsstrategie konnte das NS-Regime nicht nur Erfolge in Polen, sondern auch in Frankreich, Dänemark und Norwegen sowie auf dem Balkan erzielen. In Skandinavien ging es darum, in den Besitz der Erzvorkommen zu gelangen. Diese Strategie beruhte auf der Erkenntnis, dass Deutschland einen längeren Krieg wegen fehlender Rohstoffreserven und begrenzter Produktionskapazitäten nicht führen könne. Trotz heftiger Bombenangriffe auf englische Städte gelang es nicht, England wesentlich zu schwächen. Die USA unterstützten das Land mit umfangreichen Rüstungsgütern.

Am 22. Juni 1941 überfielen die deutschen Truppen die Sowjetunion. Aus dem „Unternehmen Barbarossa" wurde ein beispielloser Vernichtungskrieg gegen die Armee der Sowjetunion und die Zivilbevölkerung.

„Totaler Krieg" und Kapitulation

Mit dem Angriff auf die Sowjetunion und dem Kriegseintritt der USA (1941) entwickelte sich der Krieg zu einem Weltkrieg. In Asien hatte Japan 1937 einen Krieg gegen China begonnen. Mit der Ausweitung dieses Krieges waren auch die Interessen der USA berührt. Die Forderung nach dem Rückzug aus China und der Sperre der Erdölausfuhr beantwortete Japan Ende 1941 mit dem Überfall auf den Hauptstützpunkt der Pazifikflotte Pearl Harbor.

Die Niederlage bei Stalingrad im Januar 1943 leitete die totale Niederlage Deutschlands ein. Sie wurde mit der bedingungslosen Kapitulation vom 7. bis 9. Mai 1945 besiegelt. In Asien endete der Zweite Weltkrieg nach dem Abwurf von zwei Atombomben auf Hiroshima und

1940 | 1941 | 1942 | 1943 | 1944 | 1945

1940 erfolgreiche „Blitzkriege“ gegen Dänemark, Norwegen, die Niederlande und Frankreich

1941
ab Juni: deutscher Überfall auf die Sowjetunion
ab Herbst: Beginn der Deportation von Juden in Konzentrationslager
Dezember: Angriff auf Pearl Harbor (amerik. Flottenstützpunkt im Pazifik); Deutschland erklärt Amerika den Krieg

1942 Januar Wannsee-Konferenz: Organisation der Ermordung der europäischen Juden

1943 Januar/Februar Kapitulation der deutschen Truppen bei Stalingrad, Aufruf zum „totalen Krieg“

20. Juli 1944 Attentat auf Hitler

1945
April: Selbstmord Hitlers
7.–9. Mai: bedingungslose Kapitulation der Wehrmacht
6. und 9. August: Atombomben auf Nagasaki und Hiroshima; Kapitulation Japans

Nagasaki durch US-Flugzeuge mit der Kapitulation Japans im August 1945.

Besatzungspolitik und Kriegsverbrechen

Bei den Feldzügen im Osten handelte es sich nicht nur um einen Eroberungskrieg, sondern um einen rassebiologisch begründeten Vernichtungskrieg, der Millionen Menschenleben kostete. Dabei wurden gezielt die jüdische Bevölkerung, die Angehörigen der kommunistischen Führungsschicht sowie Sinti und Roma ermordet. Zahlreiche Aktionen der Wehrmacht und der Einsatzgruppen werden in der Forschung als Kriegsverbrechen bewertet. Dazu zählen Morde, Grausamkeiten gegen die Zivilbevölkerung, Terror und die Tötung von Gefangenen sowie Zwangsarbeit und Völkermord.
Die während des Krieges gemachten Gefangenen wurden unter menschenunwürdigen Bedingungen gezwungen, Arbeit im Deutschen Reich oder in den besetzten Gebieten zu leisten. Der Großteil der Kriegsgefangenen kam dabei ums Leben, vor allem in den den Konzentrationslagern angegliederten Arbeitslagern, in welchen die sogenannte „Vernichtung durch Arbeit“ propagiert wurde.

Der Mord an den Juden Europas

Mit der Besetzung großer Teile Europas durch die Wehrmacht gerieten etwa sieben der zehn Millionen Juden in Europa in unmittelbare Lebensgefahr. In Deutschland begann die Deportation mit der Einrichtung sogenannter Judenhäuser im April 1939, die der späteren Deportation in die Vernichtungslager dienten (ab Oktober 1941). Nach der Besetzung Polens wurden dort in größeren Städten Gettos eingerichtet, von denen aus die Transporte erfolgten. Die Organisation der systematischen Vernichtung der europäischen Juden fand auf der Wannsee-Konferenz im Januar 1942 statt. Ab Juni 1942 kam es zu Massenmorden durch Vergasung im Konzentrationslager Auschwitz-Birkenau. Für die Ermordung von etwa sechs Millionen Juden in Europa ist dieses Vernichtungslager zum Inbegriff der menschenverachtenden Rassenpolitik der Nationalsozialisten geworden. Die Historiker sehen in diesem bewussten massenweisen Töten einen Zivilisationsbruch. In der Geschichtsschreibung taucht für den Völkermord häufig das Wort „Holocaust“ (griech. „totale Verbrennung“) auf, die überlebenden Juden sprechen meist von der Shoa (hebr. „einzigartiges Opfer, totale Zerstörung“). Den Völkermord verschleierten die Nationalsozialisten mit dem Begriff „Endlösung“.

Widerstand

Politischer Widerstand gegen die Nationalsozialisten setzte gleich mit Beginn ihres Regimes ein. Die Motive waren meist politischer, religiöser oder ethischer Natur. Das Spektrum des Widerstands reichte von der Verbreitung von Flugblättern, Kontakten ins Ausland, Hilfsmaßnahmen für Verfolgte bis hin zu Sabotageakten und Attentatsversuchen. Die Rechtsprechung wurde „gleichgeschaltet“, die Gestapo und der Volksgerichtshof gingen schnell und brutal gegen Verdächtige vor. Bekannte Widerstandskämpfer waren z. B. die Mitglieder der „Weißen Rose“ und der Kreis um Oberst Claus Graf Schenk von Stauffenberg, der mit dem Attentat auf Hitler am 20. Juli 1944 das Regime zu stürzen versuchte.
Widerstandsgruppen gab es während des Krieges auch in den besetzten Gebieten, z. B. im Warschauer Getto (1943) und in Form von Partisanenverbänden. Auch hier wurde jeglicher Widerstand brutal unterdrückt.

In diesem Kapitel konntest du folgende Kompetenzen erwerben:

- die Grundgedanken der NS-Politik hinsichtlich der Außen- und Wirtschaftspolitik verstehen
- den Kriegsverlauf und die Hauptkriegsschauplätze beschreiben sowie dabei auch die Auswirkungen des Bombenkrieges aufzeigen
- die Skrupellosigkeit der Besatzungs- und Vernichtungspolitik sowie der „Endlösung der Judenfrage“ erfassen
- die verschiedenen Formen des Widerstands beschreiben
- das System der Zwangsarbeit erklären
- die Gefährdung durch rechtsextreme Gruppen in der Gegenwart erkennen
- **Methode:** Eine biografische Recherche durchführen
- **Methode:** Historische Ereignisse bewerten

M1

Handschriftliche Auszüge aus der ersten Ansprache Hitlers vor Generälen der Reichswehr nach seiner Ernennung zum Reichskanzler, 1933:

Ziel der Gesamtpolitik allein: Wiedergewinnung der pol. Macht. Hierauf muss gesamte Staatsführung eingestellt werden (alle Ressorts!).

1. Im Innern: Völlige Umkehrung der gegenwärtigen innenpol. Zustände in D. Keine Duldung der Betätigung irgendeiner Gesinnung, die dem Ziel entgegensteht (Pazifismus!) ...
2. Nach außen, Kampf gegen Versailles, Gleichberechtigung in Genf; aber zwecklos, wenn Volk nicht auf Wehrwillen eingestellt ...
4. Aufbau der Wehrmacht wichtigste Voraussetzung für Erreichung des Ziels ... Allg. Wehrpflicht muss wiederkommen ... wie soll pol. Macht, wenn sie gewonnen ist, gebraucht werden? ... Vielleicht ... Eroberung neuen Lebensraumes im Osten u. dessen rücksichtlose Germanisierung.

Zit. nach http://www.1000dokumente.de/pdf/dok_-0109_hrw_de.pdf (Stand: 10. 07. 2014).

M2

Hitler und Stalin begrüßen sich in der Hölle vor der Leiche Polens, Karikatur in der „Evening Standard“ von David Low, 1939

M3

Plakat zur Mobilisierung der Heimatfront im „totalen Krieg“, 1943

M 4

Konzentrationslager Auschwitz. Unter den Überlebenden befanden sich 180 Kinder, Foto, 1945

M 5

Der „Wert" eines Zwangsarbeiters

Die SS „verlieh" KZ-Häftlinge gegen Gebühr an deutsche Industriefirmen und stellte folgende Rechnung auf:

Täglicher Verleihlohn (durchschnittlich)	RM 6,–
abzüglich Ernährung und Kleidung	RM 0,70
durchschnittliche Lebensdauer 9 Monate	
= 270 x RM 5,30 =	RM 1431,–
Erlös aus rationeller Verwertung der Leiche:	
1. Zahngold	
2. Kleidung	
3. Wertsachen	
4. Geld	
abzüglich Verbrennungskosten	RM 2,–
durchschnittlicher Nettogewinn	RM 200,–
Gesamtgewinn nach 9 Monaten	**RM 1631,–**
zuzüglich Erlös aus Knochen und Aschenverwertung	

Zit. nach Reimund Schnabel, Nacht ohne Moral. Eine Dokumentation über die SS, Frankfurt a. M. (Röderberg-Verlag) 1957, S. 205.

M 6

Kurt Huber in seiner Verteidigungsrede vor dem Volksgerichtshof, 19. April 1943:

Als deutscher Staatsbürger, deutscher Hochschullehrer und politischer Mensch erachte ich es als Recht nicht nur, sondern als sittliche Pflicht, an der politischen Gestaltung der deutschen Geschicke mitzuarbeiten, offenkundige Schäden aufzudecken und zu bekämpfen.

Zit. nach http://www.bpb.de/geschichte/nationalsozialismus/weisse-rose/61001/kurt-huber (Stand: 07. 04. 2014).

Methodenkompetenz

1 Interpretiere die Karikatur (M2) nach den Arbeitsschritten auf S. 237.

2 Ist es moralisch vertretbar, den Wert eines Menschen zu berechnen (M5)? Hilfreich für die Beurteilung sind auch die Tipps auf S. 212.

3 Führe eine biografische Recherche zu Kurt Huber durch (siehe Arbeitsschritte auf S. 217). Beachte dabei auch M6.

Fach- und Kommunikationskompetenz

4 Erläutere die folgenden Begriffe: Rassismus/Rassenlehre, Shoa/Holocaust, Widerstand.

5 Stelle die Ziele der Nationalsozialisten und deren Umsetzung in der Realität in einer Tabelle gegenüber. Beziehe M1 und M2 sowie die vorangegangenen Seiten im Buch mit ein.

6 Welche Einstellung zum Menschen zeigen die Quellen M1, M4 und M5?

7 Erstelle ein Plakat für die Teilnahme an einer Gegendemonstration gegen Rechtsextremismus.

8 Der Verlauf des Zweiten Weltkrieges: Erstelle mit den wesentlichen Ereignissen eine Zeitleiste. Berücksichtige auch M1 bis M3 und die entsprechenden Seiten im Buch.

9 Du bist Geistlicher und möchtest deine Gemeinde vor den Nationalsozialisten warnen. Entwirf eine entsprechende Predigt.

Urteilskompetenz

10 Nimm schriftlich Stellung zu der Aussage Kurt Hubers (M6) und beurteile sie mithilfe deines Wissens über den Widerstand. Lies nach auf S. 214/215.

11 Schreibe folgende Aussagen in dein Heft und füge eine Begründung hinzu:
- Hitler übte eine zweigleisige Politik aus, weil er erreichen wollte, dass …
- Die Westmächte akzeptierten Hitlers aggressive Außenpolitik, weil …
- Zwangsarbeiter wurden eingesetzt, weil …
- Mit dem Bombenkrieg wollte jede Seite erreichen, dass …

Längsschnitt: „Frauenleben in der Geschichte“

Webcode:
FG640249-230
Die Entwicklung der Frauenbewegung

Längsschnitte behandeln ein bestimmtes Thema in unterschiedlichen Epochen der Geschichte. Auf den nachfolgenden Seiten untersuchst du die gesellschaftliche Stellung und die Rolle von Frauen.

Im Laufe des Schuljahres hast du bei bestimmten Themen auch über die Rolle von Frauen in der Geschichte gearbeitet. Im Zentrum der Darstellung standen aber fast nur Männer. Wie kommt es, dass bis vor wenigen Jahrzehnten Frauen in der Geschichtsschreibung kaum Erwähnung fanden?
Historikerinnen und Historiker befassen sich seit den 1970er Jahren weltweit mit der Erforschung des Frauenlebens in allen Epochen und unterschiedlichsten Kulturen der Menschheitsgeschichte. Sie haben ein Fülle von Quellen zutage gebracht und in vielen Fragen Geschichte neu erzählt. Besonderes Augenmerk dieser mit dem englischen Wort als „Gender“-Geschichte bezeichneten Herangehensweise der Forschung lag bei folgenden Fragen:

- Welche Stellung besaßen Frauen im Alltag und in der Gesellschaft ihrer Zeit?
- Wie sahen ihre beruflichen Tätigkeiten aus und welchem Wandel waren diese unterworfen?
- Welche Rechte erkämpften sich die Frauen und wie sah es mit der allgemeinen Durchsetzung aus?
- Welche Widerstände mussten Frauen überwinden, um Gleichberechtigung zu erreichen?

Die hier abgedruckten Quellen beziehen sich auf den in diesem Schuljahr behandelten Zeitraum. Du kannst aber auch eine umfangreichere Bearbeitung der Thematik vornehmen. In der Mindmap M1 findest du Anregungen für Referatsthemen und die weitere Arbeit in Gruppen.

M1 *Mindmap*

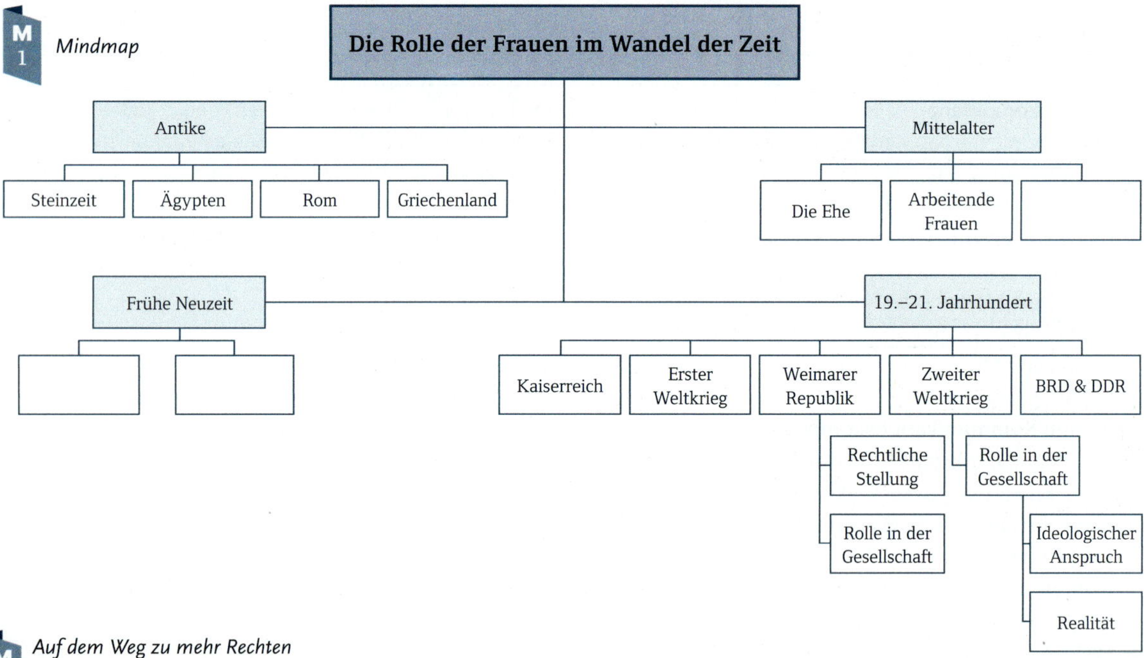

M2 *Auf dem Weg zu mehr Rechten und zur Gleichberechtigung*

Steinzeit: zuständig für das Sammeln von Nahrung, die Kinderbetreuung, das Feuerhüten und das Kochen, aber auch Mitwirken an Gruppenjagden; Frauen verrichten auch schwere körperliche Arbeit

ANTIKE
Ägypten: weitgehende Gleichstellung der Frauen im gesellschaftlichen und privaten Leben; jedoch kaum Zulassung zu öffentlichen Ämtern, es gibt aber auch Herrscherinnen, z. B. Hatschepsut und Kleopatra; Hausarbeit war eindeutig Frauenarbeit
Griechenland: trotz neuer Demokratie bleiben die Frauen aus der Volksversammlung und den Ämtern ausgeschlossen; geringe rechtliche Stellung
Rom: nachgeordnete Rolle in der „familia“, im Laufe der Zeit Verbesserung der rechtlichen Stellung

M 3

Die Rechte der Frau zur Jahrhundertwende (1900)

Johanna Loewenherz (1857–1937) engagierte sich als sozialdemokratische Rednerin und veröffentlichte politische Schriften:

Und ihr politisches Recht? Ihr Bürgerrecht? Sie hat keines. Als Bürger ist die Frau nicht vorhanden. Die Rechte des Bürgers bestehen darin, dass er Abgesandte wählen darf, die seine Interessen bei der jeweiligen Regierung vertreten, und dass es ihm zusteht, sich mit seinesgleichen über diese Interessen zu besprechen. Das ist ausgedrückt, wenn wir sagen, der Bürger, der sich im Vollbesitz seiner bürgerlichen Rechte befindet, hat 1. Stimmrecht und 2. Koalitionsrecht. Diese Rechte können dem Bürger, der sich sonst gegen das Gesetz schwer vergangen hat – also dem Verbrecher – auf Zeit entzogen werden. Ebenso wenig genießt ihrer ... der Minderjährige, der Geisteskranke. Die Frau selbstverständlich auch nicht ... Es ist ganz merkwürdig, wie es mit den Bürgerrechten der Frau bestellt ist. Wenn ich nämlich eben sagte, sie hat keines, so fällt mir nachträglich ein, dass ich mich geirrt habe. Manchmal hat sie Bürgerrecht. Sie hat nämlich das Recht, Steuern zu zahlen. Über diese Steuern und ihre Verwendung zu sprechen, ist sie nicht befugt. Ist das nun nicht merkwürdig?

Johanna Loewenherz, Prostitution oder Produktion, Eigentum oder Ehe (Selbstverlag der Verfasserin) 1895, S. 22 f.

M 4

Postkarte zur Frauenbewegung, 1912

Mittelalter (500–1500 n. Chr.): patriarchalische Familienordnung, christliche Ehe, Unauflösbarkeit, Fortpflanzung als Ziel, Wandel in der Stadt

Frühe Neuzeit (16.–18. Jh.): naturgegebene Unterordnung der Frauen in der Ständegesellschaft, zunehmende Bedeutung der Mädchen- und Frauenbildung

19. Jh.: Einflüsse: Menschen- und Bürgerrechte aus dem 18. Jh., Frauenbewegungen fordern Wahlrecht, Hilfe bei Doppelbelastung (Beruf und Familie)

M 5

Einführung des allgemeinen Wahlrechts in Europa

M 6

„Militärische Notwendigkeit“

Der Leiter des Wehrwirtschaftsstabes im Wehrmachtsamt des Reichskriegsministeriums, Oberst Thomas, sagte am 24. November 1936 auf der 5. Tagung der Reichsarbeitskammer über Wehrwirtschaft und Kriegsvorbereitung:

Meine Herren! Der totale Krieg der Zukunft wird Forderungen an das Volk stellen, wie wir alle sie noch nicht kennen ... Der 2. Punkt ist die Beschäftigung der Frauen. Die Frau wird im Ernstfalle im großen Umfange die Arbeit in den Fabriken leisten müssen. Sie muss also dafür vorbereitet werden. Auch hier müssen sich die sozialen Bestrebungen, die Frau aus den Betrieben zu lösen, den militärischen Notwendigkeiten unterordnen. Wie diese Maßnahme vorzubereiten und durchzuführen ist, muss überlegt werden. Fest steht, dass auf vielen Gebieten die Frau eine glänzende Facharbeiterin werden kann und auch bereits jetzt schon dementsprechend Arbeit tut.

Zit. nach Wolfgang Michalka (Hg.), Das Dritte Reich, Bd. 1, München (dtv) 1985, S. 100 und 106.

M 7

Die Mütter des Grundgesetzes.
Von links: Helene Wessel (Zentrum); Helene Weber (CDU), Friederike Nadig (SPD) und Elisabeth Selbert (SPD).
Die vier Frauen waren Mitglieder des aus 68 Abgeordneten der Länder bestehenden Parlamentarischen Rates, der ab September 1948 das Grundgesetz erarbeitete. Die Absicherung der Gleichberechtigung der Frauen im Grundgesetz gelang erst nach massiven Protesten von Frauenverbänden, Frauen in den Gewerkschaften und in den politischen Parteien.

M 8

Frauen im Bürgerlichen Gesetzbuch

Im Jahre 1900 war im Bürgerlichen Gesetzbuch u. a. festgelegt worden, dass der Ehemann bei Unstimmigkeiten die letzte Entscheidung trifft, die Ehefrau das Hauswesen leitet und sie einen Arbeitsvertrag nur mit Zustimmung des Ehemannes abschließen kann. In den Ehegesetzen von 1957 (3A) und 1977 (3B) hieß es:

3A § 1356. (1) Die Frau führt den Haushalt in eigener Verantwortung. Sie ist berechtigt, erwerbstätig zu sein, soweit dies mit ihren Pflichten in Ehe und Familie vereinbar ist.

§ 1360 … Die Frau erfüllt die Verpflichtung, durch Arbeit zum Unterhalt der Familie beizutragen, in der Regel durch die Führung des Haushalts; zu einer Erwerbsarbeit ist sie nur verpflichtet, soweit die Arbeitskraft des Mannes und die Einkünfte der Ehegatten zum Unterhalt der Familie nicht ausreicht.

3B § 1356. Die Ehegatten regeln die Haushaltsführung in gegenseitigem Einvernehmen … Beide Ehegatten sind berechtigt, erwerbstätig zu sein. Bei der Wahl und Ausübung der Erwerbstätigkeit haben sie auf die Belange des anderen Ehegatten und der Familie die gebotene Rücksicht zu nehmen.

§ 1360. Die Ehegatten sind einander verpflichtet, durch ihre Arbeit und mit ihrem Vermögen die Familie angemessen zu unterhalten.

Zit. nach http://lexetius.com/BGB/1356 bzw. 1360 (Stand: 30. 10. 2014).

M 9

Der Bruttostundenverdienst von Frauen in Deutschland liegt durchschnittlich 22 Prozent unter dem von Männern. In diesen Berufsgruppen verdienen Frauen so viel weniger:

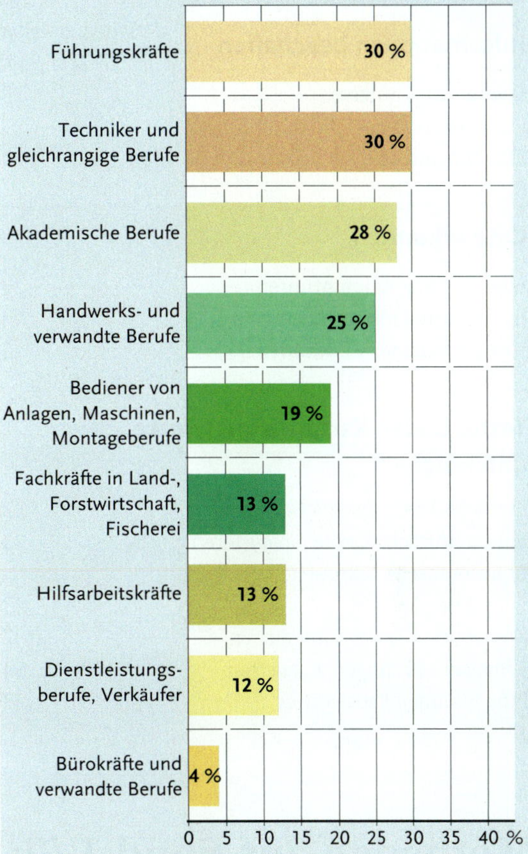

Quelle: Statistisches Bundesamt, Stand 2010

Frauen verdienen weniger

1 **Partnerarbeit:** Ergänzt die Mindmap (M1) um weitere Äste und Begriffe.

2 Wiederhole, was du bereits über Frauen im Kaiserreich (s. S. 26/27), in der Weimarer Republik (s. S. 130/131) und in der NS-„Volksgemeinschaft" (s. S. 174/175) erfahren hast und setze M2 fort.
Tipp: Berücksichtige dabei auch, welchen Stellenwert Bildung und Erziehung hatten.

3 Lies M3 durch. Überlege, worin für die Verfasserin der Widerspruch in der Gesetzgebung besteht.

4 **a)** Beschreibe kurz die Teile der Postkarte M4.
b) Interpretiere die Ansicht und Absicht des Zeichners und stelle sie der damaligen Realität gegenüber.
c) Diskutiert in der Klasse: Frauen in der Armee. Was spricht dafür, was dagegen?

5 Erläutere die Einführung des Wahlrechts in Europa (M5). Lassen sich allgemeine Tendenzen feststellen?

6 Lege dar, inwiefern man sagen kann, dass auch der Zweite Weltkrieg die Emanzipation der Frauen vorangetrieben hat (M6 und M7).

7 Beurteile die Rolle der Frau in der heutigen Gesellschaft vor dem Hintergrund ihrer Position in den vergangenen Epochen.

8 **Wähle eine Aufgabe aus:**
Recherchiere über eine der folgenden bedeutenden Frauen des 20. Jahrhunderts und referiere vor der Klasse:
a) Marie Juchacz **b)** Marie Curie
c) Alexandra Kollontai **d)** Sarah Bernhardt

Übersicht der Methoden aus Band 1/2 und Band 3

Methoden aus Band 1/2:

• Das Internet nutzen

Suche durchführen
1. Welche Suchmaschine wähle ich aus?

Suchabsicht festlegen
2. Welche Suchwörter helfen mir zur Beantwortung meiner Fragen weiter?

Ergebnisse ordnen
3. Wie gehe ich mit den gefundenen Informationen um?
   - Brauchbarkeit und Übersichtlichkeit prüfen
   - Wichtiges von Unwichtigem trennen
   - Unverständliches zu erklären versuchen

Informationen sichern und auswerten
4. Wie halte ich die gefundenen Informationen fest?

Eine Präsentation vorbereiten
5. In welcher Form präsentiere ich meine Ergebnisse?

• Eine Medienrecherche durchführen

Vorüberlegungen anstellen/Suche vorbereiten
1. Über welches Thema möchte ich Bescheid wissen/mich informieren? Thema genau festlegen
2. Wofür brauche ich diese Informationen?
3. Welche Medien kommen dafür infrage?

Zur Bibliothek gehen
4. Informationen einholen

Titelübersicht erstellen
5. Welche Titel/Medien gibt es zu diesem Thema?

Internetrecherche durchführen
6. Weitere Informationen zu bereits gefundenen Titeln sammeln
7. Neue Titel hinzufügen

Die Ergebnisse der Medienrecherche präsentieren
8. In welcher Form und wo sollen die Ergebnisse präsentiert werden?

• Eine Exkursion durchführen

Informationen beschaffen

1. Besorgt euch zunächst Informationsmaterial von der Verwaltung der Sehenswürdigkeit.

Organisieren

2. Klärt, welcher Termin infrage kommt. Ermittelt Fahrzeiten und Fahrpreise der günstigsten Verkehrsmittel. Stellt vor der endgültigen Entscheidung fest, was die Fahrt wohl insgesamt kosten wird.

Themen in der Schule vorbereiten

3. Sichtet das Informationsmaterial, entscheidet über die Arbeitsschwerpunkte.
4. Teilt euch in Gruppen ein. Jede Gruppe bereitet ein Teilthema vor und bearbeitet es im Museum.
5. Formuliert Einzelfragen zu euren Themen. Bleibt aber auch offen für Unbekanntes.

Im Museum orientieren und Entdeckungen machen

6. Verschafft euch gemeinsam einen ersten Überblick (Rundgang mit Führung).
7. Fertigt Notizen, Skizzen und Fotos oder ein Video (Genehmigung einholen) an, evtl. ist auch ein Interview mit einem Museumsmitarbeiter möglich.

Befunde auswerten und dokumentieren

8. Wertet eure Arbeitsergebnisse in der Schule aus. Jede Gruppe berichtet.
9. Entscheidet, wie ihr eure Ergebnisse dokumentieren wollt: z. B. Exkursionsbuch, Wandzeitung, Reportage für die Schülerzeitung, Film.

• Einen Sachtext erschließen

Thema des Textes

1. Worüber berichtet der Text?
2. Wie lässt sich das Thema kurz formulieren (Überschrift)?

Inhalt des Textes

3. Welche unbekannten Wörter muss ich klären?
4. Welche Textstellen verstehe ich nicht?
5. Welche Schlüsselwörter enthält der Text?
6. Wie lautet die Kernaussage?
7. Welche Einzelinformationen liefert der Text?

Aufbau des Textes

8. Wie lässt sich der Text gliedern?
9. Welche Überschriften lassen sich für die Abschnitte finden?
10. Wie können die Abschnitte in Stichworten zusammengefasst werden?

Inhalt zusammenfassen

11. Wie kann der Inhalt knapp und treffend zusammengefasst werden?

• Ein Denkmal interpretieren

Beschreibung

1. Um welchen Denkmal-Typ handelt es sich (z. B. Krieger-, Sieges- oder Heldendenkmal, Mahnmal)?
2. Was sind die Hauptbestandteile?
3. Wie groß ist das Denkmal und aus welchem Material besteht es?
4. Welchen Kunststil vertritt es?
5. Welche Elemente, Symbole und Inschriften weist es aus?

Historische Einordnung

6. Aus welcher Zeit stammt das Denkmal?
7. Woran soll das Denkmal erinnern?
8. Ist etwas über den Auftraggeber und die Finanzierung bekannt?
9. War die Errichtung des Denkmals umstritten?
10. Wie wurde die Einweihung gestaltet?

Deutung der Aussage

11. Welche Absicht wurde mit der Standortwahl verfolgt?
12. Welche Funktion hatte das Denkmal bei seiner Errichtung?
13. Welche Aussageabsicht haben die einzelnen Elemente und Inschriften?
14. Gab es mit der Zeit einen Wandel in der Wahrnehmung des Denkmals, und wie wird es heute beurteilt?
15. Gibt es weitere Quellen, die die Auswertung des Denkmals unterstützen?

• Eine schriftliche Quelle analysieren

Quelle und Verfasser einordnen

1. Wann und wo wurde die Quelle geschrieben (zeitlicher und örtlicher Abstand zum Ereignis)?
2. Wer war der Autor der Quelle (Augenzeuge; besondere Beziehung zwischen ihm und einer der beschriebenen Personen)?
3. An wen war der Text gerichtet?

Textinformationen entnehmen

4. Welche Begriffe muss ich klären?
5. Wie ist die Quelle aufgebaut? Finde Überschriften für die wichtigsten Abschnitte.
6. Welche Schlüsselbegriffe (= wichtige oder wiederholte Wörter) werden verwendet?
7. Was ist die Hauptaussage des Textes? Fasse sie in ein bis zwei Sätzen zusammen.

Tatsachen von Meinungen unterscheiden und selbst Stellung nehmen (urteilen)

8. Welche Aussagen des Textes sind historisch zuverlässig, welche sind die Meinungen des Autors? Prüfe Textaussagen mithilfe anderer Informationsquellen (Schulbuch, historisch zuverlässige Texte im Internet, Fachbücher). Berücksichtige auch die Informationen zum Autor aus Schritt 2.
9. Welche Meinung vertrittst du zum Thema der Quelle? Wie erscheint dir das Ereignis aus heutiger Sicht?

• Philosophische Textquellen erarbeiten und vergleichen

Leitfrage formulieren

Formale Aspekte

1. Wer sind die Autoren?
2. Wann und wo sind die Texte veröffentlicht worden?
3. Um welche Textquellen handelt es sich?
4. Wovon handeln die Texte?
5. An wen richten sich die Texte?

Inhalt erschließen

6. Was sind die wesentlichen Textaussagen?
7. Wie antworten beide Texte auf die Leitfrage?

Aussagen vergleichen

8. Welche Unterschiede und Gemeinsamkeiten lassen sich feststellen?

Beurteilen (sich in die Menschen der Zeit hineinversetzen und ein Urteil bilden)

9. Welche Ziele verfolgten die Autoren?
10. Welche Wirkung sollten die Texte beim Leser erzielen?

Bewerten (ein Urteil aus heutiger Sicht mit Blick auf die Leitfrage bilden)

11. Welche Bedeutung hat das jeweilige Thema für die Gesellschaft heute?

• Eine Bildquelle auswerten

Einzelne Elemente beschreiben

1. Was ist dargestellt (Personen, Gegenstände)?
2. In welchen Positionen (Haltungen), in welchen Bewegungen sind sie zu sehen?
3. Wie lässt sich die Situation beschreiben?
4. Was erscheint merkwürdig?

Zusätzliche Informationen hinzuziehen und Bedeutung der Bildelemente entschlüsseln

5. Welche Hinweise gibt die Bildunterschrift?
6. Welche Bedeutung würdest du der entsprechenden Geste, Gebärde, Handlung oder auch dem Gegenstand heute noch zuordnen?
7. Recherchiere Hintergrundinformationen zu den Symbolen (Bibliothek, Internet).
8. Welche Einzelaussagen ergeben sich aus den Symbolen und Gesten?

Bildaussage formulieren

9. Welche Gegenstände oder Handlungen scheinen besonders wichtig zu sein für die Aussage des Bildes? Woran erkennst du das?
10. Welche Gesamtaussage lässt sich formulieren? Gibt es mehrere Deutungen?

• Bilder auswerten und vergleichen

Einzelheiten des Bildes erfassen

1. Welche Personen sind dargestellt?
2. Welches Verhältnis zwischen den Personen wird angedeutet?
3. Ist es eine naturgetreue, eine stilisierte oder eine vereinfachte Darstellung?
4. Beschreibe Kleidung, Aussehen, Hintergrund, Bildrahmen.

Zusätzliche Informationen heranziehen

5. Ist der Titel des Gemäldes bekannt? Gibt es eine Bildunterschrift?
6. Wann ist das Bild entstanden?
7. Wer ist der Künstler?
8. Sind Auftraggeber bekannt?

Bildaussage erkennen

9. Welchen Zweck verfolgt die Darstellung (Erinnerung, Erhöhung, Kritik, Veranschaulichung, Verschleierung, Illustration u. a.)?

Bilder vergleichen

10. Welche Gemeinsamkeiten lassen sich erkennen?
11. Wie unterscheiden sich die Bilder in Aufbau, Farbgebung, Gestaltung?
12. Wie lassen sich besondere Unterschiede, aber auch besondere Gemeinsamkeiten erklären?

• Eine historische Fotografie analysieren

Entstehung der Fotografie

1. Wann ist das Foto entstanden?
2. Was stellt es dar?
3. Wer hat in wessen Auftrag fotografiert?
4. Für welchen Adressaten ist die Fotografie angefertigt worden?
5. Welche Bildtechnik ist zu erkennen (Perspektive, Brennweite, Entfernung, Ausschnitt)?

Aussage und Deutung

6. Was ist der erste Eindruck?
7. Welche Gesamtaussage lässt sich formulieren?
8. Welche Fragen bleiben offen?

• Eine Karikatur entschlüsseln

Ersten Eindruck festhalten

1. Wie wirkt die Karikatur auf dich?

Einzelheiten beschreiben

2. Welche Personen, Gegenstände und andere Details lassen sich erkennen? Achte auf den Gesichtsausdruck und die Körperhaltung. Beziehe die Bildunterschrift mit ein.

Zusätzliche Informationen heranziehen

3. Wer ist der Zeichner?
4. Wann und wo ist die Karikatur entstanden?
5. Gibt es einen Titel?
6. Welches Thema hat die Karikatur?

Bildaussage erkennen

7. Welche Bedeutung haben die Personen und die Gegenstände?
8. Auf welches Ereignis bezieht sich die Karikatur?

Aussage der Karikatur formulieren

9. Was ist die Botschaft?
10. Was wird kritisiert?
11. Welche Wirkung könnte die Karikatur haben?

• Eine Flugschrift untersuchen und deuten

Einzelheiten des Bildes erfassen

1. Wer wird dargestellt?
2. Wie wird die Person dargestellt (Kleidung, Gesichtsausdruck, Körperhaltung, Farbgebung)?
3. Wie sind Umgebung und Hintergrund gestaltet?
4. Gibt es einen Titel, eine Bildunterschrift?
5. Wie sind die Einzelheiten eines Bildes aufeinander bezogen?

Symbole deuten und auf den historischen Hintergrund Bezug nehmen

6. Welche Symbole werden zu welchem Zweck eingesetzt (z. B. Darstellungen von Personen als Tiere, Dämonen oder Heilige?)
7. Welchem Zweck dienen diese „Verkleidungen"?
8. Ziehe deine Kenntnisse zu dieser Epoche bzw. dem speziellen Ereignis heran.

Aussageabsicht des Künstlers deuten

9. Ist der Künstler bekannt?
10. Wo wurde die Flugschrift hergestellt? Ist die Religion, das Gebiet oder das Land wichtig für die Interpretation?
11. Wie hat die Flugschrift wohl auf die Zeitgenossen gewirkt? Wie wirkt sie auf dich?
12. Welchem Zweck diente die Flugschrift?

• Eine Wirtschaftskarte auswerten

Erste Fragen an die Karte stellen

1. Wie heißt das Thema der Karte?
2. Über welchen Zeitraum gibt die Karte Auskunft?

Die Kartenlegende und den Maßstab deuten

3. Wofür stehen die verschiedenen Farben?
4. Was bedeuten z. B. die gezackten Linien?
5. Welche Meere und welche Flüsse kann ich erkennen?
6. Welche Symbole gibt es? Wofür stehen sie?
7. Den Maßstab feststellen

Den Inhalt der Karte erfassen

8. Was erfahre ich aus der Karte? Worüber gibt mir die Karte Auskunft?

Die Aussage der Karte zusammenfassen

9. Was sagt mir die Karte über das jeweilige Land als Wirtschaftsmacht?

Offene Fragen stellen und beantworten

10. Zum Beispiel: Wie gelang es den Römern, einen so großen Wirtschaftsraum zu errichten und erfolgreich zu beherrschen? Wo finde ich Informationen dazu?

• Historische Karten lesen und vergleichen

Formale Aspekte

1. Wann und wo ist die Karte entstanden und veröffentlicht worden?
2. Wer ist der Kartograf?
3. Ist ein besonderer Anlass für die Zeichnung der Karten bekannt? War es eine Auftragsarbeit?
4. Woher stammt das Wissen des Kartografen?

Inhalte erschließen

5. Was ist das Thema der Karte? Gibt es eine Bildunterschrift?
6. Was ist dargestellt?
7. Ist die Welt maßstabsgetreu dargestellt?
8. Welche Besonderheiten sind in der Karte eingezeichnet (Symbole, landschaftliche Merkmale wie Flüsse, Berge oder Beschriftung)?
9. Wie wird die Karte eingerahmt?
10. Welches Bild von der Welt lässt sich der Kartendarstellung entnehmen?

Gemeinsamkeiten und Unterschiede im Vergleich zu anderen Karten

11. Welche Gebiete/Kontinente werden dargestellt?
12. Wie unterscheiden sie sich in Symbolik und Einrahmung?
13. Welcher Unterschied besteht in der Gesamtaussage?

• Werturteile erkennen

Klären, worauf sich das Urteil des Verfassers/der Verfasserin bezieht

1. Welche Haltungen werden beurteilt?
2. Welche Handlungen werden beurteilt?

Den Maßstab erkennen

3. Lässt sich das Werturteil auf Sachwissen zurückführen oder ist es unsachlich?
4. Wird deutlich, welche Kriterien für die Bewertung verwendet werden (z. B. aus religiöser Sicht, vom Standpunkt der Menschenrechte oder einer toleranten Grundeinstellung)?
5. Lassen sich Informationen dazu finden, warum ein bestimmter Standpunkt vertreten wird?

Zu einem eigenen Urteil gelangen

6. Wie bewerte ich selbst den Sachverhalt?
7. Wie ist meine Position gegenüber dem Werturteil, das ich erkenne?
8. Wir urteilen andere Menschen darüber?

• Eine Statistik auswerten

Formale Aspekte

1. Gegenstand: Zeitabschnitt, historisches Ereignis, das dargestellt wird
2. Fundstelle, Ort, Zeit, Urheber der Daten (Institution oder Person, politische/öffentliche Stellung)
3. Adressatenbezug: Wer wird angesprochen?
4. Wie wird das Zahlenmaterial präsentiert? (Tabelle oder Diagramm? Säulen- bzw. Balkendiagramm, Linien- bzw. Kurvendiagramm, Kreisdiagramm oder Stapeldiagramm?)

Inhaltliche Aspekte

5. Jahreszahlen, Spalten- oder Achsenbezeichnungen, Strukturierungshilfen
6. Legende, z. B. die Zuordnung von Farben zu bestimmten Staaten
7. Aussageart des Diagramms: Wird ein Vergleich angestrebt oder eine Entwicklung aufgezeigt? Gibt es Auffälligkeiten?

Aussagekraft bewerten

8. Gib der Statistik zunächst eine Überschrift mit eigenen Worten: Worum geht es überhaupt?
9. Fasse die Kernaussagen mit eigenen Worten zusammen und erläutere sie kurz.
10. Setze die Aussagen in ihren historischen Zusammenhang.
11. Bewerte die Aussagekraft der statistischen Daten: Ist die grafische Darstellung angemessen? Wird der Sachverhalt zu sehr vereinfacht?

• Ein Schaubild verstehen

Elemente der Abbildung erfassen

1. Welche Fachbegriffe werden verwendet, wie sind sie zu klären?
2. Welche Bedeutung haben Pfeile und Farben?

Aufbau untersuchen

3. Wie lese ich das Schaubild: von links nach rechts?

Inhalt erschließen und bewerten

4. Woran erkennt man, wer die „Macht" hat, wer bestimmt?
5. Sind „Stärken" der Verfassung erkennbar?
6. Sind „Schwächen" ersichtlich?

Historischen Zusammenhang einbeziehen

7. Welche weiteren Informationen zur Einordnung und Bedeutung des Schaubildes sind notwendig?

Urteilen

10. Erkennt man „Stärken" und „Schwächen" dieser Verfassung?
11. Worüber gibt das Schaubild keine Auskunft?

• Ein Verfassungsschaubild auswerten

Einzelne Elemente der Abbildung erfassen

1. Welche Fachbegriffe werden genannt?
2. Welche Bedeutung haben Farben, Pfeile etc.?

Formale Aspekte

3. Wie ist das Schaubild zu lesen (von unten nach oben, von links nach rechts)? Verändert sich die Aussage, wenn ich einen anderen Einstieg nutze?

Inhalt erschließen

4. Welche Verfassungsorgane sind dargestellt?
5. Wie ist die Gewaltenteilung umgesetzt?
6. Wer kontrolliert wen?
7. Wer darf wen wie oft wählen?
8. Um welche Staatsform handelt es sich?

Aussagen überprüfen

9. Sind die Angaben im Verfassungsschema historisch richtig?

• Informationen präsentieren

Referat vorbereiten

1. Informationen aus Büchern, digitalen Medien sammeln
2. Quellenmaterial bereits im Verlauf der Vorbereitung des Referats auswählen und überlegen, an welcher Stelle des Referats dies am besten eingebaut werden soll
3. Gliederung erstellen, Inhalt erarbeiten
4. Zeitvorgaben beachten

Bild-/Textquelle aufbereiten

5. Zuerst nach dem Inhalt, dann erst nach den Einzelheiten fragen, anfangs die Zuhörer Vermutungen anstellen lassen, z. B. was ist zu erkennen?
6. Was sagt das Bild zu dem speziellen Thema aus?

Aussagen visualisieren/Präsentation vorbereiten

7. Wie stelle ich mein Referat vor? Welches Medium nutze ich dafür?

Präsentatieren

8. Liegen alle Materialien vor, die ich für den Vortrag brauche?

Lexikon

Im Lexikon werden Fremdwörter, historische Begriffe und Ereignisse erläutert, die in den Texten dieses Buches vorkommen und mit einem * versehen sind. Die Fachbegriffe, die auf den Themenseiten erklärt werden, haben einen Verweis auf die entsprechende Seite.

A

Achsenmächte, war während des Zweiten Weltkrieges die Bezeichnung für das Deutsche Reich und seine Bündnispartner, insbesondere Italien und Japan.

Alldeutscher Verband, eine politische Bewegung, die gegen Ende des 19. Jh. gegründet wurde. Er verband ein starkes Nationalbewusstsein mit imperialistischen Zielsetzungen. Deutsche Weltgeltung sollte durch einen aggressiven Nationalismus und durch Förderung des Deutschtums im Ausland erreicht werden.

Antisemitismus, er knüpfte an die religiös begründete antike und mittelalterlicher Judenfeindschaft an. Er wurde aber durch die völkisch-rassische Komponente verschärft, die auf einer scheinwissenschaftlichen Begründung beruhte. Neu war a) die Verbindung mit dem Nationalismus b) die Organisierung in Parteien und Verbänden wie dem Alldeutschen Verband. Nach dem rassisch begründeten Antisemitismus, der Bestandteil der NS-Ideologie war, galten die Juden als „Gegenrasse“, „minderwertig“; der „Jude“ als gefährlicher Gegner.

Appeasement (to appease = beschwichtigen), Politik der Beschwichtigung durch Nachgeben im Konfliktfall. Mit dem Begriff wird hier insbesondere die britische Außenpolitik gegenüber Hitler charakterisiert, die hoffte, durch Zugeständnisse an Hitler den Frieden in Europa erhalten zu können. Höhepunkt der Appeasement-Politik sind das Münchner Abkommen von 1938 und die Hinnahme der deutschen Besetzung der Tschechoslowakei im folgenden Jahr.

Arbeiter- und Soldatenräte, Vereinigung von Arbeitern und Soldaten, die am 9. November 1918 in deutschen Fabriken und Kasernen die politische Macht übernahm. Mit dem Ende der Revolution lösten sich Arbeiter- und Soldatenräte auf.

„Arisierung“, allgemein die Verdrängung der Juden aus dem Berufs- und Wirtschaftsleben durch nationalsozialistische Gesetze. Praktisch wurde durch die Verordnung zur „Arisierung“ vom 26. April 1938 und vom 12. November 1938 jüdisches Eigentum in „arische Hände“ überführt. Es erfolgte ein Zwangsverkauf zu Niedrigpreisen oder entschädigungslose Enteignung. Nutznießer der „Arisierung“ waren die Staatskasse und Nichtjuden.

Atlantik-Charta, am 14. August 1941 von dem britischen Premierminister Churchill und dem amerikanischen Präsidenten Roosevelt beschlossene Erklärung der gemeinsamen Kriegs- und Nachkriegspolitik, die zu einem Grunddokument der UNO wurde. Gefordert wurden u. a. Verzicht auf Gebietsgewinn, Anerkennung des Selbstbestimmungsrechts der Völker bezüglich der Regierungsform, Gleichberechtigung im Welthandel, Freiheit der Weltmeere, Verzicht auf Waffengewalt.

Autarkie, Selbstversorgung, Selbstgenügsamkeit. Ein Land erzeugt alles, was es benötigt. Autarkie hat meist machtpolitische und wehrwirtschaftliche Gründe.

Autoritäre Regime, bei dieser Art von Regierung zählt nicht der Wille einer Mehrheit, sondern der eines Einzelnen oder einer Gruppe. Anders als in einem totalitären Staat ist der Herrschaftsanspruch eines autoritären Regimes insofern geringer, als es vom Staat noch unberührte – meist private – Bereiche gibt. Konflikte werden nicht offen ausgetragen, sondern durch Anordnungen beseitigt oder verdeckt. Meist gibt es eine kleine privilegierte Gesellschaftsschicht (z. B. Offiziere, Großgrundbesitzer).

B

Bolschewiki und Menschewiki Aus der Spaltung der Russischen Sozialdemokratischen Partei 1903 gingen aus einer zufälligen Abstimmung die beiden Fraktionen der Bolschewiki („Mehrheitler“) und der Menschewiki („Minderheitler“) hervor. Die Bezeichnungen sind irreführend, weil die Menschewiki zahlenmäßig ein Vielfaches der Mitglieder der Bolschewiki aufwiesen. Die Menschewiki traten für eine demokratisch organisierte Massenpartei ein und wollten verschiedene politische Entwicklungen zulassen, darunter auch eine parlamentarische Demokratie. Die Bolschewiki waren die Revolutionäre im Umkreis Lenins. Sie traten für einen revolutionären Kurs ein und waren strikt gegen die Zusammenarbeit mit anderen Parteien. Die Partei verstand sich als „Kaderpartei“ in streng von oben nach unten gegliederten Organisationen, die in allen gesellschaftlichen Gruppierungen (Gewerkschaften, Jugendverbänden usw.) führende Positionen innehatte. So sollten die Massen auf den Weg zum Sozialismus geführt werden. Vor allem unter Stalin entwickelte sich der „Bolschewismus“ in Partei, Staat und Gesellschaft durch Terror und Personenkult zu einem diktatorischen Unterdrückungsapparat. Seit den 1930er Jahren wurde der Begriff „Bolschewismus“ in westlichen Ländern negativ besetzt und zur Verurteilung des Sowjetsystems insgesamt verwendet.

Bündnissystem, Abkommen und Verträge, die dazu dienen, einen Kriegsfall zu verhindern bzw. in einem Kriegsfall den jeweiligen Bündnispartner dazu zu verpflichten, ihm beizustehen oder neutral zu bleiben. Berühmt wurde das Bündnissystem von Reichskanzler Bismarck, das aus wechselnden Bündnissen mit verschiedenen Nationen bestand. Bismarck wollte damit einerseits die Macht des Deutschen Reichs sichern, andererseits den europäischen Mächten die Angst vor einem erstarkten Deutschland nehmen.

Burgfrieden, ursprünglich Bereich um eine Burg, in der keine feindlichen Handlungen ausgeführt werden durften. In der Politik Zurückstellen innenpolitischer Konflikte und wirtschaftlicher Auseinandersetzungen zugunsten eines gemeinsamen Zieles. Im Ersten Weltkrieg gab die SPD ihre antimilitaristische Haltung auf und unterstützte die Kriegsziele des Deutschen Reichs. Der Regierung war es gelungen zu überzeugen, dass das Kaiserreich sich in einem Verteidigungskrieg gegen Russland befände. Für die SPD war die Zarenherrschaft schon lange ein Symbol für Unterdrückung. Daher stimmten auch sie den zur Kriegsführung benötigten Kriegskrediten zu.

D

Deportation, Zwangsverschleppung u. a. von ausländischen Arbeitskräften, auch politischer Gegner oder feindlicher Bevölkerungsgruppen, z. B. während der Zeit von Stalin oder des Nationalsozialismus.

Deutscher Flottenverein, wurde 1898 gegründet; trat für Weltmachtpolitik Deutschlands ein und versuchte die öffentliche Meinung dafür zu gewinnen. Der Verein war überzeugt, dass eine starke Flotte wichtig sei für die nationale Größe, militärische Stärke und für den wirtschaftlichen Wohlstand. Nach dem Ersten Weltkrieg wurde der Flottenverein 1919 in „Deutscher Seeverein" umbenannt. Er bestand bis zu seiner Auflösung durch die Nationalsozialisten im Jahr 1934.

Diktatur, siehe S. 91

Diskriminierung (lat. discriminare = abgrenzen, unterscheiden) eine Benachteiligung bzw. Herabwürdigung von Gruppen oder einzelnen Personen nach unterschiedlichen Gesichtspunkten wie Hautfarbe, Geschlecht, Religion, Abstammung (Rasse), politische oder sexuelle Orientierung, nach sozialer Herkunft u. v. m. Benachteiligungen können auf allen Ebenen des Lebens stattfinden, insbesondere in Einschränkungen an der Teilnahme am öffentlichen Leben, Ausbildung, Berufsausübung oder bei der Entlohnung. Gewaltsames Unterdrücken geht meist auch mit Ausbeutung einher (z. B. Sklaven, Imperialismus in den Kolonien).

„Drittes Reich", Bezeichnung für das nationalsozialistische Deutschland (1933–1945). Mit diesem Begriff wird eine Beziehung zum Heiligen Römischen Reich Deutscher Nation (962–1806) und zum Kaiserreich (1871–1918) hergestellt, zugleich eine Vollendung der deutschen Geschichte durch den Nationalsozialismus propagiert.

E

Ebert-Groener-Pakt, Vereinbarung zwischen Friedrich Ebert, SPD-Vorsitzender und Mitglied des „Rates der Volksbeauftragten" und General Wilhelm Groener, Chef der Obersten Heeresleitung, während der Novemberrevolution von 1918. Darin wurde ein gemeinsames Vorgehen gegen linksradikale Gruppierungen, die für eine Fortsetzung der Revolution eintraten, festgelegt. Groener und die Heeresleitung waren an einer Zusammenarbeit mit Ebert und dessen Regierung interessiert, um u. a. die Armee zu schützen, die möglichst rasch nach Deutschland zurückgeholt und integriert werden sollte, als auch um die Revolution zu beenden.

„Ermächtigungsgesetz", das „Gesetz zur Behebung der Not von Volk und Reich" vom 23. März 1933 hob die Gewaltenteilung auf. Der Regierung wurde damit unumschränkte Gesetzgebungsvollmacht eingeräumt. Eine Bindung der Regierung an Parlamentsbeschlüsse gab es jetzt nicht mehr, was ein willkürliches Handeln des Staatsapparates ermöglichte.

Eugenik (griech. = Lehre von der guten Erbveranlagung), die Bezeichnung wurde Ende des 19. Jahrhunderts bedeutungsgleich mit dem Begriff „Rassenhygiene" verwendet. Ziel war es, die Fortpflanzung „Erbgesunder" zu fördern (positive Eugenik) und die Fortpflanzung „Erbkranker" (negative Eugenik) zu verhindern.

„Euthanasie" (griech. = leichter, schöner Tod, Sterbehilfe), bei den Nationalsozialisten in neuer Verwendung: bewusste Herbeiführung des Todes. Vernichtung „lebensunwerten" Lebens. Über 70 000 Menschen wurden ermordet, bevor die Tötung 1941 nach Kirchenprotesten gestoppt wurde. Einzeltötungen, Kindereuthanasie und Ermordung kranker KZ-Häftlinge sowie Massenmorde an Geisteskranken in den besetzten Ländern des Ostens fanden jedoch bis zum Kriegsende statt.

F

Faschismus, ursprüngliche Bezeichnung für das italienische Herrschaftssystem unter Benito Mussolini; „fasces" = Rutenbündel mit einem Beil, Würdenzeichen der höchsten römischen Beamten. Der Faschismus ist gekennzeichnet durch antidemokratische, antisozialistische, antikirchliche und nationalistische Einstellung. Der Nationalsozialismus bezeichnete sich nicht als faschistisch, weil er eine deutsche und keine internationale Bewegung sein wollte. Nach 1945 wurde in Osteuropa das NS-Regime sowie nachfolgend alle anderen antikommunistischen Bewegungen und Parteien als „faschistisch" bezeichnet.

Freikorps, Freiwilligenverbände bestehend aus ehemaligen Frontsoldaten des Ersten Weltkrieges. Sie sahen durch Kriegsende und revolutionären Umbruch keine Chance für eine gesicherte Zukunft. Diese Freikorps bekämpften im Auftrag des „Rates der Volksbeauftragten" und der Reichsregierung u. a. die linksradikalen Aufstände 1923. Ihre Mitglieder wurden allmählich in die Reichswehr überführt.

„Führer", „Führerprinzip", „Führerstaat", im weiteren Sinn gilt als „Führer" eine Person, die eine Gruppe von Menschen leitet. Im 20. Jahrhundert ist die historische Bedeutung von „Führer", „Führerprinzip" und „Führerstaat" untrennbar verbunden mit den Diktaturen des Faschismus, insbesondere des Nationalsozialismus und der Person Adolf Hitlers. Der „Führer" vereint in sich die oberste vollziehende, gesetzgebende und richterliche Gewalt und kennt keine Gewaltenteilung; er bedarf keiner Legitimation und verlangt unbedingten Gehorsam. Seine Person wird fast kultisch verehrt. Der „Führerstaat" funktioniert nach dem „Führerprinzip": Autorität wird in der Staats- und Parteiorganisation von oben nach unten ausgeübt, Verantwortung von unten nach oben verlagert. Das „Führerprinzip" wird ergänzt durch die Ideologie der „Volksgemeinschaft".

G

Generalstreik, schärfste Form des Streiks. Durch Arbeitsniederlegung aller oder der meisten Arbeitnehmer wird das wirtschaftliche Leben eines Landes lahmgelegt. Dadurch wird der Streik zu einem wirkungsvollen politischen Druckmittel.

Gleichschaltung, politisches Schlagwort aus der Zeit der nationalsozialistischen „Machtergreifung". Ziel der Nationalsozialisten war es, die gesamte Bevölkerung in ihrem Denken und Handeln auf die Ziele der NSDAP einzuschwören. Um eine Vereinheitlichung des politischen, wirtschaftlichen, sozialen und kulturellen Lebens zu erreichen, wurden 1933/34 zahlreiche Institutionen und Organisationen verboten (z. B. andere Parteien, Gewerkschaften) oder in bestehende oder neu gegründete NS-Organisationen eingegliedert. Grundlegendes Ziel: die Aufhebung des Pluralismus in Staat und Gesellschaft zugunsten des Bewusstseins einer einheitlichen „Volksgemeinschaft".

Guerillakrieg (Verkleinerungsform von span. guerra = Krieg), Kampf mit nicht regulären Truppen, meist in Form von Angriffen auf kleinere Gruppen oder durch Sabotageakte (Sprengung von Gleisen, Kapern von Munitionszügen). Die Kämpfer werden auch Freischärler oder Partisanen genannt.

H

Hitler-Stalin-Pakt, ein am 23. August 1939 zwischen dem Deutschen Reich und der Sowjetunion geschlossener Nichtangriffspakt, um letztere als Gegner auszuschließen. Die Sowjetunion sagte darin zu, wichtige Erze und Rohstoffe zu liefern, die Deutschland für die Kriegsführung benötigte. In einem geheimen Zusatzprotokoll dieses Vertrages verständigten sich beide Länder über eine Aufteilung der polnischen Gebiete im Falle eines Krieges.

I

Ideologien, bedeutet Denkrichtung und umfassende Deutung gesellschaftlicher-politischer Verhältnisse und historischer Entwicklungen. Diese Deutung ist durch Interessen bedingt und daher einseitig und verzerrt; sie soll bestehende Verhältnisse begründen bzw. rechtfertigen.

Imperialismus, die Epoche des Imperialismus umfasst den Zeitraum zwischen ungefähr 1880 und bis zum Ersten Weltkrieg 1914. Während dieser Zeit betrieben die Großmächte eine Politik des aggressiven Nationalismus und der Expansion. Als Imperialismus wird die Herrschaft eines weiterentwickelten, industrialisierten Staates über weniger entwickelte Länder bezeichnet. Imperiale Herrschaft wurde „direkt" (Besetzung und Errichtung von Kolonialregierung) oder „indirekt" (Kontrolle über die eingesetzte einheimische Regierung) ausgeübt.

Inflation, galoppierende, siehe S. 118

K

Kolchosen, durch Kollektivierung Zusammenschluss mehrerer Höfe oder Gemeinden zu gemeinsamer landwirtschaftlichen Bewirtschaftung unter vom Staat bestimmten Bedingungen im Bezug auf Arbeitsleistung, Produktion, Verwaltung usw.

Kolonialismus, die Einrichtung von Handelsstützpunkten und Siedlungskolonien in wenig entwickelten Ländern, vor allem außerhalb Europas, sowie deren Inbesitznahme durch überlegene Staaten, vor allem Europas, seit dem Ende des 15. Jahrhundert. Die Kolonialstaaten verfolgen dabei vor allem wirtschaftliche und militärische Ziele.

Kolonien, auswärtige abhängige Gebiete eines Staates ohne eigene politische und wirtschaftliche Macht. Im Zeitalter des Imperialismus war die Gründung von Kolonien ein wesentliches Instrument zur Machtausdehnung von europäischen Staaten.

Kommunismus, siehe S. 89

Kriegskommunismus, Wirtschaftspolitik der Bolschewiki im russischen Bürgerkrieg 1918–1921. Merkmale: Planwirtschaft, Arbeitspflicht und Zwang zur Ablieferung der Erzeugnisse. Sie führte zum Verfall der Wirtschaft und großer Not.

„Kulturkampf" Bezeichnung des liberalen Abgeordneten Virchow von 1873 für den grundlegenden Konflikt zwischen dem Deutschen Reich und der katholischen Kirche um die (Neu-)Bestimmung des Verhältnisses von Staat und Kirche. Bismarck scheiterte am Widerstand der katholischen Kirche.

M

Menschewiki, siehe „Bolschewiki"

Militarismus, Bezeichnung für den Vorrang militärischer Werte und Ideale in einer zivilen Gesellschaft. Das Recht des Stärkeren und die Unvermeidbarkeit von Kriegen als Politik mit anderen Mitteln bilden die Grundlage dieser Anschauung. Rüstungs- und Verteidigungspolitik haben eine Vorrangstellung im Staat gegenüber anderen Bereichen.

Militarisierung, siehe S. 15

N

Nationalsozialismus, rechtradikale politische Bewegung und Ideologie, die 1933 zum Aufbau einer Diktatur und zum Verlust der demokratischen Freiheiten in Deutschland führte. Ein extremer Nationalismus, Rassismus und Expansionismus sind grundlegende Elemente des Nationalsozialismus.

O

Obrigkeitsstaat, siehe S. 15

P

Panslawismus, im 19. Jahrhundert Streben nach kulturellem und politischem Zusammenschluss aller slawischen Völker. Russland benutzte den Panslawismus, um seine Balkanpolitik zu fördern und seinen Einflussbereich auch in dieser Region auszubreiten.

Parlamentarische Demokratie, Republik mit einem gewählten Präsidenten als Staatsoberhaupt. Die Gesetzgebung liegt beim Parlament, die Reichsregierung wird vom Staatspräsidenten ernannt, ist aber von Mehrheiten im Parlament abhängig.

Pogrom, der Begriff kommt aus dem Russischen und bezeichnet ursprünglich Judenverfolgungen in Russland. Er wird heute allgemein verwendet für gewaltsame Ausschreitungen gegen Minderheiten, insbesondere gegen Juden, die mit Plünderungen und Mord einhergehen.

R

Rassismus/Rassenlehre, pseudowissenschaftliche Anwendung der biologischen Unterscheidungen von menschlichen Gruppen gleicher erblicher Merkmale (z. B. der Hautfarbe) auf das gesellschaftlich-politische Leben, wobei die Höher- bzw. Minderwertigkeit verschiedener „Rassen" unterstellt wird. Meist mit Verherrlichung der eigenen und teilweise aggressive Ablehnung anderer „Rassen" verbunden, mit einem Höhepunkt im nationalsozialistischen Rassenwahn (siehe Antisemitismus).

Reichsarbeitsdienst (RAD), halbjährlicher Arbeitsdienst, der ab 1935 für alle Männer zwischen 18 und 25 Jahren verpflichtend war; ab 1939 auch für Frauen. Die Männer wurden meist als Bau- und Instandsetzungstrupps für die Wehrmacht eingesetzt, die Frauen übernahmen karitative Aufgaben oder halfen in der Landwirtschaft.

Reichsnährstand, im Zuge der Gleichschaltung wurden alle in der Landwirtschaft tätigen Personen und Betriebe sowie die damit verbundenen Verbände und Landwirtschaftskammern zwangsvereinigt. Oberste Behörde war der Reichnährstand, der alle wirtschaftlichen Bereiche, wie Produktion, Vertrieb und Preise landwirtschaftlicher Erzeugnisse, regelte. Die deutsche Landwirtschaft sollte ausreichend produzieren, damit man nicht von Einfuhren aus dem Ausland abhängig war (Autarkie).

S

SA (Sturmabteilung), Kampforganisation, die nach Errichtung der NS-Diktatur brutalen Terror auf die Bevölkerung ausübte. Diese nach italienischem Vorbild strukturierte Kampfgruppe war 1920 von der NSDAP zur Sicherung der Parteiveranstaltungen gegründet worden und rekrutierte ihre Mitglieder überwiegend aus Freicorps und Bürgerwehrverbänden. Nach 1921 wurde die SA zu einer paramilitärischen Organisation umgeformt und diente seitdem der Terrorisierung politischer Gegner und Juden. Nach der Machtübernahme Hitlers wurden die SA-Männer als Wachpersonal der ersten Konzentrationslager eingesetzt.

„Schutzhaft“, beschönigende NS-Bezeichnung für zumeist unrechtmäßige Inhaftierung in Konzentrationslagern (ab 1933); durch SA und SS als Instrument des Terrors gegen „Volksfeinde“ eingesetzt.

Schutztruppe, Bezeichnung für die militärischen Einheiten in den Kolonien des Deutschen Reichs von 1891 bis 1918. Da Bismarck für die erworbenen bzw. eroberten neuen außereuropäischen Gebiete nicht die Bezeichnung „Kolonien“ verwenden wollte und sie „Schutzgebiete“ nannte, wurde die Nennung dieser Truppen entsprechend angepasst.

Selbstbestimmungsrecht der Völker, Anspruch einer Nation oder einer Nationalitätengruppe auf Unabhängigkeit.

Sendungsbewusstsein, der Glaube an die Vorzüge der eigenen Kultur: Diese Wertvorstellungen, die politisch-soziale Ordnung oder der Lebensstil sollten auch den anderen Völkern und Gruppen übermittelt und für sie verbindlich gemacht werden. Sendungsbewusstsein ist Bestandteil der Rechtfertigungsideologie und kann zugleich Antrieb für kriegerische Auseinandersetzungen werden.

Shoa (Holocaust), siehe S. 211

Sowjet (russ. = Rat), Bezeichnung für spontan gewählte Arbeiter-und Soldatenräte. Das Rätesystem ist eine Herrschaftsform der „direkten Demokratie“, in der z. B. der Arbeiterrat einer Stadt die für die Stadtverwaltung nötigen Beschlüsse fasst und diese zugleich ausführt. Bewaffnete Arbeitermilizen und Polizisten dienen als ausführendes Organ. Eine Gewaltenteilung gibt es nicht. Das Rätesystem hatte mit dem Bolschewismus ursprünglich nichts zu tun. Erst durch Lenins Motto „Alle Macht den Räten“ benutzten die Bolschewiki die Räte zum Aufbau der „Diktatur des Proletariats“.

Sozialdarwinismus, der britische Naturforscher Charles Darwin (1809–1882) lehrte, dass die natürliche Auslese im „Kampf um das Dasein“ die Entstehung und Entwicklung der Arten verursacht (Evolutionstheorie). Die vereinfachte Übertragung dieser Theorie auf die menschliche Gesellschaft nennt man Sozialdarwinismus. Er wird dazu benutzt, um soziale Ungleichheit und Rassismus zu rechtfertigen. Aus dieser Theorie wird auch abgeleitet, dass ein Volk untergehen müsse, wenn es nicht in der Lage sei, erfolgreich Krieg zu führen.

Sozialismus, siehe Seite 89

SS (Schutzstaffel), Gegenpol zur Wehrmacht. Die SS war 1925 zunächst als kleine Eliteeinheit zum Schutz Hitlers und anderer NSDAP-Funktionäre gebildet worden. 1934 übertrug Hitler ihr die alleinige Zuständigkeit für alle Konzentrationslager. Sie wurde zum Instrument der Durchführung des NS-Terrors. Nach Aufstellung eigener Truppenverbände, der Waffen-SS, verantwortlich vor allem für eine Vielzahl von grausamen Kriegsverbrechen in den besetzten Ländern.

T

Telegrafie, Übermittlung von Nachrichten durch elektrische Signale über Leitungen und Funk.

Totaler Krieg, Vernichtungskrieg, der sich auch gegen die Zivilbevölkerung des Feindes richtet. Dafür werden alle Kräfte und Mittel des gesamten Volkes mobilisiert.

Totalitärer Staat/Totalitarismus, eine totalitäre Herrschaft hebt die Trennung von Staat und Gesellschaft auf; staatliches Handeln greift in alle Bereiche des öffentlichen und privaten Lebens. Eine Ideologie benennt die Ziele des Staates, denen sich die Individuen unterordnen müssen. Eine Einheitspartei kontrolliert sämtliche Lebensbereiche, lenkt die Wirtschaft zentral. Widerstand wird gewaltsam unterdrückt.

Triple Entente, war ein Militärbündnis zwischen Großbritannien, Frankreich und Russland. Es wurde 1907 geschlossen und entwickelte die vorhergehenden Bündnisse Entente cordiale 1904 (zwischen GB und F) und Zweiverband 1894 (zwischen R und F) weiter. Im Ersten Weltkrieg war die Triple Entente Gegner der Mittelmächte.

V

„Volksgemeinschaft“, zentraler Begriff der Nationalsozialisten. Sie verstanden darunter eine „Blut- und Schicksalsgemeinschaft“, in der alle Standesgegensätze, Parteien und Einzelinteressen aufgehoben werden sollten und sich die Gemeinschaft dem Willen eines „Führers“ unterordnete. Nicht in die „Volksgemeinschaft“ gehörten nach Auffassung der Nationalsozialisten diejenigen, die zum politischen Gegner erklärt oder aus rassischen Gründen ausgegrenzt wurden.

Volksgerichtshof, Sondergericht der Nationalsozialisten für die Verurteilung politischer Gegner.

W

Weltkrieg, der Erste Weltkrieg (1914–1918) unterschied sich grundlegend von bisherigen Kriegen durch die Zahl seiner Opfer, das Ausmaß der Zerstörung, die militärisch-territoriale Ausdehnung, den Einsatz von Millionenheeren und eine gewaltige Militärmaschinerie. Unmittelbarer Kriegsanlass war das Attentat auf den österreichischen-ungarischen Thronfolger in Sarajewo. Ursachen des Krieges lagen in machtpolitischen Gegensätzen und Interessenskonflikten im europäischen Staatensystem und Rivalitäten, die sich aus der imperialistischen Politik jener Zeit ergaben. Der Eintritt der USA in den Krieg (1917) veränderte das Kräfteverhältnis zuungunsten Deutschlands. Der Krieg endete mit den Pariser Friedensverträgen 1919/20.
Auslöser des Zweiten Weltkrieges war Hitlers aggressive Expansionspolitik und sein Ziel „Lebensraum im Osten“. Der Krieg begann am 1. September 1939 mit dem Überfall auf Polen und endete sechs Jahre später mit der Kapitulation Deutschlands am 8./9. Mai 1945 bzw. am 2. September mit der Kapitulation Japans. Der Zweite Weltkrieg war der verlustreichste Krieg in der Geschichte der Menschheit. Circa 65 Millionen Menschen starben, unter ihnen viele Zivilisten. Zu den schlimmsten Verbrechen gehörte der Holocaust, der sechs Millionen Juden das Leben kostete.

Weltwirtschaftskrise, verweist auf die Krisenjahre nach 1929 und ihre wirtschaftlichen und politischen Folgen. Die Krise machte die internationalen Verflechtungen deutlich; jegliche wirtschaftliche Depression der USA als Weltwirtschaftsmacht berührte auch die Wirtschaft vieler anderer Länder in Europa und der Welt.

Widerstand, siehe S. 215

Wirtschaftsliberalismus/Wirtschaftslenkung, siehe S. 45

Lösungshilfen zu den Seiten „Kompetenzen prüfen“

Kapitel 1: Leben im Kaiserreich (S. 34/35)

1 **a)** Gehe nach den Arbeitsschritten auf S. 21 vor.
b) Beide Gebäude wurden während des 20. Jh. grundlegend umgestaltet und modernisiert. Für einen Vergleich suche im Internet nach Bildern aus dem 19. Jh.
Ähnlichkeiten, z. B.:
- Die Architekten sowohl des Reichstagsgebäudes als auch des Bahnhofs in Mainz orientierten sich vorrangig am Stil der italienischen Hochrenaissance. Dieser Neorenaissance-Baustil war zu jener Zeit vor allem für Banken, Bürgerhäuser und auch Bildungseinrichtungen bestimmt, aber auch für öffentliche Gebäude wie Bahnhöfe.
- beide sind repräsentative Gebäude.
- Außenfronten mit Säulen und antiken Figuren

Unterschiede, z. B.:
- besondere Architekturelemente: Reichstagsgebäude: Stahl- und Glaskonstruktion der Kuppel
- unterschiedliche Nutzung: Bahnhof
- Bauzeit

2 Achte darauf, die Antwort aus der Sichtweise der Kaiserzeit zu geben. Beziehe die Bildunterschrift von M5 mit ein. Lies nach auf S. 26/27. Nutze auch Abbildung M3 auf S. 27.

3 Hilfreich zur Beantwortung sind die Erklärungen in dem Begriffskasten (siehe S. 15) bzw. die Erläuterung im Lexikon (siehe S. 241 ff.).

4 Individuelle Lösung.
Oberbegriffe könnten z. B. sein: Technik, Wissenschaft, Gesellschaft.

5 Wäge ab, ob du unter „Militärstaat“ nur die Armee verstehst oder die Durchdringung von militärischen Sichtweisen in vielen Lebensbereichen.

6 Bismarcks Politik gegenüber den sogenannten „Reichsfeinden“: stärkere Trennung von Staat und Kirche, Verbot sozialistischer Aktivitäten, „Germanisierung.“

Kapitel 2: Imperialismus und Erster Weltkrieg (S. 68/69)

1 Um die Rechtfertigungsstrategien herauszuarbeiten, verwende die Informationen auf S. 41 und S. 66.

2 Achte auf die Unterschiede des positiven Anspruchs Cecil Rhodes' (Gerechtigkeit, Freiheit, Frieden) und der brutalen Umsetzung von Kolonialherrschaft (Hinrichtungen, Unterdrückung).

3 M5: Kriegsbegeisterung, Rechtsbewusstsein, Siegessicherheit, Gefühl der Stärke (jubelnde Soldaten, deutscher Adler, Eichenlaub als Siegeszeichen, Kaiserkrone, Text); M7: Schrecken des Krieges mit Einsatz neuer Waffen (Gas, Panzer, Flugzeuge etc.)

4 Geht nach den Arbeitsschritten auf S. 63 vor. Wendet euch auch an das Gemeindeamt, den Heimatpfleger und an ältere Leute eures Heimatortes.

5 Informiere dich auf S. 45 mithilfe des Begriffskastens und der Darstellung des US-amerikanischen Imperialismus.

6 Nenne die einzelnen Elemente des „Neuen Kurses“ Kaiser Wilhelms II., z. B die Flottenpolitik und die „Politik der freien Hand“. Beziehe neben den S. 54/55 auch die S. 67 ein.

7 Informiere dich über den „modernen“ Krieg auf S. 60/61. Berücksichtige die Situationen sowohl an der militärischen Front als auch an der sogenannten Heimatfront.

8 **a)** Sammle zur Formulierung der Rede Gründe für die Kriegsbegeisterung (Siegeszuversicht, Hoffnung auf „Ruhm und Ehre“, Abenteuerlust, Patriotismus, Gemeinschaftsgefühl etc.).
b) Sammle zur Formulierung der Rede Gründe für die Ablehnung des Krieges (Opfer, Zerstörung von Familien und Existenzen, Verlust von Vätern, Söhnen, Brüdern, Not an der Heimatfront, Brutalisierung des Krieges).

9 Rücke einerseits Bismarcks Formulierung vom „saturierten Staat“, andererseits Kaiser Wilhelms II. Streben nach Weltmacht in den Mittelpunkt deiner Überlegungen. Bewerte die Folgen der jeweiligen Politik. Siehe dazu S. 46 und S. 52/53 (Bismarck) als auch S. 47 und S. 54/55 (Wilhelm II.).

10 Sollen Nachfahren für das von Vorfahren begangene Unrecht Verantwortung übernehmen? Kann man Geschichte einfach beiseitelegen oder muss sich jede Generation aufs Neue mit ihrer Vergangenheit konfrontieren? Welche Folgen hat die Übernahme von historischer Verantwortung? Wiedergutmachung? Gedenktage? Gedenkstätten?

11 Überlege, ob es auch Alternativen gegeben hätte und ob der Krieg vermeidbar gewesen wäre. Beziehe auch die Haltungen der anderen an der Julikrise beteiligten Mächte ein.

Kapitel 3: Neue Weltmächte – neue Gesellschaftsordnungen (S. 104–107)

Seite 104/105

1 Aufstieg der neuen „Flügelmächte" USA und UdSSR, Bedeutungsverlust der europäischen Nationen. Amerikanisches „Rezept" zur Kriegsvermeidung in der Zukunft: Demokratie, Selbstbestimmung, Freihandel und Abrüstung. Generelle Enttäuschung in den europäischen Ländern über den Kriegsausgang. Massenstreiks in vielen Ländern angesichts der sozialen Lage durch den Ruin der Wirtschaft. Statt demokratischer Modelle kommt es zum Aufstieg der autoritären Rechten (z. B. Faschismus) und Niedergang des Liberalismus. Zu den Definitionen siehe Begriffslexikon S. 241 ff.

2 **a)** Alle europäischen Nationen gehen geschwächt als Schuldner der USA aus dem Weltkrieg hervor.
b) Die Amerikaner scheitern mit dem Anspruch, Europa „reif für die Demokratie" zu machen, weil das Nationalitätenprinzip und das Selbstbestimmungsrecht der Völker zu neuen Konflikten führen. Statt der Demokratie setzt sich vielfach ein aggressiver Nationalismus durch. Die USA ziehen sich aus der europäischen Politik zurück und treten dem Völkerbund nicht bei.

3 **a)** Die USA wird durch anhaltende Einwanderung angesichts immenser Ressourcen und der „Market Revolution" zur führenden Wirtschaftsmacht der Welt.
b) Die UdSSR steigt erst nach dem Bürgerkrieg unter der Diktatur Stalins zur Weltmacht auf.

4 **a)** Erster Eindruck: feierliche Stimmung in beiden Plakaten.
Auf dem Plakat M3 symbolisieren zwei Personen den „neuen sozialistischen Menschen": rechts ein russischer Bauer mit Sense und roter Fahne, links ein Schmied als Vertreter der Arbeiterschaft. Letzterer zertritt die Zarenkrone, die Insignien der Herrschaft. Im Hintergrund ein mit roten Bändern geschmücktes Tor, auf dem in roter Farbe „Proletarier aller Länder – vereinigt euch!" zu lesen ist. Die Verheißungen des Sozialismus sind blühende (Industrie-)Städte und zufriedene Bauern.
Das amerikanische Plakat (M4) zeigt Präsident Wilson auf der „Liberty Bell". Soldaten symbolisieren die Ergebenheit des Militärs vor dem Präsidentenamt und den amerikanischen Werten. Ergänzend dazu finden sich ein Bild des Kongresses sowie Porträts des Staatsgründers George Washington und Präsident Abraham Lincoln, der die Sklaverei in den USA abgeschafft hat. Über allem steht „Freiheit – Gleichheit – Gerechtigkeit".
b) siehe auch die Antwort zu Aufgabe 3
Amerikanisches Gesellschaftsmodell: Verantwortung des Einzelnen für sein Glück und seinen Erfolg auf der Basis eines kapitalistischen Wirtschaftssystems ohne staatliche Fürsorge. Sowjetisches Gesellschaftsmodell: Erreichen einer klassenlosen Gesellschaft durch Verstaatlichung aller Produktionsmittel und Banken sowie Abschaffung des Privateigentums.
c) Überraschend bei Schlögel ist hier die Hervorhebung der Gemeinsamkeiten der beiden „Newcomer" als Weltmächte. Lenins revolutionäres Programm wie die amerikanischen Forderungen in Wilsons „14 Punkten" lassen, laut diesem Historiker, das traditionelle Denken der Europäer weit hinter sich. Beide Staaten sind multikulturelle („gemischte") Gesellschaften.

5 Folgende Argumentation wäre möglich: Anstelle des erhofften Friedens wird Europa geprägt von einer neuen Phase der Instabilität. Kennzeichen dieser Ära u. a: aggressiver Nationalismus, neue Ideologien (Kommunismus und Faschismus).

Seite 106/107

1 Die Bildlegende liefert dir die Informationen für die Analyse. Gehe nach den Arbeitsschritten auf S. 95 vor.

2 Hilfreich dazu sind die Arbeitsschritte auf S. 77.
Gorinow sieht die Oktoberrevolution eher positiv (Wohlstand für alle durch staatliche Wirtschaftslenkung, Fortsetzung der Ideen der Französischen Revolution durch Ausweitung der sozialen Idee, Beteiligung unterer Schichten an der Macht).
Buldakow betont die Begeisterungsfähigkeit der Ideen, auch wenn sie „im Desaster" endeten.
Beide sehen Lenin als ausgezeichneten Politiker, bei Stalin sind sie gegensätzlicher Auffassung.

3 Adlige, Bürger und Großbauern werden auf dem Weg zur klassenlosen Gesellschaft „abgeschafft" (viele wanderten aus). Die Gruppe der selbstständigen Bauern verschwindet durch die Kollektivierung der Landwirtschaft, die Zahl der Kolchosbauern nimmt daher entsprechend zu und nach 1940 ab, weil – wie weltweit – immer weniger Menschen in der Landwirtschaft benötigt werden. Die Zahl der Beschäftigten im Dienstleistungssektor wächst.

4 **a)** Vorteile sollten sein: Produktion auf die Bedürfnisse der Menschen hin geplant, keine Überproduktion und keine Verschwendung, gerechte Verteilung im Land. Realität: Fehlplanungen, wodurch verschiedene Produkte über Jahre nicht zu bekommen waren, keine Qualitätskontrollen.
b) Abkehr von der Vorstellung, dass der Staat nicht in die Wirtschaft eingreifen dürfe, Einführung sozialer Sicherungssysteme.

5 Grafik M9: USA bedeutendste Industriemacht der Welt mit Einbußen nach der Weltwirtschaftskrise, Sowjetunion wird zweitgrößtes Industrieland durch die Industrialisierung unter Stalin.

6 – Man kann von der „Selbstzerstörung Europas" sprechen, weil die europäischen Mächte seit dem Imperialismus in eine Epoche aggressiver Rivalität eintraten. Der Krieg der Nationen zerstörte die Grundlagen der Vorkriegsordnung.
– Die USA und die UdSSR sollte man beide als revolutionäre „Newcomer" bezeichnen, denn sie sahen sich als Leitfiguren des Kommunismus bzw. der liberalen Demokratie.
– 1917 gilt als das Epochenjahr der Weltgeschichte, weil die Folgen des Krieges und der Revolution das gesamte 20. Jahrhundert prägten. 1917 gilt als eigentlicher Beginn des 20. Jahrhunderts. Der Kriegseintritt der Amerikaner wurde entscheidend für den Ersten Weltkrieg, mit den Revolutionen in Russland endete die Jahrhunderte alte Zarenherrschaft.

7 Bei der Diskussion werdet ihr euch sicherlich die Frage stellen, ob Lenin nicht auch vieles diktatorisch bestimmt hat bzw. ob er – wie Stalin – einen so radikalen Wandel mit Terrormaßnahmen durchgeführt hätte bzw. durchsetzen hätte können.

8 Ein Arbeiter, ein Bauer (Farmer) und ein ehrlicher Geschäftsmann verlangen von Spekulanten, dem Big Business und von korrupten Politikern, dass die Karten neu gemischt werden. Damit macht der Karikaturist letztere für den Börsenkrach verantwortlich.

Kapitel 4: Die Weimarer Republik (1918–1933) (S. 140/141)

1 Gehe nach den Arbeitsschritten auf S. 127 vor. Erster Eindruck: düstere Farbgebung, große Überschrift deutet auf Verluste hin; Beschreibung: ins Auge fallende Verlustdarstellung; Hintergrund: Plakat der rechtskonservativen DNVP zum Versailler Friedensvertrag, 1919. Entwurf: Louis Oppenheim; Aussage: drastische Darstellung der durch den Friedensvertrag drohenden Verluste, Aufruf an die konservative, die Monarchie befürwortende Bevölkerung Deutschlands, gegen die Folgen des Versailler Vertrages zu protestieren.

2 Berücksichtige beim Vergleich zur Postkarte auf S. 119: Darstellung der französischen Soldaten als besonnen, abwartend; deutsche Arbeiter empört, trotzig; deutscher Polizist als Aufpasser; dahinter mächtige Industrieanlagen. Anspielung auf die Ruhrbesetzung, die das rechtmäßige Handeln der französischen Nation betont.

3 Erster Eindruck: Vertreter unterschiedlicher gesellschaftlicher Gruppen verhelfen Hitler zur Macht. Beschreibung: Bürokratie und Nationalismus als zentrale Stützen für den Aufstieg Hitlers, ebenfalls verantwortlich: Armut als Folge der Weltwirtschaftskrise, Ohnmacht der alten Eliten, Bestimmungen des Versailler Vertrages und Revanchebedürfnis, Opportunismus einzelner Politiker (hier: von Papen); Hintergrund: Karikatur veröffentlicht etwa 40 Jahre nach dem Ende der Weimarer Republik; Deutung: Darstellung eines vielfältigen Ursachenzusammenhangs für die Entstehung der NS-Diktatur; diskussionswürdig ist die Gewichtung der Faktoren: Sind wirklich – wie in der Zeichnung zu sehen – Bürokratie und Nationalismus die entscheidenden Faktoren, die der Diktatur den Weg ebnen? Spielen nicht die Wirtschaftskrise (in der Zeichnung eher am Rande dargestellt) oder der Gedanke, sich anzupassen, um weiterhin „im Amt" zu bleiben, eine tragende Rolle?

4 Beispiele für die Modernität in der Weimarer Republik: industrielle Entwicklung, Arbeitsprozesse, Ausbau der Infrastruktur, Wohnungsbau, Technik, Kunst, Literatur, Unterhaltungsangebot für die Massen, Rolle der Frau.

5 Anbindung an Aufgabe 3 ist möglich; siehe dort.

6 Hilfreich zur Beantwortung ist die Erklärung in dem Grundbegriffskasten; Zusammenhang mit der Besetzung des Ruhrgebietes: Unmöglichkeit des Abbaus der hohen Staatsverschuldung u. a. bedingt durch Reparationsleistungen, Protest der deutschen Bevölkerung gegen diese Zahlungen und Sachleistungen, insbesondere Sabotageakte und Streiks im Ruhrgebiet, dadurch weitere Beschränkung des deutschen Produktionsvolumens; zuletzt: rasanter Anstieg der Staatsverschuldung in Deutschland durch staatliche Finanzierung des Generalstreiks.

7 Erarbeite: Einerseits sei, so Winkler, die junge Demokratie als ein von den Siegermächten aufge-

zwungenes System empfunden worden. Andererseits habe gerade die Demokratie einen Anspruch der breiten Bevölkerung auf politische Teilhabe begründet, den die NSDAP als Sammlungspartei ausnutzen konnte.
Ihr könnt danach noch diskutieren: Wird Demokratie als Verhandlung zwischen den Interessen der unterschiedlichsten Bevölkerungsgruppen definiert oder als von den Massen des Volkes getragener politischer Entscheidungs- und Handlungsprozess?

8 Du könntest diese These anhand von Biografien von Ebert, Stresemann und Hindenburg festigen.

9 Antwort: ja, erstmals gesetzlich verankerte politische Gleichberechtigung; Voraussetzung für spätere erweiterte Rechte.

Kapitel 5: Eine Ideologie setzt sich durch: Der Nationalsozialismus (S. 166/167)

1 Gehe nach den Arbeitsschritten auf S. 163 vor. Ins Auge fallen die starke Farb- und Lichtgebung wie auch die aus dem Bild marschierenden SA-Truppen und die im Bildzentrum wehenden Hakenkreuzfahnen. Gerahmt wird die Szene durch die hellen Lichtkegel und das angestrahlte Brandenburger Tor, das als Symbol vergangener und neuer Größe und Macht dient. Durch die Perspektive soll der Betrachter Teil der begeisterten Menschenmenge und die Stimmung so auf ihn übertragen werden, was als die verführerische Absicht des Gemäldes interpretiert werden kann.

2 Der Vergleich mit dem Foto (M2) auf S. 146 als auch mit den Aufzeichnungen von Melita Maschmann über den 30. Januar 1933 (siehe S. 146) soll dir ermöglichen, zu einem Ereignis unterschiedliche Quellen für eine Bewertung heranziehen zu können. Lebenserinnerungen vermitteln oft den Eindruck, als wäre alles so geschehen, wie die Verfasser es darstellen. Bedenke dabei, dass solche Erzählungen nur eine ganz persönliche Wahrnehmung enthalten. Die Erinnerungen können außerdem durch den zeitlichen Abstand „verblassen“ und sich aufgrund nachfolgender Informationen im Laufe einer Biografie „verformen“. Lebenserinnerungen sind also immer subjektiv und von dem gegenwärtigen Standpunkt der Person abhängig. „Richtige“ Quellen sind sie demnach nur für den Zeitpunkt des Erzählens, nicht für das historische Ereignis selbst.

3 Nutze auch die Lexikoneinträge (siehe S. 241 ff.)

4 Als zentrale Aspekte der „Gleichschaltung“ sollten angeführt werden:
- „Ermächtigungsgesetz“
- „Gesetz zur Gleichschaltung der Länder mit dem Reich“
- „Gesetz zur Wiederherstellung des Berufsbeamtentums“
- Verbot und Auflösung der Gewerkschaften sowie Gründung der DAF
- gezielte Ausschaltung und Verhaftung politischer Gegner
- Verbot und Selbstauflösung der Parteien; NSDAP wird einzige Partei
- Gleichschaltung der Literatur (Bücherverbrennung) und Kunst
- Erziehung und Schulwesen werden nach der NS-Ideologie ausgerichtet

Als Strategien der „Gleichschaltung“ sind somit die Scheinlegalität durch Gesetze und Verordnungen, die Propaganda wie auch Terror und Gewalt zu benennen. Die Wirkung der kombinierten Strategien wird in M5, Machtergreifung in einer Kleinstadt, dargestellt.

5 **a)** Mögliche Argumente sind hier die kurzfristige Zustimmung Hindenburgs zur Ernennung Hitlers wie auch die chaotischen und undurchsichtigen Zustände am Vormittag des 30. Januar. Hindenburg hätte seinen Beratern (besonders: Papen und Staatssekretär Meißner) standhalten und seine Zustimmung verweigern können. Da sich die Nationalsozialisten Ende Januar in einer eher ungünstigen Lage befanden (sinkende Wählerzahlen; innere Streitigkeiten), hätte eine Ablehnung eventuell die Krise und Probleme Hitlers verstärkt und eine weitere Ernennung unwahrscheinlicher werden lassen. Auch das Nachgeben Alfred Hugenbergs in letzter Minute könnte als Argument angeführt werden. Insgesamt ließe sich demnach die These von der Verantwortung der zwar nicht nationalsozialistischen, aber antidemokratisch eingestellten „alten Eliten“ wie Hindenburg, Papen und Hugenberg für die Ernennung Hitlers aufstellen.
b) individuelle Lösung möglich

6 **a)** In der Rede Maiers (M4) wird deutlich, dass sich die Abgeordneten der Partei auf die Weimarer Verfassung (Gewaltenteilung und Unabhängigkeit) wie einen grundsätzlichen Liberalismus (Freiheit des Individuums) berufen. Die Haltung ist eindeutig als demokratisch zu bezeichnen. Starke Skepsis

und Befürchtungen der Gefährdung dieser Grundrechte und -strukturen durch die Zustimmung zum „Ermächtigungsgesetz" werden deutlich. Dennoch stimmen die Abgeordneten mit der Begründung, im „Interesse von Volk und Vaterland" zu handeln, und mit der Hoffnung auf eine baldige Regulierung im demokratischen Sinne dem Gesetz zu.
b) Für eine Diskussion könnten folgende Informationen hilfreich sein: Die DDP war lediglich mit fünf Abgeordneten im Reichstag vertreten, war also politisch bedeutungslos. Eingeschüchtert durch das Auftreten der SA vor der Kroll-Oper hatten ihre Mitglieder wahrscheinlich nur die Alternative gesehen, für das „Ermächtigungsgesetz" zu votieren, zugleich hoffend, dass die Zukunft demokratischer werde.

7 **a)** siehe Lexikon S. 244
b) Das NS-Regime entsprach vollständig den Kriterien eines totalitären Staates.

Kapitel 6: Leben im Nationalsozialismus (S. 196/197)

1 Nutze die Arbeitsschritte auf S. 179.

2 Das Foto zeigt die Formierung von Menschenmassen auf dem Reichsparteitag in Nürnberg 1934. Einheit und Stärke des Volks wurde durch die Idee der „Volksgemeinschaft" propagiert. Jeder Einzelne sollte sich als Teil eines großen Ganzen fühlen. Inszenierte Massenveranstaltungen, bei welchen das Individuum in der Menschenmenge aufging, zeigten dies auch bildlich.

3 Das Plakat gibt einen sitzenden, offenbar bewegungsunfähigen, körperbehinderten Mann und einen hinter ihm stehenden Pfleger wieder. Die Intention wird durch den Satz „60 000 RM kostet dieser Erbkranke die Volksgemeinschaft auf Lebenszeit" und den Hinweis „Volksgenosse, das ist auch Dein Geld" verdeutlicht: Behinderte und unheilbar Kranke sollten aus der „Volksgemeinschaft" – ähnlich den Juden, Sinti und Roma sowie anderen Gruppen – ausgegrenzt werden. Ihr Tod erspare gesunden „Volksgenossen" viel Geld.

4 Das Versprechen einer großen Gemeinschaft ohne Klassengegensätze trug wesentlich zur Attraktivität des Nationalsozialismus bei. Perfekt organisierte Massenveranstaltungen faszinierten; attraktive, staatlich organisierte Freizeitangebote wirkten wie Magnete.

5 siehe Lexikon Seite 241 ff.

6 Bei den Napolas handelte es sich um eine Form der Eliteschulen, die begeisterte Nationalsozialisten erziehen sollten. Der Erziehungsstil an einer Napola war absolut streng und autoritär. Die Napolas strebten eine sportliche sowie vormilitärische Ausbildung der Jugendlichen an, die diese auch ein Stück weit faszinierte. Dabei sollten sie zu Kameradschaft, Disziplin und Mut erzogen werden. Im Vordergrund stand das Prinzip der Bestrafung bei Versagen und nicht des Belohnens für etwa gute Leistungen. Siehe dazu auch die Auswertung zum Film „Napola" (Arbeitsauftrag 1).

7 Mit dem inszenierten Boykotttag im April 1933 wurden Deutsche aufgerufen, nicht bei Juden zu kaufen. Der Aufruf galt auch für Konsultationen bei jüdischen Ärzten und Rechtsanwälten.
Eine weitere Stufe stellten die „Nürnberger Gesetze" von 1935 dar. Sie waren die Grundlage für die völlige Entrechtung und Ausgrenzung der Juden (Verbot der Eheschließung zwischen Deutschen und Juden, Verlust des Wahlrechts …) .
Mit zunehmenden Berufsverboten wurden Juden systematisch ihrer Existenzgrundlage beraubt. Ihr Ausschluss aus Vereinen oder das Verbot des Betretens von Restaurants oder gar ganzen Ortschaften nahm ihnen jegliche Möglichkeit, an dem öffentlichen Leben teilzunehmen. Es bedeutete für sie eine persönliche Katastrophe.

8 Hilfreich für eine Diskussion ist folgender Hinweis: Die Propaganda der Nationalsozialisten war mittels der neuen Medien allumfassend und zeigte gewiss ihre Wirkung. Wenn die Deutschen „verführte Opfer" wären, würde dies bedeuten, dass sie für diese Vergehen nicht schuldig gesprochen werden könnten.
Aber damit werden die Mitwirkung und Mitverantwortung großer Teile der Bevölkerung für die Entwicklungen in der nationalsozialistischen Diktatur und dessen Terror abgeschwächt oder gar übersehen.

9 Am 9. November 1938 gipfelte der staatliche Antisemitismus in einem Pogrom gegen die Juden. Die Ausschreitungen waren von der nationalsozialistischen Führung organisiert, die die Diskriminierung und Verfolgung jüdischer Bürger seit der „Machtergreifung" Hitlers 1933 systematisch vorantrieb. Waren bis zu diesem Zeitpunkt die staatlichen Unterdrückungsmaßnahmen vorwiegend rechtlicher Natur gewesen, so kam es ab jetzt immer häufiger zu gewaltsamen Aktionen.

10 Als grundlegendes Argument für Zwangseuthanasie des NS-Staates wurden wirtschaftliche Gründe angeführt. Klarzustellen ist, dass es sich nicht um

„Euthanasie“ im Sinne einer vom Patienten gewünschten Sterbehilfe bei einer unheilbaren Krankheit handelte, sondern um eine sprachliche Beschönigung für die geplante und systematische Tötung von sogenannten Erb- und Geisteskranken, Behinderten und sozial oder rassisch Unerwünschten.

Kapitel 7: Nationalsozialismus: Außenpolitik und Zweiter Weltkrieg (S. 228/229)

1 siehe die Arbeitsschritte S. 237 f.
Die Karikatur thematisiert den Hitler-Stalin-Pakt und die darin beschlossene Aufteilung Polens. Das Bild zeigt Adolf Hitler und Josef Stalin, die einander gegenüberstehen. Sie zollen sich gegenseitig Respekt über die Leiche ihres gemeinsamen Opfers, Polen, hinweg. Im Hintergrund sieht man Rauchwolken aufsteigen, die die Zerstörung symbolisieren. Beachte auch die jeweiligen Grußformeln. Mit dem Überfall auf die Sowjetunion am 22. Juni 1941 brach das Deutsche Reich den Pakt.

2 siehe dazu auch S. 212; individuelle Lösung möglich; Bedenke dabei, welche Folgen es haben könnte, wenn man versucht, den Wert eines Menschen zu berechnen.

3 Kurt Huber (1893–1943) war ein deutscher Professor für Musikwissenschaften und Psychologie an der Ludwig-Maximilians-Universität in München. Er wurde 1940 Mitglied der NSDAP, um seine berufliche Karriere nicht zu gefährden. Doch seine Vorlesungen waren nicht immer linientreu, so stellte er z. B. auch verbotene Werke von jüdischen Autoren vor. Zu seinen Vorlesungen kamen auch der Freundeskreis um die Medizinstudenten Hans Scholl und Alexander Schmorell. Huber wurde aufgrund seiner Tätigkeit in der Widerstandsgruppe „Weiße Rose“ zum Tode verurteilt.

4 Lies nach im Lexikon als auch auf S. 211 und 215.

5 Deutlich werden sollte hier vor allem, dass Ideologie und Realität nicht immer in Einklang zu bringen waren (z. B. Einsatz der Frauen im Krieg), und die Rücksichtslosigkeit, mit der die Ziele verfolgt wurden (Diskriminierung, „Arisierung“).

6 Nicht alle Menschen waren in den Augen der NS-Ideologie gleich viel „wert; sie galten als ein Mittel zum Zweck, um die gesetzten Ziele zu erreichen. Dafür waren auch Opfer nötig. Menschen wurden hier wie Güter behandelt, Menschenrechte galten nichts.

7 individuelle Lösung möglich

8 Hilfreich dazu sind die Zeitleisten auf S. 200 f. und 226 f.

9 individuelle Lösung möglich

10 Siehe auch Lösung zu Aufgabe 3 und Erkenntnisse von S. 214 ff. Hervorzuheben ist die Betonung der Pflicht zum Widerstand, die auch im heutigen Grundgesetz verankert ist.

11
- Hitler übte eine zweigleisige Politik aus, weil er erreichen wollte, dass das Ausland und auch ein Großteil der eigenen Bürger möglichst lange von seinen friedlichen Absichten überzeugt ist, sodass er die (Kriegs-) Wirtschaft auf Vordermann bringen und aufrüsten kann.
- Die Westmächte akzeptierten Hitlers aggressive Außenpolitik, weil sie hofften, dass er sich mit kleineren Gebietsgewinnen zufriedengeben würde und sie einen erneuten Krieg vermeiden wollten.
- Zwangsarbeiter wurden eingesetzt, weil es in Deutschland an (billigen) Arbeitskräften mangelte, um die Rüstungsindustrie am Laufen halten zu können. Später spielte auch noch die Idee der „Vernichtung durch Arbeit“ eine Rolle.
- Mit dem Bombenkrieg wollte jede Seite erreichen, dass die andere Seite aufgibt (Demoralisierung der Bevölkerung) und der Krieg rasch und siegreich beendet werden kann.

Register

Die mit einem * versehenen Begriffe werden im Lexikon näher erklärt.

Bildquellen

Titel: © Arnd Wiegmann/Reuters/Corbis, 2005;
Umschlag: Karte 1: Carlos Borrell Eiköter, Berlin; Karte 2: Carlos Borrell Eiköter, Berlin; Karte 3: hüttenwerke.Klaus Kühner, Hamburg (Bearbeitung Carlos Borrell Eiköter, Berlin); Karte 4: hüttenwerke.Klaus Kühner, Hamburg (Bearbeitung Carlos Borrell Eiköter, Berlin);
10/11 (Wdh. 3): ullstein bild/Stary;
12 M1: Carlos Borrell Eiköter, Berlin;
13 M4: akg-images;
14 M1: picture-alliance/IMAGNO/Austri;
15 M2: bpk/© VG Bild-Kunst, Bonn 2015; M3: Interfoto/TV-Yesterday;
16 M1: © BRIDGEMANART.COM;
17 M2: Interfoto/Friedrich;
18 M1: akg-images;
19 M4: Vintage Germany;
20 M1: St Mainz, BPSF/614 C;
22 M1: akg-images;
23 M3: Landesarchiv Rheinland-Pfalz;
24 M1 (Wdh. 32): action-press/ullstein – Archiv Gerstenberg;
26 M1 (Wdh. 33): bpk/Georg Buxenstein Co;
27 M3: akg-images;
28 M1: bpk;
29 M4: ullstein bild;
30 M1: Carlos Borrell Eiköter, Berlin; M2: Muzeum Okręgowe w Toruniu (Poland);
31 M3: © Photo Musées de Strasbourg/A. Plisson;
34 M1: Interfoto/Pulver; M2: Interfoto/Sammlung Rauch/© Olaf Gulbransson/VG Bild-Kunst, Bonn 2015; M3: akg-images/bildwiss-edition;
35 M5 (Wdh. 3): bpk/Dietmar Katz;
36/37: Deutsches Historisches Museum, Berlin;
38 M1: Carlos Borrell Eiköter, erlin;
39 M2: action press/ullstein – Archiv Gerstenberg; M3: akg-images; M4: Corbis;
41 M1: Elisabeth Galas, Bad Breisig;
42 M2: bpk/Kunstbibliothek, SMB/© VG Bild-Kunst, Bonn 2015;
43 M2 (Wdh. 4): akg-images;
44 M2: Carlos Borrell Eiköter, Berlin;
45 M2: © BRIDGEMANART.COM;
46 M2: akg-images;
47 M3: Interfoto/Sammlung Rauch; M4: Elisabeth Galas, Bad Breisig;
48 M2: ullstein bild;
49 M1 (Wdh. 4): Deutsches Historisches Museum, Berlin;
51 M5: Carlos Borrell Eiköter, Berlin;
52 M1 (Wdh. 66): Interfoto/Sammlung Rauch;
53 M3: Carlos Borrell Eiköter, Berlin;
54 M1 (Wdh. 66): Interfoto/Sammlung Rauch;
55 M2: Interfoto/Zeit Bild; M5 (Wdh. 67): Carlos Borrell Eiköter, Berlin;
56 M1: Carlos Borrell Eiköter, Berlin; M3: Deutsches Historisches Museum, Berlin;
57 M5: Carlos Borrell Eiköter, Berlin; M7: Interfoto/Mary Evans;
58 M1: akg-images;
59 M4: akg-images; akg-images/Imagno (Collage)
60 M1 (Wdh. 67), M2: akg-images;
61 M3, M5: akg-images;
62 M1, M3: Interfoto/Friedrich; M2: Bernhard Köhler;
65 M1: Scherl/Süddeutsche Zeitung Photo; M3: Carlos Borrell Eiköter, Berlin;
68 M2: akg-images;
69 M5: Heimatwissenschaftliche Zentralbibliothek des Landkreises Bad Kreuznach (HWZB); M6: Niedersächsische Landesmuseen Oldenburg, Landesmuseum für Kunst und Kulturgeschichte; M7: akg-images/© VG Bild-Kunst, Bonn 2015;
70/71: bpk;
72 M1: Carlos Borrell Eiköter, Berlin;
73 M2: picture-alliance/dpa; M3: akg-images;
74 M2: akg-images;
75 M3: Carlos Borrell Eiköter, Berlin;
78 M1: Robarts/University of Toronto;
79 M2: Carlos Borrell Eiköter, Berlin; M3: Arpad Schmidhammer;
80 M1 (Wdh. 5): akg-images;
81 M3: Elisabeth Galas, Bad Breisig;
82 M1: action press;
83 M3: Corbis; o. M.: action press;
84 M1: bpk/The Metropolitan Museum of Art/© T.H. Benton and R.P. Benton Testamentary Trusts/VG Bild-Kunst, Bonn 2015;
85 M3: Scherl/Süddeutsche Zeitung Photo; M5: imago;
86 M1: akg-images;
87 M2: ullstein bild/Archiv Gerstenberg;
88 M1 (Wdh. 102): mauritius images/United Archives;
89 M2: Elisabeth Galas, Bad Breisig;
91 M1 (Wdh. 103): ullstein bild – RIA Novosti;
93 M2; M3: akg-images;

94 M1 li.: akg-images; re.: akg-images/Universal Images Gr;
M2: akg-images/RIA Nowosti;
96 o. M. (Wdh. 102): Scherl/Süddeutsche Zeitung Photo; M1: bpk;
97 M3: Scherl/Süddeutsche Zeitung Photo;
98 M1: akg-images; M2: picture-alliance/United Archives;
99 M3: © BRIDGEMANART.COM;
100 M1 (Wdh. 103): picture-alliance/Everett Colle;
105 M3: © UIG/fotofinder.com;
M4: akg-images/Jean-Pierre Verney;
106 M5 o.: culture images/fai; u.: akg-images; M7: Elisabeth Galas, Bad Breisig;
107 M8: bpk; M9: Elisabeth Galas, Bad Breisig;
108/109: akg-images/© VG Bild-Kunst, Bonn 2015;
110 M1: Carlos Borrell Eiköter, Berlin;
111 M2, M3: akg-images;
112 M1 (Wdh. 5): Herzogin Anna Amalia Bibliothek Weimar, Simplicissimus-Projekt/© VG Bild-Kunst, Bonn 2015;
113 M2: akg-images;
114 o. M. (Wdh. 138): Interfoto/Friedrich;
114 M1: Elisabeth Galas, Bad Breisig;
115 M3: Elisabeth Galas, Bad Breisig;
116 M1: bpk/Staatsbibliothek zu Berlin/Carola Seifert;
117 M2: bpk;
118 M1: Elisabeth Galas, Bad Breisig;
119 M2: Interfoto/Pulfer
120 M1: akg-images;
122 M1: Carlos Borrell Eiköter, Berlin; M2: Interfoto/Archiv Friedrich;
123 M3: Interfoto/Sammlung Rauch;
124 M1: akg-images/© VG Bild-Kunst, Bonn 2015;
125 o. M. (Wdh. 138): akg-images;
M4: all mauritius images;
126 M1: Vintage Germany; M2 (Wdh. 139): bpk/Kunstbibliothek SMB/Dietmar Katz;
128 M1: akg-images/© VG Bild-Kunst, Bonn 2015; M2: Elisabeth Galas, Bad Breisig;
129 M3: picture alliance/ZB; M5: Scherl/Süddeutsche Zeitung Photo; M6: bpk;
131 M3: Deutsches Historisches Museum/S. Ahlers; M4: akg-images;
132 M1: bpk;
133 M3: ullstein bild;
134 M1: akg-images;
135 M4 (Wdh. 139): Scherl/Süddeutsche Zeitung Photo;
136 M1: action press/ullstein – Archiv Gerstenberg;
137 M2: Elisabeth Galas, Bad Breisig;
140 M1: © UIG/FOTOFINDER.COM; M2: Interfoto/CCI/;
141 M3: © Karikatur Fritz Behrendt;
142/143: akg-images;
144 M1: Carlos Borrell Eiköter, Berlin;
145 M2 (Wdh. 6): picture-alliance/dpa; M4: bpk;
146 M2: picture-alliance/ZB;
147 M5: bpk/Bayerische Staatsbibliothek/Heinrich Hoffmann;
148 o. M.: dtv/Melita Maschmann: Fazit Mein Weg in der Hitler-Jugend;
150 o. M.: picture-alliance/dpa;
152 M2: akg-images;
153 M3: akg-images; M4: ullstein bild;
155 M3 (Wdh. 164): akg-images;
M4: akg-images;
156 M2: NS-Dokumentationszentrum Rheinland-Pfalz/Gedenkstätte KZ Osthofen;
157 M4: Scherl/Süddeutsche Zeitung Photo;
158 M1: bpk;
159 M2 (Wdh. 165): Elisabeth Galas, Bad Breisig;
160 M2: akg-images;
162 M1: akg-images/© VG Bild-Kunst, Bonn 2015; M2: akg-images/Erich Lessing;
166 M1: akg-images;
168/169: Scherl/Süddeutsche Zeitung Photo;
170 M1: bpk/Grafik: Carlos Borrell Eiköter, Berlin;
171 M2, M3, M4: akg-images;
172 M1: bpk;
173 M2: René Arhlé/Ferry Ahrlé;
M3: interfoto;
174 M1: bpk/Staatsbibliothek Berlin/Dietmar Katz; M2: akg-images;
176 M1, M2: akg-images;
177 M3: Scherl/Süddeutsche Zeitung Photo;
178 M1: picture-alliance/Keystone; M2: Interfoto/Friedrich;
180 M1: bpk;
181 M4: bpk/Bayerische Staatsbibliothek/Heinrich Hoffmann;
182 M1 (Wdh. 194): Interfoto/Pulfer;
183 M2: bpk/Kunstbibliothek, SMB; M3: Dokumentationszentrum Prora; M4: picture-alliance/ZB; M5: bpk/Kunstbibliothek, SMB/Knud Petersen;
184 M1 (Wdh. 194), M2: akg-images;
186 M1 (Wdh. 6): ullstein bild – Süddeutsche Zeitung Photo/Scherl;
187 M3: Interfoto/awkz;
188 M1: akg-images;
190 M1: akg-images; M2 (Wdh. 195): ullstein bild;
192 M1: Liselotte Orgel-Köhne/Deutsches Historisches Museum, Berlin; M2 (Wdh. 195): imago;
196 M2: bpk; M3: mauritius-images/United Archives;
197 M5: Deutsches Historisches Museum, Berlin/A. Psille;

198/199: akg-images/Voller Ernst/Chaldej;
200 M1: Carlos Borrell Eiköter, Berlin;
201 M2: Deutsches Historisches Museum, Berlin/A. Psille; M3 (Wdh. 226): picture-alliance/dpa; M4: Scherl/Süddeutsche Zeitung Photo;
202 M1: Elisabeth Galas, Bad Breisig; M2 (Wdh. 7): Deutsch Historisches Museum, Berlin;
204 M1 (Wdh. 226): akg-images; M2: KEYSTONE-FRANCE/laif;
207 M1 (Wdh. 227): akg-images; M2: Carlos Borrell Eiköter, Berlin;
209 M4: akg-images;
210 M1: Elisabeth Galas, Bad Breisig; M2: bpk;
211 M3: Carlos Borrell Eiköter, Berlin;
214 M1: akg-images;
215 o. M.: picture-alliance/AP-Photo;
216 M2: George (Jürgen) Wittenstein/akg;
218 M1: Scherl/Süddeutsche Zeitung Photo;
219 M2: action press; M3:/Süddeutsche Zeitung Photo;
220 M2: © Leemage/FOTO-FINDER.COM;
221 M4: Elisabeth Galas, Bad Breisig; M6: ddp images;
222 M1: © epd-bild/Hans-Jürgen Bauer; M2: Scherl/Süddeutsche Zeitung Photo; M3: Deutsches Historisches Museum, Berlin;
223 M4: akg-images;
224 M2: Interfoto/imageBROKER/Björn Kietzmann;
225 M5: picture-alliance/dpa;
228 M2: action press/ullstein – Archiv Gerstenberg; M3: Interfoto/Sammlung Rauch;
229 M4: akg-images;
231 M4: Interfoto/TV-Yesterday;
232 M5 (Wdh. 7): Elisabeth Galas, Bad Breisig; M7: bpk;
233 M9: Elisabeth Galas, Bad Breisig;

So löst du die Arbeitsaufträge in diesem Buch:

(Fortsetzung der vorderen Umschlagklappe)

Arbeitsauftrag = Operator (alphabetisch) AFB	Das tust du:	Tipps und Formulierungsvorschläge:
deuten II, III	Du untersuchst eine Quelle (z. B. Text, Bild, Denkmal) hinsichtlich ihrer Aussage und erklärst, welchen Sinn du ihr beilegst. siehe **analysieren** und **herausarbeiten**	
diskutieren III	Du notierst zu einer bestimmten Fragestellung Argumente (pro und kontra) und gewichtest sie innerhalb einer schlüssigen Argumentationskette. Am Ende formulierst du eine eigene begründete Bewertung.	*Gegen diese Argumentation spricht …* *Am meisten/Am wenigsten überzeugt mich …*
einordnen zuordnen II	Du arbeitest Informationen aus Materialien heraus und setzt diese miteinander oder mit anderen Sachverhalten in Beziehung.	
erklären II	Du stellst einen historischen Sachverhalt oder einen Fachbegriff in einen schlüssigen Zusammenhang.	*Besonders diese beiden Ereignisse führten zu …* *Deshalb spricht man von …*
erläutern II	Du verdeutlichst einen historischen Sachverhalt mithilfe von Beispielen oder Belegen aus einem Material.	*An dieser Stelle des Briefes wird deutlich …* *Wie der letzte Satz der Rede zeigt, …*
erörtern III	Du formulierst zu einer vorgegebenen These oder Problemstellung eine eigene Stellungnahme, nachdem du Pro- und Kontra-Argumente miteinander verglichen hast.	*Dafür/Dagegen spricht …* *Insgesamt gesehen …*
gestalten III	Du versetzt dich in eine Person hinein, die in der Vergangenheit gelebt hat. Überlege, wie die Person in ihrer Zeit vermutlich gedacht, gehandelt, gefühlt oder gesprochen haben könnte. Erstelle aus ihrer Sicht z. B. einen Brief, ein Flugblatt, eine Rede.	**Tipp:** Berücksichtige die Lebensumstände der Person, in die du dich hineinversetzt (Geschlecht, Alter, Wohnort, Beruf, arm/reich, frei/unfrei, gebildet/ohne Schulbildung).
herausarbeiten II	Du entnimmst einem Material (Text, Abbildung) alle Informationen, die zu einer vorgegebenen Fragestellung passen. Manchmal musst du etwas nachschlagen oder berechnen.	*Zu den wichtigsten Ergebnissen gehörte …* *Die Hauptaussage des Verfassers lässt sich so wiedergeben: …*
interpretieren I, II, III	Du analysierst einen historischen Sachverhalt und bewertest ihn auf der Grundlage deiner Ergebnisse.	

Arbeitsauftrag = Operator (alphabetisch) AFB	Das tust du:	Tipps und Formulierungsvorschläge:
nennen I	Du trägst in knapper Form und unkommentiert einzelne Begriffe und Informationen aus einem Material zusammen, z. B. als Liste oder in einer Tabelle.	*Folgende Gründe werden im Text genannt:* – – …
recherchieren III	Du suchst gezielt nach Informationen über ein historisches Ereignis oder einen Sachverhalt (Schulbuch, Sachbücher, Internet).	**Tipp:** Nutze die Methodenhinweise S. 234
ein Rollenspiel durchführen III	Ihr spielt eine historische Situation in einer Szene nach und wertet sie aus.	
ein Standbild entwerfen III	Ihr stellt einen historischen Sachverhalt in einem „lebendigen Bild" dar und wertet ihn aus.	
Stellung nehmen III	Du formulierst deine eigene Position zu einem historischen Sachverhalt. Siehe auch **beurteilen** und **bewerten**	*Ich finde, dass … richtig/falsch gehandelt hat.* *Mich überzeugt (nicht), …* *Meiner Meinung nach …*
ein Streitgespräch entwerfen III	Du versetzt dich in zwei historische Personen hinein, indem du ihre damaligen Möglichkeiten, Ziele, Rechte und Pflichten prüfst. Formuliere in direkter (= wörtlicher) Rede.	**Tipp:** Notiere zu Beginn die möglichen Argumente der Personen. *Was du sagst/was Sie sagen, überzeugt mich nicht, weil ….* *Da gebe ich dir/Ihnen Recht, aber …*
überprüfen III	Du stellst anhand eines Materials fest, ob eine Aussage oder eine Behauptung zu einem bestimmten historischen Sachverhalt passt oder nicht.	*Diese Behauptung widerspricht/passt zu der Aussage im Darstellungstext.*
untersuchen II, III	siehe **analysieren**	
vergleichen II	Du stellst Gemeinsamkeiten und Unterschiede gegenüber und formulierst ein Ergebnis. Wichtig: Nenne die Gesichtspunkte, unter denen du vergleichst.	**Tipp:** Du kannst eine Tabelle anlegen. *Im Vergleich mit …* *Die Entwicklung verlief ähnlich wie/anders als in …*
wiedergeben I	Formuliere einen Sachtext oder eine Textquelle in deinen eigenen Worten. Berücksichtige alle wichtigen Textaussagen.	
zusammenfassen I	Du gibst die wesentlichen Informationen aus einem Text knapp und mit eigenen Worten wieder.	*In dem Text geht es um …* *Die wichtigsten Gründe waren …* *Der Verfasser/die Verfasserin nennt …*

So löst du die Arbeitsaufträge in diesem Buch:

(Fortsetzung auf der hinteren Umschlagklappe)

Arbeitsauftrag = Operator (alphabetisch)	**AFB**	**Das tust du:**	**Tipps und Formulierungsvorschläge:**
analysieren	II, III	Du untersuchst einen historischen Sachverhalt oder eine Quelle, indem du gezielt Fragen stellst und Materialien auswertest.	**Tipp:** Nutze die Methodenhinweise im Buch, z. B. Sachtext, S. 235 Bildquelle, S. 95, 236 f. Textquelle, S. 235 f. Statistik, S. 238 Karte, Schaubild, S. 237 ff.
begründen	II	Du führst Argumente und Quellenzitate an, die deine Aussage untermauern. Wenn du eine Aussage oder das Handeln einer anderen Person begründen sollst, führst du Motive und passende Quellenzitate der Person an.	*Die Aussage in Zeile xy zeigt, dass ...* *Seine politische Einstellung änderte sich, weil ...*
belegen	II	siehe **begründen**	
beschreiben	I	Du gibst den Inhalt eines Materials (z. B. Bild, Text, Karte) mit eigenen Worten schlüssig wieder.	*Es zeigt .../In der Mitte sieht man ...* *Mir fällt auf, ...* *Hier wird deutlich, ...*
beurteilen	III	Du schätzt die Aussagen, Maßnahmen oder Vorschläge einer Person/Personengruppe in ihrem historischen Zusammenhang ein. Berücksichtige dafür die unterschiedlichen Sichtweisen und den Kenntnisstand der Personen. Auf dieser Grundlage formulierst du ein begründetes „**Sachurteil**“.	*Die eigentliche Absicht des Redners war es, ...* *Diese Sichtweise führte dazu, dass, ...* *Diese Entscheidung hatte negative Folgen: ...*
bewerten	III	Du entwickelst zu einem historischen Sachverhalt oder Ereignis eine eigene Meinung und formulierst aus dem Blickwinkel heutiger Maßstäbe und Werte ein begründetes „**Werturteil**.“	*Aus meiner Sicht ...* *Nach heutigen Maßstäben (z. B. demokratisch, christlich, muslimisch) ...* *Andere sind möglicherweise der Ansicht, dass ...*
charakterisieren	III	Du bestimmst einen historischen Sachverhalt oder eine Situation in ihren Grundzügen und nennst die typischen Merkmale.	*Ein typisches Kennzeichen für ...* *Allgemeine Merkmale waren ...*
darstellen	II	Du verdeutlichst einen historischen Sachverhalt oder ein historisches Ereignis und zeigst dessen Zusammenhänge in chronologischer Reihenfolge auf.	*Es ging um die Frage ...* *Daraus entwickelte sich ...* *Die Folgen waren ...*